L'EQUIP

«Tutto quello che ho detto l'ho imparato.» Non di rado questa frase entrava, quasi d'improvviso, nei discorsi di Luigi Giussani, a indicare non solo la figura del maestro, che è capace di imparare sempre e da chiunque, ma anche il carattere peculiare di un metodo educativo, che aveva nel dialogo continuo il suo punto di maggior forza. Le Equipe del CLU sono un fenomeno unico nella storia di Comunione e Liberazione. Nate come momento di coordinamento delle comunità universitarie, a partire dalla metà degli anni Settanta esse divennero, con la partecipazione di don Giussani, il momento della verifica e della scoperta della grandezza dell'esperienza cristiana e della sua corrispondenza umana. Questi incontri segnarono il passo, anno dopo anno, di un cammino che si rivelò poi essenziale per l'intero movimento di CL. Non fu solo un approfondimento di discorso, ma un costante paragone fra la vita concreta di molti giovani studenti universitari e un giudizio autorevole, che quella vita intendeva irrobustire e fare crescere, e anche correggere. Sicché tutti i termini della proposta cristiana vennero riproposti "dal vivo", dentro le situazioni e la condizione umana, come risposte a problemi che si ponevano e come soddisfazione di esigenze vissute e acutamente avvertite.

Don Giussani stesso si accorse dell'importanza e dell'eccezionalità di questi incontri e volle, fin quasi dall'inizio, che di essi fosse data traccia e memoria. Richiesta che egli rinnovò con esplicita determinazione negli ultimi anni, e che fu accolta, dando luogo a questa serie di libri, che narrano dei discorsi, degli interrogativi e delle risposte che, per più di venti anni, hanno alimentato il rapporto fra persone interessate a se stesse e al mondo e che, insieme, hanno voluto conoscere e scoprire il senso della loro vita e il motivo vero per essere protagonisti nella storia degli uomini.

Luigi Giussani

Ciò che abbiamo di più caro

(1988-1989)

prefazione di JULIÁN CARRÓN

Biblioteca Universale Rizzoli

ISBN 978-88-17-04481-3

Prima edizione aprile 2011

PREFAZIONE
UN FLUSSO CONTINUO DI NOVITÀ

«L'imperatore si rivolse ai cristiani dicendo: "Strani uomini... ditemi voi stessi, o cristiani, abbandonati dalla maggioranza dei vostri fratelli e capi: che cosa avete di più caro nel cristianesimo?"» (Solov'ëv, *Il racconto dell'Anticristo*).

Sentirci rivolgere questa domanda ci scuote ora come la prima volta che tanti di noi l'hanno ascoltata pronunciare da don Giussani. Anzi, ancora di più, nella misura in cui è cresciuta in noi la consapevolezza della sua portata. Essa ci mette a nudo davanti a noi stessi. È forse l'unica domanda a metterci veramente a nudo. Probabilmente perché ognuno sa che davanti a essa non può barare. Ed è inutile fingere: non ci si può nascondere dietro le solite cose che ci servono da alibi per non guardarla in faccia.

Ma niente ci mette alle strette – sfidando la nostra ambiguità, perturbando la nostra tranquillità, i nostri compromessi – come la risposta dello *starets* Giovanni, nel racconto di Solov'ëv, scelto da don Giussani come Volantone per la Pasqua 1988 degli universitari: «Allora si alzò in piedi lo starets Giovanni e rispose con dolcezza: "Grande sovrano! Quello che abbiamo di più caro nel cristianesimo è Cristo stesso. Lui stesso e tutto ciò che viene da Lui, giacché noi sappiamo che in Lui dimora corporalmente tutta la pienezza della Divinità"». Non i valori, non l'etica, non le opere, ma Cristo stesso.

1) Ma occorre fare attenzione: non basta essere d'accordo con lo *starets* per chiudere la partita, perché si può essere d'accordo senza essere provocati, come ci dice don Giussani: «Quando avete letto le parole dello *starets* [...] eravate d'accordo, [...] però quello che avete letto non necessariamente vi ha provocato. Per alcuni è stato come leggere un giallo o un romanzo. Per molti non è stata una provocazione; è stata come una cosa ovvia, teoricamente ovvia, e non una provocazione» (p. 137).

La ragione di questa reazione la identifica bene don Giussani: «Questo "essere d'accordo senza essere provocati" è una caratteristica comune tra di noi, dovuta alla presenza devastante della cultura al potere (è un esempio, ma un esempio non solo pertinente, bensì determinante). La presenza devastante del potere è ciò per cui, mentre il problema dei soldi e della carriera ha un contraccolpo immediato, sensitivamente emozionante, così come il problema della salute oppure del godimento della donna o dell'uomo, quello che avete letto di Solov'ëv, normalmente – perdonate l'a priori – non ha avuto un contraccolpo emozionante: eravate tutti d'accordo, ma senza esserne provocati» (pp. 137-138).

E neanche quelle che sembrerebbero le espressioni più evidenti del nostro essere d'accordo con lo *starets* Giovanni, cioè le nostre iniziative, sono immuni dall'ambiguità. Tanto è vero che «il Volantone ha così spogliato del senso di sufficienza e di ricchezza tutte le iniziative della comunità». Don Giussani invita a riconoscere che «la copiosità e anche la riuscita di tante iniziative della comunità ci avevano dato un certo senso di sufficienza, una certa percezione di ricchezza». Ma poiché l'attività resta sganciata dalla sua origine, «quanto più siete dentro l'attività, tanto più la vostra attività attenua la provocazione di cui dovrebbe essere invece strumento, non vi provoca più. Quanto più siete attivi, tanto meno quell'attività vi provoca. Anzi, quanto più siete attivi tanto più "viene eliminata la percossa", la sfida che il fatto cristiano implica in sé» (pp. 142-143).

La conferma sta nel fatto che «le attività non generano personalità, per cui non matura la nostra mentalità, per cui nel rapporto con gli altri è tutto formale o verbale e non è il proporsi di sé, di un sé nuovo, di un io nuovo», che, quando accade, «ci si sente dire: "Ma tu sei diverso dagli altri! Come fai?"; "Come fa quello lì a essere così?"» (pp. 143-144). Quando, invece, non c'è un io nuovo, l'annuncio resta verbale, un discorso. «E non si può dire all'altro: "Fai come me"; sì, casomai "fai come me" vuole dire: "Vieni ai banchetti anche tu", ma questo non è: "Fai come me", "Fai quel che faccio io"». Ma contro la tentazione di battere in ritirata dal reale, Giussani incalza: «Attenzione, la conclusione non è: "Bene, allora facciamo meno attività", neanche un po'; la conclusione è esattamente l'opposto. Chi dice: "Facciamo meno attività per pregare di più" non prega di più e non fa attività [...]. Chi non è capace di fare nascere l'attività dall'"uno", non può arrivare all'"uno" dopo» (p. 143).

Le conseguenze sulla personalità del potere devastante che ci circonda si vedono chiaramente. Don Giussani ne segnala soprattutto due.

a) La prima è una difficoltà a comprendere per colpa

di una ragione fragile: «Stamattina è stata usata una frase bellissima, quando è stato detto che "siamo protagonisti di una ragione fragile". Non dico che siamo stati impostori o mendaci, che abbiamo dato via il Volantone senza che vi aderissimo; vi abbiamo aderito, ma non l'abbiamo compreso, non ci ha provocati, non l'abbiamo capito. Una ragione fragile! Ce l'avessero chiesto, avremmo detto: "Sì, sì, io ci credo, anch'io dico così!", ma astrattamente. Una ragione fragile» (pp. 154-155).

b) La seconda conseguenza è «la divisione fra riconoscimento e affettività, fra il riconoscimento e l'essere attaccati al riconoscimento. L'io resta diviso fra il riconoscimento che resta astratto e l'affettività che fluttua. Come all'inizio dell'umanesimo, all'inizio dell'evo moderno: Petrarca ammetteva tutto il dottrinale cristiano, eccome, lo sentiva anche meglio di noi, ma la sua sensibilità o affettività fluttuava autonoma, ed era diviso. Per questo dice: "Chi mi darà l'ali di colomba sì che m'innalzi, elevimi da terra, e sia unificato?"». Don Giussani insiste osservando che c'è una «divisione fra l'oggetto del desiderio e il reale che ho di fronte», perché «ciò che polarizza la mia affettività è il reale che ho di fronte, cioè l'apparenza, così che il rapporto con il reale, il gesto che è il rapporto con il reale, non testimonia Cristo, cioè non veicola come suo significato Cristo (gesto, da *gerere*, vuole dire portare il significato)» (pp. 155-156).

Questo ci fa sperimentare sulla nostra pelle fino a che punto definire «emergenza uomo» la situazione drammatica in cui si trovava, e si trova, l'io di ciascuno, non è per niente esagerato. Don Giussani ne è talmente certo che la descrive come una sorta di «anoressia dell'umano» (p. 35).

In questa situazione, come la risposta dello *starets* Giovanni può diventare veramente mia, nostra? Soltanto se c'è una presenza nella storia in grado di inquietare, provocare la presenza devastante del potere. Dice, infatti, don Giussani: «La presenza della mentalità comune prodotta dal potere è devastante in noi la personalità e la ricchezza della proposta cristiana. È come una barbarie che si pone contro, che s'avventa contro la realtà nuova che il cristianesimo è. È devastante il contenuto, la sostanza, la struttura stessa del fatto cristiano» (p. 144). Questa è la sfida storica che il cristianesimo ha davanti a sé. Dall'esito di questa lotta dipende la nostra fortuna: la persona e il cristianesimo, da questo punto di vista, rischiano la stessa sorte.

2) La pretesa del cristianesimo è di essere una presenza inquietante il potere, come dice don Giussani: «Che cosa caratterizza il fatto cristiano? [...] Cristo è una drammatica presenza. Perché drammatica? Proprio perché è una presenza inquietante il presente – ecco il dramma –, vale a dire provocante il presente. È in questa provocazione del presente – che trasforma il presente, opera sul presente – la drammaticità». E insiste: «Cristo è una drammatica presenza. Cristo: in Lui abita corporalmente la divinità. Voi avete parlato della "fisicità" di Cristo. È esattamente questo che la mentalità dominante stermina, *pardòn*, cerca di sterminare, davanti ai nostri occhi» (p. 144).

Proprio nella misura in cui noi abbiamo compreso la natura della lotta che è in corso, possiamo rispondere consapevolmente alla domanda dell'imperatore: «"Che cosa avete di più caro?" "Quello che di più caro abbiamo, grande sovrano, è Cristo e tutto ciò che deriva da Lui"». E «che cosa deriva da Lui? Tutto». Infatti, nessun'altra cosa, né i valori cristiani, né l'etica, né le iniziative potrebbero resistere, senza la Sua persona. Sganciate da Lui, hanno i giorni contati, come vediamo in noi e negli altri. Invece in Lui tutto acquista una consistenza sconosciuta. È così che possiamo capire san Paolo, quando scrive: «Cristo è la consistenza di tutte le cose, tutto consiste in Lui», o san Giovanni quando afferma: «Tutto è stato fatto per mezzo di Lui, senza di Lui nulla è stato fatto di ciò che è stato fatto». Conclude don Giussani: «In Lui è la vita, cioè l'esistere; in Lui, in quell'uomo!» (p. 145).

Ma come si rende presente quel Fatto, come ci raggiunge dal passato così da essere una presenza provocante per ciascuno di noi oggi, irriducibile alle nostre pretese e interpretazioni? «O Cristo incide, coincide, determina il tempo e lo spazio, cioè la realtà di una compagnia, che diventa segno di Lui (determina la realtà della nostra compagnia, la realtà di una compagnia)», ci dice don Giussani, «oppure non c'è, è un pensiero» (pp. 458-459).

3) Per questo don Giussani sottolinea che la Sua presenza «emerge corporalmente in una compagnia; "corporalmente" è analogico, ma l'analogia stabilisce e identifica una verità reale, una realtà. Il Fatto, il grande Fatto, la drammatica presenza di Cristo è tale perché emerge in una compagnia. Una compagnia è il luogo di quella Presenza, una compagnia che partecipa perciò della drammaticità di quella Presenza. E se non è drammatica, questa compagnia è come una realtà morta» (p. 148).

Ma questa compagnia, per non diventare una realtà morta, deve fare i conti con un'alternativa: «O nasce dal cuore di ognuno, o nasce dal riconoscimento e dalla libertà di ognuno, oppure non esiste come compagnia e come comunità, esiste come gruppo, è un gruppo, cioè è un'associazione, è un'espressione associativa, non è un movimento di essere» (p. 149). In questo secondo caso, prima o poi vincono l'astrattezza e l'estraneità.

Allora, «qual è la cosa importante, come strumento, affinché l'avvenimento possieda la nostra vita e, attraverso la nostra vita, la vita del mondo? "Che l'amicizia continui a esistere." È l'amicizia "che rende Cristo provocazione quotidiana". L'opposto della prima cosa che abbiamo detto, vale a dire della presenza devastante della mentalità comune. "L'amicizia rende Cristo provocazione quotidiana." È l'amicizia che ci inoltra pedagogicamente nella realtà quotidiana, come verifica che Cristo è la cosa più cara che ho. È nell'amicizia che io sono introdotto pedagogicamente (l'amicizia è pedagogo) nella realtà quotidiana: essa mi introduce, mi educa a stabilire i rapporti quotidiani come verifica che Cristo è veramente la cosa più cara che ho, dove la parola "caro" implica riconoscimento, stima, affezione, appartenenza» (pp. 156-157).

Giussani indica qual è la legge di questa amicizia: seguire, «seguire "gli esempi"». E spiega: «La grande legge dello strumento che Cristo ha scelto – l'amicizia che è la Chiesa in quanto vive stringendosi d'appresso, stringendoti fisicamente –, la grande legge di questo strumento è il seguire». Seguire, cioè: «Adesione umile al movimento», «seguire "gli esempi", [...] valorizzare gli esempi» (p. 157).

Così facendo, ci mette davanti alla vera alternativa con la quale ciascuno di noi deve fare i conti: seguire o interpretare. Infatti, «o si segue, allora la compagnia è veramente la fraternità, la fraternità "come il proprio luogo, il luogo del proprio io", dove il proprio io riconosce il suo senso e riconosce i sensi del suo camminare, o si interpreta». Questa è precisamente «la differenza fra cattolicesimo e tutte le altre religioni cristiane. [...] O si segue o si interpreta. O si segue e si è in compagnia profonda, in unità con il passato e con il futuro e con tutti i fattori del presente, o si interpreta e si è nella solitudine». Don Giussani ci aiuta a sorprendere in noi «un tipo di "logica personalistica" in cui il criterio è quello che uno pensa [...], in cui la propria reazione diventa criterio». E questo «è analogo alla logica di gruppo, quando si formano le metastasi nella comunità, cioè i gruppetti, non come intensificazione dell'unità, ma come alternativa all'unità. È analoga allora la questione: lì è uno, è la reazione di uno che diventa criterio per gli altri. Alienazione, invece che logica personalizzante». Al contrario, «la logica personalizzante è quella che ti unisce al tutto – come persone, come compagnia e come tempo, perciò come storia –, ti approfondisce nella storia unica» (pp. 157-158).

Per don Giussani la logica del seguire ha come esito «l'appartenenza, una coscienza sempre più profonda e semplice dell'appartenenza. Il Mistero si fa presente nell'io, l'io è tutto implicato nel Mistero e per questo la vita dell'io diventa [...] novità continua». Infatti «la novità è il guardare, è lo sguardo al significato. E quanto più uno percepisce sé come appartenente al significato, tanto più è continuamente nuovo, è fresco. L'io si sperimenta come novità». E che cos'è la novità? «È il destino che si sta avverando. L'io diventa esperienza del destino che si sta avverando. La liturgia lo chiama "pegno", "caparra"» (p. 158). Infatti, «la coscienza del Mistero presente rende la nostra vita un flusso continuo di novità» (p. 147).

4) Ma «questa compagnia [...] è per la persona». In essa si sperimenta la presenza e la presenza è per la persona. «La presenza di Cristo è per la persona. La persona si costituisce nella risposta che dà alla comunità e alla compagnia che la provoca, in cui Cristo la provoca. La compagnia è il luogo dove Cristo ti provoca con la sua presenza, in cui abita corporalmente la divinità. La tua risposta a questa provocazione, che è nella compagnia, costituisce la tua personalità. La personalità, infatti, si costituisce come rapporto con un tu.»

Come ci provoca? «"[...] La compagnia non ci fa stare tranquilli, perché essa è tutta protesa a che la vita si sottometta a ciò che ci rende veri". Cioè è una compagnia che libera, perché ciò che ci rende veri è l'esperienza della libertà e la libertà è il nesso con il significato» (pp. 150-151).

Dove sta, allora, la questione? La risposta di don Giussani è solare: «Dio mio, come è evidente che la questione sta dentro di te, in te! Sei tu, tu, tu, proprio tu! La questione è tutta quanta nel tu [...], sta nel tuo cuore, quello che ti vibra negli occhi e ti fa muovere i piedi o le mani, quello soprattutto che, toccato dalla realtà che hai davanti, ti mette a sognare, aspira e attende. Tutta la questione è in me, è che "io" abbia detto: "Ecco la generazione che Ti cerca; cerca il Tuo volto, Dio d'Israele", che "io" abbia detto questo. Io l'ho detto, tu l'hai detto (oppure non l'hai detto)!» (pp. 173-174).

Per questo, da parte nostra occorre una sola cosa: l'implicazione di ciascuno di noi. «Tutto questo, ragazzi, non avviene di schianto, è un lavoro, è l'esito di un lavoro, come l'imponenza della saggezza e la suggestività dell'affezione mature sono l'esito di un lavoro, di uno sviluppo. Non però di uno sviluppo meccanico, perché uno sviluppo meccanico le intristisce» (p. 214). Infatti, «quello che ci impedisce che [...] questa percezione delle cose diventi persona – diventi persona! – sono i cedimenti particolari: un pensiero, una negligenza, un'esuberanza indebita o una pigrizia, una pigrizia favorita». Don Giussani descrive una situazione in cui si può ritrovare ciascuno, non allora, quando disse queste parole, ma oggi: «E noi, con gli anni che passano, rischiamo di ritrovarci sempre più formalisti, con una pretesa sempre più grande verso qualcosa cui, invece, portando il nostro contributo ilare, giovanile e geniale, avremmo dovuto contribuire o dovremmo contribuire a fare crescere. Così, la comunità diventa un grande o un sottile bersaglio di recriminazione e di pretesa, invece che una realtà amorosa che, nonostante tutti i veleni dei pungiglioni, noi con il nostro sangue facciamo crescere» (pp. 222-223).

Solo una compagnia così può sfidare il mondo, come sempre ci ricorda don Giussani: «La compagnia ci fa attaccare il mondo, e il mondo sono le circostanze in cui dopo l'inizio della giornata entrate: tutte, dal caffelatte col papà e la mamma, che già vi stanno sullo stomaco, ai libri che dovete brandire, alla noia del tranvai o della metropolitana, alle circostanze che vi attanagliano appena siete entrati all'università e vedete che il professore c'è, e dovete andare in un'aula che non vi piace, oppure incominciate a non vedere i vostri amici e a vedere la gente ostile, oppure anche i vostri amici non vi salutano e il professore dice certe cose dalla cattedra a cui non sapete rispondere [...]. L'attacco al mondo. La compagnia è attacco al mondo» (p. 303).

La carità di don Giussani nei nostri confronti arriva fino al punto di metterci in guardia da un pericolo: «Andrea Emo, lanciato da "la Repubblica" come uno dei più grandi pensatori ignoti della nostra epoca, dice in un suo pensiero: "La Chiesa è stata per secoli la protagonista della storia, poi ha assunto la parte non meno gloriosa di antagonista della storia; oggi è soltanto la cortigiana della storia"». E ci indica anche la strada per non finire così: «Noi non vogliamo una Chiesa così! Ma per non volerla, dobbiamo noi essere protagonisti, perché la Chiesa è fatta di noi. Il rapporto con ciò che non appartiene al deserto è l'unico termine costitutivo di una personalità che sia protagonista e non cortigiana di ciò che la circonda. Allora occorre un lavoro, mettersi al lavoro, per essere protagonisti di una storia» (pp. 432-433).

Questo lavoro – l'unico veramente degno di un uomo che non voglia diventare "cortigiano della storia" – è la strada che don Giussani ci ha consegnato, avendola percorsa prima di noi, per potere sfidare il mondo – che è dentro e fuori di noi – con la forza di ciò che abbiamo di più caro. E per fare la verifica che la fede è un flusso continuo di novità che rende la vita più piena, più grande e più felice. Così, possiamo finalmente dire come nostra la frase dello *starets* Giovanni.

JULIÁN CARRÓN

marzo 2011

1988

NOTA EDITORIALE

I testi della presente edizione sono stati stabiliti sulla base della documentazione, scritta e audio, conservata nell'Archivio storico di Comunione e Liberazione. È stata mantenuta la forma orale dei dialoghi e delle conversazioni. Gli interlocutori sono introdotti dal termine "intervento". Tutti gli altri testi sono riferiti all'Autore.

Le note storiche, in corsivo nel testo, sono a cura di Onorato Grassi.

RIDARE IDENTITÀ ALL'UMANO*

Nel novembre del 1987 gli italiani, chiamati a pronunciarsi su cinque quesiti referendari, si dichiararono ampiamente d'accordo sull'introduzione della responsabilità civile dei magistrati per colpa grave e contrari all'energia nucleare (con la conseguente abolizione delle norme per la gestione e costruzione di centrali nucleari in Italia). All'avvio dell'attività accademica, gli universitari si trovarono così impegnati in una nuova tornata politica, che li mise nuovamente dinanzi alla questione del Potere, della sua natura e dei meccanismi con cui opera nella società. Le scelte referendarie – destinate a influire sul futuro prossimo e remoto dell'Italia – non erano disgiunte dalle scelte che ogni giorno si prendevano, nella propria condizione e nel proprio ambiente, nei confronti dello studio, dei professori e dei propri compagni. Una proposta, che voleva mantenersi originale, si scontrava così contro nuovi conformismi e nuove mode, simboli del riflusso di quegli anni, e contro quel richiudersi su se stesse delle istituzioni, che sembrava ignorare le esigenze degli studenti (un giornalino universitario di allora, «Malaspada», non a caso aveva rivolto i suoi editoriali alla "Questione della libertà"). In queste circostanze, si

* Equipe del CLU, 29-31 gennaio 1988, Rimini.

avvertiva però una crisi ancora più radicale, che riguardava l'esistenza stessa umana. Chi e che cosa fosse l'uomo erano diventate domande alle quali era sempre più difficile dare una risposta. Ci si trovò a fare i conti con un disagio fino ad allora sconosciuto. Il cammino di personalizzazione, iniziato nelle comunità universitarie, veniva così ad assumere un compito nuovo: «Ridare identità all'umano», come era stato proposto nelle Giornate autunnali d'inizio anno e come venne riproposto, quale tema qualificante, all'Equipe invernale. Don Giussani, avvertendo l'incombenza della questione antropologica che stava investendo la società e la cultura a ogni livello, delineò i termini di una possibile ripresa, per affrontare quella che egli stesso definì «emergenza uomo». Intanto, alla parola «movimento» veniva sempre più riconosciuto il significato originale; non quello di indicare un'organizzazione o un'associazione, ma un'esperienza umana in moto, caratterizzata dalla mobilitazione di coscienze e di opere prodotta da un «incontro».

Assemblea

Giussani: Meditativo, bellissimo, il canto che abbiamo cantato. Ma la meditazione esige che l'uomo sia sveglio. Ora, larghi strati della popolazione qui dentro non sono ancora giunti alla soglia della "sveglia", perciò occorre un canto un po' più energico, per esempio *Camminerò*. Cantiamolo tutti.

Camminerò[1]

Giussani: Che sviluppo quello che ci diremo oggi! Sono fronde, fiori e frutti. Pensate alla cosa com'è nata: come un seme. Ma anche in ognuno di voi è nata come una realtà che per sé, immediatamente, quasi non era del tutto distinguibile da tutto ciò che l'attorniava, come il seme dentro la terra. E dopo, che sviluppo! Ecco, allora cantiamo *Il seme* – per ricordarci l'inizio, che magari non ricordiamo neanche più –, ma senza gridare. Occorre cantarlo in modo agitato, nervoso, con l'impeto del cuore, ma sottovoce.

Il seme[2]

Giussani: Quando non sapete più cosa pensare, quando vi sentite aridi e niente più vi tocca, dovete rimeditare la liturgia delle ore del lunedì,[3] soprattutto il primo salmo e la preghiera finale delle Lodi. «Cristo, uomo nuovo, salvaci!»: è la sintesi. «Rivelaci il mistero dell'uomo e colma il suo desiderio di liberazione». L'alternativa a una simile domanda è: «Non c'è desiderio di liberazione nell'uomo, sopprimiamo, obliteriamo il desiderio di liberazione nell'uomo, schiacciamo l'uomo», come Voltaire diceva di Cristo: «Schiacciamo l'infame». E poi c'è il resto, soprattutto (dovrebbe essere la descrizione del nostro *inceptum*, del nostro progetto) l'inno, così bello. «Nel primo chia-

[1] A. Marani, «Camminerò», in *Canti*, Cooperativa Editoriale Nuovo Mondo, Milano 2002, pp. 185-186.

[2] C. Chieffo, «Il seme», *ibidem*, p. 214.

[3] Lodi mattutine del lunedì, in *Il libro delle ore*, Jaca Book, Milano 2006, pp. 71-77.

rore del giorno...»: è l'accendersi della possibilità di un'altra visione delle cose, di un altro sentimento (l'accendersi della possibilità: non è l'esperienza di questa possibilità, ma dell'accendersi della possibilità). «E noi che di notte vegliammo...» Non è una bugia, alle dieci del mattino, dire così. Non lo è per la gran notte che ci circonda, che è nella testa di tutti – di tutti! –, tanto è vero che è anche normalmente nella nostra testa. «E noi che di notte vegliammo»: in questa notte, spuntiamo come stelle, «protesi al ritorno di Cristo», «attenti alla fede del mondo», perché sappiamo che il fondo del cuore di qualsiasi uomo attende qualche cosa che non ha e non può immaginare. «Protesi al ritorno di Cristo»: che Egli sia venuto duemila anni fa, che non sia inutile che Egli sia venuto, vuole dire che deve ritornare adesso. Altrimenti sarebbe inutile. E ritorna attraversando, utilizzando le tue ganasce e i tuoi muscoli, ma soprattutto i tuoi pensieri e il tuo modo di sentire, cioè quella miserabile cosa che si dice «io» (ed è per questo che non è miserabile). «Or verso la luce guardiamo»; in qualsiasi momento della nostra giornata dovremmo potere dire così: «Verso la luce guardiamo». «In Te ci vestiam di speranza»: non esiste altra possibilità di rivestirci di speranza, se non la memoria o la coscienza di Cristo. E questo è il test: se in noi vive la gioia e il desiderio di amare. Rileggerete voi il resto. Comunque, noi siamo definiti, nel senso matematico o metafisico della parola, da questo: «Ecco la generazione che Ti cerca; cerca il Tuo volto, Dio d'Israele». Noi siamo la generazione che ti cerca, che cerca il volto, vale a dire la visibilità, la tangibilità, l'ascoltabilità, l'esperienza del Dio, del divino, che vuole dire l'esperienza del destino. Il ricupero di cui abbiamo parlato nella Giornata d'inizio anno è questo:

«Cercare il tuo volto, Dio d'Israele».[4] Noi cerchiamo l'esperienza del divino, del divino che si è già manifestato, che è già entrato nel mondo, Dio d'Israele, che già è riferibile a un dato storico, perciò non navighiamo nella fantasia.

Adesso ti cedo la parola. Avresti dovuto tu cederla a me prima – ma fa niente –, perché il laico qui trionfa! Siamo quanto di più anticlericale esista al mondo. Non vorrete mica dubitarne! Chi dubita, me lo dica dopo, sinceramente.

Intervento: Volevo riassumere in tre punti il contenuto dei contributi...

Giussani: Questo è già un po' clericale però: «Tre», tre punti!

Intervento: È il minimo. Comunque, volevo riassumere in tre punti il giudizio emerso nei contributi rispetto alla vita delle nostre comunità in questi primi mesi dell'anno. Il primo è il giudizio, il secondo e il terzo punto sono più problematici, per cui potrebbero essere utili per la discussione nell'assemblea.

I banchetti d'inizio anno, le iniziative che le comunità hanno fatto, i gesti di questi primi mesi, insomma, hanno rivelato un fatto significativo: che l'incontro è il punto di origine di quel lavoro per ridare identità all'umano di cui si è parlato nella Giornata d'inizio anno.

[4] Il riferimento è alla Giornata d'inizio anno, svoltasi a Varese il 17 novembre 1987.

Giussani: Io, scusami, non ho capito bene. Tu, in prima fila, hai capito? Eri un po' distratto, quindi non hai capito; però anche in sé, metafisicamente, la questione potrebbe essere ripresa.

Intervento: Ripeto, allora. L'incontro è stato sperimentato come il punto di origine per ridare identità all'umano, secondo il lavoro indicato alla Giornata d'inizio anno. Leggo alcune frasi che lo documentano. Macerata scrive: «L'inizio d'anno con le matricole ha avuto questa diversità: ci teniamo molto di più a loro perché ci interessano per noi stessi; l'incontro che loro fanno aumenta, infatti, la consapevolezza dell'incontro che noi abbiamo fatto e la possibilità di radicarlo in un luogo concreto, costituito di volti precisi». Architettura di Milano: «Cammino personale non significa cammino privato, perché la personalizzazione dell'esperienza è il frutto dell'unità. Quello che c'è di mezzo è il cuore, e il risvegliarsi del cuore è frutto dell'incontro». Bari: «La comunità non è rifugio consolatorio, ma luogo capace – attraverso alcuni esempi vivi e la provocazione della realtà e dei gesti che ci vengono proposti – di rimetterci in movimento dal punto di vista personale». La comunità della Bocconi: «Tra coloro che hanno accolto il movimento come consistenza propria, secondo la grandezza della propria domanda, è accaduto un inizio di comunione che è conforto, provocazione all'intelligenza, ambito di riferimento». La Statale di Milano: «È solo nell'aver di fronte una compagnia che si fa strada la decisione personale che l'incontro sia tutto». O ancora Genova: «L'amicizia tra di noi è più grande della nostra intelligenza, della nostra capacità. Questo è il vero fattore di una novità che si è rivelata in un diverso modo di trattarsi, in un'affezione alla vita delle persone e in un rapporto diverso con la realtà». E da ultimo Perugia: «Dove è accaduto l'incontro con Cristo, dove è stato vissuto, si è generata una novità umana. Sua forma è stato l'entusiasmo con cui molti tra noi hanno vissuto l'inizio d'anno e suo contenuto l'esprimersi sensibile e visibile di una unità fra di noi, segno dell'umanità cambiata. Ciò è diventato punto di riferimento per tutta la comunità e per le persone nuove incontrate».

Insomma, è avvenuto l'inizio di una implicazione con l'avvenimento più cosciente che non in passato. Ciò ha permesso di sperimentare la comunità come luogo dell'umano. Dal contributo di Roma: «La personalizzazione dell'avvenimento, la penetrazione osmotica per cui esso diventa contenuto esauriente della coscienza di sé, del cuore e dell'intelligenza, avviene in un cammino scandito dal rinnovarsi dell'incontro, dal reimbattersi stupito in brandelli di umanità trasfigurati dall'avvenimento». La Cattolica di Milano: «La comunità è una realtà capace di seguire personalmente ciascuno, poiché unita dal riconoscimento di Cristo tra noi come criterio di giudizio e di azione». Molti contributi riconoscono l'origine di questo cambiamento nella comunità nel cambiamento tra i responsabili, nella diaconia, che o si è confermata o è tornata a essere un luogo di amicizia. Tra i molti: Siena, Palermo, gli Atenei minori di Milano e l'Irlanda.

Secondo punto. Di fronte a quanto descritto subentrano alcuni rischi, che si potrebbero riassumere in un'espressione: un *décalage* di tensione rispetto all'avvenimento.

Giussani: Traducilo in tedesco, perché ci sono i tedeschi!

Intervento: Impossibile!

Giussani: Traducilo in italiano, allora.

Intervento: Un calare della tensione!

Giussani: Banale! Banale!

Intervento: È un venire meno della tensione che fa definire ciò che è accaduto, l'avvenimento dentro la compagnia, secondo termini nostri: è una riduzione, insomma. Lo descrive la comunità di Scienze di Milano: «Ci siamo accorti del rischio di svilire questa novità mediando il contenuto dell'incontro con le nostre buone intenzioni, sostituendo l'apertura all'avvenimento con il nostro progetto». Cosenza: «Spesso la difficoltà che si incontra è che gli schemi personali restringono l'orizzonte nuovo e ben presto si rientra nella normalità». Trento: «Esiste un rischio: l'incontro con questo Qualcun altro che si fa presenza concreta può essere in qualche modo ridotto nella sua portata. Pur riconoscendone la bellezza e la grandezza, che vanno al di là della nostra comprensione, c'è la tentazione di appiattire questa presenza con la presunzione di averla compresa, imparata, giudicata. Come se la sua valenza si fosse esaurita e rimanesse solo la possibilità di un suo utilizzo strumentale». Salerno: «Accade una slegatura tra ciò che si sente, si pensa e si fa normalmente e ciò che abbiamo incontrato. Per alcuni sentire questa differenza è stata un'occasione per aderire di più; per molti il rischio di appiattire la differenza senza rischiare un lavoro su di sé». Cagliari: «Non mancano delle cadute di tensione che rischiano di dissolvere la novità dell'amicizia vera in ciò che in questi ultimi anni si è chiamato "logica di gruppo"». Gli Atenei minori di Milano: «La più grossa difficoltà è causata dalla disabitudine drammatica a vivere la fede come un avvenimento e non come un ennesimo schema mentale da applicare alla realtà. Tale schematismo rischia di ridurre la domanda a proiezione di un'immagine priva di una reale incidenza su di sé».

Il terzo punto lo lego anche alla questione dei Cattolici Popolari, pur non volendo entrare esplicitamente nel tema. Nelle iniziative dei Cattolici Popolari si vede quel calo di tensione, quel venire meno che ci fa inquadrare in schemi precostituiti l'avvenimento capitato. Ci sono due segni. Il primo è che l'operosità rischia di degenerare in attivismo, tanto è vero che in alcuni momenti si ha l'impressione che, dopo una grande partenza, ci si sieda.

Lo descrive molto bene il contributo della Svizzera: «Abbiamo riscontrato una difficoltà a mantenere una continuità nell'approfondimento del nostro cammino. La riflessione sul nostro cammino risulta discontinua e ancor troppo poco legata all'esperienza dell'impatto con il reale, ancora troppo determinata dallo psicologismo e non dall'esperienza religiosa». Ancora Scienze: «Tutto può continuare a essere uno strumento di lontananza da Cristo. Anche il gesto in cui uno pensava di essere redento diventa una chiusura».

Giussani: Cos'è che diventa una chiusura?

Intervento: «Il gesto in cui uno pensava di essere redento.» È descritto come un rischio possibile.

Giussani: Capite cosa vuole dire? Qualcuno lo spiegherà. Il primo intervento deve essere allora di uno di...?

Intervento: Scienze di Milano.

Giussani: Uno di Scienze spiegherà questa importante osservazione, perché in pochi l'hanno capita.

Intervento: Se il primo segno del calo di tensione è una possibilità che l'operosità degeneri in attivismo, il secondo è una titubanza o una difficoltà nel giudizio, tanto sull'esperienza personale e della comunità, quanto sulla realtà in generale.

Giussani: Titubanza o...?

Intervento: Difficoltà nel giudizio. Bologna dice: «La difficoltà è nella stabilizzazione del lavoro personale. Non bastano gli shock di obbedienza per stima, come per il referendum...».

Giussani: Bellissimo! Da capo, da capo, leggi adagio, come prima.

Intervento: «La difficoltà è nella stabilizzazione del lavoro personale. Non bastano gli shock di obbedienza per stima, come per il referendum.» Catanzaro aggiunge: «Il modo diverso di essere che abbiamo sperimentato si scontra con un formalismo accomodante che ci fa perdere il significato della realtà e di quello che siamo». Una formulazione forse più drammatica di questo è nel contributo di Ingegneria: «Come accade che l'esprimere la domanda sia già un giudizio, per non sentire quest'ultimo come una distanza da colmare con un proprio sforzo? Qual è il contenuto del giudizio?».

Giussani: Si vede, ragazzi, che quelli di Ingegneria fanno molto attentamente la Scuola di comunità, ma si capisce che non la si capisce, anche quando la si fa attentamente. La Scuola di comunità bisogna rileggerla tante volte, perché questa loro domanda è come dire: «La Scuola di comunità non l'ho capita». Rileggi!

Intervento: «Come accade che esprimere la domanda sia già un giudizio, per non sentire quest'ultimo come una distanza da colmare con un proprio sforzo?»

Giussani: Sì, è come la fede per tutta la gente, è come la proposta cristiana per tutta la gente: è una cosa lontana. Perché? Perché il giudizio che dà non è già contenuto nella domanda che l'uomo fa. Il giudizio deve essere già contenuto nella domanda. Leggi la frase successiva.

Intervento: «Qual è il contenuto del giudizio?»

Giussani: Questa è pura Scuola di comunità – pura! –. Il contenuto del giudizio dev'essere una risposta alla domanda che è del cuore (allora non è più lontana la risposta, non è più schematica la fede), dev'essere una risposta al cuore. Il giudizio dev'essere già incluso nella domanda, perché l'uomo – diceva Verlaine – trova quello che cerca, e noi troviamo l'infinito proprio perché lo cerchiamo, perché il cuore lo cerca. Per questo bisogna ritornare alla propria originalità, mentre il nemico ci vuole fare stare fuori casa, sempre fuori casa, naturalmente con mense collettive, con dormitori pubblici, con luoghi di divertimento, con passeggiate, con tutta la giornata programmata, ma fuori casa. La tragedia è che la stragrande maggioranza delle donne che ci tengono alla casa, alla famiglia, non ci tengono in questo modo: l'ultimo pensiero è tenerci alla famiglia per fare ritornare il figlio all'originalità del proprio essere. È il loro modo di essere fuori: per la maggior parte delle mamme il loro modo di essere fuori di sé è la famiglia. Avanti.

Intervento: Le ultime tre documentazioni di questo punto. La Cattolica di Milano: «Fuori dal rapporto con una compagnia come ipotesi di lavoro anche il nostro essere insieme si inaridisce nella sterile routine di un'associazione incapace di giudizio».

Giussani: «Sterile» che cosa?

Intervento: «Sterile routine di un'associazione incapace di giudizio.» Scienze di Milano: «Conseguenza di questo è che sembra che nulla della realtà costituisca un problema per noi, come se il potere non ci stesse attaccando veramente». La Statale evidenzia perciò una necessità: «Per questo il lavoro più urgente ci pare quello di un approfondimento del paragone innanzitutto con il movimento nella sua guida autorevole e negli strumenti che ci propone». Come conferma dell'importanza di questo sintomo...

Giussani: Quale sintomo?

Intervento: La difficoltà nel giudizio come importante per la questione dell'incontro, del mantenimento dell'avvenimento nella sua originalità...

Giussani: Nonostante l'incontro, vi è una difficoltà di giudizio, cioè una difficoltà nell'incontro!

Intervento: Sì. A conferma dell'importanza della cosa, vi è un dato che emerge, in positivo, nel contributo di Roma: «È l'esperienza della creatura nuova avvenuta nella nostra compagnia che solo genera anche una possibilità di giudizio nuovo sulle cose e sul mondo».

Giussani: E questo avvenimento nuovo può essere più ampio di dove chi guida punta il dito. Il terzo punto è realmente il più sintomatico. Il sintomo di tutto quello che viene prima, se va bene o va male, è proprio nel terzo momento. E la parola fondamentale è la parola «attivismo». Cosa vuole dire? Quando si è attivisti? Quando è attivismo quello che facciamo? Anche la seconda questione, «titubanza e difficoltà nel giudizio», ha un nesso profondo col primo sintomo. Ma se non si capisce quando si è attivisti, quando si incomincia a essere attivisti o perché si è attivisti, non si valorizza bene il secondo sintomo, quello della titubanza nel giudizio, che è il più universale, superato soltanto da un altro caso (che lui non ha detto): il giudizio che si dà senza capirlo, cioè che si ripete; è il ripetere uno schema. Ma è stato detto in tanti modi. Bene, speriamo di non fare niente per «shock da obbedienza». Questa, dovete ammettere, è una osservazione arguta. Prego!

Intervento: Lo shock da obbedienza per stima è sempre negativo?

Giussani: Beh, ammetto che nei primi tempi, quando si è infanti, può anche essere positivo: ma quando si è infanti, cioè per i primissimi tempi, quando c'è il seme.

Intervento: Però nessuno vuole restare infante per tutta la vita...

Giussani: Appunto! L'arguzia dell'intervento è che notano che, quando la vita è già evoluta, c'è ancora «lo shock da obbedienza». A quale altra parola è molto vicino lo «shock da obbedienza», tra tutte quelle usate?

Intervento: Attivismo!

Giussani: Chi l'ha detto? Ti devo dare cento lire. In cuor mio ho proprio detto: «Mi impegno a dare cento lire a chi risponde». Attivismo! Lo shock da obbedienza è attivismo; non solo è attivismo, ma è anche «sterile routine di un'associazione incapace di giudizio»; giuridicamente si dice molto più in breve: «Incapace», «è un incapace». Alé, a voi!

Intervento: Sono di Scienze, volevo cercare di spiegare quello che lei aveva chiesto prima.

Giussani: Bene!

Intervento: Noi ci siamo accorti, come è stato letto prima, che tutto può continuare a essere uno strumento di lontananza da Cristo; anche il gesto in cui uno pensava di essere redento diventa una chiusura. Sembra, infatti, che l'unica maniera di rapportarsi con la grandezza inequivocabile che è avvenuta sia quella di tentare con le proprie forze o con le proprie buone intenzioni di decidere come andare avanti, di vedere noi quali sono le cose più importanti e più utili, dimenticando un'origine che è indubitabilmente non data da noi.

Giussani: Certo, è un aspetto della riduzione alla propria misura. Ma volevo che spiegassi questa frase: «Anche il gesto in cui uno pensava di essere redento diventa una chiusura». Tu dici: diventa una chiusura perché viene interpretato secondo le proprie misure. Voglio capire che cosa accennavate quando parlavate di gesti in cui uno pensava di essere redento.

Intervento: Qualsiasi gesto in cui uno impegna la propria energia, secondo un proprio progetto, secondo una propria violenza.

Giussani: Vale a dire, il gesto in cui uno pensava di essere redento sono tutti i gesti che assumiamo perché siamo entrati in comunità: dalle Lodi fino al banchetto, dalla discussione nell'assemblea alla Scuola di comunità; sono tutti i gesti in cui noi penetriamo, a cui noi ci adattiamo, come se fossero già redenti perché sono gli strumenti della vita di comunità. Allora la lontananza da Cristo è l'uso schematico di giudizi sentiti o è lo shock da obbedienza nel fare cose che ci comandano, è la mancanza di verità in quello che si fa. Insomma, è la mancanza di consapevolezza in quello che si fa.

Intervento: Sì, a volte si è come restii a riconoscere che noi siamo salvati da una presenza che riaccade e che ha uno sguardo alla realtà più grande del nostro. Questo sembra essere qualcosa che non siamo in grado di aspettare, perché esce da quello che abbiamo già deciso, anche dalla bellezza che abbiamo già visto.

Giussani: Come dire, ripugnantemente, in modo blasfemo, sacrilegamente, la bellezza che abbiamo già visto diventa un alibi per potere andare avanti in modo attivistico, per potere andare avanti in modo chiuso, per potere andare avanti con le proprie idee. Prego.

Intervento: Ascoltando il resoconto iniziale mi viene una reazione, che è anche una domanda: bisogna che noi attacchiamo la riduzione intellettualistica della ragione, perché l'attivismo e lo psicologismo che sono stati denunciati sono un'ottusità derivante da una mancanza di ragione. Da questo punto di vista, mi rendo conto che la Scuola di comunità non l'abbiamo veramente capita.

Giussani: È molto facile che non l'abbiamo capita, diciamo così.

Intervento: Si fa la Scuola di comunità con una preoccupazione di definire e non di aprire, si slega l'affezione dalla ragione. Ma nella ragione c'è un'affezione. È questa ragione che comprende un'affezione che non rende attivisti, che non rende psicologisti, cioè che non fa decadere. Finché noi continueremo a vivere una ragione dissociata dall'affezione, vale a dire senza l'esperienza della libertà, sarà drammatico.

Giussani: Che la ragione e l'affezione sono legate, questa è realmente un'affermazione rivoluzionaria nella mentalità intellettualistica di tutto il mondo moderno, come documenta bene de Lubac (io spero che qualcheduno lo studi), nei due volumi che ho scoperto in questi tempi, *La posterità spirituale di Gioacchino da Fiore*.[5] Questi due volumi preziosissimi sono la documentazione di un'intellettualità separata dall'affettività, per cui lo spirito che riguarda l'affettività non c'entra con la ragione che guarda e s'applica alle cose, alla realtà, la ragione essendo la misura della carne, il metro che misura la carne (a noi interessa, la carne, sia chiaro!). La dissociazione tra ragione e affezione è l'inferno del mondo di oggi, della cultura dal Cinquecento in poi. Il ricongiungimento dell'affezione, il recupero dell'unità tra ragione e affezione, lui l'ha chiamato «libertà». In che senso? Come mai? Rispondete voi, che avete fatto o avreste dovuto fare *Il senso religioso*.[6] Lascio l'interrogativo aperto. Avanti, sotto a chi tocca.

Intervento: Faccio Scienze a Milano. Vorrei domandare un aiuto. La novità più assoluta che ho cominciato a sperimentare sono io stesso: io, in quanto riconosco di essere fatto di domanda. Sono sussultato quando lei diceva prima che la domanda inizia a coincidere col giudizio.

[5] H. de Lubac, *La posterità spirituale di Gioacchino da Fiore. Dagli Spirituali a Schelling*, I, Jaca Book, Milano 1982; H. de Lubac, *La posterità spirituale di Gioacchino da Fiore. Da Schelling ai nostri giorni*, II, Jaca Book, Milano 1984.

[6] L. Giussani, *Il senso religioso*, Rizzoli, Milano 2010.

Giussani: Il giudizio è contenuto nella domanda.

Intervento: Mi accorgo che la domanda è implicata drammaticamente nel rapporto con la realtà: per questo comprende il giudizio. Per esempio, se ho a che fare con la donna che amo, non posso domandare l'infinito senza che questo prenda forma nel rapporto concreto con lei che mi sta davanti, oppure con le cose che mi stanno di fronte.

Giussani: Cioè, se ti interessa qualche cosa, dicendo in termini più lati, il rapporto con l'infinito deve innanzitutto determinare il rapporto con ciò che più ti interessa.

Intervento: Esatto!

Giussani: Che è il contrario di quello che avviene: che quanto più una cosa ti interessa tanto meno ricordi il rapporto con l'infinito, cioè tanto più si dimentica se stessi e diventa enorme il – non so come si chiama in termini fisiologici – bubbone pollinico.

Intervento: Il gametofito, l'ho studiato nell'esame ultimamente.

Giussani: Non so, io l'ho studiato quarant'anni fa in liceo.

Intervento: È giusto, comunque.

Giussani: Il polline mette fuori una specie di tubo. È così?

Intervento: Esatto.

Giussani: Ecco, allora, il bubbone pollinico, cioè quel tubetto lì che va fuori, non è l'io, ma è la reazione dell'interesse; perciò, quanto più una cosa interessa tanto meno sei «tu». Perché tu sei rapporto con qualcosa di più grande. Ora, il rapporto con qualcosa di più grande deve entrare proprio in quello che più ti interessa.

Intervento: Per questo usavo la parola «drammaticamente». L'altra cosa che volevo dire, infatti, è che, quando sono in rapporto con ciò che mi interessa, nasce la domanda che l'incontro continui anche lì. Ogni volta che studio, oppure che sto con i miei genitori, diventa sempre più determinante desiderare che l'infinito entri lì dentro.

Giussani: Non puoi più lasciarlo come una cosa astratta.

Intervento: Esatto.

Giussani: Come una definizione.

Intervento: È un continuo buttarsi oltre.

Giussani: Per la maggior parte di voi, la Scuola di comunità resta, nel migliore dei casi, un insieme di definizioni che, siccome la memoria non è di tutti, poi cadono.

Intervento: E l'aiuto è dato da un nuovo rapporto di amicizia, perché gli amici – ho scoperto – sono l'aiuto al buttarsi verso questo rapporto con l'infinito.

Giussani: Bello, questo. Gli amici sono una delle cose più interessanti: è la cosa, tra le cose interessanti, che più facilmente può evitare l'errore, perché il rapporto con gli amici è quello che ti richiama al rapporto con l'infinito, mentre quello con la morosa – normalmente, tra di voi – no. Fino adesso, eh!

Intervento: E dico che è diverso porre la domanda a un qualcosa di astratto o riconoscere adesso il volto storico di Cristo fatto carne. È diverso per la propria vita seguire un'immaginazione di Cristo o accettare la fisicità del suo volto, perché questo rimanda continuamente oltre: in un certo senso, si è condannati all'infinito, ma non condannati nel senso brutto del termine...

Giussani: Stai tranquillo, comprendiamo.

Intervento: E io desidero essere aiutato in questo.

Giussani: Non *damnatus ad metalla*, ma *damnatus ad infinitum*. Nietzsche lo sentiva proprio come una dannazione, come in quella frase famosa: «Quella sete del reale, del vero, del giusto, quanto la odio!».[7] Si sentiva condannato all'infinito.

Intervento: Per questo l'ultima parola che ci definisce è la parola «pace».

Giussani: Grazie. Allora lasciamo il posto al capo, anzi al "bicapo", perché abbiamo due capi.

[7] Cfr. F. Nietzsche, *La gaia scienza e Idilli di Messina*, Adelphi, Milano 1995, p. 223.

Intervento: Volevo riprendere la tua domanda sull'attivismo, che mi pare aiuti molto a capire il momento. Uso un'immagine: sembra quasi che l'incontro continui a irrompere in un tessuto che immediatamente si richiude, e questo tessuto è la nostra autocoscienza. Le debolezze e le titubanze registrate sono conseguenza di ciò. L'incontro irrompe continuamente, perché riaccade e ci mette ogni volta con le spalle al muro, però il tessuto si richiude subito dopo. Allora i gesti non redimono più. Da un certo punto di vista, sono utili alla collettività e inutili al soggetto. Ma si potrebbe dire che ultimamente non sono utili neanche alla collettività. Entrando nel merito, cercando di dire quello che mi ha provocato la sottolineatura di prima sulla libertà, dico che questo momento è quanto mai ricco di operatività, ma l'urgenza è di cambiare la radice dell'operatività: è un passaggio che non possiamo rimandare oltremodo. Vale a dire, l'operatività deve avere un altro protagonista, la libertà, un altro soggetto: non più la collettività, ma l'io. La questione può essere descritta con un'altra immagine: la comunità fino a un certo punto ci spinge da dietro e uno va avanti...

Giussani: Eccetto che uno sia un po' pesante!

Intervento: A un certo punto, invece, ci chiama mettendoci davanti una proposta, ed è molto diverso: il soggetto dell'azione è l'io che è attirato e aderisce. Vale a dire, la comunità, l'incontro che si ripete pretende innescare la mia libertà. C'è una parola che a mio parere dice l'intreccio tra ragione e affettività: è la parola «domanda». Perché la domanda è l'esercizio di un rapporto, e per questo contiene il giudizio (sul significato di quel rapporto). La domanda è una modalità operativa di appartenenza.

Giussani: Cos'è la domanda?

Intervento: È una modalità operativa di appartenenza, che non ha nulla a che fare con il fraintendimento psicologistico o sentimentalistico che noi siamo portati a fare. Che sia una modalità operativa di appartenenza significa che contiene un giudizio ed è l'esercizio di un rapporto. In questo esercizio sta la continuità di apertura, altrimenti il tessuto continua a richiudersi e non si forma una coscienza nuova. Spesso noi fraintendiamo il significato del divenire coscienti perché intendiamo il lavoro su di sé come qualcosa di intimistico. Mentre il lasciare penetrare il rapporto con il contenuto dell'incontro è un lavoro guidato dallo sviluppo dell'incontro stesso, cioè dalla compagnia che opera attorno a me. È l'accenno, fatto alla fine della lettura dei contributi, agli strumenti e a chi guida il movimento. Come tu richiamavi, «noi cerchiamo il Suo volto», «siamo la generazione che cerca il Suo volto»; per questo il lavoro su di sé non è un lavoro privato, arbitrario. E il segno che viene compiuto è nel modificarsi del rapporto con la realtà. È un cambiamento visibile, che incide rispetto ai nessi che costituiscono l'esistenza.

Giussani: Qualcuno ricorda il '75, Rimini?[8] Quello che sta avvenendo nella discussione di oggi o nell'accentuazione di quest'anno era stato anticipato nel '75. Dopo

[8] Cfr. L. Giussani, «Persona e comunione di base», in *Dall'utopia alla presenza (1975-1978)*, BUR, Milano 2006, pp. 13-20.

anni, almeno tre, in cui il movimento, specialmente nelle università, ma anche nelle scuole, era stato impegnato a sangue, nel senso letterale della parola, per le elezioni – ce n'erano state tre o quattro ogni anno, dopo il referendum sul divorzio –, in condizioni ostilissime, non solo alla Statale di Milano, ci siamo radunati a Rimini. Dopo discorsi di altri, io ho detto: «Ma, ragazzi, non vedete come siete stanchi? Siamo tutti stanchi. Non possiamo andare avanti. L'idea di tirare avanti così ci distrugge. Non è possibile. Allora bisogna recuperare la radice, perché se uno recupera la radice non si stanca mai» (vedi la fine del capitolo 54 o 55 di Isaia). E abbiamo indicato come radice il vivere la comunione tra noi, vale a dire, in termini che userebbero anche altri, la comunità di base, una comunionalità alla base. Ma anche questo, immediatamente, come lui ha detto, si è richiuso. Si è richiuso, e anche una comunionalità di base è diventata uno schema, da cui consapevolmente e senza più ritorno stiamo uscendo adesso. Senza più ritorno, anche a costo di rimanere in cento su cinquecento! Prego.

Intervento: Allora io volevo dire...

Giussani: Di dove sei?

Intervento: Sono della Cattolica e volevo fare tre osservazioni. La prima è che tutte le cose che faccio consistono nell'approfondirsi del mio rapporto personale con Cristo, con il destino. È come se provassi una grandissima solitudine, non in senso negativo: è l'essere personalmente davanti al destino, alla cosa grande che mi ha chiamato, che mi ha evocato. La seconda cosa è che la percezione di questo rapporto che mi costituisce, mi forma, coincide con l'inizio della vita, mentre molte volte la consideravo come la fine, la risoluzione, l'essere arrivati, l'avere capito. Il vivere personalmente questa coscienza di essere costituiti da altro è un'apertura dentro tutte le cose che ho davanti, è un modo diverso di concepirmi. Ciò che ridà identità all'umano è un'umanità rinnovata da questo rapporto che la costituisce.

Giussani: Ciò che rende ragione alla ragione è questo. Altrimenti non "avrebbe ragione"! Quando leggete sulla Scuola di comunità[9] che la ragione ha la categoria della possibilità, si dice questo: è solo il rapporto con l'infinito che stabilisce un'apertura senza confini, vale a dire la categoria della possibilità. Oppure, quando si dice che la ragione è un'apertura, è una coscienza della realtà secondo la totalità dei suoi fattori, questa totalità dei fattori è senza fine. Questo «senza fine» è indicato dalla parola «significato»: il significato è senza fine, *in fine non est mensura*.

Intervento: Volevo anche dire che l'io si muove per un giudizio solo se si percepisce in questo rapporto. Se il giudizio è un'idea giusta, una cosa che si condivide, non ci si muove, al massimo si pensa di stare da una parte, di avere la tale idea, ma non ci si muove. Faccio un esempio. L'altra sera ero a teatro...

Giussani: Dov'eri?

[9] Cfr. L. Giussani, *Il senso religioso*, op. cit., pp. 61, 66-67.

Intervento: A teatro, al Carcano, ed era una cosa scandalosa, che rasentava quasi la pornografia in certe scene...

Giussani: Non sarai mica andato apposta?!

Intervento: No, no, sono andato solo perché ho l'abbonamento. Percepivo che molta gente era, come me, scocciata. A un certo momento mi sono alzato e mentre prendevo l'impermeabile per andarmene ho gridato: «Questa è una porcheria!», creando un po' di scompiglio nella sala.

Giussani: Giustissimo!

Intervento: Poi, anche qualchedun altro è venuto via. Mi sono mosso non per un'"idea" che quella cosa fosse sbagliata, ma per la percezione di essere costituito da qualche cosa d'altro, di essere fatto per altro. E la compagnia è il luogo in cui questo rapporto sussiste; fuori c'è solo un'idea di Cristo. Nel momento in cui è maggiore la percezione del mio rapporto personale con Cristo, capisco molto di più l'impossibilità che questo rapporto vada avanti fuori da una sequela storica alla compagnia che mi è data.

Giussani: E se andassi in Australia a lavorare?

Intervento: Continuerei a seguirla perché...

Giussani: Ti costituisce. A un certo punto ciò che si segue diventa dimensione dell'io, perché non può cambiare le azioni senza avere cambiato il soggetto. Ora, come dimensione dell'io, come vivrà in Australia, se non puoi avere là né Tizio, né Caio?

Intervento: Benissimo!

Giussani: Volgare! Con la memoria, si chiama «memoria». La personalità è costituita dalla memoria. Senza memoria una personalità è senza dimensioni. L'idea fondamentale di Solženicyn,[10] giustissima, è che la dittatura, cioè il potere, ha come scopo supremo impedire il ricordo: distrugge il popolo impedendo il ricordo. Un popolo è fatto di persone e il ricordo è l'origine delle dimensioni di una persona. È nel ricordo che uno si dimensiona. Abolendo il ricordo si aboliscono le dimensioni e la persona resta un manichino. La differenza – diceva Marshall nel suo bel libro *A ogni uomo un soldo* –[11] tra una bella ragazza e un perfetto manichino sta nelle dimensioni, che non sono quelle misurabili col metro da sarto.

Intervento: Volevo riprendere alcune osservazioni fatte prima. La situazione che si vive oggi in maniera tragica è una situazione di anoressia dell'umano, come tu hai detto recentemente. Basta che uno tenga gli occhi aperti per accorgersene. Di fronte a questa situazione l'alternativa, secondo me, non è tanto che ci sia uno "del" movimento, ma che ci sia uno "in" movimento. Ci può essere, infatti, un possesso anche spregiudicato dei discorsi del movimento, o uno shock di obbedienza, o un attivismo, però la differenza in un ambiente la fa un uomo che ha un muscolo forte, che lo sta esercitando, che sta crescendo...

[10] Cfr. A. Solženicyn, *Il mio grido. Discorso del premio Nobel*, Sicula Editrice, Noto 1973, pp. 51-52.

[11] Cfr. B. Marshall, *A ogni uomo un soldo*, Jaca Book, Milano 1995, pp. 119-120.

Giussani: Giusto, lo sta esercitando.

Intervento: Ecco, è la libertà, che è quello che più si vede mancare ed è la cosa che noi stiamo imparando. La stiamo imparando in un esercizio, come se il movimento fosse una palestra in cui, attraverso certi strumenti, si impara una libertà che è di fatto un modo più ragionevole di stare nella vita. Allora uno può fare i Cattolici Popolari, se c'è da fare quello, o può passare mezz'ora con sua nonna, se c'è da passare mezz'ora con sua nonna, ma la differenza qualitativa è lì.

Giussani: Cioè, dov'è la differenza qualitativa?

Intervento: La differenza qualitativa è nel fatto che uno è ragionevole in quel momento lì, non nel fatto che ha uno schema da seguire o che ha una serie di passaggi logici in testa.

Giussani: Sì, il rapporto con l'infinito determina quel che fa per i Cattolici Popolari o il rapporto con la sua donna, per dirla nei termini di prima.

Intervento: Ecco, l'esigenza che io sento sempre di più è che la libertà sia davvero il muscolo determinante, segni di fatto la differenza. Altrimenti, uscire di casa, andare all'università rischia di diventare insopportabile. E rischia di diventare insopportabile anche stare nel movimento, se il movimento non è questa palestra.

Giussani: Giusto!

Intervento: Anche a me questa sembra una questione importante. Vorrei aggiungere che la libertà si impara con una responsabilità, cioè si impara rispondendo. Ma essere responsabili vuole dire rischiare e rischiare vuole dire percepire l'ostacolo, cioè percepire che cosa si pone e che cosa si oppone, e questo è l'ambiente. La libertà si impara come presenza nell'ambiente.

Giussani: Ripeti questa catena, che è uno shock che è meglio imparare a memoria. Dunque, la libertà si impara...

Intervento: ...nella responsabilità, cioè rispondendo. Ma rispondere significa rischiare e per rischiare bisogna percepire l'ostacolo, ciò che si pone davanti, che si oppone, vale a dire l'ambiente. La libertà si impara come presenza nell'ambiente. Che cosa ci si oppone oggi? O a che cosa noi ci opponiamo? La risposta non può che essere concreta. La libertà, perciò, non è la pratica di uno schema all'infinito, ma viene in un rischio, perciò nel comprendere contro cosa vai.

Giussani: La libertà non è un sentimento, ma è un dinamismo. Comunque, quello che ha detto lui me l'ha detto il professor Lazzati la prima volta che abbiamo fatto, in diciassette ragazzi, a Gressoney, una tre giorni, da cui l'idea di movimento poi è nata.[12] Lui, dopo, ha dimenticato tutto questo. È quella famosa frase che abbiamo già citato tante volte: *Pour se poser il s'oppose*, per porsi uno si oppone. Se non c'è il senso della responsabilità rischio-

[12] Il riferimento è alla Settimana studenti, svoltasi a Gressoney Saint-Jean dal 22 al 29 agosto 1954.

sa, perciò se non ci sono il giudizio e la volontà e l'affettività per andare contro, per cambiare – perché «andare contro» vuole dire «cambiare» – ciò che c'è, ciò che mi si oppone, che mi sta davanti, che mi si impone, se non ho questa responsabilità, cioè se io non sono presente nell'ambiente, la libertà diventa un "sogno di una notte di mezza estate" che il vento soffia via. E dopo viene, come è stato detto, l'anoressia dell'umano. L'anoressia, normalmente, spessissimo, viene alle ragazze che non hanno avuto un rapporto col padre, un rapporto giusto col padre, o con la madre, che è lo stesso. Il padre e la madre sono il potere: se non abbiamo un rapporto giusto con il potere, ci viene l'anoressia dell'umano, la nostra umanità non mangia più, non si ciba più, non dorme più, diventa magra, e c'è soltanto una sembianza «che par persona»,[13] una cosa inconsistente (non puoi abbracciarla perché non è consistente). Il mondo adesso è pieno di anoressici dell'umano: per il potere. Ma come si fa a liberarsi da questa soggezione al potere che ci mette in anoressia? Bisogna opporsi, cioè bisogna porsi con tale consapevolezza, giudizio e affettività, con tale libertà reale, che si cambi o si cerchi di cambiare quel che ci sta davanti (è questa la presenza nell'ambiente, perché quel che ci sta davanti è l'ambiente). Si tratta anzitutto di cambiarlo come giudizio e quindi di manipolarlo, di usarlo diversamente. Per questo il potere odia la libertà. Ciò sta avvenendo in Occidente in una forma tragica e umanamente più deleteria di come sia accaduto in Russia sotto Lenin e Stalin e di quanto accade ancora adesso. Perché in Occidente è tutto liscio. Il discorso sui valori comuni, portato avanti

[13] Dante, *Inferno*, VI, v. 36.

anche da vescovi, la stabilizzazione sui valori comuni è proprio l'abolizione della libertà: e quando uno si muove "divide"! Ma noi dovremmo poter dire: «Libertà andiam cercando, come sa chi per lei vita rifiuta».[14] È un po' dura! Avanti.

Intervento: Faccio il Conservatorio. Volevo dire che uno degli aspetti per cui questo tessuto si richiude di fronte all'incontro è una paura di fronte alla realtà, davanti a tutto ciò che uno non riesce a definire. È come se normalmente uno delimitasse il proprio terreno di caccia, cioè il terreno dove si può muovere, per farlo coincidere con tutto ciò che, con la propria testa, con le proprie idee, ha in mano. Ciò che non riesce a definire gli fa paura. Il tentativo è di allargare questo terreno, ma sarà sempre un terreno circoscritto. Anche il campo dell'affettività è fissato da un'immagine che uno ha di quello che gli può piacere, e sarà sempre una cosa chiusa. Ho imparato che è il rischio, è la fiducia nel lasciarsi percuotere dalla realtà che cambia le cose: quello che soffoca la vita non è tanto il dolore, ma il continuo sforzo che uno fa per difendersi dalla realtà. Quando uno molla le difese e accetta di essere percosso dalla vita è come se la vita fosse più dolorosa, ma è un dolore aperto, carico di affettività e soprattutto di un giudizio: che la realtà è un bene per sé. Allora uno non è più proiettato sul futuro e si pone nella realtà, si "oppone", non come un soldato di ventura mandato allo sbaraglio, bensì come persona, come un io che dice: «Disposto a tutto, ma con fiducia». In questo sta anche il rischio della libertà.

[14] Cfr. Dante, *Purgatorio*, I, vv. 71-72.

Giussani: La sua prima osservazione richiama la Scuola di comunità: ragione uguale dimostrabile, ciò che non è dimostrabile non c'è. È la Scuola di comunità. Ma voi non fate mai questi raccordi, non avete capito un'"acca".

Intervento: Sono della Cattolica. Cerco di raccontare cosa mi è accaduto, perché mi sembra che c'entri con questo. Se prima vedevo quattro cose, adesso sono cento, e così dentro questa compagnia io tendo ad abbracciare il mondo, fino al livello dei Cattolici Popolari o della politica universitaria. Il criterio vivo che è questa compagnia diventa ipotesi di lavoro con cui affrontare tutto e così, poco per volta, comincia a diventare una cosa mia: è la personalizzazione. Dentro le circostanze che la realtà pone, il compito per me è dare spazio a questa presenza: il mio io comincia così a giudicare tutto. Se invece prescindo dalla memoria di questa compagnia viva, perdo tutto e non sono più capace di niente.

Giussani: L'altro giorno a Milano – non so i particolari, né chi sia stato a lanciarla –, c'è stata una conferenza-dibattito su Kafka, con il famoso Citati. Dove?

Intervento: In Statale.

Giussani: Chi l'ha lanciata?

Intervento: La CUSL (Cooperativa Universitaria Studio e Lavoro).

Intervento: Attraverso uno di Ingegneria...

Giussani: Citati ha telefonato a Giovanni Testori e a un altro personaggio che voi non conoscete, alla sera, stupefatto, dicendo: «Ma è impossibile trovare giovani che facciano domande come questi qui!». Citati non è un cattolico militante, neanche un cattolico.

Intervento: Confermo. Alla fine dell'incontro, Citati mi è venuto a dire: «Non pensavo che Comunione e Liberazione potesse esprimere delle persone, per come le ho percepite dalle domande che facevano, così intelligenti, aperte e senza pregiudizio, come invece mi era sempre stata descritta questa esperienza».

Giussani: Se qualcheduno lo conosce gli dica di scriverlo a qualche cardinale questo giudizio!

Intervento: Vengo dalla Svizzera.

Giussani: Svizzero! E di dove?

Intervento: Lugano e Berna. Volevo ricollegarmi a quanto detto prima sull'essere "del" movimento o "in" movimento. Mi ricordo una frase in un libro su Tarkovskij: «Da tempo l'uomo ha abbandonato il bastone e la bisaccia del viandante, nella sua commovente attitudine alla domanda. È come se la nostra dimora non fosse più l'orizzonte, ma il nascondiglio».[15] Questa frase mi ha colpito molto, ripensando anche alla scorsa Equipe, in agosto, dove parlavi

[15] Cfr. A Socci, *Obiettivo Tarkovskij. L'opera, la spiritualità, il pensiero di un grande del cinema del '900*, EDIT, Milano 1987, p. 27.

della bellezza che ci imprigiona.[16] Ho l'impressione che il nostro rischio sia di imprigionarci: c'è un rapporto ridotto con la vita, una sorta di imbarazzo, di disagio, rispetto a quello che ci capita, una incapacità, una paura di aprirsi. Mi rendo conto che la cartina di tornasole di questo è la Scuola di comunità sul decimo e undicesimo capitolo, dove secondo me è evidente che, se non c'è un'umanità incarnata, ma disincarnata, ci limitiamo a fare dei "percorsi-vita" spirituali, giochiamo a tennis con delle idee, ma facciamo fatica a testimoniarci una vita che cambia davvero, una vita, non so come dire...

Giussani: Vita!

Intervento: Vita! Cioè, come se noi avessimo imparato il sistema di salvataggio e poi però non avessimo l'umiltà e il coraggio di buttarci in piscina vestiti per andare a salvare la gente.

Giussani: Presenza nell'ambiente!

Intervento: Sì, c'è un rapporto debole con quello che mi succede, sia esso il fatto che mi pianta la ragazza o che mi bocciano agli esami. Vorrei vivere queste cose il più umanamente possibile.

Giussani: Ma il rapporto debole è quello in cui il rapporto con l'infinito non c'entra; allora è debole, è «vanità che

[16] Cfr. L. Giussani, «Tutta la vita», in *L'io rinasce in un incontro (1986-1987)*, BUR, Milano 2010, p. 270.

par persona»:[17] ha la forma di persona, ma non c'entra niente.

Intervento: Per me quest'anno è stato come quello che diceva Rilke in una sua poesia. Guardando il torso arcaico di Apollo, diceva: «Sembrava guardarmi da ogni punto... tu devi cambiare la tua vita».[18]

Giussani: L'Apollo è Cristo! Solo che è vivo, si chiama compagnia.

Intervento: Ecco, la mia domanda è: come mai c'è questa umanità disincarnata, non c'è questa vitalità?

Giussani: Perché non è in atto un incontro adeguato, oppure manca una domanda. La debolezza dell'impatto incomincia "dentro", nella libertà: non è qualcosa tra te e l'oggetto, non è innanzitutto una modalità fra te e l'oggetto; è in te che succede prima la riduzione, e allora dopo si proietta nel rapporto. Vale a dire: o manca l'incontro, la compagnia non è un luogo di incontro, oppure sei nella compagnia senza domanda, senza porre domande, senza ascoltare. La domanda nella compagnia è ascoltare, si traduce nell'ascolto, è un atteggiamento di ascolto: perché tutto in noi incomincia fuori, da fuori. Non c'eravamo, adesso ci siamo. Proiettate questo, lungo tutto il corso di un'esistenza e l'itinerario della storia: non può avvenire in noi e di noi se non qualcosa che incomincia di

[17] Dante, *Inferno*, VI, v. 36.
[18] Cfr. R.M. Rilke, *Poesie*, I, (1895-1908), Einaudi-Gallimard, Torino 1994, p. 567.

fuori. Ma questa è dipendenza! Esattamente. È la dipendenza che si chiama «religiosità». Il rischio dell'alienazione è che questo non avvenga in te, ma sopra te, che sia una struttura applicata, che sia uno shock di obbedienza. Identico errore è il non seguire, da cui la fragilità, la debolezza dei rapporti. È per questo che il primo problema è come viviamo la compagnia. Il primo punto dove la debolezza dei rapporti o la riduzione – come hai detto tu – avviene è tra di noi; se questa riduzione avviene tra di noi, giuro che avviene con tuo padre, tua madre, soprattutto con la tua morosa e con qualsiasi cosa (fa anche rima!).

Intervento: Volevo sottolineare l'opposizione tra l'uomo che «si autoproduce» incessantemente, per usare l'espressione di Alberoni della settimana scorsa, sul «Corriere della Sera»,[19] e l'uomo che incessantemente dipende, e poi chiedere: perché quest'ultima visione della vita paga così tanto in termini umani? Io sto facendo l'esperienza, di cui sono grato alla Scuola di comunità, che ci si percepisce persona dentro rapporti fatti di ragione e di affezione, e questa è anche l'origine vera della letizia. Mi accorgo che non si ha più paura del potere quando si è lieti, quando si è contenti, cioè quando si è in compagnia e si è contenti.

Giussani: Bello, questo. Non si ha più paura del potere quando si è contenti, quando si è lieti. Ma la domanda era?

[19] F. Alberoni, «*Io esisto*», *ecco tutti i modi per dimostrarlo*, in «Corriere della Sera», 25 gennaio 1988, p. 1.

Intervento: Perché paga così tanto in termini di umanità la vita nella dipendenza?

Giussani: Perché è quella vera! L'altra non è umanità, è shock da stupidità!

Intervento: Sono di Bari. Volevo ritornare a un'osservazione fatta. A me sembra che il contatto con la realtà, il fare esperienza in dosi abbondanti della realtà, possa essere non lo scopo per cui ci muoviamo, ma un modo per capire meglio cosa vale per noi Comunione e Liberazione. Da noi a Bari è in atto una vivacità nuova: stiamo facendo corsi di azzeramento, gruppi di aiuto allo studio, eccetera. In una dinamica del genere, il rischio dell'attivismo o di agire senza un giudizio è secondo me vinto in partenza, se il rapporto con la realtà è un modo di educarsi a essere liberi, ad avere una forma di libertà personale.

Giussani: Perché è vinto in partenza?

Intervento: Perché la realtà è uno strumento che uno ha per amare ancora di più quella cosa che è valida per sé, non è un luogo dove uno finisce con l'alienarsi.

Giussani: Cosa implica questo? Qual è l'implicito che non dice?

Intervento: È che...

Giussani: È che domina il sentimento di sé nella sua interezza, il sentimento dell'io come il protagonista dell'esistenza, come il valore. «A che vale se prendi tutto il mondo, se fai la CUSL in tutto il mondo e freghi tutti i soldi della CUSL e li porti via, se poi perdi te stesso?»[20] Questo è l'implicito, che abbiamo sentito nel suo temperamento più che nella sua esposizione. Questo è un incontro.

Intervento: Ci accorgevamo che una cosa del genere è possibile soltanto se alla base ci sono dei fattori. Il primo è l'unità di alcuni amici che guidano la compagnia; il secondo è che tra di noi ci sia un continuo richiamo a confrontarsi con la realtà al di là della propria opinione; il terzo, importantissimo, è rendere conto a un altro della propria vita, anche in termini personali, non solo di impegno nel pubblico o nel sociale.

Giussani: Comunque, ridico quanto ho detto prima: ognuno di noi ha sentito una realtà viva in chi è intervenuto.

Intervento: Volevo restare sul punto dell'incontro. Io penso che il problema di un incontro che colpisce sia il problema di una diversità che attrae. Ciò che colpisce è una diversità e questa diversità la percepisci come attrattiva. Ecco, a me sembra che il punto interessante sia che quando tu incominci a diventare un po' partecipe, un po' familiare con questa diversità, essa non si riduce, ma si amplifica; si amplifica nelle sue ragioni e nella sua attrattiva, così che realizza un'irriducibilità dell'io anche al potere che c'è in ciascuno di noi. Allora...

Giussani: Calma, calma, che è importante questo. «Quanto più va avanti la familiarità tanto più...»?

[20] Cfr. Mt 16,26; Mc 8,36.

Intervento: Si amplifica questo senso della diversità.

Giussani: È chiaro! Non si possiede mai quella diversità, ma diventa sempre più "diversa"!

Intervento: Esatto. Mi sembra allora che gli strumenti che ci diamo in qualche modo rendano possibile l'amplificazione di questa diversità.

Giussani: Spiega questo.

Intervento: Il problema che abbiamo è la coscienza del valore di questa diversità. Gli strumenti sono ciò che aiuta la sicurezza su questa diversità.

Giussani: Come? In che modo gli strumenti aiutano? Esemplifico. Io resto colpito da un certo incontro, dall'incontro con un "capo", allora gli divento amico (è proprio vero questo, a un certo punto gli divento amico). Quindi comincio a ripetere quel che dice. Lui vede che io ripeto quel che dice, che ho capito quel che dice, e allora mi dà un pezzo della comunità da portare. Divento suo collaboratore. A questo punto, facendo il collaboratore come responsabile del secondo anno, in questo ruolo io commetto – normalmente avviene così – l'errore di possedere quello che credo d'avere capito e così da quell'istante incomincio a non capirlo più, o a capirlo di meno. Invece, se ho un ruolo al secondo anno, se quel "capo" mi dà il ruolo al secondo anno, debbo approfondire il mio rapporto con quel che lui dice, così che quanto più faccio, quanto più compio il mio ruolo, tanto più capisco l'ampiezza, la grandezza, la totalità di quello che mi è stato detto e a cui io non sarei stato capace di arrivare: ci arrivo perché mi è stato dato l'avvio, sono stato messo sulla scala mobile. Perciò io sto attaccato alla scala mobile che mi fa arrivare, cioè l'input dell'incontro. Ora, in che senso gli strumenti favoriscono questo dilatarsi della coscienza della diversità che definisce l'incontro?

Intervento: Nel senso che in qualche modo allargano le prospettive che essa ha.

Giussani: Bimbi, avete capito? «Gli strumenti» vuole dire che ti interessi del turismo, che ti interessi di una casa editrice, che ti interessi della politica, che ti interessi di quello che sta succedendo nel Vietnam, e crei degli aspetti della CUSL o dei Cattolici Popolari su quelle cose. Quanto più tu usi questi strumenti, tanto più essi allargano l'ambito, il campo, il quadro, insomma amplificano lo schermo su cui tu vedi applicato quel valore differente che ti ha colpito. Da solo, magari, non faresti tutti questi passaggi, da solo applicheresti quel valore lì o lì, e possibilmente ridurresti le cose a una routine. Invece gli strumenti ti tirano fuori, ti costringono a uscire allo scoperto con argomenti nuovi, con oggetti nuovi, con prospettive di orizzonte nuovo. Per questo, in fondo, la rinascita del CLU (Comunione e Liberazione Universitari) è partita da alcuni spiriti, ma si è attuata con i Cattolici Popolari e con la CUSL.

Intervento: Sono di Pisa e volevo dire...

Giussani: Evviva Pisa!

Intervento: Quello che ho notato come veramente essenziale per definire la nostra debolezza di giudizio e anche di appartenenza è la mancanza di fede. Ultimamente non crediamo che possiamo provare su di noi quello che diceva il Papa nel discorso ai giovani, cioè la tenerezza e l'amore di Cristo.[21] Solo con una domanda così radicale: «Vieni, Signore Gesù», cioè: «Vieni, significato mio, nella mia vita», cresce l'appartenenza; e uno vive di questa domanda. Dobbiamo crederci che si può sentire su di noi l'amore di Cristo, cioè la presenza di questo significato, e che questo rapporto è qualcosa di vero, di vivo.

Giussani: Secondo me, il significato più rilevante di questo intervento è che quanto più il periodo, il pezzo di strada che si trascorre è faticoso e quindi è distraente, clamoroso, pieno di clamore, tanto più bisogna non rifugiarsi come in un altro eden, in un altro pezzo di terra, ma fare ripartire il proprio modo di affrontare il percorso con la coscienza dell'origine. L'origine è il nostro rapporto con qualcosa d'altro. Allora si può sperare. Dato tutto questo, si può allora sperare di arrivare fino a provare quello che lei chiamava giustamente «la tenerezza e l'amore a Cristo», la tenerezza e l'amore di questo qualcosa d'altro. Ma non è in partenza, eccetto che per miracolo.

Intervento: Sono della Cattolica. Secondo me il salto qualitativo sta proprio nella posizione di fronte alla compagnia, nel riconoscimento che la compagnia è il luogo del divino, cioè è quel luogo in cui, nonostante la sua apparenza, è possibile conoscere, imparare il Mistero. Per me è comin-

[21] Cfr. Giovanni Paolo II, *Discorso ai giovani convenuti a Buenos Aires per la giornata mondiale della gioventù*, 11 aprile 1987.

ciato a diventare un'esperienza. E questo fa nascere una stima, un amore, che permette la domanda e il desiderio che questa esperienza si allarghi, arrivi a incidere nell'ambiente. L'attivismo è una meccanica ripetizione di una struttura, mentre l'agire nell'ambiente coincide con l'espressione di sé. Comincia, cioè, la coscienza che Cristo non è un'alternativa al mondo, ma è l'unica modalità, quella vera, per viverlo.

Giussani: Ecco, il tuo vestito mi ha fatto pensare ai pompieri. Pensavo che se i pompieri vanno per spegnere un incendio in squadra, in due squadre di venti uomini l'una, non è la squadra che annulla l'incendio, ma ognuno di quelli che ha la bocca d'acqua e il coraggio di salire sull'impalcatura. Perciò, questa devozione profonda e primaria alla compagnia è prima di tutto sintomo che uno è stato colpito: insomma, nella vita di uno la novità è entrata proprio attraverso la compagnia, perciò tale devozione è il segno e la testimonianza di quello che la compagnia gli ha fatto. E poi è vera come sottolineatura, non si può sfuggire a questo: non si può parlare di personalizzazione, se non come il pompiere con la bocca d'acqua insieme alla troupe. Perché da solo un pompiere, con il Duomo di Milano che brucia, si scoraggia. Il problema della compagnia è che non diventi il luogo ideologico, principio astratto di un modo di ragionare in cui al massimo uno obbedisce senza capire, cioè senza cercare di seguire, obbedisce senza seguire. Avanti.

Intervento: Ho una urgenza che si è fatta molto più viva anche dall'esperienza di questi ultimi mesi. Sono andato due mesi a lavorare in un'azienda agricola in montagna dove la compagnia non c'era. E mi rendo conto che la vita è costellata di insoddisfazione...

Giussani: Quando è costellata di insoddisfazione?

Intervento: È costellata di insoddisfazione se non si avvera l'urgenza che la quotidianità diventi opera (che ciò che ho incontrato trasformi quello che tocco, quei rapporti, quel lavoro, eccetera) e che l'opera diventi quotidianità. Mi rendo conto che questo non può avvenire se non è vivo in me il momento in cui Dio, attraverso il volto di un amico, mi ha detto: «Vengo a casa tua», cioè se non è vivo, nella sua dinamica esplosiva, il momento dell'incontro. Secondo me la differenza tra operosità e attivismo (si può essere attivisti anche nel lavoro quotidiano) sta in questo: l'operosità trabocca di ragione – e la ragione è l'incontro –, l'attivismo è senza ragioni. Il passaggio veramente obbligato per vivere quanto detto è per me un seguire riconoscente.

Giussani: Dici una cosa giustissima, che la maggior parte non sa: uno segue quando è grato, cioè, se c'è la gratitudine vuole dire che stiamo seguendo, che l'incontro ha toccato il midollo! Se una cosa non tocca il midollo, uno non è grato, ché la gratitudine è la forma pura, appunto gratuita, della libertà.

Intervento: Studio Medicina a Milano. In quest'ultimo periodo mi rendo conto di avere sempre di più bisogno di quello che tu hai definito agli Esercizi[22] «l'incontro» e

[22] Il riferimento è agli Esercizi del CLU, svoltisi a Riva del Garda (TN) dal 6 all'8 dicembre 1987.

di tutto ciò che è insito in esso, fino alla tua indicazione di leggere *Il padrone del mondo*;[23] indicazione che, con fatica, ho seguito.

Giussani: Giustissimo! Rimane ancora indietro *Vita e destino*,[24] ma questo lo dirò a tutti dopo.

Intervento: Sono arrivato alla ventesima pagina.

Giussani: Ventesima?! Hai piantato lì? Avanti, avanti, è un libro senza paragoni; ma lo dirò dopo. Va avanti.

Intervento: A questo punto, mi dà veramente fastidio quando mi accorgo di avere l'attenzione non più su questo incontro, ma su di me, per cui dovrei diventare "capace di", essere "in grado di", riuscire a fare questo o quest'altro. Noto, per esempio, che quando io ho l'attenzione tutta su di me non capisco più la Scuola di comunità, non mi accorgo della violenza che è fatta su di me...

Giussani: A Scuola di comunità ti fanno violenza?!

Intervento: No, no. Ho detto: quando io ho l'attenzione su di me, non sull'incontro, quando io voglio essere in una determinata maniera, questa pretesa non mi permette di capire, per esempio non capisco più la Scuola di comunità.

Giussani: Certo, perché ti identifichi con la tua reazione o mentale o istintiva.

[23] R.H. Benson, *Il padrone del mondo*, Jaca Book, Milano 1997.
[24] V. Grossman, *Vita e destino*, Jaca Book, Milano 1984.

Intervento: E non capisco più la violenza che viene fatta su di me.

Giussani: Perché il pensiero scatta in un rapporto. La ragione è coscienza della realtà.

Intervento: Faccio l'università a Varese. Vorrei cercare di dire una difficoltà che ultimamente sta complicando il cammino mio e di alcuni amici. La Scuola di comunità e la Giornata d'inizio anno mi hanno fatto riscoprire la grandezza del mio io e l'enorme possibilità di rapporto con la realtà che c'è in ognuno. Ho incominciato, a partire da questo, a muovere i primi passi verso la realtà, a rischiare un giudizio; però, nel novantanove per cento dei casi, il giudizio degli amici della comunità è discordante dal mio. Vorrei chiedere come uscire da questo stallo, come posso da una parte non spegnere quella fiamma di infinito che c'è in me, e che mi è stata fatta vedere dall'incontro con Cristo, e dall'altra parte non spegnere tutto l'infinito che è Cristo.

Giussani: Cioè, tu dici: affrontando la realtà nascono pareri discordanti fra di noi e questa discordanza di pareri tende a smobilitare o a scoraggiare l'immagine che ho del mio io, cioè – per usare un termine comprensibile – il sentimento del mio rapporto con l'infinito.

Intervento: Sì.

Giussani: E quindi a diminuire l'immagine dell'infinito. È così?

Intervento: Sì, è come se vedessi due fronti contrapposti: la grandezza della mia struttura umana, che il movimento mi fa vedere, e dall'altra Colui che mi ha fatto capire questo e che me l'ha anche data. Solo che questa posizione adesso è di stallo per me.

Giussani: Io vorrei capire bene. Dobbiamo capire innanzitutto il significato della difficoltà. Chi crede d'averla capita? Ve ne state lì tutti beatamente tranquilli?! Come si fa a trovare un compagno che ha un problema e restare lì inerti? Devi aiutarci a capire in che cosa consiste la tua difficoltà. L'opposizione di cui tu parli è realmente un'opposizione?

Intervento: Spesso capita che uno incominci a dire: «Ho una certa età e voglio cominciare a vivere la vita da adulto, voglio affrontare la realtà a partire da una struttura che riconosco essere mia grazie all'incontro che il movimento ha fatto con me...».

Giussani: Vale a dire, l'incontro che il movimento ha fatto con te ti ha svelato che hai una dignità tua nell'affrontare il mondo.

Intervento: Esatto. Allora io incomincio a muovere i primi passi, ad affrontare la realtà, e rischio, ma non so dove questo va a finire. Nella maggior parte dei casi questo briciolo di infinito che sento e vedo essere in me è come se quasi si contrapponesse a tutto l'infinito che è quello dell'incontro che il movimento continua a perpetuare...

Giussani: Ma, dunque, secondo me, puoi incominciare a considerare questo duplice contro-interrogativo. Innanzitutto, chiederti se non hai paura di ciò di cui sei certo. Per andare sulla cima del Sassopiatto, uno deve fare un passo dopo un altro e ogni passo è una certezza; se non è certo, crolla giù e si ritrova sul sentiero di partenza. Allora, un passo dopo l'altro, devi essere sicuro di quel che vedi con sicurezza; quello che in coscienza vedi con sicurezza, vale a dire quello che corrisponde alla tua esperienza elementare è acquisito, non devi mettere un dubbio su di esso. Il dubbio su questo non è secondo il tuo io, non è ragionevole. Ora, non esiste passo se non all'interno di un orizzonte o di una meta. L'orizzonte è l'ampiezza di una meta: senza l'intuizione di una meta non esiste passo tuo, ma esisterebbe un passo forzato, sei spinto da qualche cosa e cessi di essere te stesso. Quello che stai facendo è un passo tuo, è un rischio tuo, se è in funzione di un orizzonte, dell'orizzonte totale, della meta ultima, cioè di Cristo, dell'infinito, dell'Altro. Se non è in funzione dell'Altro, il passo che compi, il rischio in cui ti metti è falsamente tuo, si produce perché sei determinato da una reazione (reazione di interesse, di piacere, di paura), da una reattività, come tutti, perché tutti vivono reattivamente. Quello che fa essere mio il passo è un implicito paragone, è una implicita funzionalizzazione all'orizzonte ultimo, alla meta, alla cima a cui voglio arrivare: allora il passo è mio, e anche se mi dovessi fermare per apoplessia al quarantaquattresimo passo io sono stato un uomo, io ho camminato. È una falsa opposizione la tua: o non è tuo il passo – ed è tuo se è dominato da te, cioè se è espressione di te, ma tu sei rapporto con l'infinito, dunque è espressione di te se è ricerca dell'infinito (con la certezza di quello che attualmente puoi avere in mano; io, di te, un mistero infinito, conosco questo fascino, il fascino di quello che vedo, di un pezzo di granito, così anche il filo d'erba e i capelli del capo sono numerati, hanno un valore eterno) – vale a dire il passo sembra tuo, ma è frutto di reattività o, se è tuo, il contrasto non c'è, perché l'Altro, l'infinito è implicito nel tuo passo, è implicito nell'espressione tua. Dio è l'implicazione ultima della nostra espressione, del bere un bicchiere di vino o del dire: «Ciao» a un amico. Pensaci.

Intervento: Sono anch'io della stessa comunità, volevo chiarire questo punto...

Giussani: Prego?

Intervento: Effettivamente su questo punto stiamo facendo molta fatica. La difficoltà secondo me sta nel mettere in alternativa le esigenze originali e l'incontro, quasi che l'incontro venisse dopo le esigenze originali. Allora, la compagnia in fondo ti aliena perché tu non puoi essere fino in fondo te stesso. Invece, io ritrovo me stesso e le mie domande originali proprio nell'incontro fatto.

Giussani: Vale a dire, la compagnia è il luogo dove sono fatte emergere le tue esigenze, non è un'altra cosa.

Intervento: Io l'ho sempre vissuta in questo modo (e quindi cresce sempre di più la mia coscienza dell'incontro e della compagnia): solo lì io sono rivelata a me stessa...

Giussani: Tutto ciò che separa è sbagliato. Avanti! L'ultimo. Non sarai anche tu della stessa comunità?!

Intervento: No, sono del Poli.

Giussani: Ah, sei del Poli. Avanti!

Intervento: Cioè, io volevo dire questo...

Giussani: Non cominciare con "cioè"!

Intervento: Sono del Poli!

Giussani: Ah, giusto!

Intervento: Volevo dire, riprendendo un'affermazione fatta all'inizio, che è proprio vero che un gesto non è garante di niente. Mi accorgo che bisogna recuperare e sperimentare appieno il fatto che l'uomo è libero rapporto con l'infinito. Tu hai detto che c'è un problema di atteggiamento per avere sempre questa apertura e questo libero rapporto con l'infinito. Hai anche detto che uno segue quando è grato. Ecco, io vorrei, se possibile, che tu precisassi questo aspetto. Io capisco, infatti, che Dio da noi non vuole altro che ci facciamo amare, però è proprio qui tutta la drammaticità che io sperimento.

Giussani: Forse non ho capito il "questo" su cui mi provochi. Io ho capito con chiarezza la frase iniziale, che mi pare contenga, però, tutto quello che vuoi dire: che un gesto non è garante di niente. Invece, l'alternativa, la lotta, sta proprio nel fatto che, come tale, il gesto è garante di qualche cosa: è garante del tuo niente o è garante del tuo io. «Gesto» deriva dal latino *gero*, che vuole dire «porto». Ogni azione «porta». Ogni azione dell'uomo, a differenza di quella degli animali, porta una determinata visione del tutto, una *Weltanschauung* implicita, porta una coscienza dell'infinito o una incoscienza dell'infinito. Ogni azione dell'uomo si chiama «gesto», perché porta una visione della realtà: o porta la visione della realtà come dipendenza, come espressione di qualcosa di infinito, e allora tu sei in compagnia e sei grato perché la realtà è un cammino, è qualcosa in cui non finisci mai di entrare – ogni istante è nuovo e diventa tutto compagnia, è sempre più compagnia –; o porta la concezione atomistica, materialistica o atea della realtà, e allora ogni gesto è assolutamente a sé stante, senza nesso, pura reazione, i nessi essendo fortuiti e poi ultimamente manipolati e forzati dal potere. E tu sei nulla. E quanto più vai avanti tanto più capisci di essere nulla, come quel professore di chimica – grande nome della chimica, di cui vi ho già parlato altre volte –, che, in un convegno cui assistevo anch'io, disse (un grande cattedratico, con moglie e quattro figli): «Se io non avessi la chimica, mi sparerei!». Ecco, è la dissoluzione. Mentre, se voi leggete pagine di scienziati profondamente religiosi, ogni atomo che accostano è un inno all'infinito. Perciò, direi – per capire la tua problematica – di rovesciare la prima frase: il gesto, ogni gesto è garante di qualcosa, è garante di una visione del mondo, anche il modo con cui uno si alza al mattino. Per questo non c'è nessuna cosa più concepibile, più saggia, non esiste nessun fenomeno più saggio della preghiera del mattino: è il recuperare la coscienza del nesso infinito, del destino infinito, che incomincia dalla banalità della giornata, con la banalità del caffelatte. Ma uno che viva questa dimensione è ardente, va a scuola ardente.

Adesso ardentemente andiamo a mangiare. Ci vediamo qui alle ore quattro.

Sintesi

Giussani: Le nostre canzoni bisogna reimpararle tutte. Adesso abbiamo quella del nostro carissimo amico paraguaiano, che ci canta una sua canzone, che già sappiamo. I nostri amici del Paraguay, per merito suo, in qualche anno, hanno già fatto un libro di canzoni. Siccome abbiamo anche la cassetta, le migliori le impareremo. La volta ventura bisogna impararne almeno tre; nelle cassette ce ne sono alcune bellissime. Cantiamo il ritornello!

Hoy arriesgaré[25]

Giussani: *[Mentre cantano il ritornello]* Più sottovoce! *[A un successivo passaggio]* Come eco!

Liberazione n. 2[26]

Giussani: Un altro canto paraguaiano, poi cominciamo. Però, dopo pochi mesi hanno già un libro di canti, come è successo a noi in altri tempi. Adesso siamo un po' in carestia: la carestia del canto è mancanza di vita; ci sarà tanto intelletto, ma manca il *corazón*. È intitolata *El está aquí*, *Egli è qui*. «Da una sola parola tutto e tutto dice una sola parola. Non c'è più nessuna cosa che sia estranea, ma ci è dato conoscere tutto...» Poi non la so tradurre...

Intervento: «Egli è qui come il primo giorno, come quello più nuovo, come la novità più grande.»

[25] «Hoy arriesgaré», in *Canti*, op. cit., pp. 261-262.
[26] C. Chieffo, «Liberazione n. 2», in *Il libro dei canti*, Jaca Book, Milano 1976, pp. 250-251.

Giussani: Ah, attacca.

El está aquí

Giussani: Allora, tentiamo di concepire un seguito di punti che, poi, potrebbero facilitare uno svolgimento, in cui riprendiate, approfondendoli, gli spunti di stamattina.

I

Per uno che è nato in Paraguay, la partenza non può non essere il Paraguay, perché la caratteristica dell'uomo è di essere uno spirito incarnato, cioè un rapporto con l'infinito dentro una carne. Perciò non si può non partire da questa carne o da questa terra. Il rapporto con l'infinito non sopraggiunge, nasce come un seme dentro questa terra, è parte di questa terra, è parte della produzione di questa terra, non avrebbe senso la terra senza questo prodotto. Il nesso con l'infinito è un prodotto dentro una terra; non si può non partire dal proprio ambiente, dal proprio tempo. Gesù, infatti, è giunto come particella di una realtà ebraica in un determinato momento della storia e anche in un particolare angolo geografico. Voglio dire che bisogna partire – per usare un termine che non dice tutta la sua valenza – dal proprio tempo, dal contesto in cui versiamo, dalla società in cui siamo, dal tempo che viviamo. Ciò che caratterizza queste partenze è una nota di violenza, come abbiamo detto agli Esercizi e come diremo; ciò che caratterizza questo tempo di fronte all'uomo, cioè al rapporto con l'infinito che nasce anche dentro questa terra, ciò che caratterizza l'assetto di questa terra è la violenza. E ciò che caratterizza la violenza è un'educazione, uno svolgimento dell'individuo, in cui, come diceva prima uno di voi, si ha coscienza delle cose, si sviluppa una coscienza delle cose, come se la persona non esistesse: la chiamano oggettività, o positività, o positivismo. Una coscienza delle cose come se non ci fosse l'io, come se la persona non ci fosse. Chissà poi come si fa a introdurla! E infatti la si introduce riducendola – riducendola! – ai fenomeni che si conoscono a prescindere da essa, come se essa non ci fosse. Si guarda la realtà come se l'io non ci fosse. Come si fa a introdurre l'io? Per introdurre l'io, lo si riduce a quei fenomeni, a quello studio dei fenomeni in cui si definisce la realtà come se l'io non ci fosse. Perciò si introduce l'io come se l'io non ci fosse, come se la persona non ci fosse.

Se dico una cosa non chiara, basta che uno alzi la mano, allora ripeto o cambio.

Come dici, caro?

Intervento: Non ho capito!

Giussani: Che cosa, quello che sto dicendo adesso o quello che ho detto prima?

Intervento: Quello che hai detto prima.

Giussani: Dunque, sono partito da una frase, che mi sembra significativa, detta da uno di voi: violenta è una società in cui (è un sintomo, ma è un sintomo originale, che sta all'origine, ed è un sintomo sintetico, che sta alla fine, perciò spiega) si pretende di conoscere la realtà come se l'io non ci fosse, come se la persona non ci fosse. Esistono le scienze, non esiste la persona. Lo scienziato è un "meccanismo" che brandisce dei dinamismi, che coglie i dinamismi, non è una "persona". Poi la persona come si fa a introdurla? Infatti uno che, se gli dici: «Cretino», ti scazzotta, c'è; uno che reagisce di fronte a una ragazza che, con gli occhi, per pudore, senza dirlo, gli dice: «T'amo», c'è! Come si fa a introdurre la persona? Riducendola a quei meccanismi in cui si pretende di conoscere la realtà a prescindere dalla persona; cioè, anche la persona è ricondotta a quei dinamismi impersonali: sociologia, psicologia, pedagogia, psicanalisi. Perciò è la dissoluzione della persona. La persona così concepita viene educata... anzi non viene educata, viene abbandonata al fenomeno della reattività. Giovanni Gentile diceva che l'io è l'insieme dei pensieri; così la persona, la personalità è considerata nella società di oggi come un fascio di reazioni. Soltanto che questo fascio di reazioni ha un contesto, è in un contesto. Vedremo dopo le conseguenze o la conseguenza di questa osservazione.

Intanto incominciamo a notare il risultato sull'io di questa concezione della persona. Che concezione è? La persona è concepita come un fascio di reazioni. Conoscere una persona vuole dire ricondurre la notizia di queste reazioni all'uno, all'altro o all'altro dei sistemi con cui si conosce la realtà: fisica, biologia, psicologia, pedagogia, sociologia. È importante questo punto.

Bene, la prima conseguenza, il primo risultato sulla persona, sul modo personale di vivere, è quello che è stato notato stamattina da uno di voi, quando ha detto: «Si slega l'affezione dalla ragione», cioè si divide: è la dissociazione, l'io è dissociato. La dissociazione fondamentale è la separazione dell'affettività dal meccanismo di conoscenza o ragione. E questo è chiaro: immaginate un essere ricondotto alla sua reattività: conoscerlo, conoscere un essere di questo genere vuole dire studiare scientificamente questa sua reazione, questa sua reattività, cioè l'energia che entra in gioco in questa reattività, che è l'affettività. Ma tale affettività entra in gioco come entra in gioco la forza di gravità di una cascata! Quindi, prima di tutto, dissociazione dell'individuo.

Ma stamattina è stata definita anche un'altra caratteristica di un personaggio di questo genere: la paura. È un individuo che, nella misura in cui è cosciente, ha paura, perché gli può accadere tutto, tutto può essere ostile a quello che vuole, a quello cui l'affettività tende, e non è sicuro di avere in mano il momento dopo quello che ha in mano il momento prima. Perciò, come avete detto stamattina, c'è «la paura davanti a tutto ciò che non si può definire». Perché chi può definire quello che avverrà dopo?

In terzo luogo, la caratteristica di questa personalità è la presunzione, la pretesa di auto-produzione incessante, alla Alberoni sul «Corriere della Sera»,[27] l'illusione di auto-prodursi – ché, se l'individuo è reattività, ha l'impressione di auto-prodursi –, e perciò l'immanente dimensione della presunzione, che è la meschinità, come è stato argutamente citato: «L'uomo ha abbandonato la bisaccia e il bastone, la sua dimora non è più l'orizzonte, ma un nascondiglio».[28] Fantastica questa frase. L'uomo non è più un viandante perché non ha più meta, il suo ideale è il pensionamento a trentacinque anni (no, trentacinque anni è un po' poco, ma trentacinque anni dopo che ha

[27] Vedi qui, nota 19, p. 41.
[28] Vedi qui, nota 15, p. 38.

incominciato, o vent'anni dopo avere incominciato); il suo ideale è un pensionamento, non per fare di più, ma per godersi la vita, come dicono tra l'altro le statistiche. «L'uomo ha abbandonato bisaccia e bastone ed è come se la sua dimora non fosse più l'orizzonte, ma un nascondiglio.» È la meschinità.

Voi troverete molte altre sfaccettature di questo aborto d'umano che è l'uomo generato dalla società di oggi, cioè generato dalla violenza, la violenza essendo dunque sostanzialmente l'io che agisce per reattività, cioè determinato. E l'illusione più evidente, perciò la menzogna più palese, è ciò di cui va tronfio: l'auto-produzione, la presunzione.

Abbiamo detto che la reattività, se definisce l'io, lo rende meschino, cioè lo convoglia nel particolare che lo sollecita, lo rende preda di ciò che lo determina, anche se ha l'illusione di auto-governarsi. Ma è un'illusione e lui non può impedire che questa illusione non governi il gioco: infatti, se l'uomo è determinato, coincide con la determinazione che lo fa reagire, e c'è la possibilità nella società di oggi che il potere, per la scaltrezza dell'uso dei nessi e dei rapporti che ha in mano, governi e determini ciò che determina il singolo. Vale a dire, la violenza si scopre in tutta la sua grossolanità nel fenomeno del potere, che è il governo – progetto e conduzione – dell'umana reattività. Attraverso il progetto e la conduzione dell'umana reattività il potere, per dirla con una parola insostituibile di Pasolini, può «omologare» tutti, può fare diventare uguale la faccia di tutti, come lui vuole, oppure decidere che vi siano quelli vestiti con la tela azzurra "a", quelli vestiti con la tela rossa "b", quelli vestiti con la roba gialla "c". Benson, ne *Il padrone del mondo*, non era ancora arrivato a questa immaginazione, a cui arriverà invece Aldous Huxley, ne *Il mondo nuovo*,[29] che era il fratello di uno scienziato, Julian. Costui diede al fratello lo spunto scientifico, l'antefatto scientifico e filosofico, per il romanzo in cui il fratello romanziere immaginava il migliore dei mondi, il mondo governato come uno stabilimento perfetto (la profezia era sul computer, una profezia del computer, ma un computerone!). È l'uomo schiavo del potere.

La conseguenza più drammatica è che l'uomo – l'uomo proprio come la natura lo fa nascere, come ogni madre lo fa nascere, originalmente – non può stare in questa immagine, non sta in questa immagine. Lui non lo sa neanche, sta benissimo, gli sembra di stare benissimo in questa omologazione, in questa palude omologante, in questo torrente governato. Invece sta male e così nasce – l'abbiamo detto la prima volta a Milano in un raduno –[30] l'anoressia dell'umano, quello che mi è stato ricordato stamattina. Cos'è l'anoressia? Una disfunzione nei rapporti con padre e madre che non fa venire più voglia di vivere; allora uno non mangia più, non beve più, non si cura più, non ha più voglia quindi di studiare, non dorme più, dimagrisce, diventa filiforme, non ha voglia di vivere. E quanto più i suoi genitori si polarizzano su di lui, cercando il modo di farlo venire fuori da questo dissesto letale, mortale, tanto più questo avviene, perché l'origine è esattamente come lo trattano i genitori, il modo in cui i genitori si mettono in rapporto con lui. Ora, il potere fa le veci del padre e della madre, perché fa le veci del dio, e così

[29] A. Huxley, *Il mondo nuovo. Ritorno al mondo nuovo*, Mondadori, Milano 2000.

[30] Il riferimento è a un Centro nazionale del CLU, svoltosi a Milano il 24 novembre 1987.

all'uomo di oggi non viene più voglia di vivere. I giovani (normalmente le anoressie vengono da giovani; se non sbaglio, statisticamente è molto più facile che vengano da giovani che non da adulti) non hanno più voglia di vivere. È un'anoressia che fa dire: «Non ci sto più, non gioco più», *arimortis*, come dicono a Milano, *arimo*, «meglio la morte».

Noi sottolineiamo come punto di partenza questo clima di violenza e questa riduzione dell'uomo, della natura dell'uomo, entro i termini di uno schema che lo disloca, lo dissocia, lo fa vivere di paura – perché la violenza è sempre frutto della paura – e lo confina meschino in un suo nascondiglio, preda di quel che sente e, in fondo, preda di ciò che accade e lo determina. E se c'è una forza che manipola ciò che accade per determinare l'uomo secondo i suoi fini, questa forza può agire anche in nome delle virtù comuni: lo scopo della vita, lo scopo dell'essere, diventa vivere virtù comuni in modo tale che rimanga quella che chiamano "la pace", cioè lo *statu quo ad usum guberni*, "governo ladro", ladro della vita, piovra – governo ladro! –.

Comunque, credo che questo primo punto sia da sviluppare con osservazioni concrete, perché è realisticamente come l'uomo vive oggi; tutto ciò che ci circonda è così, anche se in modo diverso: più nelle città che non nelle campagne, o in certe campagne invece di altre, dove qualche sussulto dell'antico rimane, per illudere specialmente chi vuole essere illuso, perché teoricamente ci tiene al benessere dell'uomo, vale a dire il potere (civile o ecclesiastico) che promuove le virtù comuni per mantenere la pace; questa pace è lo *statu quo*, che è ciò che più interessa al potere, a chi ha in mano il potere, perché se rimane lo *statu quo* il potere non viene perso, non viene contestato.

II

Allora – secondo passaggio che dovrete meditare – il nostro compito è ridare l'identità all'uomo. Ridare identità all'uomo: «Emergenza uomo»!

a) L'uomo è caratterizzato dalla libertà. La dimensione o la potenza che caratterizza l'essere umano e lo distingue da tutti gli altri esseri è la libertà. La libertà innanzitutto come capacità di percepire la realtà, ma con una percezione non incussa, non obbligata da altro; una percezione che nasce dal di dentro, da un'energia sua, attraverso il paragone di ciò che incontra, della realtà in cui si imbatte, di ciò con cui si impatta, con qualcosa che lo «pre-occupa», che lo occupa prima, da cui nascono le esigenze e le evidenze. È un paragone tra ciò con cui si impatta e qualcosa che lo pre-occupa, che lo occupa dentro, che è dentro di lui. Questo paragone gli dà la possibilità di cercare la soddisfazione. Vale a dire, quando l'incontro con la realtà, quando la modalità dell'impatto lo soddisfa, soddisfa qualcosa che è in lui, che lo pre-occupa, lo occupa prima dell'impatto. Per questo è una liberazione, è l'inizio della liberazione: questa conoscenza è l'inizio della liberazione perché è l'inizio di un modo di rapporto con la realtà che soddisfa, cioè corrisponde, risponde a quello che *Il senso religioso* chiama «cuore».[31] Quello che ci «pre-occupa» è il cuore.

[31] Cfr. L. Giussani, *Il senso religioso*, op. cit., pp. 7-11.

La libertà non solo inizia come percezione non incussa, inculcata, determinata da altri, ma nasce, scatta come paragone formulato da una energia che ho in me dentro l'impatto con le cose: sorge così un paragone che è un primo giudizio. La libertà nasce, innanzitutto, come un primo giudizio: paragone fra quello in cui mi imbatto e qualcosa che mi preoccupa, il mio cuore. Si chiama inizio della libertà proprio perché soddisfa, è l'esperienza della soddisfazione o della corrispondenza. Per questo la libertà nasce come – insieme – percezione della realtà (conoscenza) e affetto (affezione). È unitario il rapporto dell'uomo con la realtà, la dissociazione di prima è eliminata. Ché l'affezione è esattamente quell'energia che ti fa impattare con le cose e che trova sollievo, corrispondenza, soddisfazione.

Dunque, abbiamo detto che il nostro compito è l'emergenza uomo, ridare identità all'uomo. L'uomo è caratterizzato, rispetto a tutti gli altri esseri, da quella che chiamiamo «libertà». Quali sono i fattori di questa dimensione caratteristicamente umana? Innanzitutto la capacità di percepire la realtà non in modo determinato – determinato da altri! –, ma attraverso un paragone, che l'impatto con la realtà obbliga a stabilire, con qualcosa che preoccupa l'uomo, con il cuore dell'uomo. Perciò egli vede se corrisponde o quanto gli corrisponde la realtà in cui si imbatte, quanto implica una soddisfazione; vede se corrisponde, se soddisfa. Per questo la conoscenza e l'affettività sono dentro lo stesso gesto, sono fattori dello stesso gesto, sono fattori della stessa presenza e sono fattori dello stesso incontro con la realtà. L'opposto di quanto abbiamo visto prima. Così il punto di riferimento, il luogo dove tutto viene determinato non è l'oggetto che ti fa reagire, la determinazione che ti fa reagire, e tanto meno è il potere, che è l'organizzazione delle determinazioni che ti fanno reagire, ma è dentro di te; non dentro di te come uccellino che vola per l'aria, no, ma dentro di te come realtà che si impatta con qualsiasi cosa, che incontra qualsiasi cosa; perciò è dentro l'unità tua con il reale ed è una modalità che trova l'unità dentro te stesso: sei uno!

b) Il secondo fattore della libertà vede l'*ingruit*, l'ingrossare della prima parte, cioè della percezione della cosa che viene paragonata al proprio cuore; è l'ingrossare del paragone: «Mi conviene o no? Quanto mi conviene? Mi soddisfa? Mi corrisponde?». L'ingrossare di questo paragone si chiama «giudizio» e il giudizio come tale è frutto non di una corrispondenza casuale, il suo contenuto non è mai casuale. Quello che la percezione dà immediatamente è come un inizio che il giudizio sviluppa, è destinato a sviluppare. Il giudizio è termine di un lavoro, è frutto di un lavoro. Il primo lavoro dell'uomo è il giudizio: può essere brevissimo, breve, più lungo, può avere una misura lunga, una misura lunghissima, può avere una misura lunga secoli, come è il processo della filosofia o della scienza vera. Che cosa altro occorre perché la percezione iniziale, che veicola un iniziale paragone, diventi giudizio sempre più dignitoso? Una continuità in quel paragone. E una continuità del paragone fra il cuore e la realtà implica l'integrazione sempre più vasta della realtà anche nella considerazione di un particolare.

La continuità: il lavoro implica soprattutto continuità, perché il lavoro che porta al giudizio è un paragone, un paragone tra quello in cui ci imbattiamo e il cuore. Questo paragone dà una percezione immediata per cui uno ci sta; standoci, deve lavorare, ed è questo lavoro che porta a un giudizio che si articola e diventa grande, e lo fa diventare grande come coscienza. In questa continuità, per esempio, il ragazzo che si imbatte nella ragazza, integra, tende a integrare tutto nella considerazione di quel particolare e così lo giudica meglio. È il paragone che faccio di solito: se, poniamo, il mio amico che è lì in prima fila fosse nato con questo libro davanti agli occhi, proprio inserito organicamente nella sua testa, per lui il mondo avrebbe come fattore predominante questo paraocchi! Mentre, quanto più prosegue il lavoro, tanto più colloca il libro a una certa distanza e allora si integrano tutti gli altri fattori e capisce cos'è, lo situa sempre meglio. È così per l'eremita di Victor Hugo,[32] che si alza al mattino presto e alla luce della candela incomincia la nuova giornata, nell'oscurità ancora invadente della notte: come, man mano che il sole nasce all'orizzonte e cresce, *ingruit*, lungo l'arco del cielo, si incendia di luce l'atmosfera, così nel cuore dell'eremita si fa luce man mano che egli medita. Ma meditare cosa vuole dire, se non situare le cose al loro posto? Ecco allora la grandezza ultima dell'uomo che si profila all'orizzonte: quando l'uomo ha messo le cose così al loro posto che si capisce che la terra è una cosa piccolina, piccolina, piccolina, come una punta, come una chicchera da mosca – e, su questa chicchera da mosca, che cos'è l'uomo? –, allora capisce che il tutto suo è il rapporto con quell'Altro, con chi ha fatto lui, la chicchera da mosca, che è la terra, e l'insieme di chicchere da

[32] Cfr. V. Hugo, «Heureux l'homme, occupé de l'éternel destin», in *Les contemplátions*, Garnier Frères, Paris 1969, p. 61.

mosca, che sono gli altri pianeti, le nebulose e tutto il resto. Vale a dire, la somma dignità dell'uomo sta nella percezione del significato, dell'esistenza del significato: è il senso religioso. Nella settimana accademica[33] organizzata da alcuni di noi a Madonna di Campiglio, Trautteur, un grande cibernetico italiano che sta lavorando al rifacimento meccanico del cervello umano, ha detto che c'è una soglia invalicabile, che è quella del significato: l'uomo non riesce a fare una macchina che dia il significato. E ha fatto – mi hanno detto – un paragone bellissimo, anche se sembra esorbitante: di fronte a un nodo gordiano anche la macchina più perfetta, inventata per sciogliere tutti i nodi, si blocca, perché l'idea di prendere la spada e di tagliarlo, a una macchina non può venire in mente, questo è un livello che esorbita il meccanismo.

c) La terza caratteristica della libertà esalta, invece, il secondo aspetto e rende il giudizio servo dell'affetto, dell'energia creativa: è la prassi creativa. La libertà ultimamente è prassi creativa. Prassi creativa vuole dire che esalta la corrispondenza ultima e totale fra la totale realtà e il totale cuore dell'uomo, perché il cuore dell'uomo e la totalità della realtà sono fatte – sono espressione – dell'unica intelligenza, dell'unico amore, dell'unico significato, cioè di Dio. Nella prassi creativa, la creatività non è l'esuberanza immaginativa per cui l'uomo sogna gli extraterrestri o sogna le lotte spaziali; possono anche avvenire, ma se ne frega altamente: se avranno un vantaggio, sarà quello di distrarre più copiosamente l'uomo da se stesso

[33] Il riferimento è all'Accademia internazionale di scienza e cultura, promossa da ISTRA a Madonna di Campiglio nel gennaio 1988.

e perciò di fargli desiderare di mettere il cuore sempre più nel recesso di un nascondiglio per sfuggire alla conflagrazione universale, sempre più universale. La prassi creativa sta proprio nell'abbracciare e nel manipolare la realtà secondo l'impeto ultimo del cuore, secondo l'ideale del cuore, secondo l'ideale. E così si realizza il disegno di Dio, il disegno del significato, e l'unità sempre più grande tra l'uomo e le cose.

Amici miei, emergenza uomo! Il nostro compito è quello di ridestare l'identità dell'uomo in questa dissociazione universale, produttiva del potere e quindi necessaria al potere. Ridare all'uomo la sua identità. E la sua identità è un rapporto assoluto, vale a dire sciolto da qualsiasi determinazione. È qualcosa che lo pre-occupa, che è in lui – perché non c'era, adesso c'è, perciò gli è dato –, è il rapporto con il Mistero che lo fa. È una percezione della realtà che nasce dal di dentro, percezione conoscitiva e affettiva, che si sviluppa come lavoro in giudizio e in prassi creativa.

Dovete leggere i romanzi di Grossman, *Vita e destino*[34] e *Tutto scorre*. Il più grande è *Vita e destino* e sbagliate a non obbedirmi, anche con fatica, a non leggere questo libro; non per nulla è qualificato, non da gente di Comunione e Liberazione, ma dai *flaps* di *Tutto scorre*, edito da Adelphi, come il più grande romanzo europeo del Novecento. Alla fine di un testo del genere, uno capisce, o meglio, sente cos'è la persona: non capisce cos'è, ma la sente; non capisce cos'è la libertà, ma la sente. Anche laddove Grossman tenta, come nell'ultima parte, negli

[34] Vedi qui, nota 24, p. 49.

ultimi cinque o sei paragrafi di *Tutto scorre*, di descrivere questa libertà, è tutto per cenni approssimativi, perché gli manca l'impianto. Però uno, alla fine di *Tutto scorre*,[35] termina il libro con la percezione di cos'è la libertà, che l'uomo è libertà. E se questo lo ha scritto contro Stalin – lo dice, in certo qual modo, in *Tutto scorre* –, ciò vale anche contro tutto il clima sociale di oggi. Soltanto che si vede che non conosceva bene il Vangelo, perché la frase più tremenda del Vangelo è quella che abbiamo citato stamattina: «Che importa se ti prendi tutto il mondo – se diventi un Agnelli "alla n" – e poi perdi te stesso?»; o: «Che cosa darai tu in cambio di te stesso?».[36] Basta una frase di questo genere per porre l'io, l'io di un bambino, al centro dell'universo! E infatti «prese un bambino, se lo strinse al grembo e disse: "Guai a colui che torce un capello al più piccolo di questi bambini, sarebbe meglio per lui che si allacciasse una macina da mulino al collo e si gettasse nel più profondo del mare"».[37]

III

Ma c'è un terzo passaggio che è decisivo. Per questa emergenza uomo, per ridare identità all'uomo, cosa dobbiamo fare? Dobbiamo andare alla scuola di Tizio? Dobbiamo iscriverci al tale istituto e studiare la critica a Occam di Caio? Cosa dobbiamo fare? Dobbiamo brandire scimitarre e fare un esercito? Imiteremmo gli extraparlamen-

[35] Cfr. V. Grossman, *Tutto scorre...*, Adelphi, Milano 1987, pp. 178-229.
[36] Cfr. Mt 16,26; Mc 8,36.
[37] Cfr. Mt 18,2-6.

tari, almeno nel metodo, perché realizzano esattamente questo metodo. Soltanto che non si sa chi le paga, perciò ritornano nella categoria precedente. Se non sono pagate, sono una risposta reattiva a questa situazione. Questa è veramente una cosa impressionante di cui renderci conto.

Stamattina, sulla libertà, qualcuno, che è intervenuto, ha osservato che «quanto più una cosa interessa tanto più il rapporto con l'infinito vi influisce». È un altro respiro: quanto più una cosa ti interessa tanto più il tuo respiro è grande. Cosa vuole dire? Che lo spazio in cui la "contesti" è vasto, è l'infinito. Per questo il vertice della libertà come conoscenza è il linguaggio del segno, è il fenomeno del segno. Quanto più una cosa ti interessa tanto più il tuo rapporto con l'infinito la investe, la invade, allora essa diventa segno dell'infinito, cioè del tuo destino, e il tuo destino diventa sempre più immanente in essa; non perché essa supplisca il destino, ma perché il destino la rende dignitosa ed eterna, cioè segno. Questa è stata forse l'osservazione migliore di stamattina sulla libertà, non ne ho trovate altre degne di essere citate, se non quest'altra, per essere obiettivo, che è analoga: «Ciò che ti fa muovere non è un'idea che ti fai, cioè un'immagine, una reazione, sia pure ideale, ma è il rapporto fra te che incontri quella cosa e qualcosa fuori di te», che è oltre te, che è più di te. Così che l'incontro con tutto è messo in rapporto col destino, come l'inizio di un cammino senza fine: tu non perdi più quello in cui ti imbatti. L'immagine del respiro – è un respiro più grande – sembra più facile, ma anche questa immagine – che la cosa che ti interessa, in cui ti imbatti, nella misura in cui ti interessa rappresenta l'inizio di un itinerario verso il destino, verso l'infinito – è liberante, è un'immagine della liberazione.

Comunque, il terzo passo è realmente la chiave di volta di tutto, esistenzialmente. L'emergenza uomo o il ridare identità all'uomo è possibile solo, ma solo, non per un ragionamento, per un'auto-riflessione, no, solo «per un incontro», incontrando una realtà vivente, incontrando uno o una realtà umana: ecco, incontrando una realtà umana viva. Ti imbatti in una realtà umana, allora capisci che c'è qualcosa che deve essere cambiato, perché ciò che caratterizza l'incontro sta esattamente in una «differenza qualitativa», di qualità, in una differenza di vita che tu percepisci. Percepisci una differenza di vita. Quante volte, quanti fra noi si sono sentiti dire: «Tu sei diverso dagli altri, c'è qualcosa di diverso». Ecco, una differenza qualitativa. Diceva uno di voi, a mezzogiorno, che lui aveva fatto l'incontro, ma non c'era stato; però una cosa gli era evidente, che quell'incontro era stato una sorpresa, non c'era niente di uguale a quell'incontro che aveva fatto. Lui non c'era stato – c'è stato dopo –, però era evidente e inequivocabile che era qualcosa di diverso.

L'incontro è l'imbattersi in una differenza qualitativa o, come è stato detto stamattina, in una diversità: è «l'imbattersi in una diversità che ti attrae». Che importanza ha questo? Una diversità che ti attrae. Nella misura in cui passa attraverso il filtro del paragone e del lavoro del giudizio, una diversità che ti attrae vuole dire una diversità che corrisponde di più al tuo cuore: ti attrae, è più bella; ti attrae, è più bella perché più vera, ché il bello è lo splendore del vero. Perciò, è una diversità più bella perché più vera, che ti corrisponde di più, ti attrae, cioè ti corrisponde di più, quindi è più bella perché è più vera, perché il criterio del vero è il cuore.

Stamattina uno ha detto che la libertà si impara rispondendo, rispondendo alla provocazione di un incontro, cioè si impara nella responsabilità. Questo vuole dire che la libertà viene suscitata dall'incontro, da un incontro che ti provoca, da una diversità che ti attrae. L'incontro pone e impone questa esperienza, coincide con l'esperienza di una diversità che ti attrae, in quanto l'individuo o il gruppo in cui ti imbatti rischia se stesso dentro la realtà, dentro l'impatto con la realtà così come è concepita e sentita dall'ambiente in cui vivi: infatti, tu ricordi l'incontro fatto come l'imbattersi in qualcosa di differente, che attira. Differente da che cosa? Dalla mentalità comune, dal modo comune con cui viene concepito ciò che si considera, l'oggetto che si prende in esame. Quell'incontro è tale perché si scontra con l'immagine in voga, va contro, *pour se poser il s'oppose*, per porsi si oppone. È questa l'emergenza sperimentale dell'identità umana: quell'uomo o quel gruppo di gente ha una sua identità, diversa da quella determinata da tutta la trama dei fattori componenti l'aura sociale, il clima sociale o la realtà intera, così come viene guardata e concepita da tutti, favorita quindi e brandita dal potere. E la si sente più corrispondente, è una diversità che attrae: «Quello lì è diverso!».

Senza questo giocarsi non c'è incontro. L'individuo in cui mi imbatto diventa un incontro se lo trovo impegnato con la realtà, impegnato con le cose, e impegnato in modo diverso, con una diversità che mi attrae. Non è uno che parla bene, perché si può stare lì incantati a sentire uno parlare bene, e quando poi quello ha finito, tu ti distacchi e vai a casa, non ricordi se non delle parole o delle belle cose, ma lui non lo ricordi, lui non è un fattore nuovo, s'aggiunge come un fattore in più al magazzino della realtà che ti ingombra. Invece è esattamente una differenza qualitativa ciò che, parlando del mangiare e del bere, quello lì ti dà, ti offre. E vai via percosso dal fatto che il mangiare e il bere hanno un significato assoluto e che «una parola detta per scherzo ha un peso eterno».[38] Chi ha sentito Cristo parlare così, chissà come andava via sconvolto; oppure chi ha sentito Cristo dire: «Neanch'io ti condanno»;[39] oppure quell'uomo che si è sentito dire da Cristo: «Vieni con me!» in un certo modo. È un significato nuovo, diverso da quello comune: è più corrispondente al cuore. Ma la condizione è che sia impegnato: l'incontro implica l'impegno della persona che incontro o del gruppo che incontro con la realtà, non con una definizione della realtà, ma con la realtà! E, in quanto impegnato con la realtà, la differenza qualitativa che mi dimostra è tale perché va contro: va contro l'opinione comune. Non per nulla Gesù ha cominciato il suo discorrere con la parola *metanoeite*, cambiate misura nel giudicare. Come disse monsignor Garofalo, che è un buon biblista, *temporibus illis*, in un suo volume: «Cristo è entrato nel mondo in polemica col mondo»,[40] con buona pace di tutti gli esegeti di oggi. Vale a dire, l'incontro è sempre con una presenza che tu intuisci – che ti dà essa stessa l'esempio o almeno che tu intuisci – avere una posizione diversa con tutto: quella posizione diversa, che ha con il mangiare e il bere, l'ha con tutto; se l'ha col mangiare e col bere, l'ha con tutto; se l'ha col modo di alzarsi al mattino, l'ha con tutto; se l'ha nel modo di guardare la realtà, l'universo, e dice: «Che segno

[38] Cfr. Mt 12,36.
[39] Gv 8,11.
[40] Cfr. S. Garofalo, *Il regno che non è di questo mondo*, Vita e Pensiero, Milano-Roma 1962, pp. 25-33.

grande!», ecco, l'ha con tutto, senza bisogno di censurare niente.

Anche qui è significativo che gli interventi siano stati ben misurati, anzi, ce n'è uno solo che posso citare, perché sono le parole da approfondire. Nel testo dell'ordine del giorno che vi è stato distribuito una domanda diceva: «Come questo "ridare identità all'umano" ha dato forma e contenuto alla comunità?». Cosa avete risposto? Tutto ciò che è stato detto significa che la forma e il contenuto prevalente dato alla comunità deve essere, da una parte, il generarsi della capacità di diventare incontro, perciò molto banalmente l'esaltazione del rapporto con la persona, dall'altra parte, l'esaltazione della presenza dentro un problema da tutti vissuto o, con una parola compiuta, dentro l'ambiente: una presenza dentro l'ambiente. Così che la gente resti colpita non dalla presenza dentro l'ambiente, perché questo fa dire: «Sono dei politici, è un partito politico», ma da una modalità diversa e più attraente d'essere presenti nell'ambiente.

IV

Il quarto passaggio è quello che ha avuto più attenzione da parte vostra stamattina... Prego!

Intervento: Puoi riprendere ancora il terzo passaggio?

Giussani: È l'incontro. Vale a dire, l'incontro è l'unico fenomeno, il solo fenomeno in cui lo scattare, il riscatto dell'identità, del valore della persona, può avvenire. L'identità della persona e la sua libertà possono essere percepite, possono essere riscattate, di esse uno può accorgersi, esclusivamente attraverso un incontro, vale a dire attraverso una presenza, attraverso l'imbattersi in una persona o in una realtà umana impegnata nell'uno o nell'altro versante, diciamo genericamente nell'ambiente, nei problemi dell'ambiente, nella realtà ambientale – quella per cui è insieme a te –, con una diversità, che ti colpisce attraverso una diversità più attraente, una diversità qualitativa. Sono persone presenti ai problemi soliti in un modo diverso dagli altri, ed è il modo che ti colpisce; se anche non lo volessi ammettere, ti colpisce. Cosa vuole dire «ti colpisce»? Ti attrae, ha un respiro diverso da quello degli altri, sviluppa una corrispondenza più immediata a quella che sarebbe l'attesa del tuo cuore, fossi attento! Ha avuto ragione il nostro amico a interrompere e a domandare, perché non possiamo camminare con shock da obbedienza, portando nel basto le parole che sentiamo dire: le parole devono rinascere dentro di noi, altrimenti non è riscatto di niente!

C'era un altro intervento sulla libertà, stamattina, ma è già stato citato nella frase: «Incontro vero "uguale" diversità che ti attrae». E quanto più tu ti imbatti in uno che ti colpisce, tanto più tu vai con lui. Quanto più diventi familiare, tanto più prendi coscienza della diversità che c'era e che c'è dagli altri. Non la limi, non la omologhi, ma prendi sempre più coscienza di questa diversità ed essa ti appare come un angolo spalancato in cui capisci di non avere mai finito di entrare, una diversità proprio misteriosa, con un orizzonte misterioso. Perciò non ti viene neanche in mente di possederla e capisci benissimo quel che dice *Il senso religioso*,[41] che le definizioni che si

[41] Cfr. L. Giussani, *Il senso religioso*, op. cit., p. 165.

danno di Dio sono delle introduzioni al Mistero, sono delle indicazioni. Se tu trovi due indicazioni è meno ricca l'esperienza che se ne trovi cinquantaquattro. Questo vuole dire: «Dio è buono, Dio è giusto, Dio è bello, Dio è amabile, Dio è..., Dio è...». Non sono definizioni, ma sono aperture; e quanto più moltiplichi queste aperture tanto più tu conosci e conosci di non conoscere (per dirla alla Dionigi l'Areopagita).[42] E così è dell'esperienza con cui comunichi; hai incominciato a comunicare quando hai incontrato qualcosa. La coscienza della diversità aumenta, eppure tutto si semplifica, aumenta proprio perché si semplifica, e l'orizzonte si allarga sempre di più.

Bene, ora il quarto passaggio è quello che ha ottenuto più attenzioni, e giustamente, nel senso che è il passaggio più pratico: l'incontro si dilata in compagnia. È quello che il Papa[43] afferma nel discorso che ci ha fatto al trentennale, che ha fatto ai preti del movimento, ai cinquecento preti a Castel Gandolfo, due anni fa, quando ha detto che l'incontro con certe persone crea affinità e questa affinità genera una compagnia, una comunionalità, una comunione, e vivere questa comunione è partecipare al mistero dello Spirito, perciò al mistero del mondo.

L'incontro si dilata in compagnia. Allora questa compagnia, in cui si dilata l'incontro che ti fa scattare la percezione di un'identità sconosciuta, caratterizzata dalla libertà,

[42] Cfr. Dionigi l'Areopagita, *Una strada a Dio*, a cura di P. Scazzoso, Jaca Book, Milano 1989, p. 63.

[43] Cfr. Giovanni Paolo II, *Discorso al movimento di «Comunione e Liberazione» nel XXX anniversario di fondazione*, 29 settembre 1984; cfr. anche Giovanni Paolo II, *Discorso ai sacerdoti partecipanti all'esperienza del movimento «Comunione e Liberazione»*, 12 settembre 1985.

questa compagnia è una comunità come luogo dell'umano, è il luogo dell'umano. Questa compagnia è il luogo geografico e sociale in cui sei richiamato a ciò cui ti ha ridestato l'incontro. L'incontro permane come compagnia, perché non sei solo tu, almeno in due siete: tu e quello con cui hai fatto l'incontro. Almeno in due siete! Infatti il movimento è nato in quattro, in cinque: quattro ragazzetti e il sottoscritto; quattro ragazzetti da marciapiede, perché sono stati abbordati sul marciapiede a mezzogiorno.

È la compagnia come «luogo dell'umano», è stato detto stamattina, come «luogo di amicizia», è stato anche aggiunto. Veramente è stato detto della diaconia, cioè del momento che dovrebbe essere il più cosciente della vita di questa compagnia. La diaconia, infatti, non è nient'altro che il luogo più cosciente – e se non fosse il luogo più cosciente dovrebbe essere cambiata –; è il luogo dove almeno si cerca di imparare di più, è il luogo dell'amicizia, perché l'amicizia è la compagnia che ti fa percepire e realizzare te stesso, che ti aiuta a percepire e realizzare te stesso, perciò è la compagnia al destino. Un'amicizia! Se si pensa che uomo e donna possono sposarsi, come la stragrande maggioranza, senza che sussista in loro la consapevolezza di essere compagni al destino, compagni di fronte al destino, a quel che capita! Così sono proprio, come diceva Tarkovskij, un nascondiglio: la casa diventa un nascondiglio, ma nel senso letterale della parola.

Un altro ha sottolineato la compagnia come «una palestra in cui ci sono tutti gli strumenti» per esercitarsi in quello che è stato destato dall'incontro. Poi vi siete soffermati molto a delineare il modo inconveniente o inconsulto di vivere questa compagnia. Riassumo la questione con un'immagine.

a) Il tale va – poniamo – a Forlimpopoli. Lì, siccome ha una certa personalità, stabilisce rapporti con "a", poi con "b", poi con "c", "d", "e", "f", "g". Potete moltiplicare indefinitamente. Ha rapporto con "a", ha rapporto con "b", ha rapporto con "c", ha rapporto con "e". Questi "a", "b", "c", "d", "e", eccetera, possono essere singoli o gruppetti. Siccome lui – poniamo – è del movimento, allora "a", "b", "c", "d", "e", "f" hanno un'aura, come una specie di denominatore comune, perché lui è del movimento. Allora l'amicizia che lui stabilisce con "a", con "b", con "c" e con "d" crea anche un qualche rapporto tra "a", "b", "c", "d", "e". Se venisse meno quest'aura, se venisse meno il movimento (per chiamare quest'aura col suo nome), questi rimarrebbero in rapporto con lui, come amici, e il movimento non c'entrerebbe più. Il movimento c'entra casualmente o contingentemente, perché lui ci insiste. Poniamo che a un certo punto faccia carriera: non ci insiste più, perché ha altre cose da fare; allora restano amici, ma la circonferenza fatta da questi punti è fatta da punti senza nessi tra di loro, perché il nesso è puramente un riverbero del rapporto che hanno con lui.

Immaginate, invece, un fattore centrale, un centro di una circonferenza, il quale genera la circonferenza, ha una energia per cui irradia una circonferenza, un cerchio di luce e una circonferenza. Dentro questo cerchio e questa circonferenza si imbatte in "a", in "b", in "c", in "d": perciò il suo imbattersi nelle persone è immanente, prende motivo, prende consistenza, prende luce, prende forza, prende senso dal fatto che li incontra nel movimento e per il movimento. Non mi sono spiegato? Questa è la differenza e questo è anche il pericolo più grave che ci possa essere nella compagnia e nella comunità: nessi personalistici, di singoli o di gruppi, e solo come contingente, provvisoria conseguenza, il fatto che il centro con cui tutti hanno rapporto si interessa del movimento (fino a quando s'interessa!).

Invece la compagnia di cui parliamo è quella generata dal contenuto qualitativo nuovo dell'incontro. All'interno di questo contenuto qualitativo nuovo, all'interno di questo scatto dell'umano, di questa apertura della vita alla totalità, di questo senso del destino, di questo compito nel mondo, di questa presenza nell'ambiente, si intrecciano anche i rapporti. I rapporti nascono dentro: il movimento non è un effetto secondario di un nesso in cui il movimento come tale potrebbe non c'entrare. Riflettetevi per favore, poi giudicate i vostri capi, i vostri preti e voi stessi, perché la differenza genetica delle due immagini rappresenta l'obiezione fondamentale che si può avere alla compagnia.

Nel primo caso la compagnia non ha nessun valore sicuro per la vostra persona ed è incongruente con l'incontro fatto: infatti è un incontro falso. Il nesso che abbiamo stabilito con chi abbiamo incontrato e che sta quindi al centro, l'abbiamo stabilito non per la differenza qualitativa, per la novità sull'umano, ma per altri motivi: perché ci piace, perché ci consola, perché parla in un certo modo, ma non per ciò che vibra dentro questo, non per il movente che si rivela dentro questo, non per la novità dell'umano, dell'esistenza, che si intravede dentro questo. Non si è colpiti da una novità di vita, non è una rivelazione, non riverbera una rivelazione dell'uomo. Così anche i nessi che si stabiliscono nella comunità sono a grumi, perché "a", "b", "c", "d", "e" sono legati al centro, però "a" è legato con "c" e "b" è legato con "d" e con "e": sono a grumi! Mentre la preferenza, vale a dire il tasso di corrispondenza che si sperimenta fra il proprio cuore e l'incontro che si fa, il proporzionale tasso di corrispondenza, è giustissimo, perché senza preferenza, senza fenomeno di preferenza non c'è affezione, non c'è valore di mezzo; ma la preferenza ha come caratteristica che ti apre a tutto, anche a chi ha il muso da scimpanzé, anche a chi ti scoccia, anche a chi non ti va. Il rapporto con chi ti va diventa apertura verso chi non ti va.

È in questo senso che avete giustamente accusato che in una compagnia del primo tipo, quella della circonferenza a punti o a grumi, è impossibile che non cali la tensione in modo drammatico; anzi, non nasce neanche. C'è una tensione che è talmente fittizia che subito, al primo impatto, al primo ostacolo, scade. Perché la compagnia è ridotta in termini propri, nei termini cioè della propria reazione e non del proprio cuore. Allora la compagnia diventa un nostro progetto e ci si lamenta se il proprio progetto non viene assecondato: «Nessuno mi guarda, nessuno mi sposa, non mi consolano quando sono triste, non mi aiutano». Ma la compagnia ha un valore che è al di là delle utilità pur desiderabili. Nel ridurre la compagnia a un nostro progetto, la valenza della compagnia si esaurisce in un uso strumentale di essa e si scade in una logica di gruppo. Mentre, la compagnia è il luogo dove l'incontro che ha destato la novità in noi, l'esperienza della novità in noi, è un avvenimento che è diverso da uno schema progettato. Comunque, una compagnia fatta personalisticamente, come nostra pretesa, pretesa di un nostro progetto, come logica di gruppo, è un'immagine priva di incidenza, è una coincidenza provvisoria. Come quando si è sul treno ed è brutto andare nello scompartimento da soli: meno male che salgono due con cui si può parlare! È un'immagine priva di incidenza.

b) Gli aspetti negativi di questo "concetto" di compagnia (riconducibile a quell'immagine del centro e dei punti della circonferenza) possono essere definiti con due osservazioni che avete fatto stamattina. La prima è l'attivismo: l'operosità degenera in attivismo. È stato detto che l'attivismo è un operare senza ragione adeguata, è una reattività che si prolunga e si articola; non ha ragione adeguata, non corrisponde, non apre e non matura. Così, uno è pieno di titubanza nel giudizio e di difficoltà nell'operare. Perché l'attivismo, quando si hanno certi momenti di obbligate pause, lascia pieni di insicurezza; in certe pause, quando uno non è travolto dall'urgenza, sente il peso, come una montagna che pesa sulle spalle, sente la difficoltà della sua prestazione. Mentre l'operosità è un'espressione: quanto più c'è, tanto più esprime, ci si sente espressi. Uno capisce bene che la titubanza e il peso sono dati soltanto dal disordine, dalla sproporzione delle parti, dalla non armonia dei fattori, ma non dalla quantità dell'impegno. Nell'attivismo la compagnia diventa, avete detto, «una sterile routine di una associazione incapace di giudizio»; piena di iniziative, ma incapace di giudizio. Si partecipa alle iniziative, ma si resta incapaci di giudizio. Sterile routine! Oppure ci si agita dentro la società senza la minima coscienza che il potere ci sta attaccando, radicalmente, così che quando questo attacco scoppia ed è evidente, uno si sente come tradito dalla compagnia, perché non gli ha assicurato facile vittoria, si sente come smarrito o tradito, sbandato.

c) Il secondo aspetto negativo in cui avete ricondotto l'inconveniente del cerchio a punti o a grumi è lo shock da obbedienza già citato, vale a dire il produrre per schema, il condurre avanti la compagnia riproducendo schemi sia vocali (discorso), sia operativi (attività). La differenza concreta è che mentre nel secondo caso detto prima tu scopri e ami una realtà nuova nel mondo, un avvenimento – e in questo avvenimento ci possono essere tutti i tuoi amici o tutte persone nuove, così che abbandoni i tuoi amici per queste persone nuove, in un certo senso – nel primo caso tu copri un ruolo dentro la compagnia. Una compagnia, nata come avvenimento, per te rimane una compagnia "incontrata" e – siccome ognuno è spinto ad associarsi e soprattutto è spinto, se ne ha la possibilità, ad avere dei poteri, ad avere dei ruoli, perché compongono di più il senso di sufficienza, di autosufficienza –, avendo un ruolo dentro la compagnia, tu prendi questo ruolo come spunto per accostare "a", per accostare "b", per accostare "c", quelli che, gente o gruppi, ti preferiscono ad altro, oppure che si lasciano prendere al tuo amo. Ami il tuo rapporto con loro, non un avvenimento nuovo, vale a dire non hai un sentimento diverso delle cose e in base a questo vorresti comunicarlo a tutto il mondo, ma sei premuto e quasi costretto da un'esigenza di popolarità, da un'esigenza di avere della gente attorno, dall'esigenza di avere gente che risponda o corrisponda a quello che vuoi tu, che serva ai tuoi progetti, che ti elevi a imperatore, oppure a re, oppure ad assistente. Io non so dire meglio. Qualcheduno sa dire meglio di così, crede di potere dire meglio di così? Al contrario, anche se tu non fossi riconosciuto dai tuoi amici in questo impegno con l'avvenimento nuovo che hai intuito – perché l'hai incontrato nella diversità di una persona... nel tono di una persona, nel comportamento di una persona hai intuito questo avvenimento –, allora lo dici ai tuoi amici e loro, che erano amici, magari ti abbandonano. Ma tu non puoi abbandonare quello che hai incontrato! Mentre l'altro caso è l'inverso: ti trovi dentro perché, magari, grazie a Dio, hai avuto un brandello d'incontro, sei stato un po' toccato e ti sei messo dentro; ma ha prevalso in te il tuo carattere, tutto un po' egocentrico, per cui tu accosti le persone e magari accosti i gruppi – perché ti hanno messo capo di un certo ambito dell'alta Italia, per esempio – e accosti le comunità con un animo personalistico, avendo come ultimo, inconfessato anche a te stesso, desiderio di legarti le persone o di legare i gruppi a te, di avere un potere, anche in un senso più "miserabile", vale a dire di non sentirti inutile al mondo.

Sarà così anche quando ti sposerai. Nell'attrattiva che ti metterà su questa strada, nell'incontro che ti attirerà e ti collocherà su questa strada, la partenza sembrerà identica, ma saranno due cose veramente diverse. Se tu intuirai in quel rapporto il segno della totalità e dell'eterno, allora tu, con l'altra persona, costruirai il primo ambito dove aiuti a creare la novità del mondo. Se lei corrisponde meno del previsto, viene un po' meno, o addirittura ti tradisce, tu non puoi, non potrai trascurare ciò a cui sei stato evocato e, pur con un dolore grandissimo, continuerai nella tua condizione, nella tua strada, perché è nella strada in cui Dio ti permette di essere, è in quella strada, che costruisci la tua collaborazione, che sei stato chiamato a costruire la tua collaborazione per il mondo. Nel secondo caso, invece, se prevale l'egocentrismo in te, tu sei innamoratissimo di quella donna, perché ti senti assolutamente attratto da lei, ma quella dopo due anni "ti fa ciao, ciao" e tu sei perduto, perché non hai un'altra cosa, non hai un avvenimento nuovo in cui tu ti sei impegnato, stabile per l'eterno; e allora andrai in cerca della sostituta, e siccome anche quella – naturalmente – ha diritto a fare come la prima, dopo cercherai la terza; normalmente dopo la quarta è difficile avere ancora respiro per poterne cercare una quinta! Perché il gioco è sempre uguale. È terribile, ma il gioco è sempre uguale, e quando si arresta alla seconda o alla terza è privo di slancio: è come abbandonarsi a una presenza, ti dia quel che ti dia: «Senti, dammi quel che vuoi»; metti una mano agli occhi e... «Dammi quel che vuoi, guarda»; e se dà un centesimo invece di mille lire, ti accontenti, mentre prima non ti saresti accontentato. Così, hai abbandonato la prima perché non ti accontentavi e sei costretto a rassegnarti e accontentarti della seconda. Questo è il migliore dei casi, eh! Perciò state attenti!

V

Comunque, mi spiace che siamo giunti tardi a questo altro passaggio: dalla compagnia alla modalità profonda con cui si vive la compagnia. Il modo profondo in cui si vive la compagnia, è stato detto stamattina, è la domanda. «La domanda è la modalità operativa di appartenenza alla compagnia», la più profonda e semplice, che può avere chiunque, anche uno inchiodato in un letto per dodici mesi. Quando uno ha fatto un incontro, appartiene; appartiene al luogo dove ciò che è stato destato viene richiamato, viene sostenuto, viene alimentato, e diventa operativo.

Appartiene al suo destino, ma là dove il destino si è palesato, ecco, là è il luogo del cammino per quella persona, vale a dire è il metodo che Dio gli ha dato. Perché uno deve vivere l'umanità, ma se nasce in Tanganica la sua strada è quella dell'abitante del Tanganica, e anche se viene in Europa guai se perde i valori di quella strada. Così la compagnia è il luogo dove il cammino al destino diventa operante, diventa concreto, si attua. L'atteggiamento di domanda è la modalità operativa più profonda di questa appartenenza. «Nella domanda si attua l'intreccio tra ragione e affettività», perché l'aspetto più elementare, più sorgivo dell'appartenenza è, innanzitutto, un giudizio: «Qui sta il vero» (giudizio); e se qui sta il vero, mi corrisponde, perciò io allungo la mano per possederlo (affettività). L'intreccio tra ragione e affettività è nella domanda.

Quanto più, abbiamo detto prima, uno prende coscienza della diversità, cioè quanto più uno entra dentro l'avvenimento e percepisce l'immensità della diversità, l'incommensurabilità della diversità della vita dell'uomo rinato, dell'uomo libero, da quella dell'uomo schiavo, dell'uomo alienato, dell'uomo reattivo, dell'uomo omologato dal potere, quanto più uno prende coscienza di questo, tanto più capisce anche la sproporzione fra quello che lui riesce a fare e l'orizzonte che si dilata sempre di più ai suoi occhi. Allora capisce sempre di più che la cosa che può fare con tutta la sua umanità, la cosa più degna che possa fare, e la può fare anche inchiodato in un letto, anche dopo avere tradito, nell'istante in cui dice: «Ho tradito», la può fare anche allora, è quella che abbiamo sempre chiamato «il grido della mendicanza».

La mendicanza. È mendicanza innanzitutto dall'origine, dal Mistero: si chiama «preghiera». «Dio, se ci sei, rivelati a me.»[44] In quell'istante l'Innominato si è liberato, è diventato se stesso. Un uomo che non dica neanche questa frase... meno di così non è più uomo, perché rinnega l'impeto di aspirazione che lo qualifica. Ma anche – analogamente – la presenza nella compagnia è domanda, è una mendicanza, come quella di certi bambini che non hanno la mamma, non hanno il papà o sono all'asilo, e sono come alla ricerca dell'affezione e della protezione. Così l'essere nella compagnia è una domanda, il vero essere presente nella compagnia è il contrario della pretesa e quindi del lamento. Pretesa e lamento emergono quando la compagnia è in funzione egocentrica – vedi sopra –; invece domanda e gratitudine sono là dove la compagnia è concepita e vissuta come il luogo del cammino verso il grande orizzonte, il luogo sorgivo del richiamo e dell'aiuto alla propria identità, dell'amicizia, con la propria libertà, qualunque sia la risposta: «Tendo la mano a voi e vi sono grato, mi diate uno o mi diate mille», e questa realmente è la grandezza del povero. La grandezza dell'uomo è la sua verità e la sua verità è di essere mendicante dell'infinito; come lo *jurodivyj* o il *putešestvennik* russo, che stende la mano, cammina verso il santuario stendendo la mano e chiedendo: chiedendo il fienile, il posto dove alloggiare, dove dormire la notte. E l'ultimo pensiero – realmente, psicologicamente, ci possiamo giudicare –, l'ultimo pensiero è la pretesa o il lamento, in noi. È una domanda che è aperta a tutto, cioè non è una domanda di tre cose, di ventiquattro cose, di duemilatrecentonovantotto cose, ma è una domanda di tutto. Infatti Gesù ci dice: «Venga il tuo regno; sia fatta la tua volontà», che è tutto. Ci può dire anche:

[44] Cfr. A. Manzoni, *I promessi sposi*, BUR, Milano 2000, p. 478.

«Dacci il pane quotidiano»,[45] dacci cioè quel poco, quelle cose precise in base alle quali possiamo sussistere. Ma attraverso il pane vogliamo il Tuo regno, la Tua volontà, cioè tutto! È la caratteristica della domanda (è la stessa caratteristica della libertà, è la dimensione della personalità): rapporto con l'infinito. La caratteristica della vera domanda è la totalità, anche quando uno domanda una degna compagna nel viaggio della vita.

Se la domanda è il modo di stare nella compagnia, c'è un corollario impetuoso, vale a dire l'uso degli strumenti che la compagnia ci dà, ci offre. L'uso degli strumenti che la compagnia ci offre, come è stato detto stamattina, innanzitutto dilata, è un esercizio che dilata il nostro orizzonte e documenta la nostra mendicanza. Perché se tu mi mendichi e io ti do un pezzo di uovo, un uovo allo zabaglione, e tu dici: «No, no, no, preferisco il vino alla spina, o la birra alla spina», vuole dire che c'è qualche cosa che ti preme di più che la tua sete o la tua fame.

L'obbedienza nell'uso degli strumenti è un test della verità dell'immanenza alla compagnia. Per questo nelle domande che vi sono state fatte, molto giustamente, venite richiamati all'uso del libro del mese. Uno degli strumenti più grandi del potere è il non fare leggere la gente, il non fare paragonare la gente con qualcosa di vero, e perciò è la diffusione di testi assolutamente selezionati, in cui la dimensione religiosa non c'entri. Ora, se noi vi suggeriamo dei testi è solo per questo. Non leggere il libro del mese, nei limiti del possibile, è proprio uno sbaglio grande, perché poi chi legge, legge quello che vuole, vale a dire consuma un tradimento e mescola le questioni.

[45] Cfr. Mt 6,9-13.

Leggete il libro del mese, oppure gli editoriali, gli articoli de «Il Sabato», perché sono sorgente di una indicazione, e in quanto, in qualche modo, sotto l'attenzione di chi guida la compagnia, ultimamente, con tutte le eccezioni possibili e immaginabili e con tutte le discutibilità, indicano la strada. Non fate come gli adulti che sanno già: loro sanno già e perciò seguono i loro pensieri, i loro giudizi. Anche se sono adulti della prima ora, hanno perso la strada perché hanno se stessi come strada, hanno il concetto del movimento con loro al centro e i grumi attorno. Ma non posso non citarvi la Scuola di comunità come lo strumento fondamentale. Scuola di comunità: una scuola non si può pretendere di impararla leggendola e neanche rileggendola; e se si tratta di una scuola di vita occorre qualcosa di più che leggerla anche trenta volte, occorre qualcosa d'altro. Occorre che l'incontro, attraverso lo spunto o la filigrana di quel che si legge, sia rinnovato. Perciò, fra gli strumenti, io mi permetto insistere sulla lettura, da cui si sviluppa la costruzione di una cultura. Di qui i nostri centri culturali e, non so, la trama di proposte sulla dottrina sociale della Chiesa eccetera. Insomma, quello su cui il movimento insiste. Gli strumenti!

Prima avevo accennato a una espressione della compagnia che ne rappresenta l'indicazione e l'esemplificazione più grande: la preghiera. Se vogliamo vivere questo momento in cui il movimento è chiamato a generare una personalizzazione profonda della vita di comunità (perché questo è il titolo che possiamo dare a questo momento: "La necessità di una personalizzazione"), il primo strumento, il primo aspetto di questo lavoro è la preghiera. Come ho tentato di esemplificarvi stamattina, dopo che avete detto le Lodi, la personalizzazione non è un rapporto intimo con la Madonna di Medjugorje o con il Santissimo Sacramento, se non come coscienza di appartenenza a ciò che abbiamo incontrato come dono dello Spirito, come generazione di Cristo, come continuazione della generazione di Cristo che la Madonna, per opera dello Spirito, fa nel mondo.

Comunque, al di qua di questi pensieri, la preghiera è domanda: domanda che avvenga tutto l'avvenimento in cui siamo stati coinvolti. Ora, pensare tante cose può essere difficile o ancora impossibile, per l'acerbità del nostro animo e della nostra esperienza, ma della domanda, di stendere la mano perché Cristo avvenga, perché il figlio di Maria abbia la gloria che deve avere nella nostra vita e nella vita degli ambienti in cui noi siamo, di stendere la mano per questa gloria, perché questa gloria avvenga, di stendere la mano per questo, non esiste nessuno che possa dirsi incapace! Anche se è incapace di svolgere un solo altro pensiero su questo elementare inizio. Perciò, in questo momento, dovete rispondere a certe domande che vi sono state presentate, come per esempio: «Quali sono a vostro avviso i compiti a cui dobbiamo rispondere?». Il compito fondamentale è quello di diventare incontro per tutto il mondo. Questo compito si avvera, innanzitutto, attraverso la preghiera diventata *habitus*, atteggiamento normale. Pensate che la Bibbia, la storia religiosa dell'umanità, cioè la storia dell'umanità in quanto alla ricerca appassionata del proprio destino, finisce con due parole: «Vieni, Signore».[46] E queste debbono essere la prima conquista della vita della nostra amicizia. Ecco la personalizzazione: che ognuno viva questa domanda.

[46] Ap 22,20.

Omelia

L'alternativa è sempre esplicita in tutta la Bibbia: seguire, perseguire il Signore è vita, è soddisfazione; *satis facere*, la realtà umana si compie, uno capisce che si compie. Non è, la vita, un pasto, ma un pasto è parte della vita, ed è in tutti gli aspetti del nostro essere che siamo chiamati a sperimentare il compimento che viene profetizzato nella nostra fedeltà: la nostra fedeltà diventa profezia della fine. Da una parte, dunque, il seguirlo è vita. Dall'altra, come abbiamo sentito nella prima lettura, il dimenticarlo è distruzione. Non è una minaccia, come non è una promessa a buon mercato la prima: è proprio un discriminante del vivere, ma del vivere quotidiano, perché l'esistenza del Signore è immanente, essenziale alla vita quotidiana, così come la morte sottende continuamente il nostro tempo e il nostro cammino.

Aderire al Signore è fare progredire la vita e dimenticarlo significa distruggerla. Ma dimenticare il Signore non vuole dire "dimenticarlo". Non è come da bambini, non è un gioco da bambini: il bambino si dimentica, e la mamma non può rimproverarlo perché si dimentica. Dimenticare il Signore significa, per la natura dell'uomo, identificare il Signore con qualcosa che vogliamo noi, con l'oggetto di una reazione dominante o predominante, cioè un idolo. Allora il problema diventa la verità e la menzogna. Per questo, da una parte c'è una promessa di compimento, l'alleanza, un'alleanza sempre più grande, un'apertura sempre più grande. Non è che man mano che si penetra nell'esperienza diminuisca la distanza: aumenta l'immanenza; non diminuisce la distanza, aumenta l'immanenza e si spalanca sempre più l'orizzonte, perché l'orizzonte lontano e vasto e sterminato del cielo è parte integrante per il respiro dell'uomo. Quattro mura serrate soffocano. Dall'altra parte non è una questione di obliterazione ingenua, ma di menzogna, di stupidità: è l'essere che si tende a stringere, a stringere nel ripostiglio del non-essere.

Questa alternativa non è il tema di un discorso come quello di oggi, del nostro raduno, ma è un tema tuo, è un'alternativa tua, non dico domani mattina quando ti alzerai, ma ora. Ora è alternativa tua se questo momento sia da condannare come un momento inane, che tu butti nel vuoto, per l'affermazione menzognera di una tua istintività, di una tua istintiva distrazione, di una tua superficialità, con cui sei connivente, in cui sei almeno connivente, oppure se questo momento tende a proporsi a te e – per l'esempio tuo – al mondo, davanti agli angeli e a Dio, nella sua vastità, nella sua grandezza, perché Dio è diventato uno di noi ed è tra di noi, e la sorgente del suo essere tra noi è qui, in questo gesto misterioso, si dice «sacramentale». È un'alternativa adesso. È un'alternativa come saluterai la tua amica o il tuo amico, come tratterai l'ora. È un'alternativa tua. È questa personalizzazione ciò per cui il movimento s'è mosso, è stato messo in movimento, ciò per cui lo Spirito ci ha destati. Non siamo amici, se non ci aiutiamo in questa personalizzazione.

STRANI UOMINI*

La lettura da parte degli universitari del CLU de Il racconto dell'Anticristo *di Solov'ëv, pubblicato da parte del settimanale «Il Sabato», provocò sorpresa e suscitò nuovi interrogativi. Che la religione e il cristianesimo potessero essere presi come strumenti e supporto ai propri scopi e progetti – anche politici – lo si sapeva da tempo. Ma che questo potesse accadere quando da Cristo si estraevano "valori" e "insegnamenti morali", separandoli dalla sua persona e lasciandola sullo sfondo, fino a ignorarla, era forse una delle prime volte che acquistava una chiarezza sconvolgente. La drammaticità di questa scoperta era accentuata dal ritrarsi delle moltitudini dei credenti di fronte all'ultima richiesta di avere «Cristo stesso» come la cosa più cara nel cristianesimo. I pochi rimasti con l'ultimo Papa ne* Il racconto dell'Anticristo *avrebbero costantemente fatto i conti con la domanda, che scendeva fin nel segreto dei loro cuori, sulla "convenienza" da scegliere e sulla "preferenza" da avere, sulla quale condurre e costruire la propria vita. In un frangente in cui le comunità del CLU stavano assistendo a uno dei suoi maggiori incrementi, anche dal punto di vista numerico, il racconto di Solov'ëv fu colto come un invito*

* Equipe del CLU, 27-29 maggio 1988, Rimini.

attuale e personale a fare i conti con la natura del cristianesimo e a rendersi conto "di che cosa si tratta" quando ci si dice cristiani e si vuole vivere la fede nella propria vita e nel mondo.

L'imponenza del Cristo della Cappella Sistina di Michelangelo, scelto come icona del testo di Solov'ëv, volle indicare, nel Volantone di Pasqua, la grandezza di una presenza che è il cuore della fede e suscitò un desiderio nuovo, sostenuto da un'inaspettata affezione: conoscere Cristo e ciò che viene da Lui. Per ragazzi e ragazze, simili in tutto ai loro compagni di università e presi da mille preoccupazioni e attività, la domanda dell'imperatore e la risposta dello starets *sarebbero divenuti i capisaldi della loro personalità e della loro fisionomia umana. Coloro che già avevano scoperto di non avere una patria si ritrovavano ora dentro una "stranezza" che giungeva al cuore dell'umano. Il Volantone fu distribuito, affisso, discusso in tutte le università italiane, suscitando un grande confronto, non solo nel mondo cattolico, ma anche con chiunque desiderasse trovare una verità per sé, per gli altri e per il mondo.*

Pasqua 1988

L'imperatore si rivolse ai cristiani dicendo: «Strani uomini... ditemi voi stessi, o cristiani, abbandonati dalla maggioranza dei vostri fratelli e capi: che cosa avete di più caro nel cristianesimo?».

Allora si alzò in piedi lo starets Giovanni e rispose con dolcezza: «Grande sovrano! Quello che abbiamo di più caro nel cristianesimo è Cristo stesso. Lui stesso e tutto ciò che viene da Lui, giacché noi sappiamo che in Lui dimora corporalmente tutta la pienezza della Divinità».

(Vladimir Solov'ëv, «Il dialogo dell'Anticristo»)

Assemblea

Giussani: «Lascia che il mondo rida di te...» Non la sapete, la maggior parte di voi non cantava. Vuole dire che non cantate più adeguatamente, le vostre riunioni non sono così liete che vi costringono al canto. Questa è una prima osservazione introduttiva alla giornata. Comunque, «lascia che il mondo rida di me, di te»: di chi? «Lascia che il mondo rida di te se la tua vita cambiarlo potrà»:[1] c'è una dimensione sociale per cambiare il mondo, non è un energumenismo singolare, non è una tensione di gote e di vene del collo del singolo, non è un volontarismo del singolo. Per questo ritornano in mente i canti russi quando si intona «Nel primo chiarore del giorno».[2] Appena lo avete intonato, uno che era attento sentiva, poteva sentire rifluire tutta l'onda, l'onda così socialmente intensa, l'onda così popolare, l'onda, quindi, di un protagonismo storico collettivo, così come è sensibile nei canti popolari russi. Sto dicendo che non esiste niente della produzione nostra, a cui noi siamo abituati – nostra e altrui –, che "risenta" così la radice dei canti popolari russi, la loro

[1] A. Roscio, «Lascia che il mondo», in *Canti*, op. cit., p. 198.
[2] «Nel primo chiarore del giorno», Inno delle lodi mattutine del lunedì, in *Il libro delle ore*, op. cit., pp. 71-72.

drammaticità, la loro epica, la loro tragicità, come certi inni delle ore: «Nel primo chiarore del giorno», e l'altro: «L'aurora risplende di luce».[3] Si sente che nascono allo stesso livello. Ma anche i canti che cantiamo noi possono nascere allo stesso livello, se allo stesso livello è il tuo animo, il tuo pensamento, il tuo pensiero, cioè la tua capacità di silenzio.

Allora, capo?

Intervento: Allora...

Giussani: L'ho già detto io!

Intervento: Va bene! Allora, brevissima introduzione all'assemblea di questa mattina. Il dato più significativo di questi ultimi mesi è stato il Volantone di Pasqua: è il fatto che ha segnato di più la vita di tutte le comunità e di tutti noi. Che cosa è successo? È successo che il Volantone ha giudicato il presente della comunità e di noi tutti, giudicando anche il momento storico nel quale stiamo vivendo. Proprio per questo motivo questa mattina incominciamo l'assemblea a partire dalle stesse domande che ci hanno convocati qui, le domande alle quali abbiamo incominciato a rispondere con i contributi. «Quale è stato il contenuto dell'itinerario della comunità in questi mesi? Che esperienza ha generato il Volantone di Pasqua? Quali difficoltà sono emerse? Che cosa sentiamo urgente per noi e per le comunità che guidiamo, oggi?» Il momento di questa mattina vuole essere l'inizio della risposta a queste

[3] «L'aurora risplende di luce», Inno delle lodi mattutine della domenica, *ibidem*, pp. 48-49.

domande, il racconto della vita nostra e delle nostre comunità rispetto a questo fatto nuovo che è stato il Volantone di quest'anno. Incominciamo subito, tenendo presente il contenuto dei contributi che sono stati consegnati, ma senza pretendere di sintetizzarlo o riprenderlo da capo.

Intervento: Volevo dire come noi abbiamo colto il Volantone di Pasqua. Il primo dato è che questo Volantone ci ha provocato un disagio, dovuto al fatto che ognuno di noi capiva che non si poteva scivolare via da questa provocazione. Il disagio è sorto perché non riuscivamo a comprendere che cosa chiedesse quotidianamente questo Volantone; oltretutto era impossibile, in paragone magari ad altre occasioni, fare un discorso rispetto a una provocazione così secca.

Quando ci siamo accorti di questo, abbiamo cercato di comprendere di più quello che veniva proposto dal Volantone e quindi dal movimento in questo momento. Abbiamo anche organizzato dei banchetti in università per distribuire il Volantone agli altri. C'è stata da parte nostra un'adesione generosa, dovuta al fatto che si ha comunque fiducia nel movimento e quindi si aderisce. Ma il disagio è riemerso in una modalità diversa: dopo tre giorni molti erano già stanchi. Il problema del Volantone è che non lo si comprende. Quindi, si aderisce affettivamente, ma non si comprende che cosa è in gioco. Il gesto dei banchetti è servito senz'altro per mettere in luce che c'è una disponibilità, c'è un terreno pronto a ricevere qualcosa, ma nessuno comprende in fondo che cosa.

Giussani: Nessuno? Calma, perché magari qualcuno lo comprende!

Intervento: Sono della Statale.

Giussani: Di Genova?

Intervento: Di Milano.

Giussani: Ah! C'è la Statale anche a Bari!

Intervento: Sì.

Giussani: Nonostante sia al sud.

Intervento: Come raccontava chi mi ha preceduto, il Volantone è stato un punto di provocazione notevole nella nostra comunità. E, pur nella difficoltà, ha incominciato a farsi strada una consapevolezza nuova: il livello della proposta del Volantone è l'unico in cui la nostra libertà è veramente provocata in ogni istante. È diventato chiaro organizzando dei banchetti per diffondere il Volantone. Lì l'unico contenuto era l'annuncio di Cristo. Allora ci siamo accorti che noi normalmente rischiamo di partire da altro e di arrivare su un altro livello. Quando, per esempio, facciamo iniziative o banchetti in università si vuole arrivare magari a dire: «Cristo», ma il punto di partenza è un altro interesse, per cui è facilissimo poi, nel prosieguo, scivolare sull'interesse parallelo. Il fare i banchetti avendo come unico contenuto l'annuncio del Volantone ha costretto la nostra libertà in ogni momento a dire di sì o di no rispetto a questo Fatto, senza nient'altro intorno. Questo ha segnato una presa di coscienza: il contenuto del Volantone chiede in ogni istante una decisione della persona. È una prospettiva che dà anche un senso di vertigine, da cui è anche forte la tentazione di scappare: si capisce che lì si decide tutto per la persona.

Giussani: Scusate, provate a pensare alla risposta a questa domanda: che differenza c'è tra questo Volantone e il primo Volantone? Che differenza c'è tra questo Volantone e il Volantone di san Gregorio Nazianzeno?[4] Che differenza c'è, dal punto di vista delle acute osservazioni della Statale?

Intervento: A Firenze, ci ha sorpreso innanzitutto l'approccio che abbiamo avuto con il Volantone, che non è stato per niente intellettuale, ma subito legato a un mettersi in gioco in gesti concreti. La prima cosa che abbiamo notato è che questo Volantone mette a nudo in che cosa noi riponiamo la nostra speranza. Nel gesto uno si accorge se segue una propria costruzione o segue un Fatto che è presente corporalmente in una compagnia. A partire dal Volantone, i rapporti soliti sono stati investiti da una drammaticità diversa, anche quello che sembrava già definito è stato rimesso in crisi. Il Volantone ci ha spiazzato, l'incrostazione abitudinaria con cui facevamo certe cose è stata disturbata dalla presenza di qualcosa che non capivamo del tutto, senza che questo ci impedisse di muoverci. È nata l'urgenza che la nostra compagnia sia sempre più sacramentale, sia cioè sempre più il volto della presenza di Cristo. Questo ci fa, però, anche paura, perché sentiamo come un disagio e una lontananza nello stare con tutta la nostra persona di fronte a Cristo. C'è ancora una paura e non sappiamo da cosa questa derivi.

[4] Vedi qui, Appendice, p. 539.

Intervento: L'osservazione sull'ultimo periodo dell'esperienza mia e della comunità della Cattolica si basa essenzialmente sul Volantone, come gesto personale e come gesto di tutta la comunità, sull'assemblea permanente, sulle convivenze che anche noi abbiamo fatto con le matricole, facoltà per facoltà. La coscienza della ragione che ci tiene insieme, in questo ultimo periodo, è come se ci stesse introducendo a un tempo nuovo. La certezza che ci accompagna nel tempo è che l'incontro che abbiamo fatto, rinnovandosi e riproponendosi attraverso di noi, genera una permanenza di storia, una continuità di comunità, quasi di popolo, nell'appartenenza alla quale l'io, la persona, inizia a scoprire e a conoscere la propria libertà.

Giussani: Io vorrei che ripetessi quel che hai detto fino adesso, perché ho visto molti sguardi un po' inebetiti, per distrazione naturale o per la difficoltà della proposta, della memoria sentita. Ripeti, per favore.

Intervento: Certo.

Giussani: Non tutto, la seconda parte.

Intervento: Dicevo che la certezza che ci accompagna è che l'incontro che abbiamo fatto, che è accaduto tra noi, rinnovandosi, riproponendosi attraverso di noi, è come se generasse, iniziasse a generare una permanenza di storia e una continuità di comunità, nell'appartenenza alla quale l'io, la persona, incomincia a scoprire, a sentire meno ignota, a conoscere di più la propria libertà, incomincia a fare un'esperienza che libera. Forse questo tempo nuovo è la possibilità della persona per capire che tutta la vita è data per conoscere e riconoscere il mistero della nostra compagnia, di credere quasi come per la seconda volta che le parole dello *starets* siano la possibilità che tutto nella vita non sia più indifferente, non sia più estraneo, ma che anzi accada perché sia riconosciuta la verità delle parole dello *starets* Giovanni. Il riverbero primo di questa novità è che la compagnia tra di noi inizia davvero a essere per la persona, cioè è una compagnia che, da una parte, non ci fa stare tranquilli, dall'altra, è tutta protesa a che gli interessi della vita, la vita sia sottomessa a quel Fatto che è l'unica possibilità che la vita stessa, che la persona, abbia dignità – che è il riconoscimento del Volantone –. Così anche la quotidianità dei nostri rapporti diventa realmente il pegno più grande che ci è stato lasciato, il segno più lieto della presenza di Cristo.

Giussani: Che cos'è il segno più lieto?

Intervento: I rapporti, i rapporti che noi abbiamo, il modo che abbiamo di guardare alle cose, il modo che abbiamo di rapportarci con le cose.

Questo nome che è all'origine della nostra compagnia non resta astratto, ne sono influenzati anche l'intelletto, il giudizio, la volontà. E la cosa più commovente, almeno per me, è che v'è come la scoperta di quel grande gesto che tante volte diciamo essere totalmente nostro che è la domanda, l'impulso di domandare e di conoscere e di amare sempre di più Cristo.

La seconda cosa è la scoperta che le parole dello *starets* Giovanni sono la possibilità che tutto quello che si fa, finanche il pensiero, possa diventare degno, perché la dignità di quello che facciamo e di quello che pensiamo sta nel riconoscimento, un attimo prima di tutto, della presenza di Cristo. Di qui viene la letizia che, con buona pace di quel gruppo di adesso che si chiama "Rosa Bianca", nessuno può toglierci.

Giussani: E la scoperta che noi facciamo sentendo la tua testimonianza è il presentimento di qualcosa a cui possiamo arrivare tutti, dobbiamo arrivare tutti, perché qualcheduno già dimostra di esserne sulla soglia. E guai a chi fra noi, sentendo sia pure con rispetto il tuo intervento, dica: «Beh, chissà cosa vuole dire? Vorrà dire qualcosa per lui, eppure sono cose troppo difficili per me», perché anche lui avrebbe detto così tre anni fa!

Intervento: Rispetto a quello che lui ha detto, aggiungo solo che, nell'esperienza nostra all'Università Cattolica, ciò che ha permesso un livello, come quello appena testimoniato, è stato, innanzitutto, il fatto che la prima "operatività" che il Volantone ha avuto sulla nostra vita – oltre alla commozione e alla gratitudine per il fatto che ci è stata ridetta una parola così vera – è stata sulla nostra amicizia. Siamo stati costretti a porre a tema del nostro rapporto proprio il giudizio del Volantone, cioè quella parola: Cristo. E questo ha voluto dire, innanzitutto per noi e per me, riscoprire il valore personale della comunità: la comunità come luogo dell'incontro, il luogo che lo rende possibile oggi per me. La comunità è il luogo dove posso dire: «Io», perché è il luogo dove le parole dello *starets* incominciano a diventare esperienza quotidiana, incomincia a diventare esperienza quotidiana il fatto che ciò che abbiamo di più caro nella vita è Cristo.

La seconda cosa che volevo dire è che questa amicizia

ci sta costringendo a una decisione e a un rischio personale nelle cose della vita, dallo studio al rapporto con l'ambiente. L'ultima domanda dell'ordine del giorno diceva: «Che cosa riteniamo più urgente per noi e per le comunità che guidiamo?». La cosa che sento e che sentiamo più urgente è che questa amicizia continui a esistere, perché all'esistenza di questa amicizia è legata la possibilità di un incontro reale per tutti.

Intervento: La frase dello *starets* per me è stata uno scandalo, perché mi sono accorto che non dipendeva da una mia capacità affermarla. Non chiudere quella provocazione, rimanerci davanti, accettare questo scandalo per la mia vita, cioè non pretendere né di possederla né di dimenticarla...

Giussani: Cosa vuole dire possederla?

Intervento: Dire: «Beh, adesso sono capace, adesso è vero che Cristo è la cosa più cara che ho», rinchiudere questa provocazione dentro uno schema fatto da me. Sono rimasto davanti a questa proposta e la cosa che si è rinnovata è il mio rapporto personale con la comunità. Questo ha significato per me il rinnovarsi dell'incontro, perché ha posto di nuovo l'origine di tutto quello che mi è stato dato. La grande novità è stata per me, in questo periodo, l'approfondirsi dell'inizio. Questo ha liberato l'azione, cioè ha liberato la modalità che avevamo di porci dentro l'ambiente, dentro le cose, dentro lo studio. Ogni cosa, ogni gesto è diventato la possibilità di imparare di più per noi che cos'è ciò che ci è accaduto.

Intervento: Sono di Cosenza. Sia gli Esercizi sia l'Equipe sono stati per noi una provocazione a livello personale: abbiamo sentito che di fronte alla presenza devastante del potere non si può più stare tranquilli. È scattato di nuovo il desiderio di capire quale fosse il valore della nostra compagnia e dei gesti che facciamo. Questo ha avuto una risposta con il Volantone di Pasqua: nel riprenderlo abbiamo scoperto la fisicità di Cristo, cioè che i nostri volti sono il volto di Cristo. Questo movimento che è nato tra alcuni ha affascinato anche le persone con cui abbiamo a che fare in università. Ma di fronte a questo fascino, che noi suscitiamo, viviamo una difficoltà: è come se, nei confronti della gente nuova, ci fermassimo a un livello di generosità...

Giussani: Cosa c'entra la generosità?

Intervento: Di fronte alle persone nuove c'è una generosità nel senso di...

Giussani: Di impeto.

Intervento: Di impeto, sì, però è come se fosse qualcosa di sterile...

Giussani: È come se fosse impaziente?

Intervento: Sì.

Giussani: Ma l'impazienza è sempre sterilità.

Intervento: Ecco, io volevo domandare come si fa a uscire da questo inghippo...

Giussani: Ci vogliono nove mesi!

Intervento: Vale a dire, come possiamo imparare a essere testimoni nei confronti della gente che incontriamo, senza ricondurla in fondo a un nostro progetto?

Intervento: La prima cosa a cui ci ha mosso il Volantone è stato il chiederci che cos'è al centro dei nostri rapporti, della nostra amicizia, cioè qual è il reale contenuto della nostra amicizia, quello che noi rischiamo nelle azioni. E ci siamo accorti che il reale contenuto della nostra amicizia, che è ciò che si porta come rischio nelle azioni, può non essere Cristo.

Giussani: Calma, calma, non bisogna mai lasciare dire una frase senza che la comprendiamo. Vi giuro che i nove decimi di voi non hanno capito la frase che ha usato (salvo i professori universitari). Ripeti.

Intervento: Dicevo che...

Giussani: Prima di tutto, il Volantone vi ha fatto porre il problema di che cosa sia il reale...

Intervento: Il reale contenuto dei nostri rapporti. Perché la questione fondamentale, la prima, è che occorreva rischiarlo questo Volantone...

Giussani: Di' quello che hai detto subito dopo.

Intervento: Ci siamo chiesti: «Ma qual è il contenuto di questo rischio? È il reale contenuto della nostra amicizia?».

Giussani: Qual è il contenuto di quale rischio?

Intervento: Quello che noi portiamo andando a proporre il Volantone è il reale contenuto della nostra amicizia, proprio quello per cui viviamo insieme? Ci siamo accorti che non è assolutamente scontato che il reale contenuto della nostra amicizia sia Cristo.

Giussani: Interessante. Il contenuto del rischio che noi corriamo sempre nell'andare agli altri è il contenuto della nostra amicizia, quello reale? Altrimenti l'andare agli altri non è rischio, perché ci sono alcune cose interessanti in quello che diciamo, in quello che portiamo, in quello che offriamo, specialmente come compagnia. Perciò, non sarebbe un rischio l'andare agli altri proponendo le nostre cose: è un rischio perché, andando agli altri, noi proponiamo il contenuto reale del nostro essere insieme, anche senza accorgercene, anche senza che ci pensiamo, anche senza che ne abbiamo coscienza.

Intervento: E con alcuni amici si è arrivati a un punto in cui ci si è guardati in faccia, mettendo a tema tutto il desiderio di conoscere Cristo. Forse il sacrificio più grande che ci è chiesto non è il lavoro o la fatica, ma il dovere sempre riconoscere Cristo nel volto del tuo amico, senza poterlo vedere direttamente. Sarebbe questo il più grande desiderio.

Giussani: Chissà cosa vuole dire questo per la maggior parte di voi. Ti ricordi quando eri piccolo? Vedere Cristo nella faccia dell'amico, che per molti sarebbe il più grande sdegno. Ma in pochi lo sottoscriviamo coscientemente.

Ma cosa vuole dire? Qual è la partenza? Qual è la partenza che ci fa capire cosa vuole dire?

Intervento: È proprio su questo che volevo fare una domanda a te.

Giussani: Ah!

Intervento: Tu dicevi al Centro del CLU, l'ultima volta, che il contenuto del Volantone non è stato compreso. Io estendo la cosa a quest'altro punto: si può continuare a vivere la compagnia come il luogo dell'incontro, ma non arrivare mai a conoscere l'incontro, che cosa ti è accaduto in quell'istante iniziale e che cosa continua a riaccadere. Cioè, si continua a farne esperienza, ma non lo si conosce mai fino in fondo.

Giussani: Fino in fondo, mai! Mai fino in fondo! E il bello è lì! Non lo si conosce mai fino in fondo (*Il senso religioso* avrebbe dovuto portarvi sul ciglio di questa scoperta, ma vi ha portato sul ciglio del burrone, perché non l'avete fatto bene), perché è il Mistero. Questa è la parola che, se non incombe sulla vita, la nostra vita resta quella di un insetto, perché il mondo è grande e tu sei piccolo. Ma che cosa avevi detto da ultimo? Che si fa l'esperienza, ma senza capire...

Intervento: Senza conoscere fino in fondo...

Giussani: Non si conosce il...?

Intervento: Non si conosce che cos'è accaduto in quell'incontro.

Giussani: Il contenuto dell'incontro.

Intervento: Scusa, posso innestarmi o è meglio che aspetti?

Giussani: Tu hai sempre il diritto di intervenire, come me, anzi più di me!

Intervento: Vorrei tornare indietro rispetto agli interventi che ho sentito. Dopo il Volantone mi sono fatto questa domanda: la ricchezza delle iniziative che la nostra comunità vive genera una personalità che sfidi il tempo e le circostanze?

Giussani: Altrimenti non è personalità!

Intervento: A partire dal Volantone, come vorrei dire dopo, e anzitutto dal caso de «Il Sabato», ho notato questo: che c'è una quasi immediata reazione (almeno in alcuni è immediata, poi gli altri seguono prontamente) rispetto all'attacco che l'esterno opera nei nostri confronti, però questa reazione non matura una sensibilità propria, originale, rispetto alla mentalità dominante, rispetto al contesto, al modo di vivere di tutti. Allora, con tutti i cartelli che abbiamo messo fuori e i dialoghi che abbiamo avuto, io mi domandavo: ma questi generano una personalità stabile, cioè una personalità? Tu chiedevi prima che differenza c'è tra questo Volantone e il primo. A mio parere questo Volantone ci ha seccamente riportati all'origine. All'inizio abbiamo resistito, moltissimo, prima di comprendere che apriva questo varco. Perciò, il Volantone ci ha spogliato del senso di sufficienza per le iniziative e per la vita ricca della comunità. Mi sono accorto che tutta la ricchezza delle iniziative può arrestare la percossa; uno può viverle con fedeltà e con esteriore serietà, ma arrestando la percossa che è contenuta in ogni gesto, anche il più politico, anche il più diretto verso l'ambiente. Il Volantone ha provocato il disagio di cui si è parlato, perché ci ha spogliato di questo senso di sufficienza. E il disagio si riflette, nella vita delle persone che partecipano all'incontro e al suo sviluppo, che è la compagnia, in un senso di estrema fragilità.

Giussani: Spiega la genesi di questa parola. C'è stato un disagio che si è creato di fronte alla estraneità, che uno improvvisamente ha sentito, rispetto a un'affermazione che sarebbe dovuta essere la radice e il contenuto di tutto quello che facevano.

Intervento: Sì.

Giussani: Uno, col Volantone, si è sentito estraneo a quello che teoricamente – o nominalisticamente, meglio – era il contenuto di tutto quello che faceva. Perché il contenuto di quel che si fa è la fede, è il cristianesimo. Il Volantone ha come infrigidito l'animo e creato un disagio. Dicevi in questo senso?

Intervento: Sì, in questo senso, ed è accaduto dov'era estraneo e dov'era scontato il contenuto del Volantone.

Giussani: Scusami ancora. Dove è scontato, è estraneo; se è scontato, vuole dire che non lo si conosce. È come il Mistero. Se uno dice: «Lo so», non lo conosce. Dove è scontato l'essere cristiani, dove è scontato il contenuto della fede, vuole dire che è estraneo. Il Volantone ha messo davanti al muso un'estraneità, o meglio ha fatto venire a galla il fondo dell'animo o della personalità di molti, che è estraneo. Ma questo, badate, è naturale, cioè è normale di fronte al contenuto della fede.

Intervento: E questo fa vedere il legame tra il disagio provato e la fragilità, perché ci si rende conto – me ne rendo conto guardando me e guardando gli altri – che tutto quello che noi facciamo risulta così incapace di persuadere la quotidianità, cioè di cambiarla, che uno, dopo avere fatto tutto quello che ha fatto, rimane sostanzialmente indifeso di fronte alla mentalità comune.

Giussani: Ciò che facciamo... cos'hai detto?

Intervento: Per la scontatezza e l'estraneità al contenuto del Volantone, ciò che facciamo è come se non avesse radice e perciò capacità di persuadere la quotidianità. Per questo uno, dopo avere fatto tutto quello che ha fatto e dopo avere partecipato a una vita ricca di comunità, si trova ancora sostanzialmente incapace o inerme di fronte alla mentalità comune, che lo divora, che lo fa essere uguale a tutti gli altri. A mio parere, il Volantone ha messo in chiaro una cosa: che ciò che non è unito all'origine non può più essere unito dopo. E se ciò che noi facciamo non è unito all'origine, cioè non parte da quell'origine, non ha forza, non ha la forza di cambiare e di incidere sul soggetto, di renderlo un soggetto.

Una seconda osservazione. Mi è venuta in mente questa immagine: spesso siamo come due che si corteggiano, che hanno una consuetudine di vita insieme, che però non hanno ancora riconosciuto che sono insieme. Cioè, l'incontro ci ha gettato in una traiettoria e noi l'abbiamo compiuta – se siamo qui, tutti in qualche modo l'abbiamo compiuta, anch'io –, ma è una traiettoria che noi facciamo senza riconoscerla, cioè senza prenderne coscienza e quindi senza trattenerla operativamente nella memoria. Ce ne ricordiamo, ma non ne abbiamo una memoria operativa. Ora, la difficoltà è che questa coscienza non è qualcosa di intellettuale o culturale in senso negativo: questa coscienza richiede una mossa di quella cosa apparentemente insignificante che sta dentro di me e che si chiama «libertà».

Giussani: Spiega, spiegati meglio.

Intervento: Voglio dire che questa coscienza è il primo albore di una libertà che si gioca; una libertà che, però, per noi è ancora prevalentemente sconosciuta, tanto che ne prendiamo atto solo quando c'è un urto grande. I sette giorni di banchetto continuativi che abbiamo fatto sul Volantone ce ne hanno fatto prendere atto, ma perché c'è stato un urto grande.

Giussani: Io insisto nel dire che la stragrande maggioranza non ha capito questo nesso: l'incontro ci ha messi e buttati su una traiettoria, su un binario, noi percorriamo questo binario, questa traiettoria, perché altrimenti non saremmo qui, anche lui, ma non abbiamo coscienza. Da questo punto in avanti devi richiarire: non abbiamo coscienza di che cosa?

Intervento: Non abbiamo coscienza del contenuto di questa traiettoria, come se noi l'avessimo fatta, però senza – uso una parola sbagliata – sapere di averla fatta.

Giussani: No, no, è giusto. Senza sapere che cosa voglia dire averla fatta. E allora, vai avanti...

Intervento: Non si tratta, però, di raggiungere una coscienza di tipo intellettuale, di ripercorrere dei passaggi, come uno spettatore esterno, e ripetere delle parole...

Giussani: No, anche perché uno le parole le ripete, le ripete anche agli altri, poi se le sente sempre predicare!

Intervento: Questa coscienza è il primo segno di una libertà che è ancora sconosciuta per noi, che si gioca di fronte a...

Giussani: È qui il punto: il punto è la terza premessa de *Il senso religioso*.[5] Vale a dire, noi possiamo ripetere teoricamente, astrattamente – come ripetiamo – le cose, ma non sono nostre, perché non hanno radice nell'affettività...

Intervento: Sì!

Giussani: Quella parola, «libertà», è la parola «affettività». È la terza premessa, quella della moralità e dell'atteggiamento giusto per capire: l'atteggiamento giusto per capire è l'amore alla cosa. È come se noi possedessimo la traiettoria: la traiettoria su cui siamo è il nostro partito; invece, altro che il nostro partito, è il sentiero che condu-

[5] Cfr. L. Giussani, *Il senso religioso*, op. cit., pp. 31-44.

ce al Mistero, dentro il Mistero! Ma uno capisce che questo è il contenuto della traiettoria, se ama, se ama la verità, se ama il vero della sua vita, se è affezionato al destino della sua vita, alla stoffa della sua vita e quindi alla vita degli altri. Non si possono capire queste cose se non in quanto già si amano (lo diceva sant'Agostino).

Intervento: Scusami, ancora una breve osservazione, un'immagine di quello che tu dici (una libertà che è un'affettività); per chi l'ha preso sul serio, il Volantone è come se a un certo punto avesse rivolto questa domanda a chi lo leggeva: «Mi ami tu?», cioè: «Mi riconosci tu come l'incontro totalizzante per la vita?». Per questo, come tu hai detto, il Volantone non è compreso, perché quando uno si trova scritto: «Ciò che abbiamo di più caro», non può tradurlo solo in: «Quello che io ritengo più giusto intellettualmente»...

Giussani: In «quello che noi abbiamo di più caro», la parola «caro» è la caratteristica parola che indica in primo piano l'affezione, ma è un'affezione che ha una radice di stima, nel ciò che «val la pena», perciò di giudizio, che è l'unico sostegno dell'affettività reale nella vita. La stima, il giudizio: altrimenti tutto è vento, ventoso.

Intervento: L'ultima cosa, sulla compagnia. Ciò che il Volantone ha reso chiaro è che la compagnia non è una dimensione organizzabile (ultimamente non lo è, superficialmente lo è). E allora, la compagnia, se non è una dimensione organizzabile, o è il primo gesto di quella libertà che si muove, è vissuta e costruita come il primo gesto di questa libertà, o patisce la stessa fragilità di cui si parlava.

Giussani: Rispiega. Perché non domandate, se non capite? Come fate a tollerare che uno vi freghi del tempo senza darvi qualche cosa?

Intervento: Noi a un certo punto ci siamo trovati di fronte a questo: il Volantone ha messo in luce – uso un termine un po' brutale – l'estraneità al suo contenuto e perciò fra la gente della comunità. Solo che ci siamo accorti che non si può organizzare l'abolizione dell'estraneità, non ci si può strategicamente riorganizzare per vincere l'estraneità: la compagnia non è una dimensione organizzabile.

Giussani: Ecco, questo è un bellissimo paragone. Se tu sei lì a guardare o a leggere il Volantone e senti un po' l'estraneità a quella cosa lì, in quell'istante sei estraneo anche ai tuoi amici. E non si può riorganizzare dopo, dopo non si può riorganizzare la compagnia. È un'osservazione estremamente importante.

Intervento: Per cui o la compagnia rinasce dall'origine, e quindi rinasce come gesto di libertà, oppure è un'illusione, anche se può sembrare forte.

Intervento: Proseguendo sul filo di quello che sta venendo fuori, volevo dire che mi sento spesso protagonista di una ragione fragile. Per me la questione della ragione legata all'affettività è veramente il nocciolo. L'esempio che mi colpisce è quello degli apostoli che hanno seguito Gesù. Questo fa capire che cosa la ragione debba essere, come *Il senso religioso* ci insegna. Dire, da parte loro, come noi: «Signore, da chi andremo?»,[6] piegare la vita a quell'avve-

[6] Gv 6,68.

nimento è l'esempio della ragione, cioè di cosa la ragione sia, tenendo conto di tutti i fattori che si hanno davanti. È questo livello di ragione, secondo me, che è ancora piccolo; per questo dico che è un'esperienza di ragione fragile quella di cui mi sento protagonista. Da questo punto di vista, il lavoro della Scuola di comunità è la cosa più grande che ci sia stata data in questi ultimi due anni.

Giussani: Cos'è la cosa più grande?

Intervento: Il lavoro su *Il senso religioso*.

Giussani: Certamente!

Intervento: A volte sembra che questo lavoro sia – almeno apparentemente – assente o secondario.

Giussani: Cioè, di fronte a quello che ci diciamo in assemblea tutto il lavoro di due anni su *Il senso religioso* è come se fosse assente?!

Intervento: Mi rendo conto che, in un certo senso, è quello che stavo testimoniando anch'io adesso.

Giussani: La ragione è debole o fragile. Interessante questa cosa. Ma gli apostoli, dopo tutta una vita con Gesù, sono stati protagonisti di una ragione fragile, tanto è vero che a un certo punto hanno tagliato la corda tutti. Che cosa li ha differenziati una cinquantina di giorni dopo, quando hanno, rischiando, affrontato la folla, si sono messi davanti a tutti e hanno cominciato a essere calunniati, a prendere botte, a essere messi in prigione? Cosa è cambiato secondo voi? Umanamente parlando, che cosa è cambiato? Prima, infatti, c'era lì Cristo, lo vedevano, lo toccavano, come io vedo la vostra faccia; proprio quando se n'è andato, quello che sarebbe dovuto essere il momento più fragile è diventato il momento più forte. Cosa c'è stato di mezzo, secondo voi? Vedete, è vero che non conosciamo l'origine di noi stessi, e per questo la personalità di cui parlava lui è fragile.

Prima erano protagonisti di una ragione fragile, dopo sono diventati protagonisti della ragione. C'è stato di mezzo lo Spirito, che ha fatto capire loro quello che avevano sperimentato. Hanno capito. Lo Spirito, la Pentecoste ha fatto capire. Fino ad allora fuggivano, e anche quando sono stati messi tranquilli dalla visione di Cristo risorto, dalla presenza di Cristo risorto, erano chiusi, sono rimasti insieme speranzosi, ma ancora non sapendo che fare, non avevano ancora personalità. Questa personalità è scoppiata quando la ragione è scoppiata, una ragione profondamente unita al cuore, all'affettività, alla libertà. Tanto è vero che si sono messi ad agire, ad agire contro il loro interesse, hanno affrontato la folla, sono stati messi in prigione (quindi c'è la libertà di mezzo). Sono diventati protagonisti della ragione forte dopo la discesa dello Spirito, cioè quando hanno capito. Come aveva detto Gesù: «Quando vi manderò il Consolatore – perché è un problema di cuore –, allora capirete tutto quello che vi ho detto».[7] Questa è forse la linea più interessante, umanamente parlando, della traiettoria del nostro movimento dalla prima ora di scuola (in cui ho incominciato) fino adesso, vale a dire la scoperta piena di passione per la ragione, la ragione intera!

[7] Cfr. Gv 14,26.

Intervento: Per noi a Padova il Volantone di Pasqua è arrivato in un momento in cui si percepiva quella strana libertà di cui adesso si parlava, in cui anche la capacità di incontro era aumentata. Però al tempo stesso avevamo il fiato corto. L'accento che era stato posto nell'Equipe scorsa sulla persona, sull'io, aveva creato un terreno di scoperta che ha mobilitato anche rispetto all'ambiente, però la mossa aveva il fiato corto. Quando è arrivato, il Volantone ha eliminato la pretesa di possedere l'incontro, lo ha riproposto come qualcosa di totalmente gratuito. Per questo ha fatto risentire la nostra amicizia come una cosa nuova, che poteva essere rischiata totalmente. Abbiamo avvertito che i rapporti tra noi sono la prima strada attraverso cui Cristo ci incontra e, al tempo stesso, viviamo una domanda che è come se travalicasse la compagnia stessa. Sembra quasi di dovere sfidare qualcosa di sconosciuto che è contenuto dentro la compagnia.

Intervento: Studio Medicina a Milano. Appena il Volantone è uscito, appena ci sono stati gli Esercizi, ho detto: «È così». Poi, man mano, ho cominciato a vivere un'estraneità rispetto a quelle parole, perché ho cominciato a intravederne la portata. In particolare, il punto dove c'è scritto: «Dove dimora corporalmente tutta la pienezza della divinità». Ma sono stato costretto a riconoscere che c'è un luogo in cui io sperimento questo e standoci sono suscitato a un atteggiamento di fronte alla vita decisamente più umano. Molta gente, invece, si è fermata, bloccata dall'incoerenza: «Ma io come faccio a dire a un altro che Cristo è tutto per me, se mi comporto così, se qui in famiglia sono così, se quei soldi li uso così!». Io penso che sarebbe una superbia guardare in questo modo se stessi, perché, sotto sotto, implica il volere arrivare a un punto in cui non si ha più bisogno di niente. Invece, è decisamente più umano che io appartenga a questo luogo. Se devo dire ciò che si è rivelato più utile per la nostra comunità e per noi stessi, direi proprio la domanda che è stata suscitata dalle parole del Volantone, ma anzitutto il disagio, il fatto di non capire, di sentire un contraccolpo. Io desidero imparare a essere serio rispetto a questo disagio, rispetto a questa domanda. La maggior parte delle volte, è come se non ci fosse la maturità di tirarlo fuori, questo disagio.

Giussani: L'autorità per tirarlo fuori?

Intervento: Maturità.

Giussani: Ah, maturità.

Intervento: Un passo di maturità. Un'ultima cosa rispetto alla Scuola di comunità. Io ho sempre vissuto la Scuola di comunità non capendo; vivevo un contraccolpo: «Guarda quella gente, quelle parole, come sono belle, eccetera». Ultimamente, specialmente col decimo e undicesimo capitolo de *Il senso religioso*,[8] sto cominciando a capire dove quelle parole mi vogliono portare.

Giussani: Cosa c'entra col Volantone?

Intervento: C'entra, perché è un'esperienza che richiede la mia ragione, non posso permettermi di subire dei con-

[8] Cfr. L. Giussani, *Il senso religioso*, op. cit., pp. 139-165.

traccolpi e basta, ma devo capire prima di tutto il passo che devo fare.

Intervento: Per dire il punto di questo periodo della comunità nostra, descriverei il passaggio da una chiusura, dove c'era una certa noiosa e tranquilla capacità di definire tutto, a un'apertura, dove si vive tutto come motivo, come occasione, come domanda. Quello che molti prima hanno definito un disagio è per me un'inquietudine; è un'inquietudine che non lascia fermi, che non lascia tranquilli in quello che si sa già, però è lieta. È la lieta inquietudine di un'esperienza che si comincia, che non si sa neanche bene che cosa sia, rispetto alla noiosa tranquillità di un discorso.

Il fatto che mi stupisce di più è come l'amicizia che stiamo vivendo è cambiata nell'impatto col Volantone. Dico che è vera questa amicizia perché non ci lascia tranquilli, non è il luogo dove si tenta di sopire la nostra domanda, di darvi una risposta che la tenga tranquilla, ma è il luogo che la ingigantisce e la ingrandisce. Abbiamo avuto l'impressione, di fronte al Volantone, e anche dentro quell'inquietudine di cui parlavo, di cominciare qualcosa di nuovo, che non avevamo ancora vissuto né visto. Ci è sembrato che dovesse cambiare tutto e che cominciasse a cambiare tutto: la compagnia tra noi, la vita nelle comunità, la vita personale di fronte al Mistero, il mio cuore di fronte a ciò per cui è fatto. Però non sappiamo dire che cosa è cambiato, non sappiamo neanche dire come quello che sta accadendo ci chiede di cambiare, anzi non sappiamo neanche dire cos'è che sta accadendo. Mi colpiva quello che si diceva prima, che stiamo facendo una traiettoria che non conosciamo, di cui non possediamo i termini. È questo che vorrei rivolgere a te come domanda. Per esempio è nata subito, di fronte al Volantone, una voglia di comunicare quello che stava accadendo, quasi presuntuosa, perché poi ci siamo accorti che non sapevamo che cosa stava accadendo. Allora quello che io e alcuni amici abbiamo più a cuore è capire che cosa ci sta accadendo, davanti a cosa ci ha messo questo Volantone. Noi avevamo la preoccupazione di comunicare il passo del Volantone e ci siamo accorti che non sappiamo bene qual è il passo del Volantone. Non è un disagio, è un'inquietudine, che mette la vita in movimento, che però è lieta, perché si ha la percezione che la vita ha già qualcosa che la manda avanti.

Intervento: In questi mesi io ho capito una cosa: che un uomo forte non è un uomo che si mette in mostra, ma è un uomo...

Giussani: Un uomo forte cos'è?

Intervento: Non è uno che si mette in mostra, ma è uno che segue, e io sono realmente grato della possibilità che mi è data di seguire. Le parole degli amici della Cattolica su questo sono veramente lampanti. Seguendo chi è segno per me, mi trovo a impattarmi con tutto, senza lasciare fuori niente. L'urgenza che io e alcuni amici di Scienze sentiamo è quella che ci siano dei luoghi di libertà, dove si possa partire da sé, dove si possa vivere una fraternità, dove si possa vivere quella tensione che gli interventi di questa mattina documentano, dove uno possa dire: «Amici, io il Volantone lo propongo, però non lo capisco, aiutatemi». Ciò che mi dà tranquillità è vedere che il problema non è essere alla pari con chi ha testimoniato questa cosa prima di me, ma essere sulla strada con loro.

Intervento: Sono di Bologna. Io quella fragilità di cui si parlava prima la vedevo già tempo fa nella gente della mia facoltà; però, essendo una facoltà fatta tutta di donne, pensavo: «Forse è una cosa che non rispecchia la situazione generale del CLU». Invece mi accorgo che non è una questione solo femminile.

Giussani: Perché le donne sono uomini!

Intervento: Sarà! Mi chiedevo: da cosa nasce questa fragilità?

Giussani: Dovete leggere il libro della Pernoud sulle donne al tempo delle cattedrali;[9] leggete questo libro, allora non si riderà più quando si oppone l'uomo alla donna.

Intervento: Ho cercato di capire da cosa nascesse questa fragilità e senza dubbio nasce da una divisione, come si diceva anche prima. Secondo me, questa divisione ha una sfumatura particolare...

Giussani: Divisione tra...?

Intervento: È una divisione tra tutto quello che voglio, che desidero come bene per me (l'affetto dei miei genitori, il rapporto che ho con la compagnia, Cristo stesso, me stesso), tra l'oggetto del mio desiderio, che con la Scuola

[9] R. Pernoud, *La donna al tempo delle cattedrali*, BUR, Milano 1986.

di comunità diventa sempre più impellente, e il reale che ho di fronte. Sto parlando del reale anche nei suoi aspetti più piccoli e banali, come il dovere vivere in appartamento con alcuni, il dovere guardare gli amici. C'è una divisione tra ciò che voglio e la realtà, ciò che c'è concretamente. Si genera una specie di schizofrenia di fronte al reale: è come se si vivesse in due modi diversi. Questa cosa l'ha fatta venire in luce il Volantone, perché si è visto che la speranza ultima del più piccolo gesto non è ancora la speranza in Cristo, non è ancora diventata la speranza che Cristo possa cambiare e fare diventare cento volte più grande la piccola cosa che sto facendo. Le due cose sembrano quasi in antitesi, o fai una o fai l'altra. Oppure l'alternativa è quella di fare delle alchimie sentimentali, che non comprendono né l'una né l'altra, anzi, riducono sia l'una che l'altra.

Giussani: Riducono una e gonfiano l'altra.

Intervento: E il Volantone ha fatto capire che l'atteggiamento in assoluto più difficile da avere verso il movimento e verso il reale è quello della domanda. È la cosa su cui si fa più fatica: chiedere al movimento e alla realtà, cioè a ciò che c'è, che sia la risposta adeguata al mio desiderio. Quello che va riacquistato è l'impatto della mia umanità già cambiata da Cristo con tutto quello che ho davanti. Questo comprende l'interezza della mia umanità: non c'è niente di quello che accade nella vita da lasciare indietro.

Intervento: Sono di Firenze. Rispetto alla difficoltà sperimentata davanti al Volantone, ci è stato di aiuto vedere nel movimento degli esempi vivi, cioè delle persone per cui era già iniziato a essere vero quello che il Volantone diceva. Il problema non era dare delle parole d'ordine per cercare di incanalare la comunità, ma indicare della gente che per quel che iniziava a vivere si poneva in modo diverso in tutte le cose: dall'appartamento alla facoltà, eccetera. Il lavoro della personalizzazione di cui hai parlato all'ultima Equipe e che il Volantone ha fatto emergere nella sua urgenza passa proprio dall'adesione umile al movimento. Ecco, di fronte a questa cosa è come se dovesse scattare un'affettività, una domanda. Ci ha colpito moltissimo, in quest'ultimo periodo, la frase di Giovanni che hai citato: «Si prospettano giorni felici perché ho chiesto al Signore di poterLo servire».[10] Una posizione simile svela, innanzitutto, se quello che tu desideri più di tutto e per cui ti muovi è potere servire il Signore e potere servire la nostra compagnia. L'ultima cosa che volevo dire è che di fronte alla questione della "Rosa Bianca" su Lazzati, il Volantone ci ha fatto capire che, se il mondo, cioè il potere per come è ora, non ci attaccasse, sarebbe un cattivo segno, perché vorrebbe dire che noi abbiamo rinunciato all'unica cosa che ora dà noia, che è Cristo presente nella Chiesa. Sarebbe proprio il segno di una sconfitta per noi non trovarsi estranei rispetto al potere.

Giussani: Anche ecclesiastico!

Intervento: Vorrei ritornare sulla questione della fragilità partendo dall'esperienza di questi mesi, con alcune osser-

[10] G.M. Calzone, *Si prospettano giorni felici...*, Associazione Culturale "Giovanni Calzone", Salerno 1991, p. 15.

vazioni brevi. In primo luogo, è vero che il Volantone, in questi mesi, ha messo alla prova la fragilità e l'ha messa alla prova quasi irrobustendola, per certi aspetti. Non c'è, infatti, solo la risposta dello *starets*, c'è anche la domanda dell'imperatore: io l'ho sempre sentita come la domanda che in ogni questione della vita è presente. In ogni momento ci è chiesto che cos'hai di più caro nel cristianesimo e quindi che cos'hai di più caro in quello per cui tu stai dando la vita. Forse, anni fa, avremmo premesso altre risposte, non avremmo dato di schianto la stessa risposta che c'è nel Volantone. E io mi rendo conto che dare questa risposta oggi è proprio una cosa sconvolgente, che fa vedere la robustezza di questa strada, di questa vita, oltre che la fragilità. Dare questa risposta è una questione di ragione, perché essa identifica proprio chi sei tu. Lo *starets* era se stesso per la risposta che dava, e non tergiversare su questo è come un senso di respiro che ti fa affrontare la vita. Dando questa risposta uno guarda l'immagine del Volantone e vede che Cristo è potente e che entra nella storia e vorrebbe che questo prendesse lo spazio della vita.

La seconda cosa. Di questi tempi è vero che c'è una fragilità di molti nella nostra compagnia, però c'è anche un'incredibile potenza del segno. La libertà per me non è tanto nel giudicare la fragilità della compagnia, ma nell'aderire alla potenza di questo segno, che non viene mai meno malgrado la nostra debolezza. Tant'è che noi possiamo essere segno anche agli altri, imprevedibilmente, ne rimaniamo sconcertati, malgrado appunto quello che siamo. Il gioco più profondo della libertà è fare questa scelta nel guardare il segno e non la debolezza. È come il bambino che toglie le mani dalla faccia.

In questo senso – è l'ultima osservazione – in ogni

attività che noi compiamo, qualunque essa sia, è come se la conversione stesse nel farla diventare una dinamica di compagnia; anche quando uno interroga agli esami o fa altre cose, piega questo a una dinamica di compagnia. Oggi l'umano è proprio questo aspetto di compagnia che degli uomini si fanno per quel significato di cui parla il Volantone. Da questo punto di vista, si potrebbe essere anche deboli o fragili, ma c'è una compagnia che, se è umana, è più forte di tutti e lascia il segno in noi, innanzitutto.

Intervento: Studio Medicina a Milano. Riguardo alla domanda su cosa c'è di diverso in questo Volantone, vorrei condividere un'intuizione. È come se percepissi qualcosa di radicalmente nuovo: l'avvenimento di Cristo non è più per me qualcosa che viene prima delle altre cose, ma qualcosa che entra dentro tutto ciò che è quotidiano. Non è che prima dello studio viene Cristo, o prima del lavoro viene Cristo, o prima di tutto il quotidiano viene Cristo, ma io studio, inizio a studiare per Cristo, per annunciare questa presenza, per conoscere, per vivere questa presenza. È questo un giudizio liberante nella vita, che pian piano si sta facendo largo dentro la mia persona. Là dove la circostanza tende a comprimere o a opprimere la nostra persona, come se si dovesse sempre stare alla sua regola, c'è qualcosa di radicalmente nuovo, di più forte rispetto alla regola della circostanza: la domanda dell'infinito. Magari sono costretto a stare chiuso in un buco a studiare, oppure a non vedere tutta la gente che vorrei vedere, ma inizia a fiorire un giudizio che sfonda la circostanza.

Giussani: Siamo sintetici, perché altrimenti per le dodici e mezza non riusciamo a finire la ancora lunga fila dei pretendenti. Ragazzi, siamo qui praticamente un giorno, perciò se dobbiamo fare un po' di fatica, facciamola. Non dormite, insomma.

Intervento: Faccio Medicina a Varese. Volevo cercare di testimoniare l'esperienza di una novità. Quello che negli ultimi mesi è stato messo in crisi, in maniera anche drammatica certe volte, è il fatto che ognuno di noi avesse in mente la sua concezione di movimento, la sua idea di Cristo. Questo è durato molto tempo, però ultimamente è crollato. Qui s'è inserito il Volantone di Pasqua...

Giussani: Sulle polveri!

Intervento: Sulle polveri, sulle ceneri s'è inserito il Volantone di Pasqua, che ha avuto una duplice funzione. Da una parte, ha portato una grande pace, perché ha rimesso tutto nelle mani di qualcun altro; non era più un nostro affanno a dominare. Dall'altra parte, ha introdotto una grande drammaticità, perché ha inserito nella vita il dolore di una presenza. E questo è un dramma enorme. La prima cosa che questo fatto ha cambiato è stata la domanda, che non è più, starei per dire, domanda di felicità, di gioia, di amore, ma è domanda di Cristo. È questo il fatto nuovo. È la richiesta di Cristo non più come un ideale, ma come un incontro. Per questo io dico che il lavoro della Scuola di comunità sul segno è un lavoro prezioso, è un lavoro che, se non ci fosse, io sarei più disperato. E ringrazio che ci sia.

Giussani: Ai bordi di questo incomincia la grande parola che sta sotto tutto, come vedremo.

Intervento: Io volevo dire essenzialmente due cose...

Giussani: Sei di Napoli?

Intervento: Napoli?

Giussani: Di dove sei?

Intervento: Friburgo, Svizzera.

Giussani: Se ti avessi lasciato procedere un po' nella loquela ti saresti fatto noto, in principio non si capiva.

Intervento: Allora continuo. Ciò che mi ha colpito e mi ha mosso in questi mesi, dall'ultima Equipe fino adesso, sono essenzialmente due cose: una legata alla nostra presenza, l'altra relativa al lavoro di Scuola di comunità. Mi sono accorto che, se nel vivere i gesti non c'è una profonda cura per la persona, è come se costruissimo una casa dimenticando di fare le fondamenta. Se a me sta a cuore la persona che ho di fronte, non posso rapportarmi a essa se non con carità, cioè con la consapevolezza che non sono io che pongo i punti cardine del suo cambiamento, ma sono uno strumento attraverso cui qualcosa d'altro può cambiarla. E mi riallaccio alla Scuola di comunità, al quattordicesimo capitolo,[11] quando si parla della vertigine della ragione di fronte al Mistero. Ho scoperto che se io non do spazio nella mia vita al Mistero, affinché il Mistero possa manifestarsi, in un modo che io non posso determinare in anticipo, niente potrà cambiare, e niente potrà cambiare anche con gli altri.

[11] Cfr. L. Giussani, *Il senso religioso*, op. cit., pp. 185-197.

Intervento: Questi mesi, nel seminario dove insegno, sono stati essenzialmente un'esperienza di umiltà e di obbedienza che sono diventate sempre più la forma della mia sequela. Il contenuto di tale esperienza è stato e continua a essere l'imparare Cristo, la domanda di Cristo, carica di affezione a Lui. Tutto questo mi sta donando un gusto grande e nuovo della libertà, che mi rende preoccupato solo della missione, della testimonianza a Lui. Estremamente provocante in questo senso si è rivelato l'ambiente dove vivo e lavoro. Non è un luogo che permette il porsi di gesti missionari come distribuzione di volantini, banchetti, assemblee, eccetera. Questo mi ha insegnato che il gesto è la mia persona: lì il movimento sono io, oppure non è. Ho imparato che la missione è semplicemente l'epifania di un'identità. E ne vedo anche i frutti. Rispetto al dibattito "Rosa Bianca" – «Il Sabato», il clima respirato in seminario nei giorni caldi della polemica mi ha insegnato una cosa: per raccogliere la sfida della nuova evangelizzazione, nell'approssimarsi del terzo millennio, la Chiesa ha bisogno di uomini e di donne totalmente spregiudicati nella missione. Oggi come agli inizi del tempo della Chiesa.

Intervento: Dall'assemblea di oggi, credo che sia sempre più chiaro che c'è qualcosa che segna la differenza tra noi e gli altri e anche dentro il movimento: è l'esperienza del Mistero. Chi vive l'esperienza del movimento come esperienza del Mistero, e del Mistero con accanto l'unico aggettivo possibile, il più semplice, ma anche il più inquietante, che è l'aggettivo «presente», è reso veramente libero e disponibile. Altrimenti è facile per noi, come dicevi prima, ripetere una parola, un discorso. La cosa in più che io vedo con questo Volantone, forse anche rispetto ai precedenti, è che è ancora più scandaloso per noi e per il mondo, perché l'imperatore dell'esperienza del Mistero non sa che farsene. Quello che in noi, cioè nell'uomo, può corrispondere di più alla grandezza del Mistero è la dimensione della domanda. Chi di noi vive il movimento come l'esperienza del Mistero presente è capace di domandare. Altrimenti, crede di avere raggiunto qualcosa quando ci sa fare nel ripetere un discorso o nel replicare certe cose. L'incontro è l'avvenimento del Mistero presente. A me sembra che la polemica «Il Sabato» – Lazzati sia proprio su questo. Noi diciamo che c'è il Mistero: molti lo ammettono, ovviamente, dentro e fuori della Chiesa; ma la differenza sta nel fatto che noi poniamo questo aggettivo, che è semplice, cioè intendibile da tutti come esperienza: «Presente». Questo è lo scandalo: il fatto che è presente.

Intervento: Sono di Palermo. Volevo dire brevemente che il Volantone ha creato una chiarezza di giudizio nella modalità di appartenenza al movimento. Siamo stati sempre più liberati da ogni forma di moralismo alienante: il criterio con cui ci buttiamo nell'azione non è quello di servire un movimento impersonalmente o istituzionalmente inteso, ma è essere più di Cristo. L'urgenza principale che ha suscitato il "caso Lazzati" è, innanzitutto, che sorgano tra di noi delle personalità capaci di mostrare nei particolari della vita quotidiana una presenza qualitativamente diversa. Spesso, infatti, è come se ci limitassimo a un annuncio verbale, per cui anche la presenza nell'ambiente è timida: in fondo ci manca quella sana baldanza di potere dire nel quotidiano: «Fai come me».

Intervento: Molto brevemente, quest'anno nella comunità di...

Giussani: È sceso dall'aereo un'ora e mezza fa.

Intervento: No, non è vero, due ore fa.

Giussani: Non ha ancora visto sua moglie e i suoi figli.

Intervento: Non è vero, l'ho vista, per dieci minuti.

Giussani: Quindi no.

Intervento: Quest'anno, a Boston e nelle comunità degli Stati Uniti abbiamo lavorato molto sull'idea di incontro. Quando è arrivato il Volantone era un momento cruciale, ed è come se il Volantone avesse evidenziato e oggettivato il significato di questa parola, in due sensi. Anzitutto, in una società dei valori, come è quella americana, in cui realmente Chiesa e società vivono valori imposti dal potere, il problema è uno solo: quello che può cambiare la società e segnare una diversità è solo ciò che è per Cristo. Ma il Cristo storico, cioè quello che è oggettivato da un incontro.

Giussani: Cristo presente!

Intervento: Presente.

Giussani: Come ha detto chi ti ha preceduto.

Intervento: Cristo presente! Non è una cosa ovvia questa, perché da un certo punto di vista siamo abituati ad "amare" Cristo perché lo sentiamo, non a sentirlo, invece, come una provocazione dentro la vita: Cristo è una provocazione, non qualcosa con cui sono d'accordo e che sentimentalmente accetto, perché coincide con certi valori e con certe cose che penso. In questo senso chi ha accettato la provocazione del Volantone ha vissuto immediatamente la realtà come tentativo di verifica di come Cristo è la cosa più cara che ha. Ed è successa una cosa straordinaria: in alcuni, non in tutti, è nato qualcosa di sconosciuto, un impeto missionario travolgente, bello, nelle cose solite, con la gente, perché la realtà sia di Cristo e il mondo lo conosca.

Giussani: È un impatto col mondo!

Intervento: Cercherò di essere telegrafico. A me sembra che, di fronte alla necessità di comprendere che cosa ci sta accadendo e la traiettoria in cui siamo, come veniva detto prima, a meno della possibilità di un ulteriore dono, noi siamo "incartocciati" nel nostro limite, siamo dentro lo spazio limitato dalle nostre capacità. Effettivamente, l'unica possibilità è un altro dono, che la ragione esige. L'orizzonte limitato dalla nostra capacità è, a mio parere, un tipo di logica personalistica, anziché una personalizzazione, che talvolta si intravede come rischio tra di noi, là dove la questione è definita dalle capacità di ciascuno, anziché da qualche cosa d'altro. C'è una drammaticità in questo passaggio, ma se non si realizza è un disastro. Cioè, se non si arriva a una coscienza realmente personale di quello che il movimento è, di quello che mi è accaduto, di quelle parole che sono state scritte su quel Volantone, è come se venissimo meno in maniera pesante a quello che ci è stato dato.

Giussani: Certo, si distrugge quello che abbiamo trovato. A che passaggio ti riferivi? Il passaggio dalla nostra logica personalistica...

Intervento: A una personalizzazione.

Giussani: Chissà quanti avranno capito: la differenza tra logica personalistica e personalizzazione! La personalizzazione è l'affermazione di qualcosa di più grande: è un «tu» che fa diventare più «io». La logica personalistica, cercando di affermare l'io, lo restringe, lo blocca, lo "incartoccia". Insomma, per diventare più grandi bisogna aderire a qualcosa di più grande: questo si chiama «seguire», che è il contrario dell'affermazione personalistica.

Intervento: Studio Fisica a Milano. Dopo un iniziale disagio di fronte al Volantone, è nato nella comunità un vivo desiderio di comprendere la provocazione che ci rivolgeva. Come è già stato detto, sottolineando quel «corporalmente», il Volantone contiene una chance inimmaginabile. Il desiderio di comprendere la provocazione e di poterla giocare ha mosso e determinato vari gesti nella comunità. Mentre facevamo banchetti e momenti in cui era facilitata la proposta del Volantone ci siamo accorti di un desiderio ancora fragile, di un'incapacità di costruire. Di fronte a questa fragilità abbiamo avuto la tentazione di pensare che occorreva ancora altro, come se volessimo qualcosa che ci esentasse dalla domanda, dall'umiltà di seguire, che ci rendesse sempre efficienti e quindi capaci autonomamente del rapporto con Cristo. Ciò che ha scardinato questo è stato l'accadere di volti cambiati, vale a dire il vedere quel «corporalmente» in atto, potendovi andare dietro.

Giussani: Quanto lavoro sta dietro queste parole! Infatti, è per questo che non le capite. Non perché non abbiate lavorato, ma perché magari avete lavorato su altro o in un altro senso.

Intervento: Faccio Agraria a Milano. Vorrei chiedere aiuto su una cosa che è per me il nodo radicale: l'appartenenza. È radicale perché riguarda il mio rapporto con un luogo dove il Mistero si fa presente, perciò si tratta di un coinvolgimento, di un'implicazione con quella gente, si tratta di una libertà e di una domanda. È un'obbedienza che richiede la totalità della mia persona. Ed è drammatico, vertiginoso, perché non si sa dove si va a finire.

Giussani: Cioè, si sa dove si va a finire, ma non si sa come!

Intervento: Sì. L'implicazione col Mistero presente non può essere soltanto questione di una parte di me. Desidero essere aiutato, perché percepisco un livello di solitudine in questo.

Giussani: La solitudine, nella domanda; appena accetti la risposta che intravedi, sei in compagnia.

Intervento: Sono di Pisa. Il Volantone ha riposto alla nostra vita l'urgenza di ciò che la fa stare in piedi: stare di fronte a Cristo, addentrarsi nel rapporto con Lui. Tra chi ha accettato la provocazione si è generata in modo gratuito un'amicizia lieta. In questo modo il gesto che ciascuno faceva nel quotidiano, dallo studio alle cose del movimento, che era sempre stato ritenuto solitario, qualcosa che iniziava e finiva con sé, cominciava ad assumere la dimensione di una compagnia, di un agire e di un essere nel mondo veramente accompagnati. Questo ci faceva rendere conto, anche rispetto alla questione de «Il Sabato» e la "Rosa Bianca", di come tutto, attorno a noi, ci vuole fare dimenticare Cristo e di come, rispetto a quello che si diceva sulla fragilità, anche noi siamo risucchiabili da questo clima. In un gruppettino di amici è nato il desiderio che, attraverso di noi, Cristo esista nel mondo. In modo non pensato, non programmato, questo ci ha fatto incontrare la gente, condividere la nostra quotidianità con le persone più disparate.

Intervento: Vengo da Siena. Da noi inizialmente il Volantone è stato accolto con una certa superficialità, una scontatezza oserei dire ingenua: «Sì, bello, buono, eccetera», come se fossimo d'accordo con il Volantone, ma non fosse realmente provocazione. Siamo stati aiutati a comprenderlo dalla realtà nella quale ci siamo trovati. Per esempio, il "caso Lazzati", la "Rosa Bianca", «Il Sabato» portavano in sé realmente una provocazione che...

Giussani: Comunque «Il Sabato» è una cosa seria. Quello che è serio, oltre «Il Sabato», è tutto il potere politico-economico che si serve di fraseologie, dietro cui stanno poche persone.

Intervento: Noi avevamo fatto una serie di incontri su questi temi, ma finivamo sempre sul fatto che ancora una volta c'è un attacco nei confronti del movimento e quindi veniva ancora più provato l'affetto al movimento...

Giussani: Fino a quando avremo certe persone al potere, questo attacco ci sarà sempre di più.

Intervento: Ma con il Volantone, cominciando a farci i conti, è entrata una misura completamente diversa in noi: un attacco di quel tipo era qualcosa di personale, veniva attaccata la possibilità che Cristo fosse la centralità della nostra vita. Questo fatto decisamente ci ha spiazzato. Qui, oggi, si sono sentite delle belle testimonianze di unità rafforzata all'interno della compagnia. Tra di noi è stato così per alcuni, quelli che, di fronte alla sfida del Volantone, si sono rilanciati appieno in una sequela dell'oggettività e della positività dell'incontro fatto, del movimento. Altri, invece, è come se si fossero polarizzati più su determinate persone che non riflettevano quei limiti che magari altre riflettevano, con le quali trovavano una corrispondenza più immediata...

Giussani: Come dire, un prevaricamento soggettivo di valutazione su un'adesione oggettiva al movimento.

Intervento: Sì. Per me l'unica strada è una sequela veramente attenta e intelligente nei confronti della storia che ci ha fatto incontrare Cristo, così che il nostro rischio personale possa vivere sempre in un riferimento concreto.

Giussani: Basta! Terminiamo qui.

Sintesi

L'essenza, la consistenza della realtà è Cristo. Altrimenti non solo tutte le nostre parole sono vane, ma tutto è vano. E infatti la parola «gioia» è soltanto possibile nella prima opzione, altrimenti può essere guardata esclusivamente con supponente ironia. Tenetelo a mente!

Adesso scrivete pure, perché dopo dovrete prendere in considerazione quello che stiamo per dire, i punti che stiamo per elencare. Ma il loro valore dovrà essere un esito sperimentato, dovrà essere riconosciuto come esito di una revisione, non come automatico risultato di un discorso, del discorso che faccio adesso riassumendo tentativamente tutto ciò che avete detto stamattina.

I

Qual è il punto di partenza? Per quanto abbiamo detto all'ultima Equipe, non si può non partire dall'ambiente in cui uno vive, perché, come dice *Il senso religioso*,[12] se uno nascesse con la coscienza dei vent'anni, la prima cosa che lo colpirebbe sarebbe ciò che lo circonda. Perciò, per situare bene l'attività del nostro io, non possiamo non partire dalla situazione in cui l'io è immerso. Se l'io dormisse e aprisse gli occhi, la prima cosa che farebbe sarebbe sentire l'ambiente in cui è immerso. Dopo, in qualsiasi caso dopo, sentirebbe se stesso, innanzitutto come reazione all'ambiente in cui è immerso. Comunque, biso-

[12] Cfr. *ibidem*, pp. 139-140.

gna partire dall'ambito, dall'ambiente, dal contesto in cui organicamente io sono presente. Io sono presente organicamente a un ambito perché sono correlato a quest'ambito, ai fattori di quest'ambito. L'immagine de *Il senso religioso* è molto importante: se io sto dormendo e mi sveglio, il primo contraccolpo è dato da ciò che mi circonda; poi incomincio a percepire il mio io, nel contraccolpo di ciò che, aprendo gli occhi, vedo e sento. Questo svegliarmi dal sonno corrisponde all'emergere dal nulla («Se uno nascesse con la coscienza dei vent'anni...», dice *Il senso religioso*).

Dal punto di vista che ci interessa, l'ambito in cui siamo immersi compie un'opera devastante. Noi nasciamo organicamente connessi con «una presenza devastante»: è la presenza del potere, come l'abbiamo chiamato; devastante che cosa, lo chiariremo meglio tra poco, nel secondo punto. Ma c'è un sintomo impressionante di questa caratteristica dell'ambito in cui nasciamo, come il feto è dentro il ventre materno: è che noi, con tutta la nostra vita di cristiani, di cristiani impegnati o comunque implicati in un movimento come quello di Comunione e Liberazione, quando leggiamo il testo di Solov'ëv, «siamo d'accordo»! Quando avete letto le parole dello *starets*, quando avete letto l'editoriale de «Il Sabato», eravate d'accordo, cioè li avete letti non come se aveste scorso una pagina del «Corriere della Sera», oppure un pezzo de «la Repubblica», però quello che avete letto non necessariamente vi ha provocato. Per alcuni è stato come leggere un giallo o un romanzo. Per molti non è stata una provocazione; è stata come una cosa ovvia, teoricamente ovvia, e non una provocazione. Questo «essere d'accordo senza essere provocati» è una caratteristica comune tra di noi, dovuta alla presenza devastante della cultura al potere (è un esempio, ma un esempio non solo pertinente, bensì determinante). La presenza devastante del potere è ciò per cui, mentre il problema dei soldi e della carriera ha un contraccolpo immediato, sensitivamente emozionante, così come il problema della salute oppure del godimento della donna o dell'uomo, quello che avete letto di Solov'ëv, normalmente – perdonate l'a priori – non ha avuto un contraccolpo emozionante: eravate tutti d'accordo, ma senza esserne provocati.

II

Vale a dire – secondo passaggio –, di fronte all'annuncio cristiano o di fronte alla provocazione cristiana un grave «disagio» si instaura. «Non si può scivolare via», dal punto di vista strettamente razionale non si può scivolare via da quello che il cristianesimo pretende; ma «con la quotidianità», vale a dire con lo svegliarti alla mattina e metterti i pantaloni, e poi dopo andare a studiare, incontrare delle persone, mangiare, eccetera, con tutto lo sviluppo della giornata che nesso ha? Che pertinenza ha al quotidiano? Non si può scivolare via, ma è come una terra incognita, come si legge ai margini delle antiche carte geografiche: «Terra incognita». Non si può scivolare via dalla proposta cristiana, dal punto di vista proprio razionale, perché, come diceva giustamente Kierkegaard, di fronte al «tu devi» cristiano bisogna prendere posizione (anche nel *Fedone*[13] si dice che certe cose non si può non

[13] Cfr. Platone, *Fedone*, XXXV.

risolverle, bisogna almeno tentare di farlo, il meglio che si può). Il fatto che «il cristianesimo ti è stato annunciato significa che *tu devi* prendere posizione», non puoi non prendere posizione, non puoi scivolare via. Però il nostro è un mondo strano e come alieno all'interesse quotidiano, alla dinamica dell'interesse quotidiano. Per questo, è stato notato stamattina, quando il capoccia lancia l'idea dei banchetti, «tutti sono animati e fanno i banchetti, ma dopo tre giorni uno è stanco». È proprio la caratteristica dimostrazione che l'attività non è alimentata, che manca il motivo adeguato, non c'è nesso con la motivazione tematica, tematizzata: il cristianesimo, perché è questo il tema della nostra riunione, e la vita quotidiana, anche quando questa vita quotidiana si inscriva in progetti dettati dal teorico riconoscimento.

Questo disagio rileva e anche produce, cioè alimenta, ma innanzitutto rileva una fragilità, perché ciò cui aderiamo, teoricamente certe cose e praticamente certe attività, non ha capacità di trasformare la quotidianità. Badate che non esiste se non il presente; come avete studiato, spero, ne *Il senso religioso*,[14] è nel presente che il reale si pone e si rivela. Ciò che non ha capacità di incidere o di trasformare il presente vuole dire che è una cosa fragile, com'è fragile un sogno, com'è fragile un pensiero senza conseguenze, un'immaginazione senza compiuta o debita emozione, attraverso cui mobilitare la realtà dell'individuo. Ora, se questa situazione di disagio rende così fragile la nostra adesione teorica e pratica, già tra di loro divise, se tale disagio rende così fragile ciò a cui aderiamo, ch'esso non ha capacità di trasformare la quotidianità, di incide-

[14] Cfr. L. Giussani, *Il senso religioso*, op. cit., pp. 51-53.

re, «ci troviamo inermi, senza difesa, di fronte alla mentalità comune».

Stamattina, il nostro carissimo "bicapo" ha citato una frase detta da lui in altri tempi, in altro contesto, in cui porta a galla dove stia veramente la questione. Ha detto che «ciò che non è unito agli inizi non può venire unito dopo». È qui dove si rivela l'opera della mentalità comune. Noi siamo di fronte alla realtà quotidiana con gli occhi, con la sensibilità, con l'animo, con la *mens*, con il cuore determinati dalla mentalità comune e pretendiamo sottoporre la questione alla parola «Cristo» o alla realtà della nostra adesione. Ma questo non trasforma niente, fa crescere soltanto una certa dualità e fa crescere il disagio. Rifletteteci, è più semplice di quanto possa sembrare. Voglio dire che la nostra partenza non è determinata dalla presenza di Cristo, dalla nostra adesione al Fatto cui diciamo di appartenere; la nostra partenza, dal caffelatte della mattina al gesto più importante della giornata, allo sguardo che portiamo a padre, madre o ragazza, a quello che volete voi, il nostro modo di partenza – cioè l'inizio – è determinato dalla mentalità comune. E dopo, noi, più o meno scandalizzati di questo (oppure imperterriti e perciò molto incoscienti e molto indifferenti), pretendendo funzionalizzare tutto quello che facciamo nella giornata, o qualcosa che facciamo nella giornata, a Cristo, alla realtà cristiana, alla Chiesa, al movimento, alla comunità, compiamo una fatica da Sisifo (se è fatta bene, se è fatta con serietà) senza risultati, se non nominalistici, vale a dire se non di parole.

Questa fragilità, che nasce dal disagio di una dualità (della dualità cui ho accennato in principio: siamo d'accordo, ma senza essere provocati, perché la mentalità comune ci determina e ci domina), si identifica con una frammentarietà, con una polverizzazione della nostra vita. Senza un principio da cui tutto sia concepito, tutto è frammentario. E, infatti, la salvezza dalla pazzia universale è la distruzione: la gente è sempre fuori di sé, perché se entrasse in casa, nella propria casa, si svenerebbe tanto la troverebbe inospitale. Allora è sempre fuori. È la frammentarietà, la dispersività, la polverizzazione di tutto, salvo brevi brani di progetto effimero.

Se un gesto non nasce «per» un ideale, non può essere giustificato a posteriori, non può essere giustificato dopo. È un'insistenza sul concetto di prima. Ciò che non è unito agli inizi, ciò che non nasce da una radice, dalla radice vera, dalla sorgente vera, non può essere fatto diventare vero dopo; rimane disfatto, anche se uno ci appiccica su un cartello con: «Il capo della comunità di vattelapesca». Se un gesto non nasce «per», non si può giustificarlo dopo. Se uno non è venuto qui «per»... uno può venire qui distratto, ma se vuole rendere giusta la sua presenza è come se dovesse incominciare da capo. Se incomincia da capo, anche dopo tre quarti del tempo prefissato per stare qui, allora lì incomincia. Ma quello che è perso è perso, come dice la canzone: «Il tempo perduto non si ritrova mai ed io che ho perso tempo ho perso la mia vita».[15]

È per questo che le iniziative rimangono frammenti, rimangono polvere, e perciò non generano una personalità. Se non nascono da una personalità, da "un uno", non generano "un uno". «Le iniziative non generano personalità che sappiano sfidare tempo e circostanze.» Le ini-

[15] C. Chieffo, «Ballata del tempo perduto», in *Canti*, op. cit., p. 218.

ziative così restano quello che abbiamo detto prima: dopo tre giorni uno è stanco.

Questo è molto interessante per quanto sta avvenendo nella società – dal punto di vista politico, culturale e anche ecclesiastico – rispetto a noi: tutto è attacco, la presenza del potere è devastante. Ora, noi abbiamo una reazione all'attacco (per esempio agli attacchi del «Corriere della Sera», «La Stampa», «Il Mattino», «il Resto del Carlino», eccetera, che sono in mano più o meno tutti allo stesso potere economico, contrariamente alle leggi in vigore), «noi reagiamo all'attacco», ma questa reazione che abbiamo, per esempio nella diatriba su «Il Sabato», «non matura la nostra personalità», perché non parte da un'unità, e perciò non matura un'unità. Ciò che non parte dall'unità non raggiunge l'unità. Così, chi non parte dal senso religioso, dalla scoperta del senso religioso come l'essenza della coscienza di ogni uomo, non può stimare e amare, non può riconoscere la dignità e stimare veramente, amare veramente gli itinerari spesso drammatici dei vari tentativi che l'uomo compie per andare al Mistero, per diagnosticare e conoscere il Mistero. È soltanto il cristiano che ama ogni sforzo e ogni forma, ogni flessione di amore al Mistero. Solo chi parte da un'unità può raggiungere l'unità; solo chi parte dall'unità, come il cristiano che ha una chiara idea del senso religioso, capisce come qualsiasi tentativo afferma, però, l'unico Mistero.

«Il Volantone ha così spogliato del senso di sufficienza e di ricchezza tutte le iniziative della comunità.» La copiosità e anche la riuscita di tante iniziative della comunità ci avevano dato un certo senso di sufficienza, una certa percezione di ricchezza. Ma questa percezione non ha maturato una nostra singolare forza, una nostra personalità. Il Volantone ha improvvisamente spiazzato tutti, «ci ha spiazzati». E infatti cosa c'entrava questo Volantone con le iniziative? Sto citando tutte frasi dette stamattina. «L'attività resta sganciata dalla sua origine.» Quando avete letto il Volantone non vi avete visto, non vi avete scoperto la radice o l'origine delle vostre attività. L'attività resta sganciata dalla sua origine, anzi, quanto più siete dentro l'attività, tanto più la vostra attività attenua la provocazione di cui dovrebbe essere invece strumento, non vi provoca più. Quanto più siete attivi, tanto meno quell'attività vi provoca. Anzi, quanto più siete attivi tanto più «viene eliminata la percossa», la sfida che il fatto cristiano implica in sé. Attenzione, la conclusione non è: «Bene, allora facciamo meno attività», neanche un po'; la conclusione è esattamente l'opposto. Chi dice: «Facciamo meno attività per pregare di più» non prega di più e non fa attività, come vedremo dopo, anzi, come stamattina avete detto molto bene e come rivedremo dopo. Chi non è capace di fare nascere l'attività dall'"uno", non può arrivare all'"uno" dopo.

È per questo che «l'annuncio nostro resta verbale», resta un discorso. E non si può dire all'altro: «Fai come me»; sì, casomai «fai come me» vuole dire: «Vieni ai banchetti anche tu», ma questo non è: «Fai come me», «Fai quel che faccio io».

E tuttavia questo disagio, nella sua forma, nella sua accusa alla fragilità, nella sua accusa alla frammentarietà e alla polverizzazione, nell'aridità per cui le iniziative e le attività non generano personalità, per cui non matura la nostra mentalità, per cui nel rapporto con gli altri è tutto formale o verbale e non è il proporsi di sé, di un sé nuovo, di un io nuovo (quando ciò accade, ci si sente dire: «Ma tu sei diverso dagli altri! Come fai?»; «Come fa quello lì a essere così?»), questo disagio, dicevo, il «tirare fuori il disagio», avere coscienza di esso con sincerità, «è già l'inizio della maturità».

III

Terzo passo. Il primo, dunque, è la presenza devastante del potere; il secondo è il disagio, con tutte le connotazioni che abbiamo elencato. Ma vediamo un po', adesso, il "devastante": la presenza del potere è devastante che cosa? La presenza della mentalità comune prodotta dal potere è devastante in noi la personalità e la ricchezza della proposta cristiana. È come una barbarie che si pone contro, che s'avventa contro la realtà nuova che il cristianesimo è. È devastante il contenuto, la sostanza, la struttura stessa del fatto cristiano. Infatti, che cosa caratterizza il fatto cristiano? Che cosa lo caratterizza? Cristo è una drammatica presenza. Perché drammatica? Proprio perché è una presenza inquietante il presente – ecco il dramma –, vale a dire provocante il presente. È in questa provocazione del presente – che trasforma il presente, opera sul presente – la drammaticità. Cristo è una drammatica presenza. Cristo: in Lui abita corporalmente la divinità. Voi avete parlato della «fisicità» di Cristo. È esattamente questo che la mentalità dominante stermina, *pardòn*, cerca di sterminare, davanti ai nostri occhi.

Comunque, l'affermazione che Cristo è una presenza drammatica, incidente sul presente, che in Lui abita corporalmente la divinità, che quindi Dio è presente fisicamente in Cristo e Cristo è fisicamente presente alla nostra esistenza, questa è proprio la sostanza, il contenuto impressionante, l'eccezionalità del messaggio cristiano. E non è una presenza a lato, giustapposta; Cristo non è «qualcosa di "prima"», avete detto stamattina, di giustapposto, ma è «qualcosa "dentro"»: e poiché l'io esiste come rapporto, è dentro il rapporto con chiunque e con qualsiasi cosa.

«"Che cosa avete di più caro?" "Quello che di più caro abbiamo, grande sovrano, è Cristo e tutto ciò che deriva da Lui".» Che cosa deriva da Lui? Tutto. «Cristo non è qualcosa di "prima", ma "dentro"», dentro la tua gioia, dentro la tua stanchezza, dentro la tua connivenza o la tua convivenza, dentro la tua repulsione o dentro la tua simpatia. Che cosa tremenda è questa! È proprio un altro mondo. Dovremmo fare una meditazione sull'Ascensione, perché questo è il mistero dell'Ascensione che la Pentecoste ha rivelato. Quando san Paolo dice: «Cristo è la consistenza di tutte le cose, tutto consiste in Lui»,[16] ripete quel che affermava san Giovanni: «Tutto è stato fatto per mezzo di Lui, senza di Lui nulla è stato fatto di ciò che è stato fatto».[17] In Lui è la vita, cioè l'esistere; in Lui, in quell'uomo!

La persona, nella mentalità comune, non può che essere «compressa», sto ripetendo le vostre frasi, «come se tutto fosse regolato dalle circostanze». L'io è determinato dalle circostanze. E questo è vero, che è determinato, ma non nel senso che è definito dalle circostanze. Infatti, nelle circostanze che pretendono definire, che tenderebbero a definire l'io, a imprigionarlo, si libera l'infinito: nelle circostanze l'io è rapporto con l'infinito. Così, l'io

[16] Cfr. Col 3,11.
[17] Cfr. Gv 1,3.

umano vive la convinzione liberante, come coscienza di ciò che sta al cuore delle cose, di ciò che è il cuore delle cose, la consistenza delle cose. Questo, avete detto giustamente stamattina, «è ciò che fa la differenza», la differenza all'interno, tra di noi, ma soprattutto la differenza con la mentalità comune, la differenza con la mentalità comune che può diventare differenza tra di noi: «L'esperienza del Mistero presente». Mistero, il cuore ultimo delle cose. Il Mistero, il cuore ultimo delle cose, è diventato uomo. Perciò diciamo: «L'esperienza del Mistero presente, come presenza».

È concepibile una cosa più inquietante di questa? Una cosa che disturbi di più la nostra vita, la reattività della nostra vita, che stabilisca all'interno di tutti i nostri meccanismi e dinamismi, di qualunque genere, purché coscienti, purché presi in mano dalla coscienza, una polarizzazione alternativa a tutto? La caratteristica della reattività è che pone un polo, una polarizzazione; un'altra reazione pone un'altra polarizzazione, e così l'uomo è tutto diviso. Invece qui no: l'esperienza del Mistero presente rende irrequieto ogni dinamismo, disturba ogni meccanismo, stabilisce nel cuore di ogni movimento nostro una polarizzazione ultimamente giudicativa, determinante. «È proprio questo Mistero presente ciò di cui l'imperatore non sa che farsene.» È il nemico dell'imperatore, o meglio, l'imperatore sente questa presenza del Mistero come suo nemico, come il suo avversario: non sa che farsene e perciò la sua affermazione lo irrita.

Invece per noi l'esperienza del Mistero presente è l'incontro che continuamente polarizza, dà sintesi e senso al nostro vivere. «L'incontro, infatti, è l'avvenimento del Mistero presente.» Siccome non c'è nessuna sorgente di novità nella vita se non l'incontro, la coscienza del Mistero presente rende la nostra vita un flusso continuo di novità, un flusso continuo di incontri e perciò di novità. Con il riconoscimento di questa drammatica presenza, con questa presenza in cui abita corporalmente la divinità, «inizia» qualcosa di nuovo: oggi, alle undici, all'una, alle sei, alle dieci; domani, alle tre, alle quattro. In qualsiasi momento inizia qualcosa di nuovo. È un inizio come è un inizio continuo la vita della libertà, ché la libertà è proprio caratterizzata dal fatto che vuole, riconosce e decide ora, non perché ha riconosciuto e deciso ieri o un istante prima, ma perché riconosce e decide «ora». Ogni istante per la libertà è nuovo. Analogamente, con questo riconoscimento, avete detto, «inizia qualcosa di nuovo su cui non sappiamo cosa dire; qualcosa di nuovo c'è tra noi, che non sappiamo definire; è una presenza su cui non sappiamo cosa dire: non sappiamo che cosa ci sta accadendo». Nel senso che non sappiamo come ci stia accadendo, che cosa significhi ciò che ci sta accadendo, perché ci sta accadendo il Mistero: è l'avvenimento del Mistero nell'istante, per cui le circostanze non definiscono più il mio io. Nell'istante, il mio io non è più definito, perché si libera nel rapporto con l'infinito. Ed è questo che si chiama «fede». Il problema è la fede: «Questa è la vittoria che vince il mondo», la mentalità comune, che è determinata totalmente dalle circostanze prevalenti nel momento storico. «Questa è la vittoria che vince il mondo: la fede.»[18] La fede è il riconoscimento della presenza del Mistero fatto uomo, della divinità corporalmente presente in Cristo.

[18] Cfr. 1 Gv 5,4.

IV

Quarto passo. Il grande fatto della Sua presenza emerge corporalmente in una compagnia; «corporalmente» è analogico, ma l'analogia stabilisce e identifica una verità reale, una realtà. Il Fatto, il grande Fatto, la drammatica presenza di Cristo è tale perché emerge in una compagnia. Una compagnia è il luogo di quella Presenza, una compagnia che partecipa perciò della drammaticità di quella Presenza. E se non è drammatica, questa compagnia è come una realtà morta. Per questo, quando quella notte, mentre la barca stava affondando, era in pericolo di affondare per i marosi, gli apostoli videro venire verso di loro una figura e dissero: «È un fantasma!», si sentirono rispondere: «No, non sono un fantasma, sono io!».[19] Furono presi da paura quando dissero: «È un fantasma!». Così noi, di fronte alla pretesa che ha la compagnia, una compagnia fatta di "poveracci" come noi qui presenti (basta guardarci attorno), una compagnia fatta di gente come te e come me, siamo presi dalla paura. Quando si pensa alla pretesa che la compagnia ha di essere il luogo dove emerge il significato di tutto, dove emerge la presenza reale del cuore di tutto, allora ci viene paura a guardare e la paura si traduce in una parola: «È una presunzione fantastica, è come un fantasma!». E invece no, «la comunità è il luogo reale dell'incontro», «la comunità è la storia in cui l'incontro diventa permanente». Pensate a due che si sposano e non hanno chiara questa convinzione, non hanno l'evidenza di questo avvenimento; se si sposano senza la chiarezza che nella loro unione la comunità inizia

[19] Cfr. Mt 14,22-27.

la sua manifestazione quotidiana, non si sposano da cristiani, anche se hanno tutte le benedizioni possibili e immaginabili; non si sposano da cristiani soggettivamente, mi spiego?

La comunità è la storia in cui l'incontro diventa permanente. Per questo è stato detto stamattina che «la compagnia o la comunità, ultimamente, non è una dimensione organizzabile». Una compagnia simile non si può organizzare: o nasce dal cuore di ognuno, o nasce dal riconoscimento e dalla libertà di ognuno, oppure non esiste come compagnia e come comunità, esiste come gruppo, è un gruppo, cioè è un'associazione, è un'espressione associativa, non è un movimento di essere. Se la partenza non è dal cuore, perciò se l'unità tra noi non è nella partenza del cuore, della libertà, «l'estraneità che c'è all'origine non è riorganizzabile», non è superabile più. «Quello che non è unito dagli inizi non si può giustificare unitariamente dopo.» Si resta giustapposti, poco o tanto si resta giustapposti. Si resta estranei, come è in ogni associazione.

Comunque, da quanto abbiamo detto, «la trama dei rapporti tra noi costituisce lo strumento con cui Cristo ci incontra». Cristo ci incontra attraverso la trama dei rapporti tra di noi, rapporti, quindi, travalicati in qualcosa di più grande e trasparenti di ciò. Per cui l'amicizia, la conoscenza, la convivenza non è più come prima (pensate ancora alla comunità in miniatura che dovrebbe essere il rapporto tra l'uomo e la donna). Insomma, c'è un posto, «un luogo dove si sperimenta la pienezza corporalmente presente della divinità», dove si sperimenta Cristo, in cui abita corporalmente la divinità.

V

Ma «questa compagnia – quinto passo – è per la persona». In essa si sperimenta la presenza e la presenza è per la persona. La presenza di Cristo è per la persona. La persona si costituisce nella risposta che dà alla comunità e alla compagnia che la provoca, in cui Cristo la provoca. La compagnia è il luogo dove Cristo ti provoca con la sua presenza, in cui abita corporalmente la divinità. La tua risposta a questa provocazione, che è nella compagnia, costituisce la tua personalità. La personalità, infatti, si costituisce come rapporto con un tu.

«Che cosa avete di più caro», in ogni momento, in ogni circostanza? Che cosa avete di più caro? «In ogni circostanza riecheggia la domanda dell'imperatore.» Non tergiversare, nella risposta a questa domanda è la misura della personalità. Per questo la vita della persona, la dinamica della personalità è pace, perché è tutta appoggiata alla sicurezza dell'ordine, alla sicurezza della causa, alla sicurezza del cuore delle cose. La vita delle persone è «pace e drammaticità», come è stata definita stamattina. Per questo avete parlato del «dolore di una presenza»: la presenza continuamente inquieta, disturba, polarizza diversamente, è un'interferenza polarizzatrice e totalizzante, definitiva. È in questo senso che giustamente veniva detto, dal nostro amico della Cattolica: «La coscienza di Cristo tra noi è come se ci stesse introducendo dentro un tempo nuovo [il tempo è tale perché è la realtà significata dalla coscienza della persona, come ricorda Eliot: «Senza significato non c'è tempo»].[20] La

[20] T.S. Eliot, *Cori da "La Rocca"*, BUR, Milano 2010, p. 99.

certezza che ci accompagna è che l'incontro, rinnovandosi [come si rinnova l'atto di consapevolezza in ogni circostanza], riproponendosi proprio attraverso di noi [perché ci si ripropone attraverso di noi], genera una permanenza di storia e una continuità di comunità, nella appartenenza alla quale la persona, cioè l'io, scopre e conosce la propria libertà [perché la libertà è il nesso con il significato, il nesso con l'infinito]. Forse questo tempo nuovo è una possibilità per la persona di capire che tutta la vita è data per riconoscere il mistero della nostra compagnia [perché non è la nostra compagnia il Mistero, ma la nostra compagnia è il luogo dove il Mistero si palesa, perciò è misteriosa, ho detto prima, drammaticamente misteriosa anch'essa], di credere quasi come per la seconda volta che le parole dello *starets* siano la possibilità che tutto nella vita accada per riconoscere la verità di quelle parole. Il primo riverbero di questa novità [che le parole dello *starets* sono vere] è che la compagnia inizia a essere per la persona [la prima conseguenza del fatto che la compagnia è vissuta come luogo della presenza è che è per la persona]. La compagnia non ci fa stare tranquilli, perché essa è tutta protesa a che la vita si sottometta a ciò che ci rende veri». Cioè è una compagnia che libera, perché ciò che ci rende veri è l'esperienza della libertà e la libertà è il nesso con il significato. La verità della nostra vita non è più il limite, «non è più il limite che ci definisce», come altri hanno detto, ma qualcosa che spezza il limite delle circostanze. Se spezza il limite, uno è più libero. Non è più un passaggio da un limite a un altro limite, che è come passare da una tomba all'altra e uno si esaurisce. Così, «la quotidianità dei nostri rapporti diventa realmente il pegno, l'anticipo, l'inizio più grande che ci è stato lasciato, il segno più lieto della presenza di Cristo».

Insomma, «la storia del movimento» o della comunità è «l'oggettività», l'oggettivo segno della presenza di Cristo che diventa storia soggettiva, cioè personale. Le parole dello *starets* diventano esperienza dell'io: riconoscimento, stima, affezione (la stima, l'ho già detto stamane, è un riconoscimento in quanto incomincia a tirarsi dietro anche il cuore, e perciò dopo viene dietro il cuore intero, l'affezione). Ed ecco la pace, sia pur drammatica: l'appartenenza. E uno consiste solo in questo ultimo punto: sta, perché appartiene. Come un bambino che sente di stare, di essere, perché appartiene a padre e madre.

E qui è da citare l'osservazione bellissima che avete fatto, quando è stata ricordata la domanda di Cristo: «Mi ami tu?», detta a san Pietro. Ed è stata citata in un certo contesto, quando è stato detto che uno, ognuno di noi, sente l'obiezione più grande, forse più grande ancora della fatica del riconoscimento, della fede come riconoscimento, l'obiezione di fronte alla propria sproporzione: «Ma come faccio a dire all'altro: "Vieni nella comunità dove c'è letizia", se io sbaglio continuamente?». Pensate che Cristo ha legato la sua presenza proprio a della gente che sbaglia così. Ed è questo il paradosso della Chiesa, che è ciò da cui tutti deviano lo sguardo. Perché non si può fare obiezione alla Chiesa per qualsiasi delitto che in essa possa avvenire. La Chiesa, infatti, risponde: «Ma è naturale, sono fatta tutta di gente come te, sono fatta di uomini, perciò può capitare di tutto, può capitare che tutti commettano quello che hai commesso tu!». Ma c'è un prima, che è come l'albore della libertà, l'albore del sole della libertà, c'è un prima che nessuno sbaglio può distruggere, può demolire. È il pezzo più umano di tutto il Vangelo. Immaginiamo come lo guardava mentre gli ripeteva per tre volte quella domanda: «Simone, mi ami tu?». Chissà con quale ironia divina – senza ridere, ma con ironia profonda – gli chiedeva: «Simone, mi ami tu?». Chissà come lo guardava mentre glielo diceva! E quello là si sentiva sotterrato vivo dal ricordo di tutti i suoi errori; e, soprattutto, i suoi errori non erano nel passato, erano dentro la sua carne e le sue ossa. In quel momento capiva che non poteva più dire: «Io non ti lascerò mai!», come gli aveva detto prima di tradirlo. Certamente Pietro non poteva più pensare di ripetere: «Io non ti tradirò mai!», perché aveva riconosciuto cos'era. Eppure, sinceramente gli dice: «Sì!», un «sì» che sta prima di tutti gli errori possibili e immaginabili.[21] È la forza del riconoscimento, ma è la forza del riconoscimento, abbiamo detto prima, come stima, come affezione, come appartenenza: non c'è nessun errore, nessuna incoerenza che possa fermare o distruggere questo «sì». È una cosa grandiosa. È il «sì» detto all'infinito, che ha la natura dell'eterno. Perciò il cristiano è impossibile che si scandalizzi di qualsiasi cosa, in sé o negli altri; non perché è bravo, al contrario, perché è bravo Uno solo. C'è un prima che è il primo albore della libertà.

VI

Ma adesso vediamo, con un sesto passo, le conseguenze sulla personalità del potere devastante che ci circonda. Ne voglio indicare soprattutto due.

[21] Cfr. Gv 21,1-19.

a) Innanzitutto, una difficoltà a comprendere. È come la gente che non capisce niente di matematica e allora studia a memoria il teorema. Se il teorema è fatto di "a", "b" e "c", come fattori, e la professoressa o il professore mette "x", "y", "z", invece di "a", "b", "c", non capisce più niente. Non è capace di traspositare all'"x", "y", "z" quello che viene detto dell'"a", "b", "c", perché è legato ai simboli. Così tutta la gente (compresi noi) è legata ai simboli (la faccia di Tizio, la faccia di Caio), all'apparenza. Perciò c'è una difficoltà a comprendere la verità dell'uno o dell'altro. Così nella vita della comunità, è stato detto, «si vuole arrivare a dire Cristo agli altri – a dire Cristo! –, ma si parte da qualche interesse, si parte sempre da qualche interesse (per esempio la CUSL, oppure l'appartamento, oppure la compagnia, soprattutto la compagnia, specialmente se diversa), e poi ci si arresta». Si parte da qualche interesse e ci si insabbia, ci si impaluda. Con il Volantone tutto questo è tagliato di netto. È per questo che noi l'abbiamo letto e teoricamente ci è sembrato di capirlo, ma non ci ha provocato.

Se non l'avessimo ripreso autorevolmente, il Volantone, il vostro Volantone sarebbe già stato distrutto nella memoria come è distrutto nella carta, buttato via. «Eh, c'era su una bella figura del Cristo di Michelangelo!» Ma non c'entra col messaggio, dico come importanza. Così, non si conosce – non si conosce! – il contenuto del Volantone, non è compreso. Per questo stamattina è stata usata una frase bellissima, quando è stato detto che «siamo protagonisti di una ragione fragile». Non dico che siamo stati impostori o mendaci, che abbiamo dato via il Volantone senza che vi aderissimo; vi abbiamo aderito, ma non l'abbiamo compreso, non ci ha provocati, non l'abbiamo capito. Una ragione fragile! Ce l'avessero chiesto, avremmo detto: «Sì, sì, io ci credo, anch'io dico così!», ma astrattamente. Una ragione fragile. Del resto, come ho già osservato stamattina, gli apostoli stessi, fino a quando Cristo è asceso al cielo e fino a quando è disceso lo Spirito Santo, avevano una ragione fragilissima. Erano attaccati alla forma, alla forma effimera di Cristo, non capivano chi era, non capivano cos'era. «È meglio per voi che io me ne vada!», ha detto Cristo, «perché se io non me ne vado voi identificate la forma di questa mia compagnia con il divino, e questo è orribile, perché questa forma è contingente; ci si ferma all'apparenza, mentre quello che io sono è infinitamente più profondo».[22] E così, quando è scomparso, cioè ha raggiunto il suo luogo dentro le cose, la radice delle cose, allora hanno capito che «tutto consiste in Lui» – in quell'uomo tutto consisteva – e «senza di Lui nulla è stato fatto di tutto ciò che è stato fatto».[23] E hanno capito quello che aveva detto: «Senza di me non potete fare nulla».[24]

Così la difficoltà a comprendere stabilisce, come ha detto un altro, «un fiato corto» per la personalità. Siamo cristiani con un fiato corto, protagonisti di una ragione fragile. Sono diventati forti, gli apostoli, quando hanno capito la ragione, quando hanno capito la ragione forte.

b) La seconda conseguenza devastante della mentalità comune è la divisione fra riconoscimento e affettività, fra il riconoscimento e l'essere attaccati al riconoscimento.

[22] Cfr. Gv 16,7.
[23] Cfr. Gv 1,3.
[24] Gv 15,5.

L'io resta diviso fra il riconoscimento che resta astratto e l'affettività che fluttua. Come all'inizio dell'umanesimo, all'inizio dell'evo moderno: Petrarca ammetteva tutto il dottrinale cristiano, eccome, lo sentiva anche meglio di noi, ma la sua sensibilità o affettività fluttuava autonoma, ed era diviso. Per questo dice: «Chi mi darà l'ali di colomba sì che m'innalzi, elevimi da terra, e sia unificato?».[25] C'è una divisione fra il riconoscimento e l'affettività o, come avete osservato, una «divisione fra l'oggetto del desiderio e il reale che ho di fronte», perché ciò che polarizza la mia affettività è il reale che ho di fronte, cioè l'apparenza, così che il rapporto con il reale, il gesto che è il rapporto con il reale, non testimonia Cristo, cioè non veicola come suo significato Cristo (gesto, da *gerere*, vuole dire portare il significato). Perciò il significato del rapporto con le cose, con il reale che ho di fronte, con l'apparenza, non è Cristo, e tanto meno la speranza, ciò che mi desta, ciò che mi detta la dinamicità del rapporto, il dinamismo del rapporto, non ha Cristo come suggerimento, come criterio: «La speranza del gesto non è Cristo». È per questo che non sperimentiamo come Cristo faccia diventare cento volte più ricco il rapporto.

VII

Settimo passo. Qual è la cosa importante, come strumento, affinché l'avvenimento possieda la nostra vita e, attraverso la nostra vita, la vita del mondo? «Che l'amicizia

[25] Cfr. F. Petrarca, «Io son sì stanco sotto 'l fascio antico», vv. 12-14, in *Canzoniere*, LXXXI, Feltrinelli, Milano 1992, p. 127.

continui a esistere.» È l'amicizia «che rende Cristo provocazione quotidiana». L'opposto della prima cosa che abbiamo detto, vale a dire della presenza devastante della mentalità comune. «L'amicizia rende Cristo provocazione quotidiana.» È l'amicizia che ci inoltra pedagogicamente nella realtà quotidiana, come verifica che Cristo è la cosa più cara che ho. È nell'amicizia che io sono introdotto pedagogicamente (l'amicizia è pedagogo) nella realtà quotidiana: essa mi introduce, mi educa a stabilire i rapporti quotidiani come verifica che Cristo è veramente la cosa più cara che ho, dove la parola «caro» implica riconoscimento, stima, affezione, appartenenza.

Perciò la grande legge dello strumento che Cristo ha scelto – l'amicizia che è la Chiesa in quanto vive stringendosi d'appresso, stringendoti fisicamente –, la grande legge di questo strumento è il seguire. Seguire: «Adesione umile al movimento», cioè seguire «gli esempi», stamattina è stato detto, valorizzare gli esempi. Ma attenzione all'alternativa che abbiamo già accennato stamattina: nella compagnia, o si segue, allora la compagnia è veramente la fraternità, la fraternità «come il proprio luogo, il luogo del proprio io», dove il proprio io riconosce il suo senso e riconosce i sensi del suo camminare, o si interpreta. Questa è la differenza fra cattolicesimo e tutte le altre religioni cristiane. O si segue o si interpreta, e l'interpretazione è assolutamente nella solitudine, l'interpretazione è l'affermarsi della solitudine. C'è anche un'altra strada, che è l'alienazione: l'alienazione è il seguire, ma non l'autorità, non la storia che si esprime nell'autorità, nell'unità, nell'unità della compagnia o nell'unità della storia del movimento.

O si segue o si interpreta. O si segue e si è in compagnia

profonda, in unità con il passato e con il futuro e con tutti i fattori del presente, o si interpreta e si è nella solitudine. Insomma, c'è un tipo di «logica personalistica» in cui il criterio è quello che uno pensa. Uno legge «Il Sabato» e dice: «Che stupidaggine!». No, caro mio, calma. C'è un tipo di logica personalistica, in cui la propria reazione diventa criterio. È analogo alla logica di gruppo, quando si formano le metastasi nella comunità, cioè i gruppetti, non come intensificazione dell'unità, ma come alternativa all'unità. È analoga allora la questione: lì è uno, è la reazione di uno che diventa criterio per gli altri. Alienazione, invece che logica personalizzante. La logica personalizzante è quella che ti unisce al tutto – come persone, come compagnia e come tempo, perciò come storia –, ti approfondisce nella storia unica.

L'esito del seguire è l'appartenenza, una coscienza sempre più profonda e semplice dell'appartenenza. Il Mistero si fa presente nell'io, l'io è tutto implicato nel Mistero e per questo la vita dell'io diventa, come ho accennato prima, novità continua. Perché la novità è il guardare, è lo sguardo al significato. E quanto più uno percepisce sé come appartenente al significato, tanto più è continuamente nuovo, è fresco. L'io si sperimenta come novità. Cos'è la novità? È il destino che si sta avverando. L'io diventa esperienza del destino che si sta avverando. La liturgia lo chiama «pegno», «caparra». Se io ti devo centomila lire e ti do in caparra diecimila lire, quando devo saldare ti do novantamila lire, perché le diecimila lire sono della stessa natura delle centomila. Il concetto di caparra o di pegno è importantissimo per una concezione ecclesiologica ed esistenziale della vita cristiana, perché già c'è in questo mondo l'inizio del futuro. Ed è qui l'esito del seguire la compagnia vocazionale in cui Dio ci ha chiamati: approfondisce l'appartenenza, il Mistero si fa sempre più presente nell'io, che è tutto implicato in tutti i suoi rapporti, e l'io si sperimenta sempre più come novità, cioè come destino che già si avvera.

VIII

L'ottavo punto sono alcune annotazioni concrete.

a) La nostra vita, impostata secondo la sua essenzialità, secondo la sua verità, ha una nota (nel senso delle note della Chiesa) caratteristica, inconfondibile e insostituibile, che è la letizia: un'amicizia, la capacità di un'amicizia lieta (non lieta perché si fanno bagordi per tre ore o per sei). È questa letizia – che caratterizza una trama di rapporti, che caratterizza la persona dentro la trama di rapporti vissuta come sequela – che porta Cristo al mondo. Il mondo è colpito dalla letizia, perché non ne è capace. (Come il buon Manzoni parlava della «Pace, che il mondo irride, / Ma che rapir non può».)[26] Comunque, guardate che «pace» vuole dire letizia. Ognuno di voi lo può rilevare da se stesso: è solo se l'esperienza della vita cristiana gli dà letizia che verifica la sua consistenza. La verità sta nella letizia. Badate che questa letizia è una connotazione che può stare mentre uno muore, può stare col più grande dolore, perché non è qualcosa che raggrinza i muscoli, gli zigomi, non c'entra con i musco-

[26] A. Manzoni, «Pentecoste», vv. 79-80, da *Inni sacri*, in *Tutte le poesie*, Garzanti, Milano 1991, p. 162.

li della faccia; c'entra con la faccia, questo sì, c'entra con gli occhi.

b) In secondo luogo, la caratteristica della vita nuova nella vita di comunità è la missionarietà, come è stato detto così perfettamente dal professore di filosofia stamattina: «Epifania di una identità». La missione non è fare e agitarsi, è l'essere, è il manifestarsi e il comunicarsi, il contagiarsi, il contagio, che nasce dalla propria identità: l'epifania dell'identità.

c) In terzo luogo, corollario della missionarietà è una personalità che sfida, capace di sfida, come diceva il professor Lazzati alla prima tre giorni (eravamo in quindici, erano quindici e io prete), su a Gressoney Saint-Jean: *Pour se poser il s'oppose*,[27] per porsi, per affermarsi, si oppone. La sfida! Tra noi è una sfida continua, una bella sfida! Comunque, questa sfida è la caratteristica propria dell'amore, è la caratteristica bellica dell'amore. Una personalità che sfida è una personalità che non ha paura, che ha forza, che è consapevole, che ha strategia, che guarda tutte le cose con uno sguardo unitario (perché se tu parti lancia in resta contro l'avversario e hai dietro il nemico che ti infila alle spalle...).

d) Quarto. Ripeto le vostre parole, ma sono proprio giuste, dovete avere la pazienza di capirle come ho cercato di capirle io. La quarta caratteristica (quindi la terza è la personalità come sfida, perciò come animosità, come vitalità, come "bordata", come capace di rapporto, che

[27] Vedi qui, nota 12, p. 34.

getta ponti con qualsiasi cosa) è il passaggio dalla capacità relativamente facile di definire tutto, vale a dire il passaggio dal discorso (tutti sono capaci di discorso, e poi ripetere continuamente il discorso «è noioso»; è soltanto chi ha fatto questo passaggio che sto per dire che, quanto più ripete il discorso, tanto più se ne innamora; chi invece non ha fatto questo passaggio, ripetendo il discorso si annoia, il discorso ripetuto lo annoia) alla «lieta inquietudine» della domanda. Dove «inquietudine» vuole dire che è una letizia che non dorme, non è quieta; è inquieta nel senso di vibrante, mossa, tesa. Il passaggio dal discorso alla lieta inquietudine della domanda o, come ha detto un altro, alla «capacità di chiedere». Il passaggio dal discorso «alla capacità di chiedere a ciò che c'è che sia risposta». Chiedere a Ciò – con la C maiuscola – che c'è che diventi risposta a te, cioè a me.

La quarta caratteristica, allora, è la domanda, quella domanda che è «fare spazio al Mistero perché si manifesti». Per questo il minimo della domanda è l'Innominato del Manzoni: «Dio, se ci sei, rivelati a me!».[28] È una domanda di chi ancora non crede, ma è una disponibilità. La domanda è fare spazio al Mistero perché si manifesti. E, infatti, ve l'ho già detto, alla fine della storia dell'umanità la Bibbia termina con questa domanda: «Vieni, Signore Gesù»,[29] «Vieni, Signore». La domanda fa spazio al Mistero perché si manifesti. Ma si è manifestato in tanti millenni! No, no, no, è il Mistero, perciò insondabile e incommensurabile.

Perciò all'imperatore che non sa che farsene della gran-

[28] Vedi qui, nota 44, p. 87.
[29] Ap 22,20.

de Presenza noi opponiamo – è questa la vera opposizione, per cui la prepotenza della mentalità comune non ci disfa o, come abbiamo detto, non ci devasta – la domanda della grande Presenza. È la domanda l'incontro con il Mistero presente; l'inizio dell'incontro è la domanda, perché la domanda è già rompere gli argini. A differenza del desiderio, che può rimanere velleità, la domanda è un gesto. E così rileggiamo ancora una volta la frase in un libro su Tarkovskij: «Da tempo l'uomo occidentale ha bruciato la bisaccia e il bastone del viandante, con la sua commovente attitudine alla domanda». Il potere ha devastato l'uomo occidentale, lo ha bruciato, distruggendo la bisaccia e il bastone e soprattutto distruggendone la via, l'impeto e l'energia della via: ha distrutto la commovente attitudine alla domanda. Da qui noi ricominciamo. Altrimenti la dimora dell'uomo non diventa più l'orizzonte, siamo bloccati nel nascondiglio, dove non si incontra veramente nessuno – sei solo –, e dove perciò l'uomo incomincia a dubitare della sua stessa esistenza (impressionante è in questo senso la testimonianza di Sartre e di Moravia).

Omelia

«Costruite il vostro edificio, il vostro edificio spirituale, la vostra personalità, sopra la vostra santissima fede.» Mancano due che erano con noi, Giovanni e Massimo.[30] Io ho conosciuto di più Giovanni. «Costruite il vostro edificio spirituale sulla vostra santissima fede.» Questa è certamente la testimonianza per cui egli vive negli occhi e nel cuore di chi l'ha conosciuto. Questo è l'augurio che ognuno di noi deve fare a se stesso, affinché attraverso il suo sacrificio questa sua lealtà con lo Spirito passi in ognuno di noi. Si tratta di lealtà con lo Spirito, perché abbiamo sentito l'enigmatico o terribile Vangelo: la verità si comunica solo là dove essa è desiderata. L'indisposizione, l'ideologizzazione che caratterizzava l'anima dei farisei ha reso Cristo impossibilitato a comunicare la propria verità, perché il rapporto che Dio ha con noi mette in rilievo ciò che noi abbiamo deciso. Se dunque siamo determinati, nonostante tutti i nostri errori, dal desiderio del vero, dalla sete della verità, allora, attraverso tutta la caligine dei nostri errori, Cristo ci raggiunge e persuasivamente ci muta, ci cambia. Come è avvenuto dei nostri amici, qui presenti, che invochiamo perché molto più potenti, senza nessun paragone, e più presenti di prima: noi chiediamo, attraverso la mediazione della Madonna, il cambiamento della nostra vita. Che attraverso la caligine dei nostri errori, delle nostre distrazioni, la forza dello Spirito di Cristo ci raggiunga e ci cambi, ci faccia diventare come Giovanni.

[30] Il riferimento è a Giovanni Calzone e Massimo Cioncada, morti in un incidente stradale il 21 febbraio 1988.

TRASFORMARE IL PRESENTE*

L'Equipe di maggio aveva colpito personalmente i responsabili del CLU e, tramite loro, era arrivata in breve tempo nelle comunità, ove l'attesa suscitata dal Volantone aveva creato un clima favorevole ad accoglierne i contenuti. Delle tante "svolte" e dei tanti "passi" compiuti in quegli anni, questo era indubbiamente uno dei più importanti e decisivi. Il disagio, ormai avvertito a fior di pelle, intorno alla questione umana – alimentato dalla confusione e dalle contraddizioni delle concezioni allora in voga, nonché dall'insoddisfazione esistenziale che regnava – e, per altro verso, con correlazione quasi immediata, la necessità di capire "di che cosa si tratta" quando si ha a che fare con il cristianesimo, avevano focalizzato l'attenzione di tutti e impresso un'accelerazione alla ricerca comune. Senza dilungarsi nell'analisi, si passò presto a cercare di capire che cosa possa «incidere e trasformare il presente», dopo che le ideologie avevano mostrato la loro impotenza e i "sogni" e le immaginazioni la loro fragilità. E bisognava anche capire il significato di quelle espressioni usate a proposito della "fisicità" di Cristo, «giacché noi sappiano che in Lui dimora corporalmente tutta la pienezza della Divinità», utilizzato per

* Equipe del CLU, 20-25 agosto 1988, Corvara (BZ).

indicare la sua continuità nella storia attraverso una comunità di uomini. Il cammino della personalizzazione acquistava così una più chiara e robusta direzione e il volto stesso della comunità, delle proprie iniziative e dei propri gesti, ne usciva trasformato. Su questi contenuti e domande, e con queste attese, le comunità avevano preparato l'Equipe estiva, con ardore e serietà (anche perché, si legge in un avviso della segreteria, i contributi non scritti bene a macchina non sarebbero stati accolti nella sintesi iniziale che avrebbe dato inizio ai lavori).

La figura di Cristo era stata al centro del Convegno organizzato dai centri culturali sulla questione del potere. Don Giussani aveva esordito affermando che «il cristianesimo non è sorto come una religione, ma è scaturito come un potente amore all'uomo, nella concretezza della persona, nella precisione dell'individuo che nasce da una donna» e che passione per l'umano si identifica con «passione per la libertà». Al tema "Libertà e potere" sarebbe stata dedicata l'intera attività culturale dell'anno.

Introduzione

Giussani: Ogni riunione, anche quella fra te e la tua morosa, ha un significato universale; ma questa sera è interessante che il nostro raduno abbia un significato universale anche per la presenza di amici di altri Paesi, per esempio del Portogallo, della Spagna, della Polonia, della Germania, dell'Irlanda, degli Stati Uniti, dell'Argentina, del Brasile, del Messico, del Paraguay, del Perù, dell'Uganda, del Belgio. Sono esemplificazioni. Il Consiglio internazionale di tutto il movimento, che nei giorni scorsi si è riunito per la prima volta, aveva una rappresentanza molto più vasta delle nazioni che ho citato adesso. È questa la caratteristica della verità: emersa in un punto, abbraccia l'universo. Con questo senso di responsabilità (è una responsabilità tua come mia) noi invochiamo lo Spirito, perché non abbia a farci perdere tempo. Che il tempo diventi segno dell'eterno: questo è il non perdere tempo, specialmente in questi quattro o cinque giorni.

Discendi, Santo Spirito[1]

Giussani: C'è una forza nel mondo che è più grande di tutta la nostra cattiveria, di tutta la nostra debolezza, di tutta la nostra meschinità: è lo Spirito che procede dal Mistero che fa le cose.

Messa

[1] E. Galbiati, A. Schweitzer, «Discendi, Santo Spirito», in *Canti*, op. cit., pp. 112-113.

Omelia 1

San Bernardo è una delle figure, anzi, è la figura in cui il rapporto con Dio, perciò il rapporto con Cristo, perché Dio è diventato uomo, coincide con la passione umana, con la passione dell'umano, con il rapporto umano, in un modo più impressionante che in qualsiasi altro esempio di santità. Non voglio ora sottolineare questa figura, voglio semplicemente prendere spunto dalla liturgia: «Sei tu, Signore, l'unico mio bene».[2] Perché, amici miei, questa parola non è una menzogna per nessuno di noi? *Pardòn*, perché questa parola può non essere menzogna per nessuno di noi? Vorrei potere dialogare. Che Dio sia l'unico, anzi, il Signore – il Signore è il Dio fatto uomo, è il Dio che è penetrato nel tempo e nello spazio, è il Dio che penetra nei nostri rapporti, è il Dio che determina gli avvenimenti in cui si esprime la nostra personalità –, che Egli sia, che Cristo sia il nostro unico bene non è una esclusione. Di questo dobbiamo diventare testimonianza nel mondo; altra testimonianza renderanno il monaco, la suora di clausura, altri atteggiamenti ascetici, ma la nostra testimonianza è radicale: il Signore è l'unico nostro bene in quanto tende a determinare tutti i nostri rapporti, il rapporto con nostro padre e nostra madre, il rapporto tra l'uomo e la donna, il rapporto tra l'uomo e ciò che ha da fare, tra l'uomo e il contenuto del suo lavoro, tra l'uomo e la trama dei rapporti – la presenza dell'uomo nella società –, tra l'uomo e il grande spazio della storia,

[2] Cfr. Sal 16,2.

tra l'uomo e il suo compito nel tempo. Tutto questo deve essere concepito, sentito, determinato dalla memoria, dalla coscienza di quella grande presenza per cui Dio è diventato "qui e ora": Cristo.

Questo è il messaggio con cui iniziamo, siamo come costretti a iniziare il lavoro di questi giorni: Dio fatto uomo, Cristo, questo uomo è l'unico bene non in senso astratto, ma nel senso più concreto e determinante che si possa concepire, in quanto determina il tuo rapporto con la ragazza, il tuo rapporto con i genitori, il tuo rapporto con il lavoro, il tuo rapporto con la tua presenza nella società, il tuo rapporto con la dignità storica tua. Cristo è la forma: è la forma del nostro comportamento. Questa è la sapienza di cui parla il libro del Siracide, la sapienza per cui il nostro gesto è conforme alla legge. La legge è un rapporto vissuto. E infatti questo rapporto vissuto ha un volto esistenzialmente e storicamente concretissimo; è quello cui accenna l'ultima preghiera di Gesù prima di morire,[3] citata nel Vangelo di oggi: è il volto della nostra comunione, della nostra comunità. Che la nostra comunità, il rapporto che c'è tra tutti noi, diventi determinante, cioè diventi forma del nostro modo di concepire, di sentire e di attuare il rapporto con nostro padre e nostra madre, con la donna e con l'uomo, con lo straniero e con l'amico, dentro il gurgite della convivenza sociale, dentro il mistero del nostro compito nella storia; che qualcosa dunque di incontrato, di sperimentabile, determini tutta la nostra esperienza, questo è il problema. E per questo domandiamo a Dio, allo Spirito, Spirito creatore, la grazia che, convertendo il cuore, ci faccia capire, sentire e attuare,

[3] Cfr. Gv 17.

rendendoci perciò protagonisti nel mondo, il senso del Battesimo. Siamo stati chiamati a essere protagonisti nuovi nel mondo, non fuori del mondo, non abbandonando qualche cosa, bensì entrando di filato, impetuosi, appassionati, ma limpidi e luminosi, in tutto.

Lezione

È soltanto nel tempo che uno può prendere contezza, prendere notizia di quello che in lui è accaduto e si è sviluppato. È soltanto nel tempo. Ma occorre cominciare. Come diceva l'abate a Miguel Mañara,[4] l'importante è incominciare. E se l'incominciare è da bambini, è proprio del bambino, sia in noi l'ingenuità del bambino che permette l'affermazione leale di tutto ciò che ci corrisponde, sia in noi la purità del bambino verso l'essere e la capacità di ripresa continua.

Angelus

E così quel punto, quel momento della storia, rientra nella storia oggi, nella mia storia, nella tua storia, oggi. C'è una provocazione, non rispondendo alla quale, ti atteggi a negatore. Non si può dimenticare, se non rinnegando. Noi, a cui è stato dato l'annuncio dell'angelo, non possiamo dimenticare, se non rinnegando. E perciò possiamo vivere soltanto sviluppando, prendendo coscienza di questo punto che è in noi e da cui tutto deve fluire. Per questo invochiamo dal Signore, nella prima ora della giornata, la grazia che ci fermenti il cuore. Seguiamo la liturgia del lunedì, solo il primo salmo.

Lodi

[4] Cfr. O.V. Milosz, *Miguel Mañara*, Jaca Book, Milano 2001, p. 51.

I

Dobbiamo ripeterci, innanzitutto, le stesse parole di sempre. Quando tu entri in casa tua, dopo che sei stato via tanto tempo, tua madre che ti saluta è tua madre, non è un'altra cosa. E la novità non sta nel fatto che tu trovi a casa tua un'altra persona; anzi, è paradossale, ma è così, quanto più tu sei in rapporto con quella donna, quanto più tu sei filiale con tua madre, tanto più il rivederla dopo molto tempo, il rivederla ogni volta, non ti pone questioni di cambiamenti, ti pone questioni di presenza. Non esiste nessuna novità che investa la tua persona, che compia la tensione della tua persona, come l'abbraccio alla persona amata, anche l'avessi lasciata un'ora prima, se è proprio amata. Perciò dobbiamo ripeterci le solite parole.

Parola! Parola: anche il tuo nome è una parola, ma che parola! Una parola che contiene tutto quello che tu sei e che cadrebbe come un cencio inutile, se non avesse questo riferimento. Ecco, io credo che nella vita dobbiamo scegliere fra tutto questo immenso cenciaio di parole che è il vocabolario comune e questa familiarità profonda della parola con l'essere, con il reale, per cui la parola è qualche cosa, è una cosa, per cui la parola è una persona. Io non voglio ulteriormente giustificarmi del fatto che vi abbiamo chiamati per ripetere le stesse parole; ma sono parole ripetute, le stesse parole, come la stessa donna è tua madre, come la stessa donna è la donna che ami, la stessa donna è la sorella cui sei attaccato con tutta l'anima, la stessa persona è la persona amica, la stessa, lo stesso. Se non fosse la stessa saresti perduto, ti troveresti perduto. E così questo impeto di ricchezza che l'esistere è, che l'esserci è, questo impeto di ricchezza familiare, che ti riappacifica con tutto ciò che altrimenti sarebbe un fastidio per te – fastidio i capelli, fastidio gli occhi, fastidio le dita, fastidio i piedi, fastidio tutto –, implica altro. Se fossi da solo, solo, sarebbe come se occhi, orecchie, bocca, spalle, piedi fossero tutti separati, come dei pezzi, come nei giochi in cui bisogna mettere insieme i pezzettini. Se tu fossi da solo sarebbe "solo" ogni pezzetto stesso di te. La consistenza turgida di promessa, carica di attesa, potente di desiderio e di tenace vigore realizzativo che sei tu implica altro.

Così, ripetiamo le parole cui siamo abituati. Lo pensavo mentre recitavamo il *Benedictus* di Zaccaria: «Benedetto il Signore, Dio d'Israele, perché ha visitato e redento il suo popolo».[5] Per favore, provate a pensare che differenza abissale c'è fra uno che ripete questa parola, cosciente che il Signore ha visitato il suo popolo, e tutto il resto della gente, quella poca gente che ripete queste parole come cenci sporchi che cadono per terra! Così è stata fra noi la grande divisione di pochi minuti fa. «Ecco la generazione che Ti cerca; cerca il Tuo volto, Dio d'Israele.»[6] C'è un'affermazione più drammatica di questa, più totalizzante di questa? Ma queste parole possono essere state, come lo sono ancora per troppi fra noi, cenci sporchi che cadevano per terra.

Dove sta allora la questione? Dio mio, come è evidente che la questione sta dentro di te, in te! Sei tu, tu, tu, proprio tu! La questione è tutta quanta nel tu (per usare il termine de *Il senso religioso*,[7] un termine insostituibile; ma anche quello può essere usato come cencio che cade per terra), sta nel tuo cuore, quello che ti vibra negli occhi

[5] «Cantico di Zaccaria», in *Il libro delle ore*, op. cit., p. 10.
[6] Antifona delle lodi mattutine del lunedì, *ibidem*, p. 72.
[7] Cfr. L. Giussani, *Il senso religioso*, op. cit., pp. 146-148.

e ti fa muovere i piedi o le mani, quello soprattutto che, toccato dalla realtà che hai davanti, ti mette a sognare, aspira e attende. Tutta la questione è in me, è che «io» abbia detto: «Ecco la generazione che Ti cerca; cerca il Tuo volto, Dio d'Israele», che «io» abbia detto questo. Io l'ho detto, tu l'hai detto (oppure non l'hai detto)!

Ho trovato un brano di Charles Péguy, in un bellissimo libro di Emmanuel Mounier su Péguy, e quando l'ho letto ho pensato immediatamente a questa occasione. L'ho già letto anche ad altri, ma l'avevo segnato per questa occasione. «Quando – dice Péguy – l'allievo non fa che ripetere non la stessa risonanza [se io dico coscientemente: «Il Signore ha visitato il suo popolo», se io dico coscientemente questo avvenimento storico, vibra tutto in me], ma un miserabile ricalco del pensiero del maestro; quando l'allievo non è che un allievo, fosse pure il più grande degli allievi, non conterà mai nulla [non cambierà mai nulla]. Un allievo non comincia a contare [contare, essere protagonista nella storia] che quando introduce egli stesso una risonanza nuova.» La mia risonanza, infatti, se diventa tua risonanza, è una risonanza nuova; è la stessa cosa, ma sono due creature diverse; come la serietà dell'umano, che la mia coscienza e il mio sentimento vivono, se si comunica a te, in te diventa serietà e sentimento diverso e infatti tu ti chiami «tu» e io mi chiamo «io»; io, tu; e tu sei uomo, hai la tua grandezza e la tua profondità, perché sei uomo, come me. E per questo c'è una identità sterminata, da cui non si può uscire, e, nello stesso tempo, una differenza che permette alla identità di amarsi. «Un allievo non comincia a contare che quando introduce egli stesso una risonanza nuova (cioè nella misura in cui non è un allievo). Non che non si debba avere un maestro, ma uno deve discendere dall'altro per le vie naturali della filiazione e non per le vie scolastiche del discepolato.»[8]

Nella filiazione la natura del padre e della madre diventa tua, vale a dire diventa di un altro, diventa un altro, eppure è la stessa natura. Nella filiazione, il modo di percepire e il modo di sentire, il modo di affrontare, il modo di manipolare è lo stesso; eppure tu diventi creatore, diventi creativo, perché lo stesso modo è tuo. Invece nella discepolanza scolastica uno ripete le parole, le frasi, i pensieri; e indubbiamente può diventare strumento di una battaglia, come gli sgherri diventano strumento del dispotismo di don Rodrigo, ma non crea nulla.

Questo credo debba essere il passaggio d'atteggiamento che occorre s'affermi tra noi. Ciò che ci investe oramai da tanti anni o per la prima volta, non importa, deve essere come una nuova natura che ci è comunicata; dobbiamo prenderlo come i figli prendono la natura del padre e della madre. Non possiamo essere ripetitori. Badate, per favore, che questa figliolanza non si realizza là dove uno prende lo spunto da una parola, oppure parassitariamente gioca sull'invenzione di un altro, per fuggire dietro propri pensieri (come certi, magari, che sono passati attraverso la nostra compagnia e hanno preso pretesto dalla nostra compagnia per fare una loro compagnia: è finita, è terminata, anche se sono insegnanti dell'università; hanno terminato quello che richiameremo dopo come appartenenza). La figliolanza è proprio uno stesso modo di vedere, di sentire, di percepire, di reagire, di afferrare, eppure è uno stesso modo che crea un protagonismo, che

[8] Ch. Péguy, *Cahiers*, VIII, XI [3.2.1907].

crea un attore diverso. Così che il padre è tutto gioioso e orgoglioso di questa novità che il figlio è e nella quale vede – più ampiamente forse, ma a prescindere da questo – in altri modi esaltato ciò che lui ha pensato, ciò che lui pensava e ciò che lui amava.

Dobbiamo fare diventare nostro ciò che ci viene detto. Per questo, nel fatto educativo occorre avere il coraggio sterminato di ripetere. Certo, di ripetere quello per cui si darebbe il sangue e il "còre", per cui si darebbe la vita. Ciò che vale la pena ripetere è ciò per cui si darebbe la vita. Ed è novità tua madre, che saluti per l'ennesima volta quella giornata o quella settimana o dopo la più o meno lunga lontananza, perché essa appartiene alla definizione della tua vita.

Ma voglio completare questa premessa. Intendo sottolineare che le parole che ripetiamo devono non diventare "normali" per te (non devono diventare ripetizione possibile a te), ma devono rinascere in te come rinascono in me. Io le ripetevo trent'anni fa e adesso le ridico, le stesse identiche parole, come fossero un mondo nuovo. Così deve essere di te. Devi ripetere le parole: non ripeterle e basta, ma ripeterle in quanto in qualche modo sono incominciate a nascere in te, nascono da te. Badate, per favore, che questo è un tentativo d'approccio alla parola «fede». Ma comunque, non dobbiamo dire tutto in una volta.

Volevo aggiungere un'altra osservazione, che ho fatto anche agli amici del Consiglio internazionale. Da un discorso, cioè da un ripetere parole, non nasce un soggetto nuovo. Ci sono quelli che sono tuoi amici e che vengono con te, perciò ripetono quello che dici, come tu ripeti quello che dicono altri. Ma da una ripetizione, cioè da un discorso, da una ripetizione di pensiero e di parole, non nasce un soggetto nuovo. Vorrei potere citare un caso che ho davanti agli occhi. Supponiamo che uno abbia fatto un po' di CLU e poi dopo abbia fatto un po' di carriera universitaria. Lui ha i suoi pensieri e quindi si stacca dalla vita della comunità e fa il suo gruppettino di intellettuali che approfondiscono certi temi, magari anche chiamando qualche volta qualche persona notevole. E così sviluppano una teoria, un pensiero, e magari fanno anche quaderni, stampano anche fascicoletti. Ecco, da un discorso, da questo tipo di lavoro, non nascerà mai un soggetto nuovo. Per questo l'intellettuale è un essere veramente "poverino", perché si identifica con le parole che trova, con i discorsi che fa, con il lavoro da talpa che opera sotto la viva carne dell'umana esistenza. Ma avere un parere diverso, partecipare a un partito, aderire a una certa corrente di pensiero non fa nascere un soggetto nuovo. Tanto è vero che chi aderisce a certa teoria d'oggi è lo stesso identico soggetto che aderiva ieri alla teoria di Hitler, di Stalin o di Mussolini, è lo stesso tipo. Ma a questo abbiamo accennato tante volte. L'uomo di oggi non è un uomo diverso da quello di ieri. Le teorie sembrano cambiatissime, ma un leader del '68 può essere capo di un partito parlamentarista di oggi.

Un discorso non fa un soggetto nuovo. Che cosa farà un soggetto nuovo? Che cosa potrà fare un soggetto nuovo? Quando un soggetto potrà diventare nuovo, cioè felice? Rispondete!

Una sola parola genera un soggetto nuovo. Un soggetto si può creare da sé? Un uomo si può creare da sé? No, dunque deriva. È la parola «appartenenza»: solo un'appartenenza genera un soggetto nuovo. È paradossale, ma mi direte voi, fra due o tre giorni, dopo che ci avrete ripensato, se sbaglio. Oggi vi butto delle provocazioni, sperando che il vostro fermento mi costringa a essere più organico e chiaro la volta ventura, prima che abbiamo a terminare questi giorni. Però hanno sempre avuto questo valore questi giorni, quello di riprendere a tentoni le parole solite, come in un'oscurità, per renderle, attraverso il dialogo, il dialogo normale, più luminose.

È solo l'appartenenza che crea un soggetto nuovo. Vale a dire, un soggetto, un attore della storia, nella storia, un attore nuovo nella storia, deriva! Deriva, perciò «appartiene-a», è ciò a cui appartiene. Badate che è lo stesso concetto di prima della figliolanza. La menzogna è credere di non appartenere a nulla, o quando sembra a uno che lui non appartenga a nulla o, diciamo la cosa nella sua versione più tristemente ridicola, quando appare a uno di appartenere a se stesso: «L'appartenenza a se stesso e basta» come diceva Cornelio Fabro, del laico o del laicista, diremmo ora. Ma «l'uomo che appartiene a se stesso e basta», essendo la menzogna più *éclatant*, essendo la menzogna più evidente, è e finisce per diventare, agli occhi dell'appena appena benpensante, un oggetto di commiserazione. L'uomo appartiene! Ed è un soggetto attivo nella storia, un protagonista della storia, nella misura in cui riconosce ciò a cui appartiene o sceglie ciò a cui appartiene. È in questo senso, ragazzi, che ripetere tutti i giorni il *Benedictus* o le Lodi, oppure la compieta, non costituisce affatto un atto abitudinario senza senso: è la ripresa della coscienza di ciò a cui si appartiene, di ciò a cui apparteniamo e perciò di ciò che ci definisce.

Perciò, dobbiamo diventare figli di ciò in cui siamo stati convogliati, proprio come pensiero, come sensibilità e anche come parte nel mondo, come parte nella società.

Dobbiamo renderci figli di quello: esso deve diventare principio in noi, non esclusivamente una possibilità di ripetere parole e di ripetere discorsi, affinché noi diventiamo soggetti nuovi nel mondo. Non è, infatti, ripetendo un discorso o aderendo a un partito o a una corrente di pensiero che uno diventa un soggetto nuovo nel mondo, ma solo appartenendo, come un figlio appartiene a suo padre e a sua madre. Non c'è nulla di più affascinante, come paradosso, del fatto che un figlio è appartenenza a padre e madre e nello stesso tempo è tutt'altro, altro. Ma è altro proprio in quanto deriva e appartiene; dice: «Io» perché ha detto: «Io» suo padre e ha detto: «Io» sua madre. E, con tutta la buona volontà del mondo, non potrà percepire, avere il gusto dei fiori o dell'erba dei campi, se non con una mossa le cui origini coincidono con quelle di suo padre e sua madre. E non sarà ripetizione, ma sarà creatività, una creazione nuova, se non si opporrà a quella appartenenza, ma la riconoscerà. Forse voi siete ancora troppo piccoli, ma, man mano che il tempo passa, la sensibilità della propria madre o l'intuizione del proprio padre si sentono sempre più determinanti la grandezza di pensieri e la grandezza di sentimenti che loro non hanno avuto, di cui loro non hanno goduto e di cui tu godi: ma puoi goderne perché hai ereditato loro! La grandezza del pensiero e la grandezza del sentimento appartengono, infatti, a qualche cosa di molto più vasto, ed è il disegno di Dio, ma esso gioca tutto su ciò da cui derivi umanamente.

Bene, questo invito alla personalizzazione (perché voleva essere un invito alla personalizzazione) come può accadere per i contenuti normali, soliti, tante volte ripetuti, dei nostri discorsi?

Sapete come si intitola la prima enciclica, vale a dire il

primo documento che papa Giovanni Paolo II ha mandato a tutto il mondo e che è il suo documento programmatico? Tutti gli altri documenti in qualche modo hanno spiegato, secondo un aspetto o l'altro, questo primo documento. Il primo documento di Giovanni Paolo II è l'enciclica *Redemptor hominis*.[9] Vuole dire che questo Papa, slavo, nuovo a tutto il mondo che diceva: «Adesso vediamo cosa dice, sentiamo cosa pensa», ha detto: «Cristo è redentore dell'uomo». Noi rimediteremo questa enciclica, perché è uno di quei documenti che segnano un'epoca nella storia del pensiero umano e della Chiesa – e questo lo si vede col tempo che passa, lo si vedrà col tempo che passerà –; noi rimediteremo questa enciclica l'anno venturo, in grande stile, perché l'anno venturo è il decennale di questo primo documento e il Papa stesso, in un discorso privato, ha detto che non è tanto il suo decennio di pontificato che gli interessa: quello che gli interessa è il decennale di questo documento. Dicevo, dunque, che il primo documento del Papa ha come contenuto di messaggio: «Cristo redentore dell'uomo». Oddio! Ma più scontato di questo? Quanti miliardi di volte lo si è ripetuto che Cristo è redentore dell'uomo? E queste parole, al novantanove per cento, possono cadere come stracci, come pezzi di carta, come parole viete. Ma lui, lui, sto parlando di lui, Karol Wojtyła, quando era ragazzo e studiava, e poi quando è andato in miniera a fare il minatore, e poi quando è stato vessato dalle polizie, e poi quando è andato in seminario, e poi quando è diventato insegnante, pensate come avrà detto: «Cristo redentore dell'uomo!». Qual è la mia fede? «Cristo redentore dell'uomo.»

[9] Giovanni Paolo II, *Redemptor hominis*, 4 marzo 1979.

Certo, dobbiamo incominciare a sentire vera per noi questa risposta. Ed è significativo che diventi necessario per noi, che abbiamo detto centinaia di volte: «Cristo redentore dell'uomo», ricordarci che «Cristo redentore dell'uomo» vuole dire che, senza Cristo, l'uomo non è integralmente se stesso, non guarda con l'integralità della sua capacità visiva quel bellissimo prato con quei piccoli nascenti pini e la gente che passa per la strada e le automobili che si fermano di fronte a quella casa là, e il sole che finalmente ha prevalso sulle nubi, almeno da questa parte; senza Cristo l'uomo non guarda la natura secondo l'integralità dei suoi occhi e non pensa, vale a dire non ricerca la verità, anima della sua anima («Che cosa più potentemente l'uomo desidera del vero?»), con la verità della sua ragione. Senza Cristo l'uomo non fa questo. E senza Cristo l'uomo non è capace di dire: «Ti voglio bene» con sincerità. E senza Cristo l'uomo non è capace di guardare se stesso e di ammettere, oppure di sorprendere con libertà, la speranza che ha dentro, che gli rimane.

Senza Cristo l'uomo non è integralmente se stesso. «Cristo redentore dell'uomo» vuole dire questo. Senza Cristo tu non sei tu, non riesci a essere integralmente te stesso. «Cristo redentore dell'uomo», perciò, quante volte l'abbiamo detto, non riguarda quando creperai (e allora non si sa mai, il minimo che tu possa dire è che non si sa mai, perché anche i più negatori non sanno). «Cristo redentore dell'uomo» vuole dire che Cristo è colui che permette a me di essere più me stesso, sempre più me stesso, come sguardo, come capacità conoscitiva, come capacità affettiva, come capacità possessiva, come capacità costruttiva, come capacità di vita. Senza Cristo l'uomo non è integralmente vivo. Vuole dire questo, «salvatore»:

che permette, *servat*, conserva, rende le energie dell'uomo quello che debbono essere. Pensate per favore quante volte Karol Wojtyła ha pensato queste cose: in miniera, oppure sotto la pressione della polizia, oppure quando era professore a Lublino, o quando è stato fatto prete! Pensate a quante volte l'ha ripetuto. Immaginate adesso la serietà potente con cui quella sera gli è venuto in mente: «Ecco, farò il mio primo documento per dire questo: Cristo è il redentore dell'uomo»! È questa personalizzazione che ci occorre, per cui le parole non cadono come stracci, come pezzi di straccio sporco per terra. Ma non mi spiace dirlo, mi spiace che debba ricordarlo, che non sia noto in sé, che non sia vivo in sé, che non sia lucido in sé, che non sia davanti ai vostri occhi quasi per istinto, continuamente. Ma dovete anche voi raggiungere i sessanta o i settant'anni. Il tempo ha pure un significato.

Ci sono due flessioni, due aspetti della vita che costringono a ricordarci di questo. Il bambino è bambino, ma pensate se avesse la coscienza di quando uno ha cinquant'anni nel dire: «Mamma», le centinaia di volte che lo ripete durante il giorno! Perché è nel gioco originale della natura che la verità ultima e grandiosa dell'orizzonte cui la natura è destinata viene fuori, si capisce. Il bambino ripete centinaia di volte: «Mamma»; se lo ripetesse con la coscienza con cui io adesso penso a mia mamma, alle cose che diceva, a quella volta... Se il bambino riflettesse! E poi, a mano a mano che si diventa grandi, queste figure, cioè questi protagonisti, queste parole incarnate, queste parole-carne che sono state il padre, la madre, certi amici, certi insegnanti, diventano realmente abituali (tanto è vero che vi stufo nel ricordarvele tante volte), è come se si simbiosizzassero sempre più con la propria persona. Bene, altrettanto dovrebbero simbiosizzarsi sempre più con la coscienza e col sentimento di voi stessi alcune flessioni o alcuni fattori determinanti la fisionomia del vivere, dell'esistere. E invece è questo che stenta a venire a galla; certamente – io credo – per l'influsso centrifugatore della mentalità che viviamo, però anche per colpa nostra, perché, insomma, è troppo imponente la serietà di certe parole che ripetiamo, come quella che ho accennato prima e che vuole essere il testo della nostra ripresa: «Cristo redentore dell'uomo», Cristo che permette all'uomo di essere interamente se stesso, integralmente se stesso.

Ci sono due flessioni della vita che dovrebbero farci rifugiare nel ricordo di queste parole, nel ricordo di queste presenze, quasi istintivamente: sono il dolore e il male. È con grande emozione che, anche dopo tanti mesi o tanti anni, magari, uno sente parlare di un grande dolore che ha colpito la sua vita. È come se lo colpisse in quell'istante. Vi è una permanenza del dolore, del grande dolore. E, se tu ami una persona, la questione si moltiplica. Se tu ami molto, se tu sei aperto umanamente, la questione si moltiplica ancora di più, perché il dolore dell'altro è tuo. È inconcepibile che noi abbiamo a perdere la presenza provocatrice del dolore, di un dolore subìto, di un dolore vissuto, di un dolore provato, di un'esperienza di dolore. Non è una cosa concepibile che noi abbiamo a dimenticare il dolore dell'amico. Come si fa a dire: «Amico» a uno cui è accaduto un dolore e per noi è come se non fosse?

Il dolore. «Cristo redentore dell'uomo.» Non voglio svolgere questo argomento, voglio soltanto richiamarlo. Ho detto che era un richiamo, infatti. Ma dico che senza Cristo non esiste possibilità di risposta. Quando ho letto la tua lettera – tu che sai –, quando ho letto la tua lettera dopo tanti e tanti mesi da quel fatto, senza non l'idea di Cristo, ma senza Cristo qui e ora per me sarebbe stato impossibile sostenere la questione, sarebbe stato impossibile sostenere il rapporto con te. Ma per te sarebbe impossibile sostenere il rapporto con te stessa. Il prezzo della dimenticanza è un prezzo disumano, infraumano, da bestia, o da vegetale, o da fossile. La ricchezza e la potenza dell'umano, infatti, si definiscono in questa capacità di memoria che si chiama «storia». La dimenticanza è una mutilazione. Questo è il vero eunuchismo in cui sono caduti tutti gli uomini di oggi, in cui la cultura di oggi, la cosiddetta civiltà di oggi, fa cadere tutti gli uomini, un'eunuchia generale (voi, credo, non avreste remora a tradurlo in termini più vivaci!).

Il dolore. Non c'è nessuna umiliazione più grande, ragazzi – ce n'è una sola più grande, quella che dirò dopo –, ma incominciamo col dire che non c'è nessuna umiliazione più grande che la capacità di obliterare, di cancellare la lavagna, di obliterare il dolore, vale a dire la vittoriosa morsa del nostro destino sul presente effimero che noi vorremmo fissare e adorare.

E, in secondo luogo, il male. È ancora peggio che il dolore, senza nessun paragone. Il male, questa lama di umiliazione che ti separa muscolo da muscolo, che ti separa osso da osso, che ti penetra tra una cellula e l'altra; questa lama sottile di umiliazione senza fine, senza fine nel senso che tu ci finisci, capisci che ci finisci, ci finiresti (ci finiresti come nel dolore, ci finiresti come nella morte, che è il dolore per eccellenza), se Cristo non fosse. Lo capiremo quando rileggeremo, nella *Redemptor hominis*, frasi del Papa, come questa per esempio: «Tutte le conquiste, finora raggiunte, e quelle progettate dalla tecnica per il futuro, vanno d'accordo col progresso morale e spirituale dell'uomo? In questo contesto l'uomo, in quanto uomo, si sviluppa e progredisce, oppure regredisce e si degrada nella sua umanità [dolore e male]? Prevale negli uomini, "nel mondo dell'uomo" [...] il bene sul male? Crescono davvero negli uomini, fra gli uomini, l'amore sociale, il rispetto dei diritti altrui [...] o, al contrario, crescono gli egoismi di varie dimensioni [...]?».[10] È ciò che ha potuto constatare chi ha vissuto i momenti culminanti del Vietnam e adesso a stento può ricevere notizie dei disastri mille volte peggiori che i vietnamiti vittoriosi provocano in tutto il sud-est asiatico. Ma noi lo cantiamo in quella canzone: «Non è difficile essere come loro»;[11] è possibile essere come loro! È possibile essere come quelli di Auschwitz, è possibile essere come quelli di Dachau. È possibile! Nel Libano hanno fatto cose a volte peggiori e nessuno ne parla! «Prevale negli uomini [...] il bene sul male [...] o, al contrario, crescono gli egoismi di varie dimensioni, i nazionalismi esagerati [...] ed anche la tendenza a dominare gli altri al di là dei propri legittimi diritti e meriti, e la tendenza a sfruttare [...]? Ecco gli interrogativi essenziali, che la Chiesa non può non porsi [...]. Ed il principio di questa sollecitudine [il principio di questa speranza] essa lo trova in Gesù Cristo stesso»,[12] testimone del vero. Ma vi rifletteremo.

Voglio dire che noi non possiamo evitare di ripetere certe parole, a meno che il dolore e il male siano totalmente obliterati dalla nostra vita. Ma per essere totalmente obliterati bisognerebbe... Una volta, moltissimi anni fa,

[10] *Ibidem*, 15.
[11] C. Chieffo, «La nuova Auschwitz», in *Canti*, op. cit., pp. 234-235.
[12] Giovanni Paolo II, *Redemptor hominis*, op. cit., 15.

ero sul treno da Roma a Milano e mi sono trovato in uno scompartimento con quattro ricercatori di fisica (naturalmente marxisti, dico "naturalmente" per via delle scaltrezze politiche; non voleva essere una ragione di merito, anzi). Loro mi parlavano del progresso – era una discussione sul valore della religione, insomma – e del futuro dell'umanità, di quando l'umanità sarebbe stata realmente governata dalla scienza (era la prima volta che sentivo dire questa idea, che poi ho ritrovato nella biografia di Churchill,[13] nel punto in cui si parla di quando è andato negli Stati Uniti, e prima ancora negli articoli dello scienziato Huxley sul «Corriere della Sera», articoli di pretta marca nazista, come metodo mentale, soltanto che era diverso il fattore giocato). Uno di questi, il più ardente dei quattro, mi dice: «Pensi, quando ci sarà proprio tutto, tutto ben ordinato, tutto ben determinato geneticamente...». «Ma fino a quando ci potrà essere un uomo non felice – ho replicato – gli uomini potranno essere felici soltanto dimenticandolo, e questo non è più umanità, è finito l'umano. Ma è peggio!» E ho aggiunto: «Supponiamo che voi riusciate a creare la felicità per tutti, una felicità assoluta per tutti, questa felicità sarà a un prezzo. Quale? Quelli che sono venuti prima, il dolore di quelli che sono venuti prima. E uno potrà essere felice solo a prezzo di dimenticanza». Senza Cristo, tagli via pezzi dell'umano. Immaginate uomini che vadano in giro senza braccia, senza una gamba, senza metà torace, con un piccolo pezzo soltanto di ventre, con un piccolo pezzo soltanto di cervello, e tutto il resto che viene fuori. Immaginate la gente che va in giro così mutilata

[13] Il riferimento è al discorso pronunciato da W. Churchill il 31 marzo 1949 al Massachusetts Institute of Technology, pubblicato in «Mid-century», ed. John Ely Burchard.

e orribilmente deformata. Ecco, senza Cristo l'umano cresce così. E, infatti, anche tra di noi l'umano cresce così, se Cristo non diventa come per il bambino la madre, vale a dire se la tua vita non cerca di appartenerGli, non ne vive l'appartenenza.

Ora, Cristo redentore del mondo come opera la sua redenzione? Come opera la sua salvezza? Come, in che modo ci spinge, ci sospinge, ci rigenera a una integralità di vita umana, senza paura e perciò senza angosce, senza violenze, senza dimenticanze, senza parzialità? Pensate, un cammino verso questa purità. «Chiunque ha questa speranza in lui, purifica se stesso, come egli è puro.»[14] Ma questa è l'umanità! Perché non è che tu, che sei davanti a me, pretenda di essere perfetto, specialmente davanti a tua moglie; e non è che lui pretenda di essere perfetto. Tanto meno io. È come un vento, un vento che ti sospinge, anzi ti trascina verso l'orizzonte nel suo punto giusto e tutto ti fa convergere in quel modo. E, infatti, il pezzo che volevo leggere – ma lo faremo in un'altra occasione (è il capitolo del santo Evangelo che dovete leggere di più) –, è quello di quando Gesù appare sul lago di Tiberiade[15] (bisognerebbe commentarlo tutto). Gli apostoli sono là in mezzo al lago, hanno faticato tutta la notte e non hanno tirato su niente. A un certo punto si sente uno dalla riva, si vede appena appena un puntino, che dice: «Oh, come va?», e questi: «Male, male», e quello: «Provate ancora!». «Ma è tutta la notte che tentiamo!» E lui risponde: «Ma provate dall'altra parte, buttatele dall'altra parte». E così, meccanicamente, buttano dall'altra parte

[14] 1 Gv 3,3.
[15] Cfr. Gv 21,1-23.

le reti: un improvviso peso, una infinità di pesci. Allora il più giovane, che era Giovanni, dice: «Ma quello è il Signore!». Pietro appena sente dire così pianta lì tutto e, vestito com'è, si butta in acqua e va a riva a nuoto. Immaginatelo che arriva, mentre gli altri arrancano per arrivare anche loro davanti a quell'uomo. E nessuno osava dire: «Ma chi sei? Chi sei tu?», perché sapevano che era il Signore. È una delle apparizioni più interessanti di Cristo risorto. E aveva fatto del fuoco per cuocere dei pesci, per dare loro da mangiare. Adesso ognuno dovrebbe cercare di ricostruire quei momenti in cui perfino con la propria madre non si sa parlare e verrebbe voglia di dire: «Ma che donna è?», oppure con la propria moglie: «Ma che persona è?», come capita in certi momenti grandi o terribili. Gesù, dopo avere detto: «Su, mangiate!», così che quelli si mettono a mangiare come intimiditi, in silenzio, va vicino a Pietro e gli dice: «Simone, mi ami tu più di costoro?». Io ripenso a questa cosa tutti i giorni. È il passo più bello di tutto il Vangelo, perché ha dentro tutta la dinamica del tuo rapporto con il Dio fatto uomo, con Cristo, che è diversa da quella che pensi tu per poterne stare lontano: tu pensi il rapporto con Cristo in modo tale da poterne stare lontano o da poterti non impegnare. «Simone, mi ami tu più di costoro?» Pensate a Simone, a come immediatamente gli è venuto su tutto il ricordo di quello che aveva fatto, di tutta la sua meschinità, di tutti i suoi tradimenti. E però era attaccato, era attaccato a quell'uomo; era lui che, infatti, aveva detto: «Se andiamo via da te, dove andiamo? Tu solo hai parole che salvano la vita».[16] E allora risponde: «Sì, sì, sì, io ti voglio bene». E quello,

[16] Cfr. Gv 6,68.

dopo un po', immaginiamo come lo fissa: «Simone, ma mi vuoi bene?». Chissà che trasecolamento avrà provato; eppure era troppo evidente che, più acuto e più profondo di tutto il suo male, era il suo attaccamento a quell'uomo: riconosceva cos'era, riconosceva che quell'uomo era diverso da tutto. E allora gli dice: «Signore, sì, sì, lo sai». E per la terza volta... Allora Pietro si conturbò, dice il Vangelo. L'emozione lo prese tutto. Disse: «Signore, tu sai tutto, lo sai che nonostante tutto io ti voglio bene!». Ecco, è esattamente questo (al di là, *pardòn*, dentro la coscienza del nostro dolore e dentro la coscienza del nostro male) il riconoscimento della sua presenza e l'attaccamento a questa presenza. È questo che deve diventare principio in noi. È questa la figliolanza della lunga storia della madre Chiesa, che è arrivata fino alla nostra carne, alle nostre ossa, e adesso deve penetrare il cuore e deve lasciare il seme di un protagonista nuovo, di un soggetto nuovo.

Sono le solite cose. Sono le solite cose, ma io non ho mai trovato questa pagina del vangelo di san Giovanni, che leggo quasi tutti i giorni, nuova come adesso che sono così impacciato a dirla; sono impacciato perché la sento più di ieri e dell'altro ieri. È inutile, non so quale altro paragone fare, ma per un uomo che ami veramente una donna, che l'abbia amata veramente, che l'ami veramente, la ripetizione non esiste; esiste l'avverarsi, ma non il ripetersi, non c'è ripetizione. Perché dire: «Che bel bosco!», non è ripetere; dire: «Che bel cielo!», non è ripetere, è contemplare, vale a dire è penetrare, non ripetere. Comunque ciò che soprattutto e innanzitutto, invadendo tutto, noi dobbiamo – se volete – ripetere è che Cristo è redentore dell'uomo, cioè che senza Cristo la nostra vita non resta integralmente operabile, è come se andassimo in giro monchi, a pezzi, come se la tua testa fosse qui e dopo tre metri venisse la tua gamba e poi, dopo tre metri, sulla sinistra, l'orecchio destro e poi, per terra che rotola, un occhio e poi uno dei tuoi forti muscoli.

Occorre riconoscere e quindi – se volete – ripeterci le parole di questa appartenenza, le parole di questa verità che ci definisce: «Ti appartengo, o Cristo; riconosco che ti appartengo, o Cristo». Dio mio, come può non essere una ripetizione scolastica? Come può non essere un discorso? Perché nascere, essere nati, vuole dire fascio di nervi, fascio di muscoli, vuole dire carne, vuole dire ossa; nascere vuole dire questo, vuole dire feto, vuole dire una struttura, vuole dire un organismo; nascere implica questo, e dipendenza dal biberon, e dipendenza dal lettuccio, e dipendenza da tutto. L'appartenenza è dipendenza da tutto.

II

L'appartenenza è dipendenza da tutto. Ma come? Dove? Da un pensiero? No, la seconda cosa che ci dobbiamo ripetere, ripetere, ripetere (perché «chi accoglie nel suo cuore la parola del Padre mio sarà per me fratello, sorella e madre»![17] Quando io penso che non avrei mai, mai, mai conosciuto lui, il "grande capo" del Braile o te, e quando penso, percepisco, vivo, quando ci conto, quando mi diventa principio di rimorso, quando mi diventa sorgente di giudizio il rapporto con voi rimango meravigliato), è infatti che Dio ha visitato il suo popolo come una realtà umana, un uomo, ed è rimasto con il suo popolo come realtà umana; una realtà umana misteriosa come

[17] Cfr. Mt 12,50; Mc 3,35.

genesi e come modalità, ma realmente umana, per cui tu che mi hai scritto come vorrei abbracciarti! È la compagnia nostra! La compagnia nostra non è una compagnia, la compagnia nostra è un corpo; la compagnia nostra è un organismo vivente, come si legge specialmente nella Lettera agli Efesini, i primi capitoli, oppure nella Lettera ai Colossesi, secondo capitolo (che adesso non leggo per non tirare troppo in lungo; casomai la leggerete voi insieme).

Era un organismo quello a cui Giovanni ha messo la testa sulla spalla, era un organismo vivente quello a cui hanno strappato la barba, era un organismo vivente quello a cui una donna ha toccato furtivamente il lembo del mantello. Era un organismo vivente, un uomo come me! Ed è un uomo talmente potente che assimila a sé te, me, lui, lui, per cui noi sappiamo di essere una cosa sola. E ognuno svolge il suo compito, ma più profondo che il nesso con il tuo compito sai che «siamo una cosa sola». E avendolo trasmesso a qualche amico in California, adesso questi lo trasmettono ad altri, ed è come vedere in un breve tratto questa legge di uno sviluppo organico, di uno sviluppo fisico – fisico! –, che resisterà al tempo di tutta la storia: «Le porte degli inferi non prevarranno contro di essa».[18] Ma questo ora non m'interessa, mi interessa che è nella nostra compagnia che Cristo redentore dell'uomo si svela, si documenta, non secondo le impazienze delle nostre immagini, non secondo la presunzione della nostra volontà, non secondo la modalità della nostra artificiosa fantasia, no, no, no: secondo modalità che si realizzano circostanza per circostanza, attraverso circostanze. «Circostanze» vuole dire «casi», vuole dire fatti occasio-

[18] Mt 16,18.

nali. Non c'è niente di più irrazionale della pura occasione: l'occasione, ciò che accade, accade perché accade, è irrazionale, non è previsto, non è progettato; eppure è attraverso tutta questa occasionalità che un disegno, il disegno del mio io, il disegno del mio rapporto con gli altri, il disegno di una società, di una umanità diversa viene a galla e un'opera si sviluppa. E gli altri hanno una rabbia sacrosanta di questo, e vanno a pescare con il lanternino, su cento persone, quel musone o quel rognoso che ha da eccepire sul capogruppo e allora parla a «La Stampa» di Torino. Non c'è niente che ci faccia odiare dagli altri più di questa compagnia, niente! Non il credere in Gesù Cristo, che può diventare straccio, straccio sporco o pezzo di carta, ma questo Gesù Cristo che rende possibile l'integralità della nostra vita umana, a tal punto che la inserisce, l'assimila, la rende organica a una totalità che cresce nel tempo, nonostante il dolore e il male, attraverso il dolore e il male, attraverso il dolore e il peccato.

Come richiamava nelle meditazioni agli Esercizi del Gruppo Adulto il bravo esegeta[19] che ha parlato, «il perdono precede il peccato». Vale a dire, la potenza della misericordia è più grande di qualsiasi tradimento. «Il Signore ha visitato il suo popolo e non si è dimenticato di Israele suo servo»,[20] dirà la Madonna. Il perdono viene prima del peccato, il peccato è già perdonato. «Perdonato» vuole dire reinserito nella vita: è la resurrezione, dalla morte alla vita. Questo avviene nella compagnia. Attenti: compagnia in suo nome, di chi è insieme perché è nato da Lui. Per questo non è un discorso, il nostro, ma è una

[19] Il riferimento è a don Franco Buzzi, intervenuto agli Esercizi spirituali del Gruppo Adulto, svoltisi a Corvara dal 30 luglio al 4 agosto 1988.
[20] Cfr. Lc 1,54.

filiazione, una appartenenza. Invece che la parola filiazione, che può essere troppo difficile da sentire per giovincelli di vent'anni, usiamo la parola «appartenenza», che può essere più immediatamente sentita, sensibile. Appartenenza. E vi appartieni con tutto. Tu, che non conosco, appartieni con tutto te stesso a questa compagnia, ed è l'appartenenza a questa compagnia che ti rende più acuto nell'occhio, più appassionato nei rapporti, più tenace nel lavoro, più capace di manipolare le cose con le tue mani, soprattutto più capace di stupirti, di compassionare, di stupirti di compassionare e di rilevare continuamente te stesso. C'è una frase che noi dicevamo in latino, quando dicevamo compieta, fin da quando avevo dieci anni, in seminario, e nel vostro testo è tradotta diversamente: *Non est illis scandalum*, «per loro non c'è niente che li fermi».

III

Ma adesso passo all'ultima cosa. Era il tema prefissato per oggi, ma evidentemente lo svolgeremo agli Esercizi spirituali. Però, lo introduco. È ancora una frase di Péguy. Péguy! «Il culto della verità è il più scrupoloso dei culti [fa niente se non capite tutte le parole subito, a sessant'anni le capirete]; essa è preziosa [è preziosa in sé la verità, perché è divina]. Solo uno spirito grossolano [invece che la parola grossolano io ho usato l'immagine dell'uomo a pezzi: la testa davanti, il piede che viene dopo dieci metri, l'occhio che rotola per terra] si contenta di fare una distinzione fra le grandi verità [i grandi momenti], le verità esplosive, gloriose [lotta per la libertà, democrazia], che meriterebbero di essere difese, e la minutaglia trascurabile delle piccole verità [per esempio come ti comporti con tua moglie o con la tua ragazza o con lo studio]. Sono le piccole menzogne e le piccole ingiustizie lentamente infiltratesi che fanno marcire un paese ed esigono una rivoluzione [che fanno marcire una personalità ed esigono una conversione]. Non dobbiamo avere preferenza, un gusto malsano per la verità chirurgica [che taglia via], dobbiamo al contrario cercare modestamente di evitare l'azione chirurgica con la pratica regolare della verità igienica.»[21] Ciò vuole dire che la grande "operazione chirurgica" d'appartenere alla Chiesa o d'appartenere al movimento – invece che essere dentro le sabbie mobili dei più, della folla irrazionale – non risolve il problema: occorre amare la verità igienica, vale a dire come tu vivi quotidianamente, perché se tu vivi quotidianamente dissestato, distratto, senza pulirti, eccetera, a un certo punto ti viene il bubbone e devi andarlo a operare, devi fare l'operazione chirurgica. «Dimmi con chi vai e ti dirò chi sei»; se tu vai con chi vuoi, vai a vedere il cinema che vuoi, leggi tutto quel che vuoi, partecipi alle compagnie che vuoi, a un certo punto, se vorrai essere ancora di questa parte, bisognerà tagliarti via un certo lobo del cervello, oppure un'altra parte della tua fisiologia. Occorre praticare la «verità igienica»: la verità igienica è come si vive la compagnia quotidianamente. Questo è il punto. Ed è su questo che noi, amici miei, dobbiamo realizzare la nostra amicizia, dobbiamo dimostrare se siamo amici o no. Dico innanzitutto a voi che avete spesso rapporti di ruolo con il resto della vostra comunità. Ed è facile, nello svolgere un ruolo,

[21] Cfr. Ch. Péguy, «Lettre du provincial», in *Oeuvres complètes de Charles Péguy. Oeuvres de prose (1873-1914)*, Éditions de la Nouvelle Revue Française, Paris 1917, pp. 41-42.

è proprio facile, anzi talmente facile da essere normale, adottare la mentalità chirurgica. Mentre occorre una mentalità igienica. È il modo con cui si vive la compagnia quotidianamente.

Indico semplicemente i punti, che dovremo recuperare, su cui intanto dovrete riflettere.

a) Innanzitutto, la coscienza della Presenza, della grande Presenza. La coscienza della grande Presenza non è il contenuto di un momento eccezionale a Riva del Garda o a Rimini, oppure in val Badia. Non può esserlo! Il ricupero di questa coscienza è nel mio rapporto con te tutti i giorni. Ci sono momenti della giornata che rendono più facile questo, come la fedeltà alla preghiera. Comunque, questa coscienza della presenza si chiama «preghiera». Occorre la riscoperta, anzi, scusate, per la stragrande maggioranza di voi, la scoperta di che cos'è la preghiera (vi giuro che se quando vi innamorerete il primo bacio sulla gota che darete alla vostra ragazza non avrà dentro questa coscienza non potrà essere equilibrato, posseduto; e senza coscienza e quindi senza equilibrio e possesso il gusto se ne va; certo, potete farlo anche con il gatto, come vedo sempre più fare; anzi, a Milano mi dicono che se c'è un gatto che sta male, immediatamente, entro pochi minuti c'è il servizio veterinario; se c'è un uomo che crepa, può crepare! Ma questa è esattamente la società, una realtà umana, senza Cristo, perché senza Cristo non c'è l'integralità della vita dell'uomo). Comunque, questa verità igienica significa la compagnia come luogo dove la preghiera diventa abituale. La preghiera è coscienza di un rapporto come tra il bambino e sua madre o come tra il ragazzo che è innamorato e la ragazza di cui è innamorato.

Ma la preghiera è, come noi diciamo, tanto per farla finita, una dimensione normale, è un aspetto dell'espressione normale, perché è troppo consona all'originalità essenziale dell'uomo: è domanda. La preghiera è una domanda. Senza domanda l'uomo è finito, diventa un piccolo o grosso duce, cioè diventa un piccolo o grosso capo democristiano, un piccolo o grosso capo staliniano, anche se taluni cardinali gli possono fare grandi discorsi di elogio, come a Gorbaciov. Senza domanda, l'uomo, nei rapporti con gli altri e con le cose, non sorride realmente, non può, non ha l'umiltà, non ha neanche quel pezzettino di umiltà che, essendo poveri cristi, abbiamo, è facile proprio per tutti avere. La domanda cambia il rapporto. Per questo è inutile stare lì a discutere, tante volte; la domanda cambia la stoffa del rapporto, che diventa più bella perché diventa più umana.

La preghiera. A me spiace usare in fretta questa parola, perché la capite male. Infatti, date alla preghiera, proiettate sulla parola «preghiera» l'angustia mentale e l'inerzia immaginativa che vi caratterizza normalmente nelle cose più interessanti. L'igiene nella vita della compagnia è questa modalità di rapporto con tutto che si chiama «preghiera». Bisogna che cresca col tempo.

b) In secondo luogo, la gratuità, che è un aspetto del pregare; la gratuità anche nei contratti e nei compromessi più interessanti dal punto di vista economico, della carriera, oppure affettivi. Senza gratuità si perde l'umano, non esiste più. La gratuità, cioè la carità, la carità nel senso originale, etimologico del termine, deve diventare un'igiene nella vita della compagnia, fino alla punta acuta, bellissima, l'Everest, della gratuità, che è il perdono; dico

Everest perché vi giuro che è difficile. Sì, dopo un po' uno perdona, perché bisogna ben andare avanti, ma il perdono è quello che spacca le nubi e, "zac", viene fuori; come l'Everest, o come il Monviso visto dalle Prealpi, da Varese. C'è tutto l'orizzonte piatto, le montagne, la fila delle montagne, poi la linea delle montagne finisce e a un certo punto c'è una punta, che è il Monviso; è molto bello questo, specialmente visto da sopra il lago di Varese. Era solo per dire del perdono, che è la punta della gratuità. La gratuità fa impegnare nelle cose senza calcolo. Il "senza calcolo" o è stupido (vale a dire o è del sasso o è del bambino, e lì non può neanche essere vero, perché la natura ci gioca, la natura calcola, non come lo stupido) o è l'infinito, è proprio l'imitazione di Dio. Adesso, vedete, io sono sempre più umiliato di parlarvi, perché capisco che queste cose dovrebbero essere dette in modo diverso, in modo più preparato; ma allora non dovrei più parlarvi (sarebbe interessante, per me). Comunque, senza ripetere queste cose siamo finiti.

c) Stiamo dettagliando l'igiene della compagnia. Ho detto: la preghiera, la gratuità e – terzo – l'impeto verso la sfida delle cose. La coscienza del rapporto con Cristo, della presenza di Cristo, libera un coraggio (senza cafoneria, eh!), libera un coraggio nella risposta alla sfida delle cose, libera un coraggio nell'amore a tutte le circostanze: uno non schiva niente, uno non ha paura, non schiva, ma giudica e giudica per quella carità che lo unisce a Cristo, per questa gratuità suprema che è il riconoscere l'infinito presente, la presenza di Cristo. Questo, amico mio, è l'esempio che danno alcuni de «Il Sabato». Non perché «Il Sabato» dica tutte cose giuste: io sto lodandone la levità, non diciamo la leggerezza, la levità, cioè la libertà con cui, per amore del fatto di Cristo, che è ciò che di più caro ha nella vita, sfida tutto ciò che accade, rischiando anche di sbagliare. Ma il metodo tutti lo devono imparare, perché il metodo è giudicare tutte le cose e affrontare tutte le cose dal punto di vista della coscienza di questa presenza resa vivente nella compagnia. Perciò, è la compagnia il contesto che permette questo modo di affrontare le cose, senza paura, si tratti di studio, di discussione, di lettura del giornale, di visione di quella sporca televisione italiana. C'è una libertà che rende più puri nel contatto con tutto lo sporco, per il principio che anima il giudizio e per l'impeto che determina l'affezione, perché è sempre con affezione che uno si deve portare sulla realtà, anche la realtà più avversaria (abbiamo fatto una discussione l'altro giorno al Consiglio, interessantissima, ma verrà fuori in questi giorni).

Voglio terminare leggendovi il comunicato che il Consiglio internazionale ha mandato ai giornali, naturalmente pubblicato da «Avvenire». «Il Consiglio internazionale del movimento di Comunione e Liberazione, riunito per la prima volta in sessione plenaria [è la prima volta reale] dal 17 al 20 agosto, nell'imminenza del decimo anniversario dell'elezione di Giovanni Paolo II, ritiene di rendere l'omaggio più appropriato alla grande circostanza [del decennale del Papa] impegnandosi in un'opera di rivalorizzazione, secondo programmi adeguati, dell'enciclica programmatica del pontificato, "Redemptor hominis".» Vogliamo festeggiare il decennale del Papa commemorando la *Redemptor hominis*, perché questo è il vero messaggio del Papa. «L'enciclica proclama che solo nell'incontro con Cristo l'uomo può comprendere e vivere una vita integralmente umana. [...] È in tal senso che il Consiglio internazionale, così come si riconosce facilmente nella sorgente culturale ispiratrice e nella volontà di fedeltà all'intuizione originaria del movimento presenti in opere quali il Movimento popolare, il Meeting per l'amicizia tra i popoli, il settimanale "Il Sabato", la rivista "Trentagiorni", eccetera, egualmente rispetta la libertà di giudizio e di scelta e la personale responsabilità di chi in tali opere intende giocare pensiero e cuore nell'impatto con le sfide del nostro tempo.»

Noi festeggiamo il testo della *Redemptor hominis*, perché senza Cristo l'uomo non può essere integralmente uomo. Per questo noi riconosciamo lo scopo giusto e anche il cuore esatto con cui tanta nostra gente si butta nelle opere, rispettando la loro libertà e la loro responsabilità. Chi scrive, scrive per sua responsabilità. Così, volevamo staccare la responsabilità immediata del movimento approvando gli scopi e il cuore con cui la gente si muove.

«L'unica preoccupazione, perciò, del Consiglio è quella di invitare tutti gli amici del movimento – tanto più quanto più operano – ad avere sempre come sorgente di criterio, negli inevitabili rischi della vita, l'ultimo manifesto pasquale che così efficacemente riecheggia le intenzioni dell'enciclica: "Quello che abbiamo di più caro nel cristianesimo è Cristo stesso, Lui stesso e tutto ciò che viene da Lui, giacché noi sappiamo che in Lui dimora corporalmente tutta la pienezza della Divinità".»[22]

L'igiene con cui la compagnia nostra deve vivere quo-

[22] *L'enciclica del Papa è il nostro programma*, in «Avvenire», 21 agosto 1988.

tidianamente è quel messaggio; l'anima della nostra anima deve essere quel messaggio. E se uno si sente come smarrito e lontano dall'impeto di quelle parole, ha un mezzo semplicissimo per aderirvi, che è quello di mendicare lo Spirito, di mendicare. Perciò la preghiera costituisce, dell'igiene quotidiana, l'aspetto più profondo, più facile e più gustoso. Ma, insisto, è quel documento che vogliamo diventi il manifesto permanente del movimento, perché la domanda: «Che cos'hai di più caro nel cristianesimo?», vuole dire: «Che cos'hai di più caro nel modo con cui concepisci la tua vita presente e futura? Cos'hai di più caro nella tua visione dell'uomo e del mondo?». «Cristo, perché in Lui abita corporalmente tutta la Divinità», cioè il senso di tutte le cose. Ma il senso di tutte le cose vuole dire anche il senso del tuo mangiare e del tuo bere, del tuo vegliare e del tuo dormire, del tuo vivere e del tuo morire. Se quello diventa il punto di riferimento del cuore (da rileggere tutte le volte che volete, da soli o insieme, almeno ogni tanto, perché se è il nostro manifesto...), riferirsi a quelle parole significa vedere, proprio fisicamente vedere e col cuore sentire tutte le cose riunirsi in un abbraccio che nulla al mondo potrebbe renderci capaci di realizzare, neanche – o tanto meno – la volontà più dispotica e imperialista che noi potessimo covarci in seno.

Prima del pranzo, vorrei dirvi ancora una cosa. Dunque, quando sono stato in Giappone, sul Monte Koya, che è il monte sacro del buddismo giapponese, ho passato quasi due giorni con il rettore della più grande università buddista (ventimila studenti) e con i capi delle comunità religiose (è un monte frequentato da comunità di bonzi che poi vanno in tutto il Giappone). È stato commovente sentire il loro modo di concepire il mistero ultimo delle cose, da cui deriva – come religiosità suprema – il rispetto dell'armonia: per loro la religione è soprattutto armonia. Insomma io, imprudentemente ma coraggiosamente, li ho invitati al Meeting di Rimini. Invece di tre, vengono in diciassette, con tutti i loro altri amici bonzi. Io non sono a Rimini, ma qui; d'altra parte loro sono venuti per il rapporto che hanno con una nostra amica e con me. Allora li ho invitati al nostro raduno e propongo che ci sia oggi pomeriggio un dialogo con loro.

La coscienza del mistero reso uomo, questa certezza del vero che è nella nostra compagnia (come luogo) rende così desiderosi di captare, di percepire anche la più lontana eco del vero nel cuore dell'uomo, che rende veramente aperti a tutti. Perciò è un'occasione non di curiosità, ma di edificazione, di costruzione di noi stessi, oltre che di testimonianza profonda di rispetto e di amore, e anche di pena – come ho provato io – per chi deve fare un cammino così lungo e tortuoso (come sentiremo anche da una poesia di Pascoli fra qualche sera) verso una verità che si è seduta alla nostra mensa. Preparate domande da fare in seguito a quello che loro diranno, di cui anch'io so pochissimo; so quest'idea ultima dell'armonia. Poi ho assistito anche a un'ora della loro liturgia, che è impressionante, perché è come un grido che non sa che cosa gridare (è quello che dice la Lettera ai Romani: «Noi non sapremmo che cosa chiedere»).[23] Con un tono di voce bassissimo, pronunciano una «ooo» prolungata! È grande e tremendo. Dopo il loro discorso non state lì ritirati come la gente dell'alpe la prima volta che vanno su i villeggian-

[23] Cfr. Rm 8,26.

ti: fate festa, domandate, con discrezione, perché non credo che sappiano il dialetto brianzolo. Chi sa l'inglese può rendersi più utile. Domani mattina ripartono per Rimini, dove fanno una grande mostra e dove tengono anche una tavola rotonda. In piedi, diciamo l'*Angelus*.

La serata fu introdotta da don Giussani, il quale ricordò che, avendo trovato «commovente sentire il loro modo di concepire il mistero ultimo delle cose, da cui deriva come religiosità suprema l'armonia, il rispetto dell'armonia», li invitò al Meeting di Rimini. Parlarono il professore Takagi, rettore dell'università buddista del Monte Koya, e due altri bonzi (Matzunaga e Habukawa), dei diciassette venuti in Italia. Al termine di un intenso dialogo, don Giussani osservò: «È con facile emozione che noi ringraziamo i nostri maestri per quanto ci hanno richiamato e fatto sentire oggi. C'è una percezione che mi sembra l'aspetto più facile di questa emozione, ed è la percezione di un'analogia o di una vicinanza tale che ci fa ripetere le parole di Rilke: "Una parete sottile ci separa"». Riassumendo i temi della serata («la magnanimità, la larghezza, la comprensività del metodo, di cui ha parlato il primo oratore»; «il rapporto definitivo con l'assoluto, come ha sottolineato il secondo oratore»; «la necessità, l'inevitabilità di un maestro, come ha sottolineato il terzo oratore»), Giussani espresse «stima per ogni tentativo umano verso la concezione e l'amore al proprio destino»; poi, rimarcò l'importanza della «passione per l'assoluto e quindi la stima per ogni particolare della realtà in quanto parte, partecipe di questa passione all'assoluto»; infine, richiamò «l'inevitabilità, la necessità e quindi l'inevitabilità per un cammino dell'incontro con un maestro».

Omelia 2

Il Signore è vicino a chi lo serve. Ma che significa «servire Dio», che non ha bisogno dei nostri servigi, come Egli ironicamente afferma in un certo punto dei salmi: «Io non ho bisogno certo che mi sgozziate i vostri buoi o mi sacrifichiate le vostre pecore»,[24] non ho bisogno certo che voi mi facciate le colf, che voi mi facciate i servitori? Che cosa significa «servire il Signore»? Vuole dire aderire all'ordine da cui le cose sono nate e per cui le cose si muovono verso un destino di compimento, cioè di completezza e di felicità, che non è prevedibile da nessuno, almeno tanto quanto è agognato, sospirato, desiderato confusamente da tutti. Servire Dio è amare l'ordine delle cose, l'ordine dei rapporti. Servire il Signore significa governare l'istante, convogliarlo allo scopo ultimo, non perderlo: «Renderete conto di ogni parola detta per scherzo».[25] Ed è in questo senso che la liturgia sceglie l'esempio più critico, quello del rapporto tra l'uomo e la donna, dove la menzogna può essere senza nessun paragone più facile, dove la parola, che definisce il rapporto, può trascolorare e corrompersi facilissimamente mentre viene detta. È un esempio, ma l'insegnamento è più generale. Servire il Signore significa aderire all'ordine delle cose, per cui anche una parola detta per scherzo, ripeto, ha il suo peso nell'ordine eterno. Ma che cosa vuole dire, ancora, «l'ordine delle cose»? Significa la verità, la verità dei rapporti. Se volete, potete usare

[24] Cfr. Sal 50,8-9.
[25] Cfr. Mt 12,36.

anche un'altra parola: la «giustizia», la giustizia nei rapporti. Ma la giustizia nei rapporti porta con sé l'immagine di una stadera o di una misura. Invece, no! L'ordine dei rapporti è la verità, che il rapporto sia vero, vero, che persegua perciò in tutti i suoi fattori il suo scopo. Senza capire bene questo, è impossibile dire: «Abbi pietà di me, peccatore», perché è impossibile capire cosa vuole dire essere peccatori, ed è impossibile capire che siamo peccatori. Infatti, tale verità o tale amore all'ordine del rapporto o tale passione nel servire Dio chi li vive con quella vigilanza, con quell'allerta, di cui proprio il Vangelo continuamente parla? Se non c'è la percezione della nostra meschinità – perché la menzogna è meschinità, l'ingiustizia è meschinità, il disordine è brutta meschinità, è non servire, noi che non c'eravamo, è un orgoglio ripugnante –, se non c'è questo sentimento della sproporzione in tutti i nostri rapporti (per me che sto parlando, per voi che state ascoltando), se non c'è la percezione di questa sproporzione, di questa non verità, di questa mancanza nella verità, di questo venire meno, di questa deficienza (*deficere*), se manca questo, ma come faremo a essere stupiti del fatto di Cristo, del Dio fatto uomo, della misericordia, della misericordia che nella storia porta un nome: Gesù Cristo, come diceva il Papa nella sua enciclica? Come faremo a rispondere di fronte alla domanda: «Che cos'hai di più caro nella percezione, nella concezione della tua vita?»? Se non abbiamo il senso di questo perdono inondante, di questa misericordia che ci trapassa, di questo perdono che viene prima della nostra colpa, come faremo a dire: «Ciò che abbiamo di più caro è Cristo!»? Che significa: «Sono attaccato a Cristo!». Come ha detto l'inizio del Vangelo: «Signore, dove andrei, non capisco tante cose che dici, mi scandalizzo della tua pretesa, ma se vado via da te dove vado? Tu solo hai parole che danno senso al vivere!».[26] Come, del resto, confusamente per i più, ma certamente, abbiamo presentito anche oggi.

[26] Cfr. Gv 6,68.

Serata di canti russi

Giussani: Manca ancora un po' di gente, allora facciamo un canto tutti insieme. Nella Chiesa ci sono i più grandi canti del mondo. Cantiamo *Camminerò*, sottovoce però. Il titolo della canzone è: *Camminerò*. Se uno non cammina sottovoce, non cammina.

Camminerò[27]

Giussani: Grazie Napoli. Vedi Napoli e poi muori. Evviva Napoli!

Intervento: Facciamo ora due canzoni napoletane...

Giussani: Comunque, nel nostro battimani sono presenti tutti i nostri amici di Napoli, anche quelli che non si vedono.

'A cartulina 'e Napule[28]

Giussani: Grazie. Questo canto esprime l'anima di un popolo, ed è per questo che sfida la storia. Sfida la storia ciò che in qualche modo assume una dimensione di popolo. Ciò che resta puramente singolare non può entrare nella storia. Per questo il delitto contro l'umano per eccellenza è quello che soffoca il popolo. Un programma che tende a soffocare, a sacrificare un popolo è il delitto

[27] A. Marani, «Camminerò», in *Canti*, op. cit., pp. 185-186.
[28] «'A cartulina 'e Napule», parole di G. De Luca e musica di P. Buongiovanni, 1927.

umano supremo. Non per nulla il delitto originale ha massacrato la storia del genere umano e non per nulla l'atto supremo della salvezza investe la totalità dell'umano: è un popolo prima affranto; ed è un popolo risorto, poi. Non esiste comprensione dell'io, se non all'interno di un orizzonte vivente che si chiama «popolo». Per questo, come contrapposto alla libera espressione del canto napoletano che abbiamo sentito adesso, vi do questa notizia cui alcuni giornali hanno accennato appena, ma che è un simbolo di tanti delitti simili, tanto più grandi quanto meno la stampa ne dà notizia. Ma che i cristiani siano ignoranti o indifferenti a queste cose è ancora più grave, perché il cristiano è un uomo che vive nel popolo.

«Da mesi si parla della progettata distruzione di un numero imprecisato di villaggi della Romania. Le cifre sono variabili, vanno fino a settemila. La ragione addotta è la razionalizzazione dello spazio per migliorare lo sfruttamento agricolo. Si tratta in ogni caso di radere al suolo villaggi, cancellarli dalla terra, come se non fossero mai esistiti, cimiteri compresi. Quali siano i villaggi destinati alla distruzione non si sa con certezza, alcune zone sembrano più minacciate di altre, in particolare quelle in cui si sta cercando il petrolio. Di alcuni villaggi si sa che sono stati misurati (sono venuti i commissari governativi e hanno misurato il perimetro del villaggio). Nessuno capisce a cosa serva questa operazione, ma tutti in fondo lo sanno: è una condanna a morte. Esattamente come è incerto il numero e il nome dei villaggi che saranno distrutti, così non si sa nulla di certo sul destino degli abitanti dei villaggi. Si dice che saranno spediti a forza in villaggi costruiti apposta, oppure che la popolazione di più villaggi verrà agglomerata in un nuovo centro dove saranno costruite case più "razionali". Ogni famiglia avrà a disposizione un paio di camere, servizi e cucina saranno in comune con le altre famiglie. Di certo si sa quello che è avvenuto nei dintorni di Bucarest, dove sono già stati distrutti diciassette villaggi: gli abitanti sono stati raccolti in case lager, senza servizi. Da notare che in numerosissimi villaggi della Romania non esistono né condutture per l'acqua né fogne, l'acqua si tira con la pompa. È evidente che tutte queste incertezze vengono create affinché tutti si sentano minacciati, pur permanendo – nel dubbio – una sorta di speranza, che di fatto catalizza ogni resistenza. In ogni caso nessuno dubita che questo folle piano verrà portato avanti, perché in realtà siamo di fronte alla continuazione di una tradizione di violenza del più forsennato dittatore della storia di oggi, che è Ceausescu. Sono infatti decenni che il governo promuove il trasferimento di contadini verso centri urbani, in alcuni casi si tratta proprio di deportazioni all'interno del paese, con un doppio scopo: il primo, sradicare la popolazione dalla propria tradizione, dal proprio habitat culturale; questi contadini inurbati vivranno poi in squallide periferie, nelle case popolari non ancora finite e già fatiscenti, con un riscaldamento centrale che non funziona quasi mai e perlopiù senza acqua corrente. Quando i trasferimenti avvengono nelle città della Transilvania esse hanno lo scopo di diminuire la percentuale degli ungheresi presenti. Si può così giustificare con una cifra la chiusura delle scuole magiare. La funzione antimagiara però non deve far dimenticare che la prima, quella più grave, è la violenza che subiscono i rumeni deportati. [...] Da anni inoltre è in atto la distruzione delle testimonianze storiche del paese. All'epoca dell'infatuamento di Ceausescu per il passato romano, cioè fino agli anni '70 (attualmente parla solo dei daci), quando dappertutto venivano promossi scavi archeologici, venne distrutto un patrimonio inestimabile del passato magiaro. La distruzione dei quartieri storici e delle chiese di Bucarest è una realtà presente così come lo è la distruzione del centro storico della maggior parte delle città. A parte lo scandalo suscitato dalla demolizione del tutto gratuita delle chiese di Bucarest, nessuno ha mai denunciato queste violenze perché passavano come ammodernamento. Il folle progetto attualmente in realizzazione si inserisce in questa tradizione che non ha finora [...] incontrato seria resistenza. Per questo in Romania nessuno spera che potrà essere cambiato. Forse, se le proteste dell'Europa (Strasburgo) potessero far capire ai romeni che non sono soli, qualcuno potrebbe opporsi, qualche cosa potrebbe forse cambiare. Nota bene: si tratta soprattutto di difendere l'identità del popolo rumeno, le minoranze in fondo hanno chi le difende, anche se con scarso risultato e come alterità – da eliminare, è vero –, ma sempre delle alterità consistenti. Al popolo rumeno, invece, che non ha all'esterno alcuna difesa si è già come rubata l'anima e si sta distruggendo il corpo.»

Ho letto questo dopo avervi fatto sentire i canti napoletani perché la nostra responsabilità umana e cristiana è come se dovesse correre non impazzita, ma esaltata, vale a dire, secondo la parola della Bibbia, come milizia, come impegno a una guerra («Non sono venuto a portare la pace, ma la guerra») per dare libertà all'anima dell'uomo, del singolo uomo – che trova la sua espressione più completa, o meno incompleta, in quella del suo popolo –, fino alla resistenza al dannato potere che governa il mondo di oggi nel silenzio universale.

Ma per completare questo richiamo vogliamo sentire adesso dei canti russi che rappresentano entrambi i poli della dialettica. Questi canti sono espressione di una libertà che, sotto gli zar, all'epoca dei servi della gleba, viveva – perché la libertà di un contadino ucraino era la sua isba e non il grattacielo di Mosca o la piazza di Stalin, la piazza rossa –; sono canti creati in quelle epoche di libertà, dove il popolo viveva la sua libertà. Ma hanno come attraversato sottovoce, e adesso un po' più forte, anche l'epoca lunga quasi cento anni dello sterminio sovietico, dell'odio umano che si chiama «sovietismo», comunismo. Pensate, c'è stato un periodo non molto tempo fa, una decina di anni fa, in cui persino il ritmo di queste canzoni (chi ha comprato i dischi, certi dischi, sei o sette anni fa, ha avuto delle versioni che non corrispondono alla natura del canto popolare che volevano trasmettere) era comandato dallo Stato.

Leggo solo i titoli di questi canti, perché credo che la forza dell'anima, la forza estetica dell'espressività popolare possa essere sufficiente, anche senza che noi andiamo ad analizzare i pensieri. Però i titoli sono significativi e sono profondamente legati al particolare. Come dice Sinjavskij, in quella parte dei *Pensieri improvvisi*[29] che tutti dovreste rileggere (che la maggior parte di voi non conosce), per il contadino, l'isba in cui viveva, quelle poche decine di metri quadrati in cui conduceva lo stentato vivere, era il segno dell'universo, era il punto che lo con-

[29] Cfr. A. Sinjavskij, *Pensieri improvvisi*, Jaca Book, Milano 1967, pp. 50-51.

giungeva all'universo intero. Ecco i titoli: *Il tiglio* o *Sono nata io* – «io sono come un filo d'erba» –, *La steppa*, oppure *Canto dei battellieri del Volga*, a tutti noto (immaginatelo, un uomo curvo che forza col remo), *Monotono suona il campanello*, *Nel bosco scuro*, *Campane della sera*.[30] Incominciamo col primo.

[30] Cfr. *Canti popolari russi*, I, II, III, "Spirto Gentil", n. 4, 12, 20 (Universal).

Introduzione all'assemblea

Giussani: Ricordiamoci che il fattore più determinante la nostra personalità, quello più definitivo della faccia che abbiamo nella vita, è il senso dell'inizio. Il punto è se in noi vive il senso dell'inizio. La ripetizione, se è di una cosa vera, è un inizio, deve essere un inizio, perché la verità sta in capo a ogni impresa. Così, quella ripresa che è l'orazione del mattino ha un'importanza antropologica umana enorme. E, in particolare, fra le preghiere del mattino, questa memoria, non so se dire più commovente o più provocante: l'*Angelus*.

Angelus

Senza questo la vita sarebbe una giornata oscura, senza senso. Per le Lodi, l'inno è quello della domenica.

Lodi

Che cos'è, secondo voi, più incompatibile con il nome «cristiano»? L'irragionevole, ciò che è irragionevole. Perché il nome «cristiano» è il nome della verità che si è comunicata, e la verità non ha le narici per entrare in noi, ma la ragione. Se si chiama «fede» questa ragione, come la stragrande maggioranza di voi non sa, è perché questa ragione è potenziata da qualcosa d'altro. Come il sentimento del vivere che ci segue tutti i giorni: quando le cose vanno bene, ci segue in modo sufficientemente piacevole; ma quando s'accende qualche cosa, allora gli occhi del cuore o la percezione dei colori diventano diversi. Così la fede è un potenziamento dell'intelligenza. Quando si studiava il catechismo, che è l'"abc" del buon senso cristiano, si studiava che la fede è un modo di conoscere, cioè un'intelligenza delle cose, un'intelligenza più profonda delle cose. Verrebbe la tentazione, mentre si ripetono queste cose, di sospendere a ogni pie' sospinto per dire: «Guarda che questo vuole dire quest'altro». Ma non si può fare tutto, perciò faccio qualche cosina, facendomi sopportare.

Ciò che è incompatibile con il nome «cristiano» è innanzitutto la non-verità, perciò la menzogna, perciò l'irragionevole, il contro la ragione. Ed è questo che abbiamo cantato o che dovremmo avere cantato, è questa la differenza tra noi più grandi e voi: noi l'abbiamo imparato; ma anche voi siete qui per impararlo, perciò arriverete anche voi alla nostra età spirituale.

«In questa letizia pasquale, / rifatti di nuovo innocenti»,[31] abbiamo cantato nell'inno. Il mattino è proprio una letizia pasquale; certo, quando il simbolo urta e quindi aiuta di più, è più bello: quando c'è il sole come stamattina, rispetto alla nuvolaglia di ieri pomeriggio, è più bello. Ma c'è un potere in noi per cui questa letizia pasquale, questa letizia della resurrezione, questa letizia degli inizi c'è anche mentre si scivola sul fango o, *pardòn*, non ci si districa più dal fango. Perché è in nostro potere. Comunque, il simbolo rimane nella sua capacità di aiuto e perciò nella sua augurabilità. È augurabile, perciò, con questo sole, che si faccia qualche gita, qualche passeggiata, che si faccia qualche passo.

«In questa letizia pasquale, / rifatti di nuovo innocen-

[31] «L'aurora risplende di luce», in *Il libro delle ore*, op. cit., p. 49.

ti.» Questo si unisce all'osservazione di prima: «Rifatti innocenti» vuole dire, innanzitutto, che l'occhio vede, rivede le cose secondo la loro fattura (è la ragionevolezza). Soltanto che tutto questo, ragazzi, non avviene di schianto, è un lavoro, è l'esito di un lavoro, come l'imponenza della saggezza e la suggestività dell'affezione mature sono l'esito di un lavoro, di uno sviluppo. Non però di uno sviluppo meccanico, perché uno sviluppo meccanico le intristisce. È per questo che la Bibbia dice: «O, Signore, fa' che io abbia attenzione a te negli anni della mia giovinezza, prima che vengano gli anni tristi, quando uno dice: "Non fossi mai nato!"».[32] Tutto intristisce, se non si sviluppa in questa luce e in questo calore. Perciò quello di questa mattina è un lavoro, un pezzettino di lavoro in tal senso. Ci siamo radunati per quello. Non ci siamo radunati per fare vacanza, ci siamo radunati per questo lavoro, perciò perdoniamo alle circostanze che ci tengono prigionieri qui (ma con questo scorcio non è che sia poi una prigione con le sbarre), in una giornata bella, invece che farci andare in gita.

Questa mattina dobbiamo riprendere il significato delle cose che ci siamo dette la prima mattinata. Se ricordate i tre punti, è più facile che vi faccia capire quello su cui voglio insistere. Dobbiamo tenere presente i tre punti; non perché non se ne possano fare altri sei o, non so, altri tre, ma perché c'è sempre un'ipotesi da cui partire, altrimenti non si parte. C'è sempre un appoggio del piede per lanciarsi. Però, le cose che abbiamo cercato di dire la prima mattina volevano essere le più rilevanti, almeno a mio avviso, nella situazione di adesso.

[32] Cfr. Qo 12,1.

In questo senso, i primi due punti debbono essere affrontati nella vostra riflessione non formalmente o teoricamente. Quando abbiamo parlato, nel primo punto, del fatto che occorre quella che Péguy chiamava una «figliolanza», proviamo a pensare a come *Il senso religioso* è penetrato in noi in modo tale che le sue implicazioni nascano da noi. Perché essere discepoli – vi ricordate? – vuole dire ripetere, ma essere figli vuole dire che il principio è passato in noi. Il lavoro di quest'anno su *Il senso religioso* è penetrato così? Apparteniamo a un altro livello di intelligenza, a un altro livello di percezione, di giudizio? È nato qualcosa in noi? Non si tratta di rinverdire frasi su cui abbiamo discusso nei raduni, dobbiamo giudicare, questa mattina dobbiamo cercare di giudicare la posizione in cui siamo, perché gli altri nostri amici aspettano un esempio da noi, aspettano una vibrazione nuova in noi, guardano a noi. Il contenuto del nostro messaggio, quello che il manifesto di Pasqua ha così definitivamente fissato come proposta a noi, è diventato un aspetto della nostra autocoscienza, un aspetto del contenuto della nostra autocoscienza? Ci appartiene? Si può dire, infatti: «Apparteniamo a quello», ma si può anche dire: «Ci appartiene quello», che è lo stesso.

È il terzo punto quello che più mi preme sia tenuto presente. Bisogna che ci giudichiamo: vi ricordate la metafora di Péguy circa l'intervento igienico, la cura igienica, non la cura chirurgica, ma la cura igienica, vale a dire ciò che riguarda il modo normale del comportamento, ciò che penetra la meccanica o la dinamica normale del nostro producirci, del nostro esprimerci? Bisogna che, nella discussione di questa mattina, nella riflessione di questa mattina, ci sorprendiamo e giudichiamo nell'*hic et nunc*, nell'ora, in quel che sei, in quel che sei adesso. Le domande come le ho poste prima riguardano proprio questo *hic et nunc*, non riguardano *Il senso religioso* come è scritto, come se ne può discutere, ma come è in te adesso, se ti è penetrato o no. Non c'è da discutere sul fatto che c'è Cristo, che Cristo è il centro del cosmo e della storia (come inizia la *Redemptor hominis* del Papa, il messaggio programmatico del Papa), ma su che cosa questo morde di te adesso.

Ed è in questo senso che il dettaglio del terzo punto è quello che più mi preme: abbiamo parlato di preghiera, di gratuità e di sfida alle circostanze. È su questo che dovete fissare i vostri occhi con sincerità; senza pessimismo, ma con sincerità. Senza pessimismo, perché non è che uno stia bene soltanto quando i giri del motore sono su al novanta per cento, ma quando uno sta camminando. Che cos'è la preghiera per voi? Per me che cos'è? E come entra nella mia vita (che è poi il problema del secondo punto, del contenuto del nostro messaggio reso anima e reso coscienza)? Che cos'è la preghiera nella nostra vita? La gratuità come governa i nostri rapporti? La gratuità (non la reattività e non il calcolo, né reattività né calcolo) come governa i nostri rapporti in casa – in casa! –? Perché non è il primo punto da cui si capisce, ma è il punto da cui finalmente si capisce: in casa. Il punto nativo, invece, è il rapporto tra gli amici, la gratuità nel rapporto tra gli amici: non reattività, non meccanismo e non calcolo, non progetto. E poi c'è il punto educativo più tremendo, più terribile, che è il rapporto con la ragazza o con il ragazzo. Ma io spero proprio quest'anno agli Esercizi di affrontare questa tematica, perché che cosa sia la nostra persona, che cosa sia la nostra personalità di uomini è proprio in questi fenomeni fondamentali che si capisce, che prende corpo, forma, figura e che si capisce.

Allora, abbiamo detto: la gratuità tra noi, nei rapporti, e soprattutto la sfida alle circostanze; dico soprattutto, perché riassume tutto quanto. La sfida alle circostanze è il contenuto del tuo rapporto con Cristo che coincide con la modalità del tuo rapporto con l'uomo, con l'altro, e ti rende attore, fattore, guerriero dentro la lotta per la bellezza del mondo, per la giustizia nel mondo, per la bontà nel mondo; non il mondo del '68, come lo pensava il sessantottino, o come lo pensano tutti: l'uomo genericizza per trovare alibi al disimpegno col presente. La lotta è proprio nell'*hic et nunc* presente, nel modo con cui tratto questo aggeggio e nel modo con cui tratto il libro che devo studiare, nel modo con cui decido di quest'ora che non posso perdere perché ho gli esami, nel modo con cui io entro in casa e saluto, nel modo con cui io entro all'università e saluto o non saluto, nel modo con cui giudico l'atteggiamento che vige dalla cattedra o nella classe, nella sensibilità con cui io percepisco il bisogno mio e collettivo, in come rispondo, come cerco di rispondere, come abbraccio ciò che posso abbracciare per rispondere. La sfida alle circostanze è la sfida al tempo e allo spazio in quell'intersecazione che forma il momento. Il cristianesimo, quante volte l'abbiamo detto, è l'adorazione dell'istante. La moralità cristiana si può ricondurre tutta a questo: adorare l'Infinito nell'istante. Perciò una passione per l'istante, una passione intelligente, affettiva, attiva, mobilitante. La vita diventa cento volte più vita: «Chi mi segue avrà la vita eterna e il centuplo quaggiù»;[33]

[33] Cfr. Mt 19,29; Mc 10,29-30.

la vita diventa cento volte più tesa, intensa; tesa con uno scopo, intensa.

Ora, questo auto-giudizio o questa espressa autocoscienza cui vi ho invitato potete anche giocarla da soli, nella riflessione di queste due ore, però senza perdere tempo. Ma, proprio perché siate sicuri di non perdere tempo, di perderne il meno possibile, è meglio che vi mettiate insieme secondo il raggruppamento che vi sembra più utile. Voglio dire che una conoscenza più familiare, un'amichevolezza più normale, una simpatia che ci sia tra voi non è che costituiscano condizioni che impediscono l'oggettività della riflessione. Ma la prova che state riflettendo veramente è che la simpatia che avete con la ragazza o col ragazzo, l'amicizia che avete con Tizio, Caio, Sempronio, la familiarità più normale che sviluppate nel vostro gruppo deve – di fronte a queste domande – come sentire un peso che le piega, che piega le vostre spalle, che piega l'asse del vostro rapporto; lo piega come in un rimorso, perché è proprio nel vostro rapporto con la ragazza, è proprio nel vostro rapporto più familiare, è proprio nel vostro rapporto amichevole, che la mancanza più facilmente è notevole e perciò lo sguardo, l'autocoscienza è più leale. Ed è lì dove la riscossa è più facile, deve essere più facile; è lì dove la ripresa deve trovare più luminosamente il gusto di una strada diversa, cioè di un'intensità diversa, di un significato più giusto, più perseguito. Per questo dicevo che bisogna partire dall'*hic et nunc*, entrando fin nel midollo (e raggiungere, per esempio, il midollo stesso del vostro rapporto amichevole). Dovete giudicare quello che siete, non ragionare su quello che abbiamo detto. Dobbiamo imparare questo anche per la Scuola di comunità; dobbiamo impararlo, perché dobbiamo aiutare i nostri amici a impararlo.

Allora, alla una c'è il pranzo, mi pare. Però a questa riflessione non date un quarto d'ora, dateci la mattina. Potete andare anche lontano, anche sui picchi, a riflettere. Basta che per la disperazione non vi buttiate giù!

Giussani: Mi verrebbe voglia di farvi cantare ancora *L'opera*: «Beati i furbi...».[34] Ci sono alcune nostre canzoni che sono veramente riassuntive di una concezione e decisive per un'adesione della vita. *L'opera* è certamente una di queste poche, ma decisive canzoni. E quando la cantiamo partecipiamo alle parole che diciamo, ne sono sicuro, almeno per i più, perché è vero che «l'amaro, l'amaro che c'è in me» lo proviamo tutti quando aderiamo a «beati i furbi»; e la terza strofa, «quel giorno si farà una grande festa», almeno nella maggior parte dei casi, è impossibile che non la cantiamo con una certa partecipazione, sia pur nebulosa; nel percepirla ancora tutta piena di nebbia, è impossibile che non vi aderiamo. Ma da che cosa è bloccata poi, nella vita concreta di tutti i giorni, la logica di questa canzone? Io mi sono sempre risposto: da una dimenticanza, dalla dimenticanza. Forse, diventando più grande, capisco che c'è un altro motivo, e sono i cedimenti particolari all'interno di una visione pur riconosciuta e mantenuta. Forse, abituato a dire quel che mi viene al momento, non sono chiaro, però non credo che sia una cosa così difficile da capire. Mi sembra importante, e poi c'entra anche con quel che dovremo dire.

Noi abbiamo una visione, una concezione, un'immagine della vita, del valore delle cose, e concludiamo che è giusta, perché senza di essa c'è un amaro, la vita ha un «amaro», per dirla con la canzone, che deve essere «mutato in allegria». Ecco allora che si apre il grande orizzonte

[34] C. Chieffo, «L'opera», in *Canti*, op. cit., p. 235.

del futuro per cui l'uomo è fatto (vedi *Il senso religioso*). Viviamo tutta questa dialettica tra un'immediata stima per le cose che riescono, per le cose che piacciono, per le cose che danno immediatamente frutto, e il riconoscimento dell'amarezza che lasciano al fondo; sappiamo che bisogna sempre ricostruire, altrimenti che noia, che barba, altrimenti insomma le cose non durano, e quindi che è necessario l'aprirsi di quella prospettiva ultima, stabile, dove l'amaro viene mutato in allegria, in quel giorno di festa, di cui questa esistenza è come il breve sabato della vigilia, come dice il canto del Vespero. Ma cos'è che impedisce allora alla nostra logica di mantenersi viva? All'interno di una concezione riconosciuta e mantenuta, che cosa ne blocca l'energia restauratrice, l'energia vivificante, questa primavera che ha dentro? Che cosa? Io ho sempre creduto, ripeto, che fosse la dimenticanza, che è la caratteristica dei bambini. E invece non siete più bambini! Perciò non è la dimenticanza. È anche la dimenticanza, perché un pezzo di bambino c'è in noi fino a quando si muore, ma è la dimenticanza in quanto è favorita e favorisce quello che ho detto prima – i cedimenti particolari – durante il nostro svolgimento quotidiano: nel rapporto con la ragazza, di fronte al proprio dovere, nella reazione al proprio padre o alla propria madre, nella non-preghiera, perciò nella immemoratezza o smemoratezza voluta, in questo stare lì come imbecilli a guardare con la bocca aperta il successo effimero di Gullit o di... sapete la storiella del bambino sardo? Non la sapete? Allora diciamola. C'era un bambino sardo, il quale, arrivando Natale, scrive una lettera a Gesù Bambino: «Caro Gesù Bambino, io sono stato bravo tutto l'anno, adesso mi devi fare un regalo: mi devi portare il pallone di Gullit e la racchetta di Lendl». Arriva Natale e Gesù Bambino viene senza doni. E questo poverino è un po' deluso. Natale successivo: «Caro Gesù Bambino, anche quest'anno io sono stato bravo tutto l'anno, nonostante tu l'anno scorso non mi abbia ascoltato, perciò ti chiedo ancora il pallone di Gullit e la racchetta di Lendl!». Viene il Natale e Gesù Bambino non porta niente. Persiste – è un sardo! –. Il giorno prima del Natale successivo, il papà ha fatto il presepio, completo; il bambino è lì inquieto che si aggira per la casa; a un certo punto, non c'è più nessuno, si avvicina, prende il Gesù Bambino del presepio, se lo mette in tasca, poi va al tavolo e scrive: «Cara Madonna, se vuoi avere indietro il tuo bambino...». *Sit venia sardis*!

Comunque, quello che ci impedisce che questa concezione, questa visione, questa percezione delle cose diventi persona – diventi persona! – sono i cedimenti particolari: un pensiero, una negligenza, un'esuberanza indebita o una pigrizia, una pigrizia favorita. Noi, all'interno della concezione che abbiamo, noi che cantiamo «beati i furbi» non possiamo compiere o permetterci questi cedimenti quotidiani in modo ingenuo. Non possiamo. È una colpevolezza che gli altri forse non tocca. È una morsa che, come la morsa dell'ape o meglio ancora della vespa, lascia il veleno. Immaginati per favore una, due, dieci, mille vespe che ti pungano: il veleno è tanto. Allora, se non c'è il continuo contrattacco, lentamente questo veleno svuota di contenuto l'attaccamento al «beati i furbi», cioè a quella concezione e a quel sentimento delle cose. E noi, con gli anni che passano, rischiamo di ritrovarci sempre più formalisti, con una pretesa sempre più grande verso qualcosa cui, invece, portando il nostro contributo ilare, giovanile e geniale, avremmo dovuto contribuire o dovremmo contribuire a fare crescere. Così, la comunità diventa un grande o un sottile bersaglio di recriminazione e di pretesa, invece che una realtà amorosa che, nonostante tutti i veleni dei pungiglioni, noi con il nostro sangue facciamo crescere.

M'è venuto in mente mentre cantavate: «Beati i furbi», perché non è possibile che chi è qui non sia passato almeno attraverso un periodo in cui ha sentito la giustezza di questa profezia, la pertinenza di questa profezia alla sua vita. Non possiamo abbandonarci esteticamente a questa impressione, perché nella vita quotidiana i cedimenti particolari ne fanno perdere il gusto e a un certo punto sembra che se ne perda anche la ragione. E allora uno vive senza ragione, e può vivere senza ragione anche qui, anche tra noi. Per questo, la questione non è la discepolanza, non è la ripetitività delle cose, la ripetizione delle cose o lo svolgimento di un'organizzazione, ma è qualcosa che passa nel sangue e nell'anima, che si assume, come i vostri bambini assumeranno o hanno assunto la vostra carne e il vostro sangue di padre e madre. È la figliolanza, è questa generazione che avviene in noi, ciò da cui sfociano fronde, fiori e frutti, che sono poi quella giovinezza che matura col tempo, anche se uno per stanchezza balbetta, quella giovinezza che il tempo favorisce: «Non t'ho perduta. Sei rimasta, in fondo / all'essere. Sei tu, ma un'altra sei: / senza fronda né fior, senza il lucente / riso che avevi al tempo che non torna, / senza quel canto. Un'altra sei, più bella. / Ami, e non pensi essere amata: ad ogni / fiore che sboccia o frutto che rosseggia / o pargolo che nasce, al Dio dei campi / e delle stirpi rendi grazie in cuore».[35]

[35] A. Negri, «Mia giovinezza», in *Mia giovinezza*, BUR, Milano 2010, p. 78.

È la purità assoluta del gratuito, che si ha a sessant'anni e non a venti. E perciò è più giovanile il sessant'anni che il vent'anni! Abbiamo sempre commentato: non sei contento del fiore perché lo cogli e lo annusi, ma perché c'è; non sei contento del frutto che rosseggia perché lo addenti, ma perché c'è; non sei contento del bambino perché è tuo, ma perché è – è! –. Questo è il gratuito.

Comunque, bisogna che l'orizzonte del «beati i furbi» sia continuamente ricuperato in una lotta continua ai cedimenti momentanei, cui la nostra giornata è così proclive, a tutti questi piccoli, ma terribili veleni da vespa che sono pensieri, sentimenti, atteggiamenti e negligenze.

Alè, ho confuso l'assemblea con la sintesi. Adesso facciamo l'assemblea. Non uscite in settantaquattro, perché sarebbe, dal punto di vista logistico, un pasticcio. Se alzate la mano, pressappoco stabiliamo un ordine. Prego.

Intervento: La cosa più commovente che mi sta capitando in questo periodo è che quel «sì» che all'inizio c'è stato, un «sì» timidamente pronunciato, che ancora non era capace di cogliere...

Giussani: Non era capace di cogliere il «beati i furbi».

Intervento: Non era capace di cogliere realmente quello a cui stava dicendo di sì, anche se ne era attratto.

Giussani: Perfetto, questo è giusto: attratto dal «beati i furbi», senza capire a che cosa ti piega; però ti stringe.

Intervento: Ecco, la ragione per cui ho detto: «Sì», col tempo, rimanendo, si svela, diventa sempre più vera. La cosa che mi commuove è che incomincio a dire: «Certo, credo, sono persuaso». Quell'inizio è stato reso più certo, più vero, dall'esperienza. L'urgenza che avverto è quella di essere disponibile fino in fondo a un cambiamento. Quando uno non è disponibile a farsi cambiare vuole dire che quello che ha davanti non è più grande di sé, ma è qualcosa che solo immaginativamente è più grande di sé.

Giussani: Vero, vero, vero! L'avete scritto questo? È una formula da trattenere: «Che la ragione del "sì" diventa col tempo più vera». Condizione? Che uno abbia il desiderio di cambiare. Perché se uno non ha il desiderio di cambiare allora vuole dire «che non ha davanti a sé qualcosa di più bello». La disponibilità! «Ecco la serva del Signore, avvenga di me secondo la tua parola.»[36] Perché c'è qualcosa di più grande. Non capiva, non poteva immaginarselo, quella povera ragazza di quindici anni; però si immaginava una cosa come gliela dicevano nelle sinagoghe, che sarebbe venuto dal cielo chissà chi e avrebbe messo a ferro e fuoco tutto, avrebbe esaltato gli ebrei. Non lo pretendeva, ma aspettava qualche cosa che era fatto di quelle immagini.

Che la ragione del «sì» diventi più vera è direttamente proporzionale al desiderio del cambiamento. Per un uomo di settant'anni (diciamo di sessanta, perché sono tra i sessanta e i settanta), il segno più grande della sua giovinezza è il desiderio di cambiamento. Quello che avviene in un ragazzo sensato (uno tra mille) a vent'anni, quello che avviene con estremo disagio quando uno dice: «Dio!» a quarant'anni, avviene coscientemente, limpidamente,

[36] Cfr. Lc 1,38.

impetuosamente, molto di più, quando uno ha sessant'anni. È questa disponibilità al cambiamento che vuole dire che c'è qualcosa di più grande!

Intervento: Finisco dicendo che, insieme a questa urgenza, riconosco che la correzione che sostiene me nell'appartenenza alla compagnia è realmente uno dei segni più belli.

Giussani: Uno che è disponibile ama la correzione, ama la gente che è capace di correggerlo e tirarlo su o tirarlo fuori, non chi lo liscia e lo lascia. Ecco una bellissima espressione: lo liscia e lo lascia, come fate tra ragazzo e ragazza. Questo è terribile! Dovrebbe essere il contrario, invece lo liscia e lo lascia!

Intervento: Vorrei rispondere a una delle tue domande di stamattina. Io comincio a sentirmi figlia soprattutto in una cosa: sono certa che la liberazione che desidero profondamente per la mia vita si compirà, perché inizia già a compiersi.

Giussani: Scusate, però, è come leggere i salmi. Non si può non fermarsi di fronte a quello che è l'assoluto, perché il vero è l'assoluto. Dire che «la liberazione si compirà, perché già si compie» è un assoluto, ha un valore assoluto. Al confronto, «due più due fa quattro» è ridicolo, anche se diventa due miliardi più due miliardi uguale quattro miliardi. «La liberazione si compirà, perché già si compie.» Pensate che razza di impegno dell'essere questo implica e che razza di logica irresistibile: è la caparra della liturgia, o l'arra, il pegno biblico, il pegno.

Intervento: Io vedo questa liberazione come promessa e poi, in seconda battuta, come compito, come coscienza di un compito, e quindi come capacità di domanda e anche di iniziativa.

Giussani: Sì, questo è un po' più complicato, ma fa niente, va avanti.

Intervento: Però la cosa che mi ha colpito...

Giussani: La cosa più bella è la promessa, perché la caparra è la promessa, che è il grande tema del nostro grande e povero Pavese.

Intervento: Però, la cosa che mi ha colpito di più è quella che hai detto stamattina, che la fede è un'intelligenza nuova delle cose. Questo è anche il frutto dell'avere fatto il pellegrinaggio in Polonia: quello che io domando è proprio la sua intelligenza, in un certo senso è come il dono dello Spirito...

Giussani: È il dono dello Spirito!

Intervento: Ma c'è una difficoltà. Nella mia vita c'è la certezza profonda che la mia salvezza è legata all'avvenimento di Cristo attraverso la compagnia, però, contemporaneamente, nelle circostanze, è come se Dio non ci fosse. E questa è per me la cosa più irrazionale e più disumana. Mi è sembrato di capire che questo si supera nella dipendenza: cioè, la presenza di Dio si accoglie, innanzitutto, come dipendenza, come domanda di tutto. E questa domanda, nel suo aspetto più acuto, per me è domanda che Cristo venga attraverso la compagnia, perché è la compagnia ciò da cui dipendo più profondamente. Ma proprio rispetto alla compagnia, cioè ai rapporti, avverto una mancanza di familiarità: stento a riconoscere, se non teoricamente, il fatto che tutte le persone della nostra compagnia, a partire dai miei amici, sono chiamate a realizzare il proprio destino come lo sono io; normalmente vedo o i difetti (quello che uno è, non quello che è chiamato a essere) o le qualità, che però sono come quello che tu dicevi delle mani e dei capelli, a un certo punto danno fastidio. Riconosco che i momenti più belli, più veri della mia vita, sono legati ad altre persone, è accaduto così. Ma qual era la condizione? Che io li amassi. Perciò è una mancanza di affezione che mi provoca questa cecità nei rapporti. Ma è una cosa su cui ho poco potere.

Giussani: Guardate, purtroppo non possiamo fare un dialogo continuo ed esauriente, perciò centrate una cosa o una domanda, la domanda o l'idea che più vi preme, perché altrimenti mettiamo troppa carne al fuoco e io non so come rosolarla tutta, oppure che cosa scartare. A ogni modo, il concetto di rapporto tra fede e ragione, che hai detto, *Il senso religioso* dovrebbe averlo già chiarito. Ma si capisce in che senso l'hai detto, quando poi, commentando, hai chiosato: «È come se Dio non ci fosse». Hai accusato il fatto che l'oggetto dell'intelligenza che è la fede non è allo stesso livello dell'oggetto normale della ragione, che è quello che «da sensato apprende / ciò che fa poscia d'intelletto degno»,[37] quello che si tocca. Il problema de *Il senso religioso* è proprio quello di aiutarci a capire che

[37] Dante, *Paradiso*, IV, vv. 41-42.

l'orizzonte umano non si esaurisce in quello che si vede e si tocca. Allora è come un esercizio: è esercitando la ragione in funzione della fede – la fede come grazia che fa fiorire la ragione –, è esercitando la propria vita razionale che, più o meno lentamente, il «come se Dio non ci fosse» diventa il Dio che si vede, il Dio che si sente, il Dio che diventa amico: «Ho un amico grande, grande».[38]

Il nesso tra riconoscimento e affezione è l'ultima trincea della battaglia. Che il riconoscimento che Dio c'è diventi stabile, abbia una certa stabilità, è sufficientemente facile con il tempo che passa. La cosa più difficile è che, da questo Dio che c'è, che quasi si vede, si passi all'affezione a esso. Questa mancanza di affezione è superata dall'ulteriore maturità: è il tempo che fa, se si è impostati bene, vale a dire se si sa cos'è la ragione, se ci si stupisce bene, se ci si accorge bene di che cos'è la fede, se dunque ci si accorge dell'input, della spinta che c'è dentro ogni cosa: ogni cosa è segno. Se ci si accorge, se si comincia a intravedere la grande presenza, allora il tempo che passa fa diventare questa presenza continua e fa diventare questa continua presenza sempre più facilmente l'oggetto dell'affezione, che attraversa, che è dentro la faccia della donna che ami e che è dentro la faccia delle montagne che vedi. Ci vuole il tempo, ma prima ancora occorre essere impostati bene, occorre mettersi sulla via giusta e non avere confusioni, e non avere i concetti che tutti hanno di ragione, di fede, di Dio, di Cristo e del tempo della vita. Tutti hanno concezioni sbagliate in questo senso e perciò non si ritrovano più, se non per misericordia di Dio, che li afferra per il di dietro, come la fortuna che immaginavano

[38] C. Chieffo, «Ho un amico», in *Canti*, op. cit., p. 226.

gli umanisti: tu stai andando, la fortuna ti prende per il di dietro e ti afferra. Una volta, mi ricordo, sono andato da una delle prime famiglie del movimento: c'era un bambino piccolissimo, avrà avuto un anno e mezzo, che se ne andava con un martello in mano verso la vetrata della sala e io l'ho afferrato per la tangente dei pantaloncini a un decimetro dal disastro. Ecco, Dio fa così.

Intervento: Una cosa che ho scoperto nella Bibbia e che è dentro la mia vita è uno degli aspetti di Mosè...

Giussani: Le corna?

Intervento: Questo potrebbe essere uno! No, è quello che succede quando Dio gli dice di andare a parlare con il re degli egizi. Mosè risponde a Dio che non è capace di parlare, perché balbetta, ma Dio gli dice di non preoccuparsi, di andare lo stesso, che un altro parlerà per mezzo suo...

Giussani: Bellissimo, quarto capitolo dell'Esodo.

Intervento: Quando arriva lì e parla, la Bibbia sottolinea il miracolo di Dio. Ma io sono sicuro che Mosè quel giorno è stato male da morire: chissà che dolore deve avere provato...

Giussani: Quando?

Intervento: Nello scoprire che era un altro che aveva l'iniziativa su di lui e che non erano le sue capacità che servivano un altro («Così, adesso io faccio una cosa buona per un altro»); nonostante tutto il suo impegno, era un altro che faceva: questo è il dolore che capita anche a me. Se non fosse evidente il mio peccato, la mia fragilità, se la santità fosse una mia iniziativa, questo sarebbe realmente un inferno.

Giussani: Amico, raramente ti ho abbracciato come ti abbraccerei adesso! L'ho abbracciato tante volte, è mio amico, si capisce...

Intervento: E c'è un amico di Lewis, che si chiama George MacDonald, che dice: «Il principio primo dell'inferno è "io sono mio"».[39] Chesterton aggiunge che la malattia spirituale più grande della vita è quella di credere di essere veramente sani. Io, come dicevi tu l'altro giorno, ci finirei, cioè sarebbe la mia fine nel male, se Cristo non fosse. Il fatto invece che l'iniziativa sia Lui, sia sua, provoca sicuramente il dolore, ma ancora di più la letizia, perché, innanzitutto, il fatto che l'iniziativa sia sua non toglie l'attività nostra. Anzi, quando l'iniziativa è nostra, è un attivismo, quando è sua è davvero costruttiva. Ma questo lo vedo anche nella mia vita. Sono andato alle vacanze di DIESSE (Didattica e Innovazione Scolastica Centro per la Formazione e l'Aggiornamento), quindici giorni fa, e i primi due giorni facevo molta fatica, avevo voglia di andarmene e mi stavo dicendo tutte le ragioni per cui sarei potuto andare via. Poi ho perso il portafoglio con i documenti, i soldi, tutto, e ho detto: «No, è troppo facile andarsene così, c'è anche la scusa!». Quando una cosa è troppo facile, sicuramente o facilmente è lontana

[39] Cfr. C.S. Lewis, *Il grande divorzio*, Jaca Book, Milano 1987, pp. 7, 81.

da Dio. Mi sono detto: «Questa è una sfida, è l'iniziativa di un altro che attraverso un inconveniente (la perdita dei soldi, del portafoglio) mi dice di rimanere». Sono rimasto e sono accaduti dei miracoli insospettabili.

Ma l'iniziativa che libera la vedo anche nella questione della donna. Io posso permettermi di decidere di non vivere l'innamoramento per una persona dentro una scelta affettiva, perché magari questo mi distrae da Cristo, sicuro che comunque Cristo compirà la mia vocazione, anche se non secondo i miei tempi. Con Cristo, la Madonna ha dovuto aspettare trent'anni: non si laureava mai quello lì! Se uno dovesse pensare che entro una certa età deve accadere questo o quello... «La mia libertà è il tuo disegno su di me»,[40] come dice la canzone. Tu l'altro giorno parlavi della «vittoriosa morsa del nostro destino sul presente effimero che vorremmo fissare e adorare». E aggiungevi: «La potenza della Sua misericordia è più grande del mio peccato». Se non mi fosse così evidente il mio peccato, io non sarei qua. Ma non è evidente solo a me, Dio l'ha reso evidente a tutti. Il peccato di ciascuno è così evidente, se uno è onesto con se stesso, che non si può non chiedere di incontrare un altro che ci compia.

Giussani: Ti ringrazio. Ma poi come l'hai risolta quella cosa?

Intervento: Quale? Il portafoglio?

Giussani: Il portafoglio.

[40] A. Marani, «Il disegno», in *Canti*, op. cit., p. 191.

Intervento: Ho dovuto rifare tutti i documenti. Però, la grandezza di questa compagnia è che hanno fatto una colletta per me.

Giussani: Perfetto, questo è un pegno!

Intervento: Quello che più mi ha colpito, anche di questi giorni, è l'accento che tu hai posto sulla quotidianità. Nella quotidianità uno avverte più profonda una sproporzione. Ma anche nel venire qui c'è stata quasi una lotta, perché qui c'è una diversità evidente che ti chiede qualcosa, che è una provocazione a una lotta. Mi rendo conto che la cosa che più mi frena, nel quotidiano, è che pur dicendo di volere che Cristo sia la cosa più cara, in realtà dico: «Caro» a tantissime altre cose. Dico: «Caro» con la bocca a Cristo, però poi afferro delle cose che mi sembrano più sicure.

Giussani: È il compromesso quotidiano. Cos'ho detto io?

Intervento: I cedimenti.

Giussani: I cedimenti quotidiani. È esattamente questo.

Intervento: Sì. Anche nelle difficoltà che abbiamo avuto, in diversi di noi, a Firenze (difficoltà personali, in famiglia, eccetera), basta un passo per essere come tutti: uno non vuole rinunciare alla mentalità comune, a quello che gli sembra più ovvio per risolvere le questioni. Allora io volevo chiedere: che cosa vuole dire pregare, insomma dire al Signore: «Tu sei il mio unico bene»? Mi sembra che senza un lavoro, senza un sacrificio, sia impossibile.

Giussani: Infatti. Mi hai domandato e ti rispondo che la domanda è il sacrificio più semplice, ma è un sacrificio. Domanda, se sei capace! Si può desiderare, oppure fare finta di domandare, ma se uno domanda spacca qualcosa in sé.

Intervento: Da questi giorni, ho capito che il cristianesimo, l'incontro che abbiamo fatto, non si vive e non si comunica a nessuno se non ci si immedesima in una compagnia particolare che è quella fatta dagli amici con cui riaccade l'incontro. Lo dico perché il punto di partenza della sfida alle circostanze, per cui uno attacca la realtà, magari ottenendo successi, può anche non essere questo.

Giussani: Avete capito quello che sta dicendo? Prova a spiegare.

Intervento: Dico che quando uno aggredisce la realtà non necessariamente è mosso dal motivo per cui sta insieme con gli altri, dal motivo che ci unisce, dall'origine. Il motivo per cui noi stiamo insieme è Cristo stesso, però molte volte la sfida alle circostanze non è determinata da questo punto di origine, tanto è vero che nonostante i risultati positivi vi è un certo disagio tra coloro che sferrano l'attacco alla realtà, una certa scontentezza in fondo. Ultimamente, invece, c'è un'attenzione alle nostre persone, per cui a differenza di qualche anno fa non ci domandiamo più quanto produciamo nell'ambiente in cui stiamo, ma come sta la nostra persona, come vive, come cresce, come intensifica la coscienza dell'origine attraverso quello che fa. E se ci accorgiamo che qualcosa non aiuta una persona a farla crescere nella fede le chiediamo di rinunciare a sferrare attacchi alla realtà, perché, secondo me, è meglio stare fermi che muoversi male.

Giussani: Sì, ma domandatevi pure liberamente anche quanto... la prima domanda cos'era?

Intervento: Quanto produce?

Giussani: Ecco, domandatevelo pure, perché ultimamente, in fondo in fondo, non c'è contraddizione tra le due cose.

Intervento: Bella, questa!

Giussani: Grazie! È troppo importante, ragazzi: la verità non può buggerarci mai! E allora si tratta di tempi o di ordine, ma non di buggeramento. Perciò, anche la prima domanda deve essere fatta. È come quando abbiamo detto: «A noi non fa schifo il potere, lo vogliamo, lo vorremmo, diciamo», ma c'è una modalità diversa di vivere la cosa.

Intervento: Io volevo dire un'impressione che ho: molte volte a noi sfugge il giudizio nella vita concreta, vale a dire afferriamo le ragioni dei grandi momenti, le implicazioni dei grandi gesti, però facciamo fatica nella quotidianità a vivere un rapporto realmente diverso; per esempio, facciamo fatica a capire che quello con cui stai in appartamento ha bisogno di studiare, oppure che l'amico sta soffrendo, oppure che in università c'è gente che è proprio sola. Ecco, io ti volevo chiedere se questa incapacità è un'immaturità che noi abbiamo ancora nel vivere la Chiesa e il movimento, oppure se la nostra libertà non è implicata, non è mossa da questo ambito di realtà. Perché, se non è mossa dal quotidiano, diventa moralismo anche il grande gesto dentro l'università.

Giussani: Hai posto la questione fondamentale! Perché siamo amici? Per questo, per aiutarci a non farci sfuggire il giudizio nella vita concreta. In un appartamento, se non c'è questa amicizia, siete dei poveri imbecilli, come tutti; o, *pardòn*, siete dei ragazzi come tutti gli altri a cui è necessario sbarcare il lunario stando in un appartamento. Ma l'amicizia è proprio qui. Ed è questa la radice dei Cattolici Popolari, dell'impegno con la vita concreta, con il giudizio da dare e che bisogna svolgere in università, perché: «Quel professore lì che stupidaggini dice?», oppure: «È possibile che dobbiamo vivere in questo modo, estranei tra compagni?», oppure: «A me manca un libro, dov'è che vado a prenderlo? Devo spendere 45.000 lire perché non c'è una vendita di libri usati?». I Cattolici Popolari hanno la loro radice nella risposta alla tua domanda. È la stessa radice. Dico che la difficoltà è certamente anche immaturità, innanzitutto è immaturità; ma, più profondamente, è difficile liberarsi da una connivenza con questa immaturità, da una connivenza, diciamo, "illiberale", nel senso di contraria alla libertà, non generosa, non pronta. L'una e l'altra cosa. C'è un problema di tempo e c'è un problema di presenza, Gesù diceva di «vigilanza»,[41] di essere all'erta. E questo diventa un'ascesi. Ora, che al giudizio non sfugga la vita concreta è esattamente quell'igiene, quella vita igienica, di cui parlava Péguy. Avanti!

[41] Cfr. Mc 13,35.

Intervento: In questi due giorni mi ha colpito il discorso sulla mentalità chirurgica.

Giussani: Tu fai Medicina?

Intervento: No, però mi colpiva lo stesso! Soprattutto perché sentivo che ero, come tu dicevi, un uomo a pezzi. Solo che senti che il tempo passa: «Il tempo che passa non torna più», dicevi all'altra Equipe, e...

Giussani: Lo dicevano gli antichi, è la seconda frase latina che ho tradotta, in prima ginnasio.

Intervento: E senti che perdi tempo, se continui a vivere a pezzi. Ho capito che la risposta a questo è l'appartenenza. Per questo ti chiedo: come posso appartenere a questo Altro non rimanendo a pezzi?

Giussani: Guardate che è una domanda la cui risposta è facile, bella e consolante. Infatti, «tu appartieni all'Altro» cosa vuole dire? Che il tuo cuore appartiene a un Altro e non ne puoi fare a meno. Anche se andassi – scusami – all'inferno, non ne potresti fare a meno, tanto è vero che l'inferno è appartenere a un Altro cui non riesci più a essere vicino. È come quando uno si innamora, insomma. Tu sei il tuo cuore e appartieni all'Altro. Con questo cuore appartieni all'Altro. Bisogna che questo cuore, che appartiene all'Altro, diventi giudizio sulla vita concreta e diventi volontà affettiva, diventi "agenzia" efficace, diventi energia coerente. Questo "diventare" è la fatica della vita, amico mio. Per questo è importante la compagnia, come abbiamo detto nel secondo punto della lezione, ché il contenuto è nella compagnia. Da solo, uno se ne va (come vedremo stasera) per il suo destino, in mezzo alla bufera, cioè in mezzo al turbine dei frammenti. Invece, la compagnia no! Facciamo un paragone. Supponiamo di andare via tutti, lontano: paesi lontani, giriamo il mondo, nuova vita, vent'anni, trent'anni, quarant'anni; tornassimo fra quarantatré anni, ritroveremmo la comunità tale e quale; con altre facce, ma quello che la comunità è, è tale e quale, con una sola differenza: Dio mio, che profondità maggiore scopriamo! È la stessa cosa, però!

Intervento: Sono di Foggia, studio a Bari e quest'anno i miei amici mi hanno mandato a Lecce, quindi...

Giussani: È il frammento! Insomma, dove sei?

Intervento: Sono un po' a Bari, un po' a Lecce, un po' a Foggia, sono dappertutto!

Giussani: Ma che facoltà fai?

Intervento: Scienze Politiche.

Giussani: Dove?

Intervento: A Bari, non s'è capito? Comunque, volevo dire una cosa: quello che ho sentito in questi giorni per me è stato una provocazione e nello stesso tempo una corrispondenza a quello che in questi mesi mi sta capitando in università. La questione della figliolanza e dell'affezione, che sottolineavi l'altro giorno, mi ha colpito particolarmente per il fatto che io sono andato a Lecce veramente per lo sviluppo di una storia. Se non avessi avuto l'affezione a dei volti precisi, a una compagnia, non mi sarei mosso. A Lecce non c'è il CLU, quindi stiamo cominciando da zero, per il desiderio di esprimere ancora di più quello che abbiamo incontrato.

Giussani: Veramente ricominciate da te.

Intervento: Sì, va beh, però per adesso di universitari...

Giussani: No, ma vai, vai.

Intervento: Mi sono accorto che la fede per me è una scelta virile, perché mi richiede sempre di ricominciare, grazie soprattutto al fatto che ho degli amici al fianco. Questo veramente sta creando una storia. Le iniziative che stiamo mettendo su a Bari sono lo sviluppo e l'espressione di questo ed è una cosa nuova. Per me che la faccio, la CUSL, per esempio, non è un'"iniziativa", ma la mia espressione...

Giussani: Sperimenti che è una vita diversa.

Intervento: Esatto. Questo ha sradicato tutti i miei pregiudizi sulla compagnia, e sulle posizioni che prendiamo; mi accorgo ancora di più che quello che permette all'incontro di incidere è proprio la capacità di affezione, di immedesimazione in questa storia. Spero che quanto detto confusamente diventi sempre di più la forza dei miei gesti nel quotidiano.

Giussani: Bellissimo, grazie.

Intervento: Per definire la figliolanza usavi il termine «nuova natura», e dicevi che si tratta di una vera e propria rinascita, quasi fisica...

Giussani: Biologica, diciamo.

Intervento: Sì. E mi veniva da pensare, d'istinto, a mia mamma e al rapporto che io ho con lei, al fatto che fino a una certa età io ho sempre fatto quello che mi diceva, perché sapevo che mi amava e che quello che mi diceva dovevo farlo perché era giusto. Sono arrivato a un certo punto in cui questo non bastava più, non bastava più ciò che mi "doveva" essere caro. C'era una differenza molto semplice, una differenza di libertà. Magari continuo a fare quello che mia madre mi dice, però adesso capisco che quello che lei mi dice è quello che ho di più caro io, non è più solo quello che ha di più caro lei. Capisco che l'educazione alla libertà è molto più rischiosa dell'educazione al discepolato, e lo dico pensando alla comunità, al rapporto che ho con la mia ragazza, con i miei amici, eccetera. Mettere in ballo la mia e la loro libertà è molto più rischioso, eppure è un passo inevitabile: devo rispondere per me, devo dire che cosa è più caro a me e non che cosa è più caro al mio capo di facoltà o al mio responsabile.

Giussani: Perfetto.

Intervento: Capisco allora che anche i punti che dicevi alla fine – la preghiera, la gratuità e la sfida alle circostanze –, se non partono da una libertà mia non mi sono utili.

Giussani: «Non mi sono utili» vuole dire che non fanno

crescere me, cioè non li assimilo. E, infatti, c'è gente che sta cinque o sei anni tra di noi e non ha assimilato un cavolo. Perché l'utile è ciò che contribuisce di più all'essere, cioè alla «cultura» nel senso primario, come ha detto Giovanni Paolo II nel discorso all'UNESCO.[42]

Intervento: Un'ultima cosa. L'esperienza più bella quest'anno è stata il potere dire: «Sto qui per ciò che a me è più caro». A differenza della profezia che facevi l'altro giorno, questo non ha reso più lieti i miei genitori della diversità che nasceva da una scelta di questo tipo...

Giussani: Ride bene chi ride ultimo! E i tuoi genitori saranno contenti. Comunque, mi preme osservare che se uno non avesse seguito quello che era più caro a sua madre, cioè se uno non avesse seguito ciò che doveva essergli caro perché era caro a sua madre, non sarebbe mai arrivato ad avere qualcosa di caro proprio, o sarebbe arrivato molto più difficoltosamente.

Intervento: Io mi sto accorgendo, prima di tutto, di come sia buono lanciarsi dentro la realtà, perché imparo a capire che cosa grande ho incontrato per la mia vita, e poi del positivo enorme che c'è dentro alcune amicizie. Mi sto rendendo conto che per il mio cambiamento non servono costruzioni intellettuali, quanto un essere figlio, in un certo senso, di persone che io intravedo vivere in modo più vero. Sono rimasto impressionato da quello che lei ha detto sul vivere i rapporti dentro la comunità con certi

[42] Giovanni Paolo II, *Discorso all'Organizzazione delle Nazioni Unite per l'Educazione, la Scienza e la Cultura (UNESCO)*, 2 giugno 1980.

amici, come un figlio vive con il padre e con la madre...

Giussani: E con i fratelli.

Intervento: Solo che, forse è una difficoltà mia, non è scontato sapere essere figli intelligenti, al punto tale da imparare il meglio dai propri genitori. Vorrei che lei mi spiegasse meglio.

Giussani: Non è scontato perché è un seme che deve diventare pianta. La vita è uno sviluppo, per questo è una lotta o, con un termine greco, è un'ascesi. È uno sviluppo. Non dobbiamo giudicare la nostra esistenza. Giudichiamo il nostro io nell'istante. Il nostro io vive questo istante (come dice una delle pagine più belle de *Il senso religioso*:[43] l'istante; ma nessuno se ne ricorda), noi possiamo giudicarci nell'istante. La giustizia, la bellezza, la bontà, la verità, vale a dire la moralità è questo: se l'istante ha la tensione giusta al destino o non l'ha. E può essere appena appena accennata, come un embrione, come un bambino di un anno. Non è una misura la morale. Nella bellissima parabola del pubblicano e del fariseo, Gesù ha chiuso la questione. Cerchiamo per favore di non riaprirla indebitamente, facendoci pesare quello che dovrebbe invece renderci lieti: pieno di difetto, ma tendo; pieno di amarezza, ma tendo alla letizia; pieno di vuoto, ma tendo al pieno-pieno; pieno di niente, ma tendo all'essere. La verità della persona è la tensione, dove tende. Il «caro» – «cos'hai di più caro» – è ciò a cui tendi. Per questo non possono essere felici tuo padre e tua madre se non in quanto portano,

[43] Cfr. L. Giussani, *Il senso religioso*, op. cit., pp. 51-53.

veicolano, la profezia di quello che incontrerai o ti preparano a quello che «tu» incontrerai, perché il destino è tuo.

Dai, bionda!

Intervento: Nelle vacanze che ho fatto quest'estate con i miei la fatica più grande che c'è stata – non solo nel rapporto con loro, ma con la gente con cui mi sono trovata a contatto – è che dappertutto ho visto all'opera la mentalità chirurgica che lei descriveva.

Giussani: È la mentalità per cui occorrerebbe il nostro bravo chirurgo!

Intervento: È un falso concetto di chirurgia!

Giussani: Ma io sto applicando la chirurgia *secundum* Péguy! Avanti.

Intervento: Oggi, mentre si discuteva con gli altri in albergo, ho capito che il dolore provato di fronte a questo dipendeva dal fatto che questa compagnia mi ha insegnato un rapporto retto con le cose, cioè quella verità igienica di cui si diceva. Mi è sempre più chiaro che non esiste la possibilità di questo rapporto retto, se non si tiene presente lo scopo che la cosa ha, perché altrimenti tutto sfugge di mano.

Giussani: È la razionalità.

Intervento: Vedevo, per esempio, la fatica di una madre a essere madre nei confronti dei figli...

Giussani: Dove si vede che la razionalità non è una cosa opposta al sentimento, ma è la macchina che scava l'alveo in cui il sentimento, che è l'acqua viva, scorre. L'uomo è uno, non c'è opposizione tra razionalità e affettività (e affezione). C'è una dissociazione strana, triste.

Intervento: Eliot diceva in proposito che l'ultima tentazione è compiere la retta azione per uno scopo sbagliato.

Giussani: Bellissimo! Sono i valori comuni, che «Il Sabato» giustamente attacca.

Intervento: Studio Medicina a Milano. Quando si parlava di gratuità, pensavo che, specialmente nei rapporti più veri, risulta molto evidente l'incapacità di una gratuità e una decisione per il peccato...

Giussani: Andiamo, diciamo l'inclinazione per una decisione non gratuita!

Intervento: E vedo che non mi libera l'idea di sforzarmi di essere capace di essere gratuito. Volevo sapere come è possibile che la gratuità di cui lei parlava tenga dentro questa inclinazione, per cui qualsiasi azione che uno fa è corrotta da un istinto...

Giussani: Io non ho mai detto una cosa di questo genere! Siete tutti d'accordo che non ho mai detto una cosa di questo genere? Ma il problema è bellissimo, è giustissimo. Cos'è la gratuità? Come si definisce la gratuità? Come l'abbiamo definita tante volte nelle nostre discussioni dell'Equipe? La gratuità è affrontare, come giudizio e come affezione, una presenza, una realtà presente, in funzione del destino che è suo e mio. È il nesso col destino. I bambini fanno i quadri senza prospettiva, mentre un grande artista sa fare prospettive dell'altro mondo: ecco, la gratuità è un rapporto secondo la sua prospettiva ultima. Allora l'istinto, amico mio, o il calcolo che ti desta il rapporto, o il contratto che ne nasce, è parte di questa tensione: moralità. La moralità è la tensione a quello. Giustamente hai usato la parola «peccato», perché ciò che non è gratuito è peccato, «viene meno». Peccare, *amartano*, in greco, vuole dire venire meno, deficienza. La gratuità è lo sguardo portato a una persona secondo la prospettiva vera, cioè con la percezione del suo destino che è anche il mio. Da qui nasce un giudizio e un uso (per dirlo con un termine banale), un'utilità diversa, in cui l'istinto, il piacere, la reattività, il calcolo si piegano, come ho detto prima, alla ragione, al senso del destino, come riconoscimento che scava l'alveo, e l'acqua che ci sta dentro non deborda: l'istinto non diventa fine a se stesso, il calcolo non diventa fine a se stesso. E questa è la lunga lotta della vita. La vita è una prova, si dice, e lo è fino a settant'anni, fino a novantasette anni. Un mio carissimo e antichissimo professore, a novantotto anni cadde. Stava benissimo, era vivo e vegeto, un po' tremante: cade, si rompe il femore; è letale a quella età lì. Resta a letto, vado a trovarlo: «Allora, monsignor Assi, come sta?», *Ma mi, g'ho da sta chì tutta la vita inscì?*, cioè: «Io devo stare qui tutta la vita così?». Novantotto anni!

Comunque, è la coscienza del destino, è questa la sapienza che deve diventare amore, cioè – in inglese si dice *moulding* – un «plasmare». Ecco, è un plasmare la realtà secondo quella visione. Questa è tutta la nostra lotta: la lotta della purità nel riconoscere e la lotta del plasmare secondo questo riconoscimento. Mille volte al giorno si è sconfitti e mille volte si riprende. È questa la tensione sempre possibile, perché il cuore per definizione appartiene, tu per definizione appartieni, appartieni al Risorto e perciò sei inesauribilmente capace di resurrezione. Ma, ragazzi, non esiste un concetto di vita, un'immagine d'uomo che possa paragonarsi all'intensità e alla positività assoluta che ha il concetto cristiano. Non esiste. Tiratelo fuori; se trovate uno che dica qualche cosa di paragonabile, ditemelo. È quello che pensavo quando abbiamo sentito quei bravissimi buddisti: erano parole dense di dignità, cioè segno della dignità, ma pur sempre parole, senza carne; e perciò per affermare una verità, una parola vera, devono dimenticarne cento altre di parole vere.

Hai alzato la mano?

Intervento: Sì, credo che tocchi a me. Mi ha colpito moltissimo l'altro giorno che, sviluppando il tema della igienicità della compagnia, fra i punti che sottolineavi c'era la questione della sfida alle circostanze.

Giussani: Cosa?

Intervento: La sfida alle circostanze, insieme alla preghiera e alla gratuità. Vorrei che tu chiarissi questa cosa: che l'unico scopo degno di un'azione è l'incremento della compagnia che l'ha fatta nascere. Non tanto come esito dell'azione, ma proprio come movente iniziale, cioè l'incremento della coscienza di ciò a cui realmente appartengo. Dico questo perché vedo un rischio grandissimo molto presente nell'attività dei Cattolici Popolari: che la persona possa rimanere fuori dall'azione che fa, cioè che io possa fare un'azione senza che questa c'entri con la domanda reale che ho sulla vita.

Giussani: Cioè, uno può fare un'azione senza...?

Intervento: Senza essere dentro quello che fa, solo perché appartiene a un gruppo e quindi si aggrega, però senza una domanda reale.

Giussani: Senza essere dentro lui.

Intervento: Sì.

Giussani: Senza che sia risposta a lui stesso.

Intervento: Esatto. E quindi senza uno scopo reale, cioè adeguato a sé, perché persino lo scopo può essere reattivo. Io vorrei che chiarissi questo.

Giussani: Dovrei spiegare il concetto di merito, la teologia morale cristiana sul merito. Ma ne abbiamo parlato tante volte, dovete ammetterlo! Quando un'azione ha valore, cioè è virtuosa (*virtus* vuole dire «valore»), cioè ha merito, è meritevole, è meritoria (sono tutti sinonimi)? «Merito» vuole dire: ha proporzione al destino; «merito» è la misura al destino, indica quanto un'azione è in rapporto al destino. Un'azione è meritoria quando fa crescere, collabora a fare crescere il regno di Dio, cioè il disegno del Mistero, il disegno di Dio. Per questo è giusto dire che l'unico scopo degno dell'azione è l'incremento della compagnia che l'ha fatta nascere, perché la compagnia è il modo con cui collaboriamo, è il pezzo che ci tocca per collaborare al regno di Dio. Ma la frase più giusta, che sta alla radice di questa, è che un'azione è degna quando incrementa la coscienza dell'appartenenza: se fa diventare più grande la coscienza di appartenere a questa compagnia, allora il mio soggetto diventa più grande, diventa più creatore (questa è la parola: più creatore). A pensare che si possono passare uno, due, tre, quattro, cinque anni di GS (Gioventù Studentesca), oppure uno, due, tre anni del CLU, senza sentire e capire queste parole, viene proprio il nervoso! Bisogna che, da quando è nella scuola media superiore, la gente incominci a sentirsi colpita e trapassata (anche se non capisce) da parole nuove, cioè da un sentore nuovo del reale. Altrimenti diventa ripetizione e organizzazione.

Scusate, prima ha alzato la mano pudicamente il mio biondo e fulvo amico. Aveva alzato la mano con un dito.

Intervento: Studio in Cattolica, sono per natura peccatore e per grazia cristiano.

Giussani: Bellissimo! Come san Pietro, il primo uomo definibile da questa coscienza: come uomo, peccatore; per grazia, cristiano. Per questo Gesù ci ha messo su la sua Chiesa.

Intervento: Per l'amicizia che mi lega a te, ripensando alla provocazione che ci avevi lasciato stamattina, all'esame di coscienza che ci avevi chiesto di fare oggi come compito, il primo desiderio era quello di venire a confessarmi, ma il secondo era quello di chiederti di ripetermi quella che è stata – almeno nella mia storia – una delle cose che più hanno entusiasmato la mia ragione e il mio cuore. Non posso, per motivi di tempo, raccontare come è successo, ma ultimamente ha assunto un volto sempre più preciso e dei connotati e un nome sempre più chiaro. Un aspetto che mi aveva enormemente colpito quando avevo letto le *Lettere di Berlicche* di Lewis[44] era quando lui diceva che l'istante è il momento del rapporto con l'infinito. Questa frase...

Giussani: Ce l'ha rubata, questa qui!

Intervento: No, l'ha detta prima, gliel'abbiamo rubata noi.

Giussani: Però io non l'ho rubata da lui!

Intervento: E infatti non volevo dire questo. Mi aveva colpito perché poi è una frase che ho risentito dire da te a tantissima gente del movimento, come coscienza dell'unicità del momento presente, carico, però, della tensione di un passato e di un futuro. C'è una poesia, che ho trovato quest'estate, di un certo Rossetti, non so chi sia...

Giussani: Famoso, Dante Gabriel Rossetti!

Intervento: Mi fa piacere!

Giussani: Dell'Ottocento.

[44] Cfr. C.S. Lewis, *Le lettere di Berlicche e il brindisi di Berlicche*, Jaca Book, Milano 1990, pp. 61-64.

Intervento: «Il passato non è, ma se lo finge la vana rimembranza. Il futuro non è, ma se lo pinge la credula speranza. Il presente sol è, ma in un baleno fugge del nulla in seno, tal che la vita è appunto una memoria, una speranza, un punto.»

Giussani: Me la dai per il corso dell'anno venturo!

Intervento: Sì, l'ho copiata per questo. La gioia sempre più grande è che nella mia esperienza cristiana questa memoria, questa speranza e questo punto hanno sempre più una consistenza (come invece non sembrerebbe in questa poesia). E hanno una consistenza proprio perché il fuggire del passato e la tensione verso il futuro, che ancora non è, spostano il presente comunque in un continuo flusso all'interno del rapporto con il Mistero. Ed è questo quello che più mi ha colpito: una obbedienza sempre più grande a ciò che l'istante mi impone come circostanza. Sono sempre stato uno spirito abbastanza anarchico, per cui l'idea che la legge suprema dell'essere fosse l'obbedienza mi aveva sempre ripugnato o almeno attratto poco. Ma l'esperienza di quest'ultimo periodo è che, volente o nolente, accade questa imponenza di Cristo nella mia vita, e l'unica modalità attraverso cui questa dinamica diventa vera è il sacrificio, cioè che io sia protagonista, come insegna *Il senso religioso*, di quello che mi accade e che quindi sia la mia libertà a sceglierlo sempre di più. Come diceva Seneca nella Lettera 107: *Ducunt volentem fata, nolentem trahunt.*[45]

[45] Seneca, *Epistole a Lucilio*, 107, 11, 5.

Giussani: Traduci per lui.

Intervento: «Il destino conduce coloro che vi aderiscono e trascina coloro che lo respingono.» Sarebbe indegno e immeritevole essere trascinati. La domanda che io faccio a te, adesso, è come, riappassionandomi all'istante, alla circostanza, io possa sempre di più permetterne la trasfigurazione dentro il mistero di Cristo. Altrimenti, lo pensavo ieri guardando le montagne e scendendo a piedi, la bellezza che c'è in ogni istante non potrebbe essere conservata.

Giussani: Capite che cosa vuole dire figliolanza? È una creazione, è una generazione, è una novità. Eppure... Ma tu mi hai posto una domanda e non posso evitarla, adesso; altrimenti devo rispondere domani mattina. La domanda è come si faccia a...?

Intervento: Come nella tua esperienza accade la letizia dell'obbedienza totale a Cristo dentro la circostanza?

Giussani: Come questa obbedienza lieta dentro l'istante può incrementarsi? Guardate, ragazzi, faccio un paragone di quest'estate. Sono stato sette giorni all'isola de La Maddalena. In casa, se non facevano da mangiare le donne, faceva da mangiare un amico del Gruppo Adulto che era lì con me. Una mattina eravamo lì noi due e su in cucina, che era un po' più in alto, lui stava facendo da mangiare. C'è stato un'ora e mezza, ma è un bravo cuoco. Io ero lì a leggere semisdraiato e pensavo: «Ma guarda lì, guarda quello lì come si muove, in mezzo al calore dell'affare (faceva già caldo fuori)». E poi pensavo a tutte le colf di questo mondo, a tutti i ragazzi che stavano studiando perché era in principio di luglio e c'erano gli esami. Una cosa tira l'altra, alle dodici e mezza lui scende dai tre o quattro gradini e dice: «Ho finito». Allora gli ho detto: «Senti, che differenza c'è fra te che hai vissuto questa ora e mezza, che hai fatto questa ora e mezza di manovalanza cuciniera, e tutto il resto della gente che qui a La Maddalena si è data da fare per cucinare in queste ultime due ore del mattino (alberghi, case private)? Che differenza c'è? Una, la coscienza: se tu hai vissuto questa ora e mezza secondo quella parola cristiana che dà la coscienza con dentro il contenuto e che si chiama "memoria", se tu hai vissuto questa ora e mezza nella memoria. Questa è l'unica differenza. Come diceva Sinjavskij,[46] parlando del contadino dell'isba: prima di mangiare si fa il segno di croce, e con questo gesto semplice riannoda il suo momento effimero alla totalità delle cose. Così, se tu hai vissuto questa ora e mezza "frammentata" di coscienza di ciò che è il significato del tuo vivere, di ciò per cui fai questo, anche nella banalità assoluta del gesto (san Paolo dice: "Sia che mangiate, sia che beviate, ricordate: siete di Cristo",[47] la memoria è la coscienza dell'appartenenza), questa è la dignità unica». Se i grandi politici non vivono questo, sono dei poveretti, anche le poche volte che la indovinano.

Intervento: Il fatto più importante che è avvenuto nella nostra compagnia è stato l'accadere di un'amicizia più vera tra alcuni volti precisi. Il riconoscimento di questo

[46] Vedi qui, nota 29, p. 210.
[47] Cfr. 1 Cor 10,31.

dono, il giudizio spiazzante del Volantone e il lavoro richiesto hanno ribaltato la prospettiva con cui viviamo. Ci siamo accorti che ciò che vale non è stare dentro la realtà con una tensione che può avere Cristo come riferimento generico, ma in cui tutta l'attenzione è spostata sul fatto che io ho questa tensione; la cosa che vale è il principio del nostro agire, il fatto che c'è Cristo, concretamente sperimentato dentro la nostra amicizia. Questo mi sembra cominci a fare avvenire un passaggio tra una vita reattiva e una vita sostenuta dal giudizio: il giudizio prende spazio. Così mi sembra di potere descrivere quel che lei diceva rispetto al passaggio a una verità igienica, alla necessità che la verità sia nel tessuto della vita...

Giussani: Ci sia nella stoffa normale della vita...

Intervento: Ecco, dicendo che è un passaggio di prospettiva tra la mia tensione e Cristo cercavo di descriverlo.

Giussani: Questa idea del passaggio di prospettiva è molto interessante. Mi permetterò riprendere quel che mi hai detto quando farò la sintesi, perché altrimenti dovrei fare un piccolo discorsetto. Osservo soltanto che, fra il prima e il dopo, secondo quanto detto, il passaggio è fra l'incoscienza del destino e la coscienza del destino, fra l'inconsapevolezza di uno scopo e la consapevolezza dello scopo. È la differenza tra il bambino e l'adulto, ché il bambino non ha coscienza dello scopo, se non immediato: calcio la palla, goal; oppure fuggo dal papà che si protende con la mano alzata. La differenza tra il bambino e l'adulto o tra il cane e l'uomo è che nel primo caso non c'è consapevolezza dello scopo, se non dello scopo immediato (e questo è il concetto di reazione), mentre nel secondo caso c'è la coscienza dello scopo cui tutto si articola e, perciò, che esige anche pazienza e che sta anche attraverso sconfitte (per esempio, lo scapaccione del papà).

Intervento: Volevo dire una cosa breve e fare una domanda.

Giussani: Di dove sei, amico, che t'ho già visto?

Intervento: Sono di Modena.

Giussani: Ah, Modena, già.

Intervento: Pensando all'esperienza di questi due giorni, sia l'incontro con i giapponesi sia quello di ieri sera sui cori russi sono stati utili, perché hanno incrementato notevolmente la tensione in me. Subito dopo, però, mi è venuto da ringraziare Dio del fatto che ci sia questa compagnia, cioè che ci sia una strada praticabile...

Giussani: Scusate, una cosa che incrementi la tensione, la tensione al destino, è morale. Pensate, per favore: Dio può permettere il male, può permettere che sbagli, e questo può diventare morale, perché mi incrementa la tensione al destino. Invece, se non sbaglio non ci penso.

Intervento: Dicevo che mi viene da ringraziare Dio che ci sia questa compagnia, cioè che ci sia una strada praticabile, perché capisco che il senso religioso senza una strada praticabile sarebbe come una bella montagna da guardare, ma priva di sentieri, cioè qualcosa di irraggiungibile, o sarebbe come avere dei soldi e non poterli spendere, una grossa potenzialità e non poterla realizzare; cioè, sarebbe come non avere un luogo dove potere fare attenzione a questo destino ed essere tesi a esso. La domanda che volevo fare è questa: già da molto tempo siamo continuamente aiutati, sollecitati ed educati a questa tensione, cioè a guardare qualcosa di più grande rispetto a noi; cos'è che permette, in questa continua tensione, di non sfibrarsi?

Giussani: Cos'è che non ti fa esaurire a respirare continuamente? Respiro, respiro: cos'è che non mi fa esaurire nel continuare a respirare? Che il respirare è la natura della mia vita! La tensione è la natura della tua vita. Più tendi e meglio stai, si abbassa la pressione, diventi come Binda (io ci tenevo a Guerra, ma sono rimasto deluso, dopo un anno). È la natura, capite, è ciò di cui siamo fatti.

Penultimo, anzi terz'ultimo.

Intervento: Ciò che ci hai detto in questi giorni non mi lascia scampo e mette in luce l'urgenza drammatica di dovere rompere definitivamente quell'atteggiamento borghese e quindi vigliacco con cui quasi in modo naturale si evirano le cose vere. Questo atteggiamento, spesso, riduce la questione della mia appartenenza a un livello intenzionale e moralistico («Io, perché sono comprensivo e buono, aderisco»), invece di essere più ragionevolmente il riconoscimento di ciò che mi è accaduto: io non sono figlio di mio padre perché l'ho deciso, ma perché è accaduto così. Questo mi fa capire che seguire o appartenere non è una cosa su cui io devo scegliere, ma è una necessità per la mia umanità, è l'unica possibilità per realizzarmi. Altrimenti mi accade che questa appartenenza – ritenuta anche molto importante – non incida sui criteri di giudizio delle cose che più mi interessano, che vengono inevitabilmente assunti dall'esterno, e quindi di questa cosa importante in realtà posso farne a meno, vivo le cose come se avessero senso in se stesse, rendendo inutili le cose grandi.

Giussani: Però, come è impressionante il concetto di cosa grande e di cosa non-grande, oppure, che è lo stesso, di essere fortunati o no! «Sono fortunato perché... sono sfortunato perché...» Invece, la fortuna o la sfortuna, il grande o non-grande è in rapporto all'appartenenza. La cosa grande è quella che deriva dall'appartenenza. La più bella storia dei nostri tempi è quella umilissima e piccolissima di santa Teresina del Bambin Gesù, che è una ragazza, pensate, una donna, che ha vissuto completamente questa coscienza.

Intervento: Vengo da Cagliari.

Giussani: Cagliari... non ti sarai mica offeso?

Intervento: No, solo che il pallone che vogliamo è quello di Virdis, non quello di Gullit.

Giussani: Ah, sono d'accordo!

Intervento: Mi accorgo, in questi giorni, che la tensione che esprimevamo stamattina con le Lodi, cioè di ricercare quanto è conforme alla mia ragione e di rifiutare quello che è incompatibile, viene meno nel mio quotidiano quando è offuscato il mio cuore, il mio desiderio di felicità totale. In questo senso il lavoro che abbiamo fatto quest'anno con *Il senso religioso* ha incominciato un po' ad attaccare questa barriera innaturale che si frappone fra me e il mio cuore. Anche se riconosco che una barriera di questo genere rimane.

Giussani: Scusami, in che senso è stata attaccata?

Intervento: Nel senso che c'è stato un inizio nel capire che ho delle esigenze che non si fermano: in seguito, per esempio, all'avere una macchina o all'avere una bella sistemazione, una bella carriera, l'esigenza di felicità non si ferma, c'è altro. Volevo dire che la positività di questi giorni è che proprio questo limite mi ha aperto una domanda di aiuto, ecco, una domanda inarrestabile di aiuto. E questo non era ancora successo. Per questo lo vedo molto positivamente.

Giussani: Bellissimo. Che razza di forza ha la percezione del proprio limite che diventa domanda di aiuto! Vi ricordate quella frase di Cristo che hanno trovato tra i papiri di Ossirinco, in Egitto? Sono detti attribuiti a Cristo, ma non sono dentro il Vangelo, per questo si chiamano *Agrapha*, «non scritti nei Vangeli». E questa è una di quelle che tutti i critici ritengono autentica. Dice: «Venni fra di loro e li trovai tutti ubriachi, nessuno di loro aveva sete». Per avere sete bisogna avere coscienza del limite in cui si è. Senza coscienza del limite uno non va. Per questo Dio ha usato il metodo pedagogico più tremendo, ma più semplice: ha permesso l'errore, ha permesso il peccato, le cui conseguenze sono così evidentemente contro natura, contro il nostro cuore, che uno è costretto a percepire il proprio limite. Dovremo percepirlo – noi diciamo sempre – metafisicamente, perché siamo niente. *Il senso religioso*, nel capitolo decimo, dice: «Se uno nascesse a vent'anni...»,[48] vi ricordate? La coscienza del proprio niente. Non c'è niente di più evidente in questo momento del fatto che io non mi faccio da me. Ma queste cose, che sono il culmine della ragione, non le pensiamo mai, perché non preghiamo. La preghiera, infatti, è questo. Se uno ha la coscienza del proprio limite, allora è spinto, perché è un limite positivo, cioè è un limite chiamato, è un limite destinato: la coscienza del limite diventa domanda. La fame è un limite che è destinato a essere saziato, perciò uno ha fame e tende la mano.

L'ultima. Facciamo pari o dispari...

Intervento: Io in questi due mesi ho lavorato...

Giussani: Di dove sei?

Intervento: Studio a Padova e ho lavorato qui in albergo. Ho imparato una cosa nuova, cioè un livello di realtà che prima non vedevo, probabilmente eludevo, cioè una realtà molto semplice, una umanità molto spicciola. Nel senso che i rapporti con i miei compagni di lavoro, con i clienti, si risolvevano in cose molto banali...

Giussani: Siamo noi i clienti.

Intervento: Sì, anche. Il rapporto con un cliente si risol-

[48] Cfr. L. Giussani, *Il senso religioso*, op. cit., pp. 139-140.

veva in cose molto banali, nel fatto che aveva bisogno di mangiare, della coperta, eccetera. E io i primi giorni ho aspettato i momenti un po' più importanti, quelli che credevo fossero momenti importanti; invece per tutte le settimane l'unica realtà erano queste cose banali – credevo –, semplici, e io stessa ero fatta di questo. Poi ho cominciato a rendermi conto che era l'unica realtà e che quella dovevo amare...

Giussani: Cioè, la realtà quotidiana, il bisogno quotidiano.

Intervento: Sì, proprio le cose semplici, l'umanità più spicciola. Non potevo aspettare che passasse, come spesso faccio. E mi sono accorta che bisognava cambiare la modalità di rapporto...

Giussani: Cioè, non dovevi aspettare il momento chirurgico.

Intervento: Sì. E ho provato a stare attenta a che tipo di coscienza avevo di me nella realtà. Volevo essere presente totalmente a me stessa, però facevo questa operazione: tentavo di portare a sintesi tutti i discorsi che ho imparato per usarli come strumento. Solo che alla fine mi trovavo molto più imbarazzata, quasi "imbranata" rispetto alla realtà. Era come se ci fosse uno iato che non riuscivo a capire, per cui dovevo fermarmi un attimo. Questo era evidente anche nei rapporti. Molti dei miei compagni di lavoro mi tenevano come punto di riferimento e mi chiedevano delle cose; a me venivano in mente delle risposte, che magari li facevano anche contenti, però le percepivo come non ultimamente vere per me...

Giussani: Non ancora tue, non ancora del tutto tue.

Intervento: Sì, e non riempivano il mio cuore, per cui preferivo non dirle. Iniziavo allora ad avere delle azioni non fatte, perché non riuscivo a incidere, e delle parole non dette. Ti chiedo un aiuto perché a volte questa mancanza di azione e questo astenersi dalle parole mi sembrano più veri di tanta scaltrezza o malizia che ho accumulato in questi anni o di tanta baldanza nell'agire.

Giussani: Ma, una volta sono entrato con ritardo in un raduno, un quarto d'ora di ritardo, e tutti erano là mogi, in silenzio diciamo. Io sono entrato e ho detto: «Svegliatevi!». «Come? Siamo svegli! Infatti siamo un po' stufi perché...» «No, voi dormivate!» Perché dormire vuole dire essere fuori di sé, quando uno è fuori di sé dorme, è in coma. Allora il vostro silenzio è tutto pieno di "fuori di voi", siete fuori di voi, siete lì o allocchiti o distratti. Il vero silenzio, vale a dire il non dormire, il non essere fuori di sé, è l'essere dentro di sé. Essere dentro di sé vuole dire vivere la memoria, perché noi siamo appartenenza a un'altra cosa. Questo è il vero silenzio. Il vero silenzio è la memoria. Benissimo. Uno può correre su e giù per le scale con questa coscienza dentro, ma impara col tempo a rendere sempre più frequente questa coscienza, questo attimo dopo attimo, come certe figure – non so se futuristiche o che altro; non me ne intendo di storia dell'arte, anche se mi piace – fatte tutte a punti: ogni punto, per sé, visto con il binocolo, è diverso dall'altro, è separato dall'altro, ma se tu vedi la figura normalmente è una figura intera. E così la memoria deve diventare una coscienza frequente, così frequente... Ma questo è il vecchio paragone del racconto del pellegrino russo.[49] È molto opportuno che tu, amica mia, ti fermi un istante a metà scala, se non ci sono altri che salgono, a dire: «Per che cosa faccio?» e riprendere coscienza. Questo è il valore del momento della preghiera nella giornata. E non ha termini numerici, non ha termini quantitativi, ma qualche cosa ci deve essere, perché se non ti fermi mai è molto difficile che la memoria si instauri come un ponte continuo fra te e l'infinito. Il problema è che diventi sempre più frequente questa coscienza che stabilisce il famoso ponte.[50] Allora puoi anche correre da mattina a sera ed essere ricca di questo. Perché una donna che diventa madre, e ha lì uno, due, tre figli, non può mica lasciare lì i figli in bilico sulla scala e lei fermarsi a contemplare Dio! Vi pare? È una coscienza, è una coscienza che aumenta col tempo. Saggio e igienico è l'avere qualche momento nella giornata in cui uno fissa solo questo. Questi sono i momenti di preghiera. Ma possono non essere settantaquattro, si può non avere in mano il rosario tutto il giorno, come i buddisti che continuano a fare passare i grani tra le dita (ma lo facevo anch'io quando ero in seminario, facevo passare la corona dicendo: «Dolce cuor del mio Gesù fa' ch'io t'ami sempre più», dicendolo in fretta per fare in fretta a finire la corona; però mi è rimasto impresso).

Scusate, debbo interrompere, mi spiace, perché fra dieci minuti c'è la santa Messa.

[49] *Racconti di un pellegrino russo*, Bompiani, Milano 2003.
[50] Cfr. L. Giussani, *All'origine della pretesa cristiana*, Rizzoli, Milano 2001, p. 37.

Incontro su Giovanni Pascoli

Sentiamo un pezzo che durerà quattro minuti, il secondo tempo del *Trio* di Schubert, il cui inizio avete sentito mentre entravate, perché esprime il dolore dell'uomo singolo, isolato, solo, come la poesia di Pascoli *I due orfani*.[51] È lo stesso dolore che si ripercuote dall'uno all'altro dei due orfani, ma senza che questo renda compagnia la vita. Non c'è un'unità a cui tendono, anche se c'è un'unità enigmatica, morta: la madre, morta, da cui derivano.

F. Schubert, *Trio con pianoforte n. 2 in mi bemolle maggiore*, op. 100[52]

La lettura di questa sera è come "in negativo", fino a un certo punto, sulla tematica che ci ha interessato in questi giorni e che ci interessa fondamentalmente. È l'aspetto più metafisico della poesia di Pascoli, quello dei *Primi poemetti*. Leggerò soltanto alcune poesie.

Il primo punto potremmo intitolarlo: «L'uomo»; l'uomo così come lo sentiamo, secondo la definizione che ne dà *Il senso religioso*:[53] esigenza di conoscenza ed esigenza di possesso inevase, inesauste: inesausto, il bisogno, e inevaso. Ci sarebbe una speranza, ma è come solo un sogno, perché se essa fosse reale ci sarebbe la risposta: la compagnia. Ma, ripete Pascoli, è un sogno, e ciò che di tale com-

[51] Cfr. G. Pascoli, «I due orfani», da *Primi poemetti*, in *Poesie*, Garzanti, Milano 1994, pp. 354-355.

[52] F. Schubert, *Trio con pianoforte n. 2 in mi bemolle maggiore*, op. 100, "Spirto Gentil", n. 14 (Sony).

[53] Cfr. L. Giussani, *Il senso religioso*, op. cit., p. 189.

pagnia resta esistenzialmente vissuto è quel dialogo de *I due orfani*, come nel *Trio* di Schubert, seconda parte.

Dunque, la definizione dell'uomo. *La grande aspirazione*, dai *Primi poemetti*.

Un desiderio che non ha parole
v'urge, tra i ceppi della terra nera
e la raggiante libertà del sole.

Voi vi torcete come chi dispera,
alberi schiavi! [immaginate gli ulivi: un desiderio che non ha parole li urge, tra i ceppi della terra nera – perché sono imprigionati –, verso la raggiante libertà del sole; ma è una urgenza che li distende quel tanto da farli gridare e basta]
Dispergendo al cielo
l'ombra de' rami lenta [perché si svolge adagio] *e prigioniera* [bloccata],

e movendo con vane orme [con passi vani] *lo stelo*
dentro la terra [le radici], *sembra che v'accori*
un desiderio senza fine anelo [siete così corti eppure sembra che vi urga un desiderio senza fine, anelo].

– *Ali e non rami* [avessimo ali e non questi rami bloccati]! *piedi* [per correre, camminare] *e non errori*
ciechi di ignave radiche! – poi dite
con improvvisa melodia di fiori [il vostro fiorire primaverile è come una nostalgia senza risposta].

Lontano io vedo voi chiamar con mite
solco d'odore; vedo voi lontano
cennar con fiamme piccole, infinite [vedo vibrare la campagna di primavera].

E l'uomo, alberi, l'uomo, albero strano
che, sì, cammina, altro non può, che vuole;
e schiavi abbiamo, per il sogno vano,

noi nostri fiori, voi vostre parole.[54]

L'albero è preso come simbolo dell'uomo: bloccato (i ceppi), imprigionato, ma proteso da un anelito senza fine; ha i piedi, può camminare, però «altro non può, che vuole». E se avesse le ali, sarebbe nella situazione descritta in quella famosa pagina di Leopardi che abbiamo ristudiato su *Il senso religioso*.[55] Qualunque cosa avesse, «altro non può, che vuole». E questa è una bella definizione dell'uomo come esigenza, così come abbiamo imparato.

Ma adesso vediamo le due traduzioni più impressionanti di questo desiderio senza fine («anelo»). La prima è forse l'unica poesia nota di tutte quelle che leggerò: *Il libro*. Questo anelito diventa desiderio di conoscenza. Il poeta è nel parco di un amico; vi è un'altana (quelle piccole collinette su cui è stato fatto un gabbiotto), con una sedia, un tavolo; sopra, un grosso libro aperto. Improvvisamente, quando il poeta sta per avvicinarsi, sorge una folata di vento; il vento fa girare le pagine del libro, prima lentamente poi urgendo, a venti, a trenta, e poi le pagine ricadono. È una banalità, ma è questo il genio: ogni punto dell'esistente non è più banale, perché gli fa insorgere l'intuizione dell'infinito, del rapporto con l'infinito di cui è fatto. «Ho capito: quel libro è il mondo e il vento che non si vede, non si sa donde sorge, è il pensiero.» È il

[54] G. Pascoli, «La grande aspirazione», da *Primi poemetti*, in *Poesie*, op. cit., pp. 323-324.
[55] Cfr. L. Giussani, *Il senso religioso*, op. cit., p. 65.

pensiero che, fissato sulla realtà, volta i fogli per cercarne il senso, lentamente o rabbiosamente, avanti e indietro, indietro e avanti; ma il senso non lo trova e la realtà rimane il libro del mistero.

Sopra il leggìo di quercia è nell'altana,
aperto, il libro. Quella quercia ancora,
esercitata dalla tramontana,

viveva nella sua selva sonora;
e quel libro era antico. Eccolo: aperto,
sembra che ascolti il tarlo che lavora

[quei silenzi di quando si è in alta montagna o in campagna, che sembrerebbe di sentire un tarlo lontano un chilometro].

E sembra ch'uno (donde mai? non, certo,
dal tremolo uscio, cui tentenna il vento
delle montagne e il vento del deserto,

sorti d'un tratto...) [non viene certo dalla biologia del padre e della madre, il «tremulo uscio, cui tentenna il vento delle montagne e il vento del deserto, sorti d'un tratto...»]
sia venuto, e lento
sfogli – se n'ode il crepitar leggiero –
le carte. E l'uomo non vedo io: lo sento,

invisibile, là, come il pensiero...

Un uomo è là, che sfoglia dalla prima
carta all'estrema, rapido, e pian piano
va, dall'estrema, a ritrovar la prima.

E poi nell'ira del cercar suo vano
volta i fragili fogli a venti, a trenta,
a cento, con l'impazïente mano.

E poi li volge a uno a uno, lenta-
mente, esitando; ma via via più forte,
più presto, i fogli contro i fogli avventa.

Sosta... Trovò? Non gemono le porte
più, tutto oscilla in un silenzio austero.
Legge?... Un istante; e volta le contorte

pagine, e torna ad inseguire il vero.

Quando sorge un grande genio, un Einstein, tutto resta come sospeso: abbiamo trovato? «Un istante; e volta le contorte / pagine, e torna ad inseguire il vero.»

E sfoglia ancora; al vespro, che da nere
nubi rosseggia; tra un errar di tuoni,
tra un alïare come di chimere [come trasognato].

E sfoglia ancora, mentre i padiglioni
tumidi al vento l'ombra tende, e viene
con le deserte costellazïoni

la sacra notte. Ancora e sempre: bene
io n'odo il crepito arido tra canti
lunghi nel cielo come di sirene.

Sempre. Io lo sento, tra le voci erranti,
invisibile, là, come il pensiero,
che sfoglia, avanti indietro, indietro avanti,

sotto le stelle, il libro del mistero.[56]

[56] G. Pascoli, «Il libro», da *Primi poemetti*, in *Poesie*, op. cit., pp. 328-330.

«E le stelle stanno a guardare.» Come abbiamo sempre notato, là dove c'è il genio religioso, la risposta positiva, la natura entra a fare parte del dramma dell'uomo e ricerca con l'uomo. Là dove la risposta non c'è, la natura rimane impavida, ferma, arida («le deserte costellazioni»); sotto le stelle la natura sta lì a guardare impavida l'uomo che s'affanna inutilmente.

Ora, l'uomo non è solo desiderio del vero, ma desiderio del possesso, del possesso del reale secondo tutto il suo senso. *Il cieco.* È un cieco che nel suo viaggiare è guidato da un cane, l'istinto: togli il pensiero, togli le risposte del significato, rimane, unica traiettoria da seguire, l'istinto, la reazione. Ma il cane è morto. Il cieco non può sapere che è morto. Solo non lo sente più tirare, perché l'istinto e la reazione muoiono. Questa è una bellissima poesia, dove vedrete che appassionata nostalgia c'è di ciò che è accaduto, di ciò che è avvenuto.

Chi l'udì prima piangere? Fu l'alba.
Egli piangeva; e, per udirlo, ascese
qualche ramarro per una vitalba.

E stettero, per breve ora, sospese
su quel capo due grandi aquile fosche [la natura imperterrita].
Presso era un cane, con le zampe tese

all'aria, morto: tra un ronzìo di mosche [allora, quell'uomo che cosa può fare? Un soliloquio. Non può parlare con niente e con nessuno].

«Donde venni non so; né dove io vada
saper m'è dato. Il filo del pensiero

che mi reggeva, per la cieca strada,

da voci a voci, dal dì nero al nero
tacer notturno (m'addormii; sognai:
vedevo in sogno che vedevo il vero:

desto, più non lo so, né saprò mai...);

nel chiaro sonno, in mezzo a un rombo d'api,
si ruppe il tenue filo [dell'istinto]. *E poi che gli occhi*
apersi [era cieco], *cerco i due penduli capi*

in vano. Mi levai sopra i ginocchi,
mi levai su' due piedi. E l'aria in vano
nera palpo, e la terra anche, s'io tocchi

pure il guinzaglio, cui lasciò la mano

addormentata. Oh! Non credo io che dorma
la mia guida, e con lieve squittir segua
nel chiaro sonno il lieve odor d'un'orma!

Egli è fuggito; è vano che l'insegua
per l'ombra il suono delle mie parole!
Oh! la lunga ombra che non mai dilegua

per la sempre aspettata alba d'un sole,

che di là brilla! Vano il grido, vano
il pianto. Io sono il solo dei viventi,
lontano a tutti ed anche a me lontano.

Io so che in alto scivolano i venti,
e vanno e vanno senza trovar l'eco,
a cui frangere alfine i miei lamenti;

a cui portare il murmure del cieco...

C'è qualcosa, questa è la parola di chiunque. Ma è così intenso questo raccordo con il mistero, che lo circonda da tutte le parti, che improvvisamente è come se si illudesse.

Ma forse uno m'ascolta; uno mi vede,
invisibile. Sé dentro sé cela.
Sogghigni? piangi? m'ami? odii? [che senso ha la vita? È negativo, positivo, è odio, è amore?] *Siede*

in faccia a me. Chi che tu sia, rivela
chi sei: dimmi se il cuor ti si compiace
o si compiange della mia querela!

Egli mi guarda immobilmente, e tace.
[«E il verbo si fece carne»:[57] talmente si compiange, che è morto per noi! «O forse...» egli è là sulla soglia, al limitare di una grande foresta; allora l'immagine cambia, ma l'idea è unica].

O forse una mi vede, una m'ascolta,
invisibile. È grande, orrida: il vento
le va fremendo tra la chioma folta.

[57] Gv 1,14.

Siede e mi guarda. O tu che ignoro e sento,
dimmi se guerra hai tu negli occhi o pace!
dimmi ove sono! Ed essa è là, col mento

sopra la palma, che mi guarda, e tace.

Chi che tu sia, che non vedo io, che vedi
me, parla dunque: dove sono? Io voglio
cansar l'abisso che mi sento ai piedi [il mistero]...

di fronte? a tergo? Parlami. Il gorgoglio
n'odo incessante; e d'ogni intorno pare
che venga; ed io qui sto, come uno scoglio,

tra un nero immenso fluttuar di mare».

Così piangeva: e l'aurea sera nelle
rughe gli ardea del viso; e la rugiada
sopra il suo capo piovvero le stelle.

Ed egli stava, irresoluto [perché questa è la definizione dell'uomo senza Cristo, senza Dio], *a bada*
del nullo abisso [del niente], *e gli occhi intorno, pieni*
d'oblìo, volgeva; fin ch' – io so la strada –

una, la Morte, gli sussurrò – vieni! –.[58]

È come il: «Seguimi» di Cristo.

Ma se ci fosse una compagnia, se l'uomo non fosse come scoglio in mezzo al nero fluttuare di mare, allora

[58] G. Pascoli, «Il cieco», da *Primi poemetti*, in *Poesie*, op. cit., pp. 333-337.

sarebbe chiaro che il senso di tutto esiste e plasma la realtà in un significato comune.

Il focolare è, a mio avviso, l'immagine della Chiesa riverberata nell'animo di Pascoli.

È notte. Un lampo ad or ad or s'effonde,
e rileva in un gran soffio di neve
gente che va né dove sa né donde.

Vanno. Via via l'immensa ombra li beve.
E quale è solo e quale tien per mano
un altro sé dal calpestìo più breve.

E chi gira per terra l'occhio vano [spaurito],
e chi lo volge al dubbio d'una voce [dubbio],
e chi l'innalza verso il ciel lontano,

e chi piange, e chi va muto e feroce.

Piangono i più. Passano loro grida
inascoltate: niuno sa ch'è pieno,
intorno a lui, d'altro dolor che grida.

Ma vede ognuno, al guizzo d'un baleno [come una fantasia],
una capanna sola nel deserto;
e dice ognuno nel suo cuore [non tra di loro] – *Almeno*

riposerò! – Dal vagolare incerto
volgono a quella sotto l'aer bruno.
Eccoli tutti avanti l'uscio aperto

della capanna, ove non è nessuno.

Sono ignoti tra loro, essi, venuti
dai quattro venti al tacito abituro:
a uno a uno penetrano muti.

– Qui non fa così freddo e così scuro! –
dicono, tra un sospiro ed un singulto;
e si assidono mesti intorno al muro.

E dietro il muro palpita il tumulto
di tutto il cielo, sempre più sonoro:
gemono al buio, l'uno all'altro occulto;

tremano... Un focolare è in mezzo a loro.

Un lampo svela ad or ad or la gente
mesta, seduta, con le braccia in croce,
al focolare in cui non è nïente.

Tremano: intanto il bàttito veloce
sente l'un cuor dell'altro [l'unica comunicazione]. *Ognu-*
no al fianco
trova un orecchio, trova anche una voce;

e il roseo bimbo è presso il vecchio bianco,
e la pia donna all'uomo: allo straniero
omero ognuno affida il capo stanco,

povero capo stanco di mistero [la definizione dell'uomo propria di Pascoli].

Ed ecco parla il buon novellatore [il prete],
e la sua fola pendula scintilla,
come un'accesa lampada, lunghe ore

sopra i lor capi. Ed ecco ogni pupilla
scopre nel vano focolare il fioco
fioco riverberìo d'una favilla.

Intorno al vano focolare a poco
a poco niuno trema più né geme
più: sono al caldo; e non li scalda il fuoco,

ma quel loro soave essere insieme.

Sporgono alcuni, con in cuor la calma,
le mani al fuoco: in gesto di preghiera
sembrano tese l'una e l'altra palma.

I giovinetti con letizia intiera
siedon del vano focolare al canto,
a quella fiamma tiepida e non vera.

Le madri, delle mani una soltanto
tendono; l'altra è lì, sopra una testa
bionda. C'è dolce ancora un po' di pianto,

nella capanna ch'urta la tempesta.

Oh! dolce è l'ombra del comun destino,
al focolare spento. Esce dal tetto
alcuno e va per suo strano cammino;

e la tempesta rompe aspro col petto
maledicendo; e qualche sua parola
giunge a quel mondo placido e soletto,

che veglia insieme; e il nero tempo vola
su le loro soavi anime assorte
nel lungo sogno d'una lenta fola;

mentre all'intorno mormora la morte.[59]

Capite? Non c'è nessuna possibilità di comunicazione, c'è il calore animale della presenza. L'unica comunicazione realistica è quella descritta nel bellissimo dialogo dei due orfani. *I due orfani*. Ognuno è solo.

«Fratello, ti do noia ora, se parlo?» [perché ciò che domina è la paura]
«Parla: non posso prender sonno». «Io sento
rodere, appena...» «Sarà forse un tarlo...»

«Fratello, l'hai sentito ora un lamento
lungo, nel buio?» «Sarà forse un cane...»
«C'è gente all'uscio...» «Sarà forse il vento...» [tutto è «forse»]

«Odo due voci piane piane piane...»
«Forse è la pioggia che vien giù bel bello».
«Senti quei tocchi?» «Sono le campane».

«Suonano a morto? suonano a martello?»

[59] G. Pascoli, «Il focolare», *ibidem*, pp. 349-353.

«Forse...» «Ho paura...» «Anch'io». «Credo che tuoni:
come faremo?» «Non lo so, fratello:

stammi vicino: stiamo in pace: buoni».
«Io parlo ancora, se tu sei contento.
Ricordi, quando per la serratura

veniva lume?» «Ed ora il lume è spento».

«Anche a que' tempi noi s'aveva paura:
sì, ma non tanta». «Or nulla ci conforta,
e siamo soli nella notte oscura».

«Essa era là, di là di quella porta;
e se n'udiva un mormorìo fugace,
di quando in quando». «Ed or la mamma è morta».

«Ricordi? Allora non si stava in pace
tanto, tra noi...» «Noi siamo ora più buoni...»
«ora che non c'è più chi si compiace

di noi...» «che non c'è più chi ci perdoni».[60]

È la miglior figura dell'uomo senza Cristo, dell'umanità senza Cristo: è ciò che ha determinato il fascino del primo sogno socialista.

Andiamo, è tardi. Non c'è che riconoscere o subire la nostalgia del genio che intuisce la risposta: non c'è genio umano che non sia profeta di Cristo.

Diciamo ora, adagio, il Padre Nostro.

[60] G. Pascoli, «I due orfani», *ibidem*, pp. 354-355.

Però, non posso non aggiungere che la grande alternativa, la grande lotta è fra l'onda invadente d'un sentimento inane e l'affermazione della ragione, della volontà, della libertà, dell'affezione. È in questa lotta che Cristo è entrato e «chi non è con me è contro di me»,[61] e «senza di me non siete nulla»,[62] nulla: perché questo è il nulla.

Il silenzio è alle undici e tre quarti! Non alla una e mezza o alle dodici e mezza, come avete fatto ieri, disobbedendo. Perché è infinitamente più costruttivo per la vostra realtà intera, per il vostro organismo umano, muscoli compresi, l'obbedire, l'obbedienza, l'ordine, la compagnia, che neanche andare in pasticceria. Buonanotte!

[61] Mt 12,30; Lc 11,23.
[62] Cfr. Mt 15,5.

Introduzione all'*Angelus*

Il santo e l'artista partono dallo stesso scopo: la liberazione dell'uomo, che l'uomo divenga se stesso. Ma per l'artista questa liberazione è quasi perseguita col terrore del sacrificio, senza la categoria del dolore, mentre per il santo questa liberazione è intuita come conseguenza del dolore, di un sacrificio. Cioè, o è redentivo il gesto oppure non è liberazione. È questo che rende grave la memoria dell'*Angelus*, perché a quella donna è stato annunciato che da lei, dalla sua carne, sarebbe nata la liberazione del mondo, la liberazione tua, mia, di tutto, di tutti e di tutto. Ma si è sentita dire, dopo pochi giorni dalla nascita del bambino, che quel figlio sarebbe stato come una divisione nel mondo, che la sua anima sarebbe stata trapassata da una spada. In fondo non esiste niente di più utile, come frutto di una nostra amicizia, che l'aiuto a non avere paura del sacrificio. Non per cinismo, non come aiuto a essere cinici (che poi non può essere un aiuto, ma un esempio disfacente): è un aiuto a non avere paura del sacrificio. E il primo sacrificio, il primissimo, quello che sembra un'ingenuità, il sommo dell'ingenuità (coincide con la povertà dello spirito) è l'adesione alla ragione. Il primo aiuto è questo. Il valore della Madonna è che ha aderito, ha detto: «Sì» a qualcosa che – comunque, chissà, in un modo per noi assolutamente enigmatico – le si è rivelato vero, vero! Amare la verità più di se stessi è la prima carità.

Angelus

Sintesi

Giussani: «C'incontri e ci chiami per nome / Colui ch'era morto ed è vivo.» Tutte le volte che ci ritroviamo, in qualche modo, è questo augurio dell'inno che si ripete: «C'incontri e ci chiami per nome». Ma la cosa più bella di quest'inno è l'ultima: «In questa letizia pasquale, / rifatti di nuovo innocenti».[63] Ciò che ci rifà innocenti è il contatto con l'ideale, è l'ideale che si risvela, che si reimpone, in vario modo a seconda dello stato d'animo: dovendo penetrare una folta coltre di nubi, dovendo trapassare, come un laser particolare, la pietra del cuore, oppure espandendosi liberamente, come il sole in una bella giornata spande la sua luce e dà colore a tutto. A seconda del nostro stato d'animo, però, qualcosa ci rifà di nuovo innocenti. Come è vero che si gioca subito, dall'inizio della vicenda e dall'inizio della storia, qualcosa che è in noi, che possiamo chiamare «cuore» o che possiamo anche chiamare «libertà». Chiamiamola libertà, perché si può stare ad ascoltare con gli occhi in tralice, si può stare lì ad ascoltare come a dire: «Mah!», e si può stare ad ascoltare con pieno viso, con pieno volto. Però qualcosa ci tocca e qualcosa in noi è rifatto innocente.

Ma quello che, sia pure in varia guisa, succede, quello che ci accade, poco o tanto, in un modo o nell'altro, quando ci troviamo qui, deve riaccadere ogni giorno: accade qui perché è come se la compagnia sfoderasse tutta la sua spada, mettesse fuoco alle sue polveri, mentre quando si è a casa la compagnia è come se dovesse rico-

[63] «L'aurora risplende di luce», in *Il libro delle ore*, op. cit., p. 49.

stituirsi ogni giorno. È come se la compagnia si dovesse ricostituire ogni giorno. E infatti ci si ritrova all'università. Allora è chiaro maggiormente quello che abbiamo detto prima: a casa è più costretta a entrare in gioco la nostra libertà come coscienza, cioè come memoria, e la nostra libertà come volontà, come volontà-di, che non è soltanto desiderio-di, è qualche cosa di più del desiderio-di. Però, già ci fosse il seme reale del desiderio...

Comunque, questo essere rifatti innocenti, che è determinato dal tocco dell'ideale sulla grevità altrimenti irredimibile del nostro tempo e del nostro spazio, del momento che viviamo (è il tocco ideale che trasfigura la banalità tozza di quello che meccanicamente si svolge istante dopo istante nella nostra vita), dipende proprio dalla interazione di questi due fattori: da una presenza che è la comunità, che è quello che chiamiamo «comunità», da una presenza che è una compagnia e da una adesione a questa compagnia, da un inerire a questa compagnia che avviene solo in noi, che può avvenire solo dentro di noi. Allora la compagnia diventa memoria continua e diventa volontà del suo messaggio, del suo contenuto, del suo scopo, della sua costruzione, della sua verità, della sua bellezza, della sua giustizia e della sua bontà.

Che le nostre giornate, fin dall'inizio, siano toccate da questa prospettiva (da una prospettiva di verità, di bellezza, di bontà, di giustizia), è questo il varco che dobbiamo dilatare dentro la meschinità che tende a chiuderci tutte le mattine. Insomma, tutte le mattine c'è questo appuntamento. Ma la mattina non è la mattina (le dieci del mattino o le sei e mezzo, se devi alzarti alle cinque a studiare perché hai l'esame): la mattina è quando riprendi coscienza del vivere. Questo appuntamento è per ogni mattina. E se non accade, se una mattina non accadesse, questo dipenderebbe esclusivamente dalla tua non-volontà, da una tua libertà prigioniera, prigioniera del sonno, della dimenticanza, o prigioniera del risentimento, di quel risentimento che caratterizza così facilmente ogni risveglio, il risveglio della maggior parte delle mattine (risentimento contro un contesto che non è la facilitazione totale che ci aspetteremmo). È il peso del vivere.

I

Per prima cosa volevo dire che questo appuntamento è ogni mattina e che dipende profondamente e totalmente dalla tua libertà, come memoria di un fatto che c'è e come volontà del destino costruttivo, del destino di bene, del destino edificante, del destino trasfigurante, redentivo, del destino liberante di questo fatto che c'è. Un fatto che c'è! Perché la compagnia, questa compagnia, cambiassero – dicevamo ieri – anche tutte le fisionomie, le teste, le persone, non ti viene più meno per tutta la tua vita e tutta la storia: «Le porte degli inferi non prevarranno contro di essa».[64] Se l'atto del mattino, se il risveglio è ripresa di coscienza di te stesso, l'attimo di questa ripresa o la forma di questa ripresa o il contenuto di questa ripresa è un'ammissione, un riconoscimento di appartenenza: è il riconoscimento della tua appartenenza a questa compagnia (quanto di più lontano ci possa essere da un'immagine di appartenenza organizzativa), appartenenza a una realtà vivente, a un avvenimento che è un avvenimento nel mon-

[64] Mt 16,18.

do e per il mondo. Questa compagnia esalta il suo significato infinitamente, dico infinitamente al di là, direbbe padre Dante, delle «postille»[65] delle facce che la compongono.

Dobbiamo continuare questo nostro incontro ogni mattina e dipende dalla tua memoria, da quel concretarsi della tua libertà, che, riprendendo coscienza di sé, si riconosce appartenente a una presenza, così che la memoria di questa presenza invade il tuo modo di vedere, il tuo modo di sentire, il tuo modo di percepire, il tuo modo di giudicare. Che grande lotta si rinnova ogni mattina! È la lotta della ridefinizione di sé, o meglio, più semplicemente, per la riscoperta di sé; e ciò che io sono è appartenenza a una realtà, a una presenza, a una presenza cui diamo il nome di «compagnia», perché realmente implica la compagnia della gente con cui ci siamo sgomitati in questi giorni, con cui ci sgomitiamo da tante Equipe, ma non troppe. E potremmo non sgomitarci più domani, eppure apparteniamo tutti a questa compagnia. La chiamiamo «compagnia» perché è realmente una compagnia umana, questa *ecclesía*, questo essere stati chiamati insieme. Ma la debordanza del valore sappiamo a che cosa è dovuta; la debordanza del valore della nostra compagnia sappiamo in che cosa consiste, quale sia la sua natura, perché ha addirittura un nome. E tutto, attorno a noi – tutto, compresa la nostra amicizia, se non è più che vigilante, tutto, anche padre e madre –, tende a strapparci da questa identità in cui è la nostra *substantia*, la nostra sostanza, l'identità di questa appartenenza, l'identità definita da questa appartenenza. Tutto attorno a noi tende a strapparci da

[65] Dante, *Paradiso*, III, v. 13.

questa appartenenza, da questa memoria. Tutto, nel senso letterale della parola. Innanzitutto, un'irrequietudine, un'inquietitudine, come una specie di agitazione o di tentativo di scrollarci dalle spalle, cui noi accediamo con una facilità assoluta, anzi, cui accederemmo continuamente, se qualcosa non ci salvasse.

Il valore di questa compagnia, debordante le «postille» delle facce di coloro che la compongono, porta il grande nome; è compagnia nel senso letterale, fisico del termine, e il risveglio del mattino deve riporre, deve riproporre e riporre, riconoscere questa identità d'appartenenza semplice e totalizzante. Il valore della nostra compagnia è Cristo. «L'angelo del Signore portò l'annuncio...» dovrebbe essere ripetuto ogni istante, ogni momento prima di ogni lavoro.

Insomma, il primo invito che ci facciamo è a questa densità del mattino, a questa densità originale della nostra giornata. Immaginate, per favore, un attimo o una situazione in cui la vostra libertà, la nostra libertà sia così puramente, limpidamente, drammaticamente, nervosamente in gioco come in questa prima circostanza quotidiana. Ditemelo, immaginatevi un altro momento in cui la nostra libertà sia così "giocata", chiamata a giocarsi come in questo primo momento quotidiano. Non è questo che mi interessa ora; mi interessa la sostanza di questa questione decisiva in cui il soggetto si pone, in cui il soggetto non è come trascinato. Diceva un intervento dell'altro giorno, citando Seneca: *Ducunt volentem fata, nolentem trahunt.*[66] «Il destino conduce coloro che vi aderiscono, trascina coloro che lo respingono.» E siccome il nostro

[66] Vedi qui, nota 45, p. 250.

destino è Cristo – e questa è la pietra d'angolo su cui tutto si costruisce e ciò che non si costruisce su questa pietra d'angolo sarà sfracellato –, ogni mattina noi decidiamo se essere trascinati da tutte le circostanze in cui la Sua volontà svolge il suo misterioso disegno, oppure se noi vi aderiamo, se noi vi aderiamo con libertà. Il destino conduce coloro che vi aderiscono.

È come se vi domandassi: ragazzi, non volendo perdere tempo più di quanto la nostra meschinità e la nostra pigrizia già ce ne fanno perdere, che almeno questo ritrovo, di cui abbiamo anche cantato: «Al nostro raduno concorde [un raduno concorde: questa è l'idea di popolo, di umanità nella sua interezza], un Ospite nuovo si aggiunga», che almeno il «nostro raduno concorde» non abbia a perdere il suo "goal", il suo scopo. Dobbiamo ritrovarci ogni mattino, e questo nostro ritrovarci sei tu, è nella tua libertà. Vorrei aggiungere che non c'è niente di più forte e soave di questo, perché innegabilmente occorre una forza, ma è una forza tenera, è una forza dolce. E infatti – qui bisognerebbe approfondire – è una forza che nasce da un amore alla tua vita, da un amore a te stesso, da un amore alla tua persona; è una tenerezza verso di te, che sei incamminato dentro una strada per sua natura enigmatica, perché esprime la volontà del Mistero, verso un destino però chiaro e certo. Non è un'opera da energumeni, questa preghiera del mattino. Spesso, normalmente, esige una fedeltà che non abbia paura della durezza che deve trattare. Perché ci saranno mattini spontanei e ci saranno – il più delle volte – mattini non spontanei; è in tutti, ma è soprattutto in questi, il momento in cui il riconoscimento razionale, il riconoscimento di ciò che è giusto e l'energia affettiva verso ciò che è giusto dovranno essere attuati. Occorre che mettiamo a capo di tutto questa impresa del mattino, l'impresa che ricostruisce il tuo soggetto, ricostruisce la tua identità, così che essa non sia trascinata, travolta, dissipata e tutta quanta determinata – ma determinata a frammenti, perciò corrotta – da ciò che accadrà nella giornata.

Il Volantone, che rimarrà nella storia del movimento come «il» nostro Volantone, trova nella parola più teneramente umana che esista, proprio in quella parola, tutta la sua luce e il suo cuore: «Che cos'hai di più caro?!». Questo «più caro» non compete, amico mio, con l'affezione che hai verso tua moglie o verso i tuoi bei bambini, non compete con essa. Una delle cose più difficili (almeno, che io capisco essere tra le più difficili) a passare è quella che mi ha fatto spavento per tanti anni in seminario, quando sentivo il padre spirituale che mi diceva: «Cristo solo...» (era la famosa frase di santa Teresa d'Avila)[67] oppure quell'altra: «Bisogna amare Cristo sopra ogni cosa», anzi: «Bisogna amare solo Dio, solo Cristo». E questo mi ripugnava, mi ripugnava come formulazione, fino a quando dopo molti e molti anni di questa ripugnanza (che non può non lasciare traccia di formalismo nel modo con cui tratti Cristo), ho scoperto che dire: «Bisogna amare solo Cristo» indica il modo con cui devi amare tua moglie e i tuoi bambini, si identifica con quello, è la verità dell'amore a tua moglie, è la verità dell'amore ai tuoi bambini, ma, prima ancora, è la verità dell'amore a te stesso.

Questa ripresa, per usare un termine famoso, questa ripresa mattutina, che ricompone, ripropone, rifonda (è

[67] Cfr. Santa Teresa d'Avila, *Libro II*, c. 7, 1-3.

proprio una nuova crisi, una nuova fondazione della tua identità), è dunque l'impresa umana più importante e più grande: «Rifatti di nuovo innocenti».[68] Ti sentissi addosso un cumulo di errori, di responsabilità, di ripugnanze, questa memoria (l'accettazione, il riconoscimento che è, nel contenuto di questa memoria, il contenuto del tuo io) è ciò che ti definisce. È l'appartenenza a questa compagnia, che la memoria ti richiama, è l'appartenenza a questa compagnia, è questa compagnia, è questa presenza che definisce il contenuto del tuo io. È tale impresa mattutina quello che io vorrei fosse messo a tema, affinché diventi vita la famosa verità igienica che rende non necessaria l'operazione chirurgica, la famosa trama quotidiana che forma l'ordito e il tessuto: «Chi [dentro] c'entra sempre t'ama, / ché tu se' stame e trama»,[69] diceva Jacopone da Todi.

Insomma, la «verità igienica» incomincia da questa impresa mattutina. E così potete bene accusarmi di avervi detto, con parole ricercatamente diverse: «Per favore, mi raccomando la preghiera del mattino!». Sì, vi raccomando la preghiera del mattino, ma siamo a un punto in cui che cosa sia la preghiera del mattino possiamo comprenderlo più degli altri. Tutto si gioca in questo momento. «Rifatti di nuovo innocenti.» Innocenti! Per il bambino sua madre è tutto, la consistenza della sua vita è quella presenza. Così, è questa compagnia la consistenza della nostra vita: questa compagnia nel suo superamento interiore, senza fine, che si chiama «Cristo». Ma Cristo e

[68] Vedi qui, nota 63, p. 278.

[69] Jacopone da Todi, «Como l'anima se lamenta con Dio de la carità superardente in lei infusa», Lauda XC, in *Le Laude*, Libreria Editrice Fiorentina, Firenze 1989, p. 318.

questa compagnia hanno una solidarietà tale per cui il volto dell'uno si confonde nella presenza degli altri. Anche se cambiassimo tutti, il fatto della compagnia identifica il volto di Cristo, il volto di un uomo che affronta il tempo e lo spazio, come volto di pietra, «duro come pietra»,[70] direbbe il profeta Isaia, oppure limpido e lieto come la dolcezza che hanno visto gli apostoli sulla spiaggia del lago di Tiberiade. Se fosse meno calda la sala e avessimo più tranquillità, se ci fosse qui gente più libera di quanto pur liberamente siete qui, potremmo dilatare le nostre impressioni, o meglio, i nostri giudizi e i nostri pensieri, senza scandalo della forma con cui vengono detti, perché la verità sfonda la forma (anche se sarebbe bello che la forma della verità fosse come quella della *Nona* di Beethoven!). Perciò, tronchiamo questo primo punto, su cui spero ragionerete in questi mesi, perché la prossima Equipe dovrà dare i risultati di una riflessione sui punti toccati in questi giorni.

Ma adesso voglio dire una seconda cosa. Sono quattro punti, due ve li dico io e due ve li dicono altri.

II

Ieri, tutti siamo rimasti impressionatissimi dalla lezione del professore Eugenio Borgna (noto psichiatra di Novara). A me quello che più ha impressionato è il fatto che siamo tutti folli. Adesso non facciamo disquisizioni su questa questione, però non facciamo nessuna difficoltà a capire che l'equilibrio assoluto non ce l'ha nessuno. Da questa

[70] Is 50,8.

mancanza di equilibrio, di proporzione, scaturisce quella irrequietezza di cui si parlava, che può andare a finire nell'angoscia, quella insoddisfazione che non è la purità innocente del desiderio della felicità, della giustizia, della bontà, della bellezza – che costituisce il cuore dell'uomo –, ma è proprio il segno che questo cuore, fatto di desiderio di felicità e di bellezza, che vive esistenzialmente, è come squassato, è come zoppicante, è come dislocato, come se un braccio andasse di qui, un braccio di là, un occhio di qui, un occhio di là (è come se le parti del nostro io dovessero rincorrersi, perché ognuna tende a fuggire dall'altra, a scivolare via dall'altra). Ora, questa mancanza di equilibrio, questa follia ha una radice profonda, che in termini cristiani si chiama «peccato originale». È per questo che tutto, attorno a noi, tutto, anche i fattori che si pongono come i più propizi e familiari e benevoli, tende a strapparci dalla coscienza semplice, dall'innocenza di quella identità tra il nostro io e l'appartenenza a Cristo, e quindi alla compagnia. Ma questo è come l'epifenomeno, è come il fenomeno superficiale che rivela quello che sta nel profondo. Tutto ci strappa, tende a strapparci da questa identità in cui è la nostra innocenza e perciò è il nostro pregustamento della felicità, la nostra caparra della felicità; ma, se tutto attorno a noi tende a strapparci da questa unità, noi stessi non vorremmo questa identità. E così noi ci abbandoniamo alla smemoratezza, noi ci affondiamo nella scetticità, noi ci identifichiamo con pretese che non reggono alla minima osservazione seria, quasi che la ragazza, o i soldi, o la carriera, o l'orgoglio affermato, o la promozione agli esami, o la salute, fossero la consistenza di noi stessi.

Comunque, tutto concorre a esaltare questa dislocazione, questa rottura di un equilibrio, dell'equilibrio profondo. Tutto concorre a esaltare il disagio di questa ambiguità radicale, cui san Paolo, nel settimo capitolo della Lettera ai Romani, dava la voce definitiva: «Io vedo l'ideale, io scorgo l'ideale, lo sento, ma c'è qualcosa d'altro in me che mi trascina in senso opposto»;[71] per cui, «vedo il bene e lo approvo e faccio il peggio»,[72] secondo la versione del pagano Ovidio. Vale a dire, quella innocenza del mattino deve per forza diventare lotta, diventare una storia di milizia, un ingaggio continuo, un impegno; usiamo il termine esatto: deve diventare «lavoro». Quello che sarebbe originalmente espressione, espansione ed espressione della verità di noi, perciò quello che dovrebbe essere felicità pura, come è per Dio, che Gesù definisce, l'abbiamo detto tante volte, «l'eterno lavoratore»[73] (l'essenza di Dio è il lavorare); il lavoro, questa espressione ed espansione infinita, sterminata e misteriosa della nostra verità (il lavoro dovrebbe essere questo: il gusto felice dell'affermazione sempre più grande della propria innocenza), dopo il peccato originale, per questa contraddizione profonda che è in noi, per questa ambiguità che si è infiltrata alle radici del nostro essere (cosa misteriosa, ma senza della quale non si può spiegare l'uomo così com'è), è diventato sudore della fronte. «Nel sudore della fronte ti conquisterai il pane»,[74] vale a dire l'espansione, l'espressione di te stesso.

Non dobbiamo scandalizzarci della follia che è in noi, qualunque grado questa follia raggiunga. La coscienza di questa dislocazione o di questa follia, che è generale, fa

[71] Cfr. Rm 7,15-19.
[72] Ovidio, *Metamorfosi*, VII, vv. 20-21.
[73] Cfr. Gv 5,17.
[74] Cfr. Gen 3,19.

sentire l'umanità ai nostri occhi così come era sentita dagli occhi di Cristo: «Si voltò ed ebbe compassione di loro, della folla».[75] Compassione! E Cristo singhiozzò su quel popolo. *Eclausen*, singhiozzò. È come una madre che avesse un bambino con una malformazione che dovrà essere curata tutta la vita: che pietà, che pena! Ma questo è l'uomo. Eppure, non deve diventare scandalo questo, non deve diventare scandalo che l'innocenza del mattino debba soffrire fatica, debba essere oggetto di un lavoro faticoso. Ditemi, per favore, se si può parlare di umanità, a cui si possa anteporre il soggetto «io» o il soggetto «tu», senza parlare di queste cose. Di che cosa si deve parlare, se si vuole parlare dell'uomo, ma dell'uomo con davanti un «io» e un «tu», quello a cui guarda una madre quando guarda il bambino o quello a cui guarda un uomo quando vuole bene a una donna!

Perciò, non dobbiamo scandalizzarci della nostra follia, nel senso che avete inteso. È il senso più profondo di follia, di dislocazione, di contraddizione, quello che potete andare a leggere come descrizione nel settimo capitolo della Lettera ai Romani e nelle *Metamorfosi* di Ovidio. Non c'è niente di più evidente. Perché non dobbiamo scandalizzarci? Perché questo non ci deve fare da ostacolo? Perché questo non ci deve fare paura? Perché non ci deve fare cadere le braccia? Che poi cadono le braccia, e questo sembra un atto di sincerità, però dopo uno si mette a fare quello che vuole, e questo diventa impostura, è la menzogna generale: «Tutto il mondo è posto nella menzogna».[76]

[75] Cfr. Mc 6,34.
[76] Cfr. 1 Gv 5,19.

Allora, perché non dobbiamo scandalizzarci della nostra follia? Prima di tutto dobbiamo renderci conto della nostra follia, vale a dire che quell'innocenza mattutina, già nella fatica del porsi, del realizzarsi, anticipava ed era profezia della fatica della giornata. Ma la giornata poi è ben più grande fatica ancora. Perché non dobbiamo scandalizzarci? Prima di tutto dobbiamo tenere ben presente che questa innocenza mattutina soffre di contraddizioni perché tutto, attorno, la discerpa, la strappa, e tutto, in noi, non la vuole; non tutto, molta parte di noi non la vorrebbe, e per volerla deve fare fatica, deve accettare la fatica, deve mettere in preventivo un lavoro, ma il lavoro dopo il peccato originale (non per nulla l'ideale dell'ateo, l'ideale di umanità suprema conseguente dell'ateo di fine Ottocento era quella dell'uomo che non lavorasse più, se non mezz'ora al giorno: il paradiso terrestre di Engels, no?).

Bene, così accorti della follia che è in noi, perché non dobbiamo scandalizzarci di essa? Anzi, essa è come l'asperità di un cammino: se tu vuoi andare in vetta, l'asperità del cammino non è obiezione, ma addirittura, paradossalmente, diventa gusto, gusto di fatica, una fatica gustosa, un rischio gustoso. Chi mi sa dire perché non dobbiamo scandalizzarci della nostra follia – è stato detto ieri dal professore, ripetuto tante volte, quando parlava del metodo con cui si deve trattare l'uomo sofferente, ammalato –? Perché siamo accolti, siamo abbracciati. Ma senza queste categorie, senza che queste categorie diventino pensiero normale dell'animo, come si fa a vivere? Certo, fino alla vostra età si può ancora vivere, perché la vita è tutta dissipata e basta una vittoria dell'Inter (la più probabile, insomma) a darci sollievo.

Siamo abbracciati. Pensate, per favore, ragazzi, l'impressione che abbiamo avuto ieri, quando il professore parlava di questo – diciamo – «metodo». Adesso non vado a riprendere le sue frasi, così chiare, perché altrimenti divento troppo lungo, ma provate a pensare che razza di importanza, che imponente ragione di vita ha il fatto che questo abbraccio, che è l'abbraccio di Cristo, sia documentato attraverso la nostra compagnia! «Quante volte dovremo abbracciare chi ci percuote?» «Sempre.» «Il perdono» (è il messaggio della Lettera ai Romani di san Paolo) «viene prima del peccato». Sei già perdonato prima di peccare. Allora, alé, pecchiamo?! No! *Absit*, *absit*!, dice san Paolo. E infatti, uno che dicesse: «Allora pecchiamo», non capirebbe neanche cosa voglia dire essere perdonato.

Pensate, per favore – siccome questo abbraccio è l'abbraccio del Dio che ci crea, ci ha creati e ha permesso questo mistero del peccato originale –: ha permesso questa follia disintegrante, questa impossibilità all'unità e alla perfezione, l'ha permessa per riempire tutto della sua natura di Dio, cioè della sua misericordia, che è la modalità con cui l'amore infinito si può rendere comprensibile a una creatura come l'uomo (che cosa voglia dire la gratuità assoluta noi lo percepiamo dalla parola «misericordia», cioè dalla parola «perdono»). Non dobbiamo avere paura della nostra follia, perché siamo abbracciati, siamo abbracciati da Dio e Dio è diventato un uomo per farlo vedere, un uomo che è morto per me: «Vivo, non io, sei tu che vivi in me»; un uomo «il quale – continua san Paolo, mi spiace non averlo qui, è la Lettera ai Galati, secondo capitolo – ha dato se stesso per me».[77]

[77] Cfr. Gal 2,20.

Siamo abbracciati. Pensate, dunque, che razza di responsabilità ha la testimonianza che una compagnia umana come la nostra deve dare – può dare, deve dare –: diventa lo strumento visibile in cui si documenta l'abbraccio di Cristo all'uomo. L'abbraccio di Cristo alla follia tua è documentato, nell'effimero ma concreto esistente, dall'abbraccio che la compagnia fa a te. Per questo la compagnia è il segno della Sua presenza, il segno concreto, il segno reale della Sua presenza. Per questo abbiamo detto tante volte lo slogan che la compagnia è il luogo della misericordia.

Ma, allora, pensiamo per favore al secondo punto del primo giorno (il punto della «verità igienica»). Pensate che valore terribile ha o, diciamo in senso positivo, che miracolo assoluto è nel mondo, nel mondo dei carri o delle automobili, o dei jet, o dei laser, o dell'informatica, o delle navi spaziali, la gratuità nei rapporti. Cosa è, infatti, tutto questo, umanamente parlando, di fronte alla gratuità con cui ti tratto? È niente, niente! Perché anche se avessimo le ali e andassimo sopra le nubi a contare le stelle a una a una, non saremmo più felici, dolce mia gregge o dolce mia luna,[78] e tutte le navi spaziali di questo mondo non faranno avanzare di un capello la felicità presente dell'uomo presente. Mentre la gratuità sì! È la gratuità che abbraccia la follia e la convoglia verso una positività insospettata, inconcepibile. Sto parlando della follia mia e tua, cioè di tutti. Perché, come ha detto il professore ieri, chiamiamo «folle» in senso stretto l'espressione eccezionale di questo disappunto.

Dunque, non possiamo scandalizzarci della nostra

[78] Cfr. G. Leopardi, «Canto notturno di un pastore errante dell'Asia», in *Cara beltà...*, BUR, Milano 2010, p. 70.

follia, e perciò non possiamo scandalizzarci che dobbiamo continuamente riprendere e rendere oggetto di lavoro quell'innocenza mattutina («Rifatti di nuovo innocenti»),[79] quel contatto ideale, vero, giusto, bello, buono, felice; non dobbiamo scandalizzarci del lavoro che questo implica, del lavoro continuamente ripreso, come ogni giornata deve riprendere al mattino; non dobbiamo scandalizzarci di tutto questo, vale a dire non siamo disgraziati, in qualunque caso (perché non so se è più disgrazia certo tipo di pazzia clamorosa o certo tipo di delitto commesso), non dobbiamo scandalizzarci, non siamo disgraziati, perché siamo abbracciati.

Colui cui apparteniamo, perché non c'eravamo (e non potremmo alzarci al mattino senza di Lui, e siamo fatti di Lui e per Lui), Colui cui apparteniamo e perciò la compagnia cui apparteniamo, perché ne è l'espressione, diventa Colui che ci salva. Gli apparteniamo talmente che gli apparteniamo più di quanto non lo rinneghiamo. Non dobbiamo essere scandalizzati dalla nostra follia, perché siamo abbracciati: abbracciati da Cristo. È a questo punto esatto che uno usa la parola «caro», come è usata nel Volantone pasquale. Non la può usare neanche con sua moglie e i suoi figli così. Perché, come dicevo prima, Cristo è la verità dell'amore alla moglie e ai figli. Ed è una realtà presente. La verità dell'amore alla moglie e ai figli è una realtà presente, è un Tu, è un Tu! Come la verità mia è un Tu: «Io sono Tu che mi fai» (è il decimo capitolo de *Il senso religioso*).[80]

Allora, ricuperiamo il valore supremo di questa nostra

[79] Vedi qui, nota 63, p. 278.
[80] Cfr. L. Giussani, *Il senso religioso*, op. cit., pp. 146-148.

compagnia, che è come la mano fisica, la traduzione effimera, ma concreta, la documentazione breve, brevissima, come una goccia di rugiada mentre il sole nasce, ma reale, attraverso cui questo Suo abbraccio si svela nella nostra vita. La responsabilità che la nostra compagnia ha è d'essere testimonianza della gratuità che governa tutte le cose, della gratuità come natura espressiva dell'essere, della carità: il perdono tra di noi, l'aiuto tra di noi, la ripresa continua tra noi, l'assoluta eliminazione dell'estraneità tra noi, chiunque siamo. Ah, Dio, che lunga strada! Ma siamo insieme, Napoli! Dico Napoli perché è come se voi portaste dentro il simbolo della figura, quella di Giovanni, che realmente ha come incarnato tutta quanta l'aspirazione del CLU, tutta! È impressionante che, quando uno ci viene tolto, ci si accorge che era presente, che Dio aveva reso presente tra noi, secondo una semplicità tale per cui si poteva non accorgersene, tutta quanta l'aspirazione ideale che ci ha mosso in tutti questi anni. La storia di dieci anni, con tutta la sua mossa ideale, è nelle poche parole con cui io conosco Giovanni Calzone.[81]

Comunque, non perdete il secondo punto: indica quello che è la compagnia, il miracolo di un'umanità diversa. Il miracolo di un'umanità diversa è il miracolo di un'umanità amorosa, non di un'umanità senza schizofrenie, ma di un'umanità amorosa. Anzi, è un'umanità che riconosce la schizofrenia sottilmente inerente a ogni posizione. E questo non solo non è l'ultima parola o la parola condizionante, ma è la partenza per una libertà ignorata da tutti. Come il primo uomo che si è lanciato nello spazio

[81] «Si prospettano giorni felici perché ho chiesto al Signore di poterLo servire» (G.M. Calzone, *Si prospettano giorni felici...*, op. cit., p. 15).

(beh, però era stato abituato prima), o, meglio, come un Icaro, è più giusto. L'Icaro l'abbiamo citato l'anno scorso,[82] facendo notare la differenza profonda che sta tra la nostra compagnia e una compagnia che non si percepisca e riconosca come il segno della presenza di Cristo, qualunque altra compagnia. Vi ricordate la differenza? Per l'Icaro, inteso come l'uomo di fronte al mistero, una sola parola si può dire, si può ripetere. Quale? Coraggio. Non vi ricordate la canzone cantata dal nostro amico giapponese? Tutte le strofe finivano con la parola coraggio. «Icaro, sei grande perché hai coraggio.». Ma cosa vuole dire coraggio? È solo nella compagnia cristiana che questo impeto verso una liberazione impensabile, non immaginabile, eppure presentita, profetica, è un cammino verso una pienezza. Questa compagnia non è animata da un volontarismo, ma da un amore. La differenza è tra volontarismo e amore.

Comunque, staremmo qui fino a dopodomani; speriamo che in questi mesi aggiungiate voi pensieri, approfondiate le cose e le ordiniate.

III

Vorrei adesso dirvi, per terzo, che la compagnia non è soltanto il segno dell'appartenenza dell'io al mattino; la compagnia non è soltanto il segno della gratuità che ci abbraccia in tutta la nostra schizofrenia e il nostro peccato (che è la schizofrenia suprema; infatti, «chi fa il peccato odia se stesso»; credo che questa sia una definizione di

[82] Cfr. L. Giussani, «Il punto rosso», in *L'io rinasce in un incontro (1986-1987)*, BUR, Milano 2010, pp. 57-146.

ogni patologia psichica: «Chi fa il peccato odia se stesso»,[83] dice il Vangelo, e ogni patologia è odio a sé, è rifiuto di sé); voglio anche ricordarvi in breve che la compagnia è l'aiuto. Non solo è il segno che ci permette di rifarci innocenti al mattino; non solo è il segno che ci permette di rifarci innocenti attraverso il lavoro; la compagnia è ciò che rende facile questo, cioè è l'aiuto. La compagnia è l'aiuto. Siccome è stato detto ieri sera, brevemente, in una discussione fra un certo gruppo di persone, pregherei chi ha preso appunti di leggere quello che ha scritto di ieri sera.

Intervento: La prima constatazione è che l'assemblea che abbiamo fatto ha rivelato un certo sommovimento.

Giussani: L'assemblea, eh!

Intervento: Un sommovimento provocato certamente dall'annuncio della prima lezione e ancora più grande di quello che si è potuto vedere espressivamente negli interventi. Bisogna favorire questo sommovimento. Il CLU è l'espressione del movimento più "rassegnata", in senso positivo, ad accettare ciò che è stato detto.

Giussani: È una bella responsabilità, anche di fronte al movimento, dire che il CLU è il luogo dove la gente capisce di più!

Intervento: Ora bisogna "muovere" il CLU, perché...

Giussani: Perché diventi sempre più movimento.

[83] Cfr. Gv 3,20.

Intervento: L'altro aspetto importante, che è un'immediata declinazione di questo, è sapere identificare l'amicizia.

Giussani: Scusate, state attenti a questo punto, perché se è un aiuto – qui è il punto del discorso –, se la nostra compagnia è un aiuto, la prima questione è identificare questa compagnia, dove stia "veramente" questa compagnia.

Intervento: Perciò, di conseguenza, stare attenti agli influssi. Infatti, amico è chi ci dilata.

Giussani: «È» chi ci dilata!

Intervento: Chi rinchiude, anche in una potente fortezza, è nemico.

Giussani: Chiunque (persona o persone di qualunque rango, altolocate o bassolocate) ci chiuda in un gruppo, in una realtà, in una fortezza, lui dice, in una realtà che si difende e si afferma di fronte alle altre o sulle altre della compagnia, del movimento, fa certamente qualcosa di sbagliato. Scusate, il limite estremo, l'esempio estremo di questo è il rapporto tra ragazzo e ragazza: se il rapporto tra ragazzo e ragazza spalanca, apre, allora è l'espressione suprema dell'amicizia che aiuta; ma se rinchiude, se isola, allora non aiuta. Perciò: «L'uomo che fa le cattive azioni ama le tenebre affinché nessuno veda le sue cattive azioni, ma l'uomo che fa le buone azioni ama la luce, affinché le sue azioni siano viste da tutti», dice Cristo nel Vangelo.[84]

[84] Cfr. *Ivi*.

Intervento: Dilata chi dispone ad ascoltare, chi strappa fuori dal tipo di amicizia naturale, chi libera dal dovere come un peso.

Giussani: Scusate, aiuta chi strappa fuori da un tipo di amicizia che è definito dall'istintività («naturale», «naturalistico»), dove la dimensione dell'appartenenza, la dimensione del lavoro, la dimensione della gratuità e dell'abbraccio agli altri non c'entra. L'ideologia è la teoria di tutto questo. L'ideologia è vinta soltanto dall'appartenenza, dal riconoscimento dell'appartenenza, perché l'appartenenza a Cristo spalanca all'universo: anche il Giappone ti interessa.

Intervento: È amico chi libera dal dovere come un peso, chi fa venire il gusto di uno spazio che si dilata...

Giussani: Chi libera...?

Intervento: Chi libera dal dovere come un peso, chi fa venire il gusto di uno spazio che si dilata e di una costruzione che si incrementa.

Giussani: Questo è chi è parte di una compagnia amica.

Intervento: L'amicizia ha una legge, questa legge è l'orizzonte totale. Quando è così, è irresistibile, anche se dovessero coagularsi contro tutti i poteri d'Italia.

Giussani: Del mondo, del mondo!

Intervento: L'amicizia è il bisogno più grande che abbiamo.

Essa infatti è il riverbero nell'umano del divino, della Trinità.

Giussani: No, no, fallo capire, perché non si può dire la frase senza capirla.

Intervento: L'amicizia è il riverbero nell'umano del divino, della Trinità.

Giussani: Perché? Perché la natura della Trinità, la natura dell'Essere è la gratuità. A noi si "risvela" come gratuità, perché ha creato. È gratuità perché ha creato; ed è gratuità perché libera, vale a dire compie. La compagnia crea e libera, cioè compie, dà identità a te: ti dà identità, non te la toglie, ti dà identità e ti compie, non permette che tu stia nel sottoscala schiacciato o imprigionato in quella cella che diventa poi sepolcro, come abbiamo sempre detto, in cui uno marcisce. Va avanti.

Intervento: Da qui deriva il concetto di movimento, perché una realtà istituzionale non vive, se non mettendosi in movimento. E questo avviene assimilandosi a qualcosa che già si muove.

Giussani: Questo tenetelo a mente, per favore. Non ci si può muovere, se non assimilandosi a qualcosa che già si muove. A meno che uno abbia un destino geniale. Il genio (vedi *Il senso religioso*)[85] è la funzione con cui la natura coagula, crea solidarietà, crea popolo, polarizza. Ma questo uno non lo può mica pretendere.

[85] Cfr. L. Giussani, *Il senso religioso*, op. cit., pp. 27-29.

Intervento: Il movimento perciò si incrementa per partecipazione. È un'amicizia intesa come coagulo con chi lo Spirito suscita come novità. In questa amicizia ognuno assume il suo posto e rende secondo le sue possibilità. Il terzo e ultimo punto, brevissimo, è...

Giussani: Il primo *cosa l'è*?

Intervento: Il primo è il sommovimento, bisogna favorire questo sommovimento.

Giussani: Beh, particolare e storico, contingente.

Intervento: Il secondo è sapere identificare l'amicizia.

Giussani: Questa è la questione: sapere identificare l'amicizia vuole dire sapere identificare il punto di movimento.

Intervento: In questo sapere identificare l'amicizia c'è un'iniziativa personale, cioè il passaggio dal desiderio alla domanda. La domanda spacca i contorni soliti, spacca il comodo, è il contrario del borghese. Il desiderio è ancora un'idea mia, la domanda è un'incognita oggettiva.

Giussani: Piccolo commento a quest'ultima nota. La domanda identifica il primo momento, quello del mattino; il secondo momento, quello del lavoro; e il terzo momento, il terzo fattore accennato, quello dell'aiuto. Vale a dire, «rifarsi di nuovo innocenti»[86] non vuole dire che uno diventi puro come l'acqua, come quando era bambino a

[86] Vedi qui, nota 63, p. 278.

due anni e mezzo. È il contatto con l'ideale, è l'ammissione dell'ideale, è l'apertura della porta all'ideale, è il timido tentativo di abbraccio dell'ideale ciò che diventa lavoro e che è aiutato dalla comunità. Per essere aiutati dalla comunità non si può soltanto desiderare, perché tutti in fondo desidererebbero essere aiutati, ma il desiderio non ti fa uscire da te. Il desiderio ti mantiene nel contesto chiuso della tua meschinità. Occorre qualcosa che spacchi i confini della tua meschinità. Questo si chiama «domanda». «Rifatti di nuovo innocenti» non è il ritorno a due anni e mezzo, non è il ritorno al fatto che non abbia più neanche l'ombra di un peccato, ma la domanda che l'ideale si avveri in te. La domanda ti spacca tutto, così come sei, lasciandoti come sei: ti spacca. È come una casa che si spalanca, allora la luce e l'aria entrano, secondo la quantità della libertà di Dio e della libertà dell'uomo (se spalanchi tanto o spalanchi poco, se Dio mette le nubi o non le mette). La domanda è l'essenziale forma della ripresa del mattino. Non è riconoscimento di appartenenza, se non domandi che avvenga, che si dimostri. Non è lavoro, se non è domanda.

Non è la tua fatica, non è la tua scaltrezza, non è la tua testardaggine, non è la tua *skilfulness*, non è tutto ciò, la forza del lavoro, ma è che quello che fai, fosse anche il brandire una penna, è una domanda: una domanda che avvenga il vero, la bellezza, la bontà e la giustizia, cioè che avvenga il manifestarsi di ciò a cui appartieni, che si manifesti che Cristo è ciò che hai di più caro. Perché «caro» è un giudizio di stima e quindi una tensione dell'energia affettiva verso questo oggetto di stima. Non c'entra nessuna sentimentalità. Non è che Cristo debba essere più caro nello stesso modo con cui ti è cara la donna di cui ti sei innamorato da tre giorni! La comunità, questo l'abbiamo detto fin dall'inizio dell'anno, ti è d'aiuto se la domandi, se domandi. Non se vuoi che ti si aiuti, perché questo è pretesa, ma se domandi che ti aiuti. Allora non esiste più pretesa, non esiste più recriminazione perché non ti si aiuta. Domandi. Il mendicante è «la» figura dell'uomo. Se un uomo è vicino a una donna e non è mendicante, povera donna (o povero uomo)! Perché noi siamo posseduti, l'essenza nostra è di essere posseduti. Perciò la compagnia è l'aiuto. Andrete a fondo di questi punti, eccetto il primo, che riguarda questi tre giorni; andrete a fondo e capirete, sentirete che la domanda della comunità è proprio lo spaccare la chiusura della vostra casa perché la luce, il calore, la gratuità della comunità vi entrino; la domanda, non il desiderio vago (presunzione e pretesa).

IV

Ma la compagnia, ultima cosa, non è soltanto un aiuto in questo senso; la compagnia già attua, già sfida il mondo. Ecco la terza parola che abbiamo detto il primo giorno e che adesso riprendiamo come quarta: la compagnia sfida il mondo, dove per «mondo» si intende tutto ciò che ci strappa, che tenta di strapparci all'identità nostra, vale a dire all'appartenenza. Con la parola «mondo» intendiamo quello che Cristo diceva: menzogna, «tutto il mondo è posto nella menzogna».[87] La compagnia dà battaglia: fossi solo (non alla Leopardi: «L'armi, qua

[87] Cfr. 1 Gv 5,19.

l'armi: io solo / combatterò, procomberò sol io»,[88] no, questa gonfiatura volontaristica, caratteristica dell'uomo solo, non ci tocca), rimanessimo in dodici in tutto il mondo attaccheremmo il mondo. Rimanessimo lui e io, attaccheremmo il mondo, lui da una parte e io dall'altra, anche uno al Polo nord e l'altro al Polo sud. La compagnia ci fa attaccare il mondo, e il mondo sono le circostanze in cui dopo l'inizio della giornata entrate: tutte, dal caffelatte col papà e la mamma, che già vi stanno sullo stomaco, ai libri che dovete brandire, alla noia del tranvai o della metropolitana, alle circostanze che vi attanagliano appena siete entrati all'università e vedete che il professore c'è, e dovete andare in un'aula che non vi piace, oppure incominciate a non vedere i vostri amici e a vedere la gente ostile, oppure anche i vostri amici non vi salutano e il professore dice certe cose dalla cattedra a cui non sapete rispondere, oppure viene presa una decisione sfavorevole nel Consiglio di facoltà, e poi i giornali, le notizie dei giornali, come trattano il Meeting di Rimini, per esempio. L'attacco al mondo. La compagnia è attacco al mondo. Questo sono i cosiddetti Cattolici Popolari.

Intervento: Il primo punto al riguardo sono due annotazioni sorte dal cammino di quest'anno, due difficoltà nel comprendere i Cattolici Popolari come vita di Comunione e Liberazione. La prima è che spesso chi guida la comunità considera l'attività dei Cattolici Popolari come un'appendice di essa.

[88] G. Leopardi, «All'Italia», vv. 37-38, in *Canti*, Garzanti, Milano 1981, p. 7.

Giussani: La sfida al mondo non è un'appendice della compagnia, è il segno che la compagnia c'è.

Intervento: E così il lavoro dei Cattolici Popolari non aiuta l'esperienza della comunità. Si sente la necessità di un'unità di esperienza e di giudizio tra chi, in ogni singola comunità, guida CL e i CP (Cattolici Popolari). La seconda difficoltà è che i CP vengono considerati vita di CL solo riguardo al loro aspetto di movimento di base più manuale: i banchetti, i gruppi di studio, le assemblee, i cartelloni...

Giussani: Sono il servizio da colf.

Intervento: Invece il lavoro e l'interesse più strettamente politico, riguardante cioè la globalità dell'aspetto sociale, non è considerato come espressione della comunità.

Giussani: È chiaro. Il punto non è la "manualità" dei banchetti o l'attaccare fuori i cartelloni, ma affrontare il mondo. Il rischio nell'affrontare il mondo è il rischio politico nel senso grande del termine. Ma il rischio nell'affrontare la *polis* non è partitico, l'impegno politico è inerente al «Padre Nostro, venga il tuo regno». Inerente! È inerente al fatto che la schizofrenia di uno debba essere abbracciata.

Intervento: Quello di cui ci siamo accorti quest'anno è che anche la sensibilità all'ambiente, in senso politico, nasce da un continuo paragone con l'ideale che è possibile solo dentro un'appartenenza reale.

Il secondo punto è una necessità che sentiamo e che abbiamo chiamato «personalizzazione della presenza come sfida alle circostanze». Questo è possibile solo se si ha chiaro che lo scopo di un'azione è l'incremento della coscienza dell'origine della nostra compagnia e il suo annuncio al mondo.

Giussani: Comincia da capo questo secondo punto.

Intervento: Personalizzazione della presenza come sfida alle circostanze.

Giussani: La sfida alle circostanze ha come scopo non quello di mettere a posto la legislazione universitaria, ma l'incremento della presenza della compagnia, cioè l'incremento della presenza del segno che deve anche interessarsi della legislazione universitaria. Lo scopo è l'incremento della compagnia. Ora, l'incremento della compagnia viene fuori tutto dalla persona, perciò l'impegno con le circostanze, la sfida al mondo, cioè i Cattolici Popolari sono un incremento della tua persona.

Intervento: Se si smarrisce lo scopo accadono due cose. Da una parte, la persona rimane fuori dall'azione che compie, l'azione è priva di domanda: la generosità, così, anche nell'impegno, rimane senza ragione; dall'altra, la persona pone tutta la sua attesa e speranza nell'esito dell'azione o nel semplice fatto che si sta muovendo, soffocando nell'azione stessa.

Giussani: Non capiscono, ma capiranno! Avanti.

Intervento: La ragione di un'azione è sempre più grande di ciò che si fa. Terzo punto. Riprendo una frase che abbiamo sentito l'altra sera: «Un uomo solo non entra nella storia». La personalizzazione non può essere intesa come individualismo nella sfida delle circostanze, ma come continuo riferimento e paragone con la compagnia come fattore sorgivo della propria persona. Mai come quest'anno è stato chiaro che un soggetto nuovo nasce solo dall'appartenenza a una unità di popolo. Il rischio è che un'azione concepita individualmente non incrementi l'esperienza della compagnia. Quindi, se i Cattolici Popolari sono la vita di Comunione e Liberazione, l'orizzonte dei CP è CL, cioè la presenza globale del movimento dentro l'ambiente. Per questo (è un punto importante di cui ci siamo accorti quest'anno), «Il Sabato» e il Movimento Popolare non possono non essere continui punti di riferimento per la nostra esperienza.

Giussani: Sottolineo molto praticamente quest'ultima osservazione. Mi dispiace perché questo era da commentare punto per punto. Lo commenteremo all'Equipe della volta ventura. Intanto ci lavorerete. Mi spiace di essermi dilungato in principio. Tutto quello che si è detto oggi, specialmente questi ultimi due testi debbono essere analizzati, debbono essere sviscerati (si dice *creuser*, in francese), insomma zappati e imparati. Il segno limite, che è sempre quello più fragile e più "stupido", ma più rivelativo, è l'ultimo: «Il Sabato» e il Movimento Popolare sono parte integrante dell'impegno che l'identità nuova del mattino (nel lavoro della giornata, del tempo, dentro il grande abbraccio della comunità) svolge. L'identità del mattino svolge se stessa fino all'uso di questi strumenti.

Chi non giunge all'uso di questi strumenti è perché è "fuori" per metà, un terzo, un quarto; è fuori. Del resto, è proprio il fatto che la maggioranza è facilmente attenta a questo che fa dell'unità del nostro movimento l'enigma inspiegabile per tutti e la rabbia dei partiti (anche ecclesiastici).

Adesso, date aria alle caldaie. Fra un quarto d'ora incominciamo la santa Messa.

Avvisi

Giussani: Il primo avviso è che ciò di cui abbiamo parlato stamattina, ciclostilato, dovrà diventare immediatamente il contenuto di riflessione e di discussione e per le vostre diaconie e per le vostre comunità, in modo tale che, volendo fare la prossima Equipe in principio di ottobre, per tale data sia già stato "masticato" quello che è stato detto, i quattro punti di stamattina.

Però, c'è un'altra data, un'altra occasione importante: con ottobre (non c'è un giorno preciso, vi arrangerete voi a seconda dell'andamento della vostra comunità), si incomincia il secondo volume della Scuola di comunità.[89] La prossima Equipe io cercherò di spiegare la struttura del volume: anche se non mi sembra difficile, non vorrei correre rischi. Il secondo volume della Scuola di comunità è il più importante dei tre, perché porta l'attenzione a scoprire il punto esatto in cui scatta il problema cristiano nella storia, perciò che cosa vuole dire «cristianesimo». Avrete un primo capitolo che riassume *Il senso religioso* (vi aiuterà); un secondo e un terzo capitolo che sono una documentazione sulla ricerca che l'uomo ha sempre cercato di fare per immaginarsi il Mistero. Anche se alcuni brani citati sembrano un po' difficili, basta rileggerli, come a scuola. È una scuola la Scuola di comunità: dobbiamo crescere con una struttura mentale diversa da quella della gente che ci circonda, altrimenti vediamo come loro.

In terzo luogo, il movimento è scoppiato dal punto di vista internazionale. Anzi, salutiamo con un battimani i

[89] L. Giussani, *All'origine della pretesa cristiana*, op. cit.

nostri amici – basta un accenno, un segno –, perché oggi ha inizio una settimana in cui saranno presenti persone di trentaquattro nazioni. Ma questo scoppio deve essere sostenuto, altrimenti diventa un fuoco d'artificio. Noi non vogliamo i fuochi d'artificio, vogliamo il *brûlé* di tutto il mondo, vogliamo bruciare il mondo. È un'immagine del Signore: «Sono venuto ad accendere il fuoco».[90] Vogliamo che sia acceso dappertutto. Allora, per tutto ciò che riguarda la nostra presenza all'estero (tutti devono sentirsi in qualche modo provocati, se la possibilità emerge tra i buchi del loro orizzonte), il punto di riferimento è la segreteria internazionale. A uno viene in mente di andare a costruire un buco nella terra, deve dirlo alla segreteria internazionale. Per favore, state attenti: non fate voi e impedite agli altri che facciano iniziative all'estero senza che sia avvertita la segreteria internazionale. È una tale trama stretta di rapporti, la nostra, che la mossa di uno può realmente essere dannosa per la mossa di tutti. Come è avvenuto con alcuni che sono andati *sponte*, di loro testa, nell'est Europa, dove gravi difficoltà sono state create per questo. Allora, riferirsi alla segreteria internazionale. Ogni problema, opportunamente verificato con i responsabili della propria comunità (qualsiasi tipo di problema, uno che dice: «Voglio andare a Norfolk a fare tre dottorati di sette anni», ecco, deve dirlo), va posto a questa segreteria.

Attenzione: è possibile sostituire il servizio militare con un servizio di volontariato all'estero per due anni. Pensate a che punto arriva la disorganizzazione nostra, che ci siamo accorti solo adesso di questa occasione fantastica. Informazioni e precisazioni circa questa possibilità potran-

[90] Cfr. Lc 12,49.

no essere richieste dopo la metà di settembre alla segreteria internazionale. Dopo la metà di settembre la segreteria internazionale potrà darvi *renseignements* adeguati su questo punto. Invece del militare, due anni all'estero. Capite perché è inutile fare di testa propria? Abbiamo punti da sostenere.

È partito in tutta Italia il progetto "Erasmus", per soggiorni di studio per gli universitari nei Paesi della comunità europea. Anche in questo caso bisogna rivolgersi esclusivamente alla segreteria internazionale, che è una delle cose obiettivamente più organizzate che abbiamo.

Quarto avvertimento: sia la Scuola di comunità, sia l'apporto alla nostra presenza nel mondo danno animosità alla nostra vita comune, alla nostra compagnia. Però animosità e chiarezza alla nostra vita comune danno anche gli strumenti che ci siamo dati, in particolare «Il Sabato». Io posso non essere d'accordo sul fatto che chiamino Erasmo a scrivere su «Il Sabato», oppure che chiamino Kierkegaard a parlare al Meeting di Rimini; io posso non essere d'accordo, cioè posso dissentire su questo, ma se l'iniziativa e l'indirizzo è permesso dal Centro del movimento, cioè è un indirizzo che continua, è un vero indirizzo, allora significa che il Centro del movimento riconosce che la sorgente culturale e l'ispirazione cristiana è quella giusta. Perciò sono strumenti da cui dobbiamo imparare. Lo sguardo con cui dobbiamo prenderli e coltivarli è quello di imparare che cosa ci detta il movimento con questo numero: se questo particolare non mi persuade, lo chiedo; se questo particolare non mi persuade, va bene, ma non è essenziale. «Il Sabato» ha dato un grandissimo esempio di come, partendo dalla preoccupazione fondamentale e unica nostra, si tenti di affrontare anche le contingenze più socialmente concrete e fin politiche e partitiche. È l'esempio di un modo con cui si cerca di salvare il fondamento che ci preme, il messaggio che ci preme. Perché l'unica cosa per cui si vive è questo messaggio. Quando sentite uno dire: «Ah, io "Il Sabato" non lo condivido!», ecco, quello è fuori del movimento, perché è fuori dalla coscienza nostra. Bisogna ritirarlo dentro, eh!

Oltre «Il Sabato», c'è l'unica rivista che dà una visione della situazione della Chiesa nel mondo e ha un'importanza estrema, perché adesso è diffusa in tantissime lingue (per esempio negli Stati Uniti mi hanno detto che ci sono già dodicimila abbonamenti in due o tre mesi): è «30Giorni». Che ogni comunità s'abboni, l'abbia lì nella sua sede, che ogni facoltà l'abbia lì nel suo buco all'università!

Così pure, tutto ciò che avviene nelle vostre comunità e che vi sembri possibile oggetto edificante, sollecitazione edificante, scrivetelo a «Litterae communionis». Vogliamo che «Litterae communionis» sia meno un tentativo letterario e più una documentazione della nostra vita e che si abbia gusto a leggere la nostra vita. La vita della nostra comunità è zeppa di cose bellissime. Quante volte io, andando in giro, dico: «Oddio, ma guarda qui, e non lo sapevo!».

Per festeggiare il decennale dell'elezione del Papa, noi festeggiamo il decennale del suo primo documento, la *Redemptor hominis*.[91] La *Redemptor hominis* rimane il testo programmatico di questo Papa, e nessun altro documento ha valore se non in funzione di questo. È un documento che resterà nella storia della Chiesa come un pila-

[91] Vedi qui, nota 9, p. 180.

stro insostituibile. Ha riportato improvvisamente tutta la Chiesa (distratta da teologi e da preti e succube della cultura mondana) alla questione fondamentale: che Cristo è redentore dell'uomo. È la cosa che la ragione dell'uomo culturalizzato non può ammettere: l'uomo non può essere uomo, se non con Cristo. Io ricordo sempre il discorso all'ONU,[92] quando il Papa disse che la ragione senza la fede non è completamente ragione. Perché Cristo non è il salvatore appena dell'anima. Il messaggio caratteristico del nostro movimento è questo: che la salvezza è già nell'aldiqua, ed è in questo «già» che si capisce che c'è l'aldilà. Ma è un'esperienza: se uno non la fa, come fa a comunicarla? E da solo uno, poverino... Siamo in compagnia per questo. Questo è il valore della nostra amicizia. Perciò noi quest'anno faremo qualche grosso raduno e grossa iniziativa per commemorare il valore culturale grandissimo della *Redemptor hominis* (anche perché non lo faranno in molti), proprio perché è il documento-sfida. La grande alternativa è questa: se l'uomo può salvare se stesso applicando le sue mene, i suoi artifici, oppure non può salvare se stesso neanche in questo mondo, non può stare bene neanche in questo mondo senza Cristo. Questo, per esempio, è il valore nei rapporti della gratuità. Un uomo non può neanche resistere con la sua donna senza gratuità (c'è questo nesso profondo fra la parola che Cristo esplicita e la radice cieca, ma reale della natura).

Inoltre, il grandissimo cardinale Tomasek è riuscito ad ottenere più di cinquecentomila firme in Cecoslovacchia, contro la legge governativa sulla religione. In Cecoslovacchia c'è una stretta che non conosce nessun influsso. E

[92] Vedi qui, nota 42, p. 241.

questa uscita, dopo tantissimi anni, vuole dire che sono allo stremo. Ora, che il mondo occidentale cattolico se ne infischi e se ne freghi di questo è un'ignobilità insopportabile. Perciò, durante questo mese bisogna usare l'inserto contenuto in «Litterae communionis», riempirlo e mandarlo, e moltiplicarlo il più possibile. La nostra collaborazione è abbastanza borghese e senza fatica, però la maggior parte di noi rinuncia anche a questa lillipuziana fatica.

1989

LA TESTIMONIANZA DI UNA COMPAGNIA*

La convocazione dell'Equipe invernale è un documento eloquente del contraccolpo prodotto dal Volantone nelle comunità universitarie e del lavoro assiduo che in esse si stava svolgendo. A differenza di altre volte, le domande furono numerose, ampie, dettagliate e precise; esse, probabilmente, erano la sintesi di numerose altre domande, alle quali gli studenti universitari avevano, in quei mesi, cercato di dare risposte. Si parlava di «responsabilità» e di «testimonianza di una compagnia umana», di «abbraccio concreto di Cristo», di «innocenza del mattino» che deve diventare lotta e lavoro, di identità e appartenenza, di sfida al mondo e «battaglia» contro la menzogna. Le comunità camminavano e questo cammino stava cambiando il loro volto. La comunità stessa stava assumendo, per ciascuno, il valore di essere l'indisgiungibile dimensione della personalizzazione della fede e della costruzione della propria identità umana.

«Il movimento, grazie a Dio, è ancora una cosa vivente», aveva detto in questi mesi don Giussani ai principali suoi responsabili. «Questa realtà vivente cammina – aveva sog-

* Equipe del CLU, 27 febbraio 1989, Assago (MI).

giunto –, cioè approfondisce la propria esperienza, cogliendone tutte le implicazioni e scoprendo sempre più le applicazioni.» E la traccia di questo cammino, aveva sottolineato, proponendolo a tutti, «avviene in modo preciso alle Equipe del CLU». Con una nota, di non poco rilievo: «Le Equipe del CLU, dal '75-'76 in poi, sono sempre state fatte sistematicamente e preparate con discussioni e relazioni scritte; senza lavoro si produce soltanto presunzione ruolistica e comunque si giustificano tranquillamente tutte le fughe».

Portando nel cuore la risposta dello starets *de* Il racconto dell'Anticristo, *la compagnia stava diventando, per gli universitari, contenuto e metodo della loro autocoscienza.*

Assemblea

Giussani: È un giudizio ciò con cui si parte. «Non avevo voglia di alzarmi questa mattina, ma alzarmi è una cosa giusta, dovevo alzarmi», e allora uno si alza. Non è una formalità, è chiaro che non è una formalità. E, in secondo luogo, al giudizio di valore cerca di adeguarsi l'affezione, poiché l'affezione è la domanda alla vita, è domanda della vita, è una domanda di vita. Così, dobbiamo iniziare la giornata nostra con la preghiera, perché questo gesto rappresenta il contenuto del giudizio di valore supremo. Anche se fossimo oscurati dalla stanchezza e dalla confusione, o da una riottosità e da una ribellione, non esiste niente che abbia il contenuto di valore che ha la preghiera: è il raccordo con il Mistero che fa le cose. Però, la nostra affettività deve destare se stessa, aderire a questo giudizio, a questo «riconoscimento», che a denti stretti – anche – noi siamo costretti a realizzare. E questa affettività che aderisce, e ci fa aderire, deve accadere e realizzarsi, anche se ci costa un'apparente contraddizione con noi stessi; la contraddizione è soltanto con la superficie di noi stessi, vale a dire con l'istintività: uno non vorrebbe fare questo gesto e lo fa, perché ne pondera il valore, ne riconosce il valore, e lo vuole.

Comunque, ricordiamo che la preghiera è domanda, domanda dell'Essere, domanda che la sorgente delle cose ci penetri, ci invada. E siccome la sorgente delle cose, della vita, è diventata Uno fra noi, che molte volte è stato visto in un raduno così, nei vari "centri congressi" di allora, che erano le sinagoghe (la sinagoga è un tempio, questo è come un tempio), la domanda è a Lui, è a un uomo. La domanda è a un uomo: che ci invada, che ci penetri, sostenendo il pensiero e sostenendo il cuore. Ci sono già alcuni fra noi che hanno pagato questa fede con la vita: chiamati, hanno risposto di sì, attraverso questa fede, con questa fede.

My Lord, What a Morning![1]

Intervento: Poche e brevi parole per introdurre il lavoro di questa mattina. Lo scopo dell'assemblea è contenuto nelle domande che vi sono pervenute per formulare i contributi. Apriamo l'assemblea riformulandole. Solo una cosa: a me sembra che la vita del CLU di questi ultimi mesi sia stata determinata, probabilmente come mai in

[1] «My Lord, What a Morning!», in *Canti*, op. cit., p. 285.

passato, dall'avvenimento del Volantone di Pasqua, che ha segnato la vita delle nostre comunità, ha costretto a una domanda su di sé e a una domanda sulla comunità, in molti luoghi ha provocato un cambiamento, non soltanto di gesti e di iniziative, ma del cuore. Ecco, le domande che adesso vado a rileggere vogliono riferirsi esattamente a questo fatto che è accaduto, a questa novità che il Volantone di Pasqua ha portato. È già una novità il fatto che, sette-otto mesi dopo, quelle parole ancora colpiscano la nostra vita e siano segno di contraddizione per le nostre comunità. Il motivo per cui siamo qui oggi è quello di aiutarci, da un lato, a giudicare la vita che le nostre comunità hanno vissuto a partire da quel fatto e insieme a individuare le prospettive di cambiamento che tutto ciò ha introdotto.

Com'è cresciuta in questi mesi di inizio anno la coscienza di appartenere a quello che abbiamo di più caro? Quali novità sono emerse in questa appartenenza? Quali difficoltà abbiamo sentito? Il lavoro della comunità, come è stato determinato dalle parole del Volantone? L'ultima domanda riguarda la presenza dentro l'ambiente: quali sono stati i gesti più significativi della comunità e che cosa hanno chiesto a noi e alla gente intorno a noi in termini di cambiamento?

Siccome i contributi che avete fatto sono stati stilati come risposta a queste domande, dando subito la parola a voi, vi invito a riprenderli.

Intervento: Sono di Friburgo, Svizzera. Rispetto alla prima domanda, lavorando sulla coscienza che ho dell'incontro con ciò che ho di più caro, mi sembra che la cosa più difficile sia vivere veramente il carisma, senza cadere in un'interpretazione. Allora la mia domanda è: come può e deve l'autorità nella comunità richiamarci e assicurare una dinamica che sia vera sequela del carisma, rispettando però anche la libertà del singolo di appoggiarsi e di riferirsi all'autorevolezza di quelle persone che ha incontrato e in cui vede avverarsi l'incontro che lui stesso ha fatto? Come si fa a capire che si sta cadendo in un'interpretazione? Come possiamo aiutarci perché l'autorità non scada in un'autorità "gerarchica" di tipo associazionistico, ma aiuti la libertà del singolo a seguire quello che ha incontrato nel rapporto con le persone che ha incontrato?

Giussani: A mio avviso questa interrogazione è molto centrata, riassume il disagio che si riscontra più facilmente tra di noi. Vorrei dire, se me lo permettono i capi... anzi, no, rispondano loro.

Intervento: La prima osservazione che l'esperienza mi suggerisce è questa: da cosa si capisce che una certa posizione è un'interpretazione o un'intermediazione? Dal fatto che non abilita, non aiuta a paragonarsi con l'origine del movimento, con l'accento in cui consiste l'origine del movimento...

Giussani: Dove l'origine del movimento è quello che ti ha percosso, è quello che ti ha incontrato e ti ha ridestato.

Intervento: Ogni esercizio della responsabilità o dell'autorità che non sia in qualche modo questa trasparenza e questa facilitazione a fare incontrare l'avvenimento del movimento come tale, nella sua originaria realtà oggettiva, è un esercizio autoritario oppure distraente. E la verifica una persona ce l'ha nella propria esperienza.

Giussani: Ecco, questo è importante, la verifica ha sempre a che fare con quell'inizio che è stato destato nel tuo cuore. Soltanto che c'è un particolare: col tempo che è passato, in quell'inizio tu sei penetrato, è diventato più tuo, o meglio, nella misura in cui è diventato più tuo, tu sei libero di fronte a esso e non devi passare sotto il giogo di un'autorità gerarchica, e riconosci nell'autorità gerarchica una vera autorità quando incrementa quello che è fiorito in te.

Intervento: L'ultima cosa riguarda questo: la libertà che si imbatte nell'autorità esercitata come facilitazione a incontrare il carisma, l'origine, è una libertà esaltata, è una libertà che, paragonandosi, diventa sempre più vulcanicamente creativa. Questa è l'esperienza che noi facciamo. Ciò non toglie, in ogni caso, che sia una libertà che soggiace al paragone. Vale a dire, la nostra libertà tanto più cresce, quanto più accetta di passare attraverso il paragone. È come il meccanismo delle condotte che producono energia elettrica...

Giussani: Com'è?

Intervento: Si convoglia l'acqua in una tubatura, questo passaggio ne aumenta la velocità, e poi le si fa fare la caduta che produce energia, cioè sprigiona creatività. Quindi, la nostra libertà è salvaguardata dall'autorità non come mediazione, ma come facilitazione, come richiamo a incontrare, come rinvio: ecco, l'autorità come rinvio.

Ma, in secondo luogo, la nostra libertà è tanto più esaltata, quanto più soggiace al paragone, e paradossalmente – starei per dire – anche una circostanza sfortunata e sfavorevole, se è accettata non disciplinarmente, ma asceticamente, non annulla la libertà.

Giussani: Invece di «soggiacere», userei la parola «accettare» il paragone. Infatti, accettare il paragone con la comunità o accettare il paragone con l'autorità è lo stesso tipo di fenomeno che ti ha destato il cuore in principio, perché è un fenomeno storico, è una contingenza storica. Ciò che ti ha destato il cuore in principio è un fatto storico che ti ha immesso in un altro fatto storico, che è la compagnia con l'autorità. Per questo ho usato la parola «accettare» invece di «soggiacere» (ma la parola «soggiacere» è giusta anch'essa). Accettare questo paragone è lo strumento, è il cammino naturale per lo sviluppo («Camminerò, camminerò, nella tua strada, Signor»).[2]

Ma lui ha parlato di libertà. In che senso accettare è libertà? Io sono capace di accettare, uno è capace di accettare quanto più è libero. La libertà significa rendersi ragione delle cose e aderire a questa ragione. Tu sei stato chiamato, l'abbiamo detto nelle Lodi: «Consapevoli della vocazione e della missione cristiana»;[3] da quel momento, da quell'incontro fortuito che tu non ti aspettavi, sei stato chiamato, vale a dire quell'incontro ti ha destato qualche cosa. Quanto più ti rendi ragione di ciò che ti è stato destato nel cuore, quanto più ti rendi con-

[2] A. Marani, «Camminerò», in *Canti*, op. cit., p. 185.
[3] «Invocazioni», Lodi mattutine del lunedì, in *Il libro delle ore*, op. cit., p. 77.

sapevole della fede cui oramai hai aderito, cui sei stato chiamato ad aderire, quanto più ti rendi ragione della cosa e quanto più cordialmente, anche superando la fatica o la scocciatura o le contraddizioni che senti, aderisci a queste ragioni, tanto più sei libero, e perciò tanto più sei nella condizione di ascoltare la compagnia, di accettare l'indicazione dell'autorità, perché questo paragone ti aumenta, è destinato ad aumentarti la ragione, la chiarezza della ragione, e ad aumentarti l'impulso, l'input al cuore.

Se questo paragone con l'autorità non ti aumenta la ragione, non ti "stabilisce", non ti rende più stabile il cuore, allora c'è un pericolo, e tu devi riandare, in quel caso, appena puoi, a quelle persone, a quella persona, a quel contesto umano che ti ha destato il primo input, il primo impeto. Vale a dire, siamo legati alla compagnia e all'autorità, accettiamo la compagnia e l'autorità, ma liberamente. Liberamente è una parola non superficiale e meccanica: indica che io aderisco all'autorità tanto quanto essa mi aiuta. E se in questo momento non mi aiuta, allora io mi riferisco alle persone che mi aiutano. Ma le persone che mi aiutano, mi aiutano veramente se mi ributtano ancora nel paragone con la compagnia e con l'autorità, se non mi fanno saltare niente, così che magari due giorni dopo capisco quello che mi aveva scandalizzato due giorni prima.

Insomma, questi sono i fattori in gioco: l'originalità e la creatività del primo momento – badate, per favore, che questo primo momento c'è stato per chiunque fra noi –, l'appartenenza, l'entrata dentro una compagnia e quindi il paragone con un'autorità, con una direzione (un'autorità vuole dire una direzione), in una libertà che cresce; e la libertà è fatta di ragione e di affettività (che non vuole dire quel trasporto che senti per la morosa in certi momenti).

Tutto ciò fa crescere l'inizio. Vorrei citare il caso più affascinante che mi sia capitato in vita. Quelli di Napoli l'hanno potuto conoscere più di me e quindi anche più degli altri. Abbiamo avuto Giovanni, che è diventato maturo per il *vis à vis* con l'eterno, ma in modo visibile. Visibilmente questo ragazzo è cresciuto nella sua libertà potente: io lo conosco dalla lettura di alcune sue frasi.[4] Fortunato chi l'ha potuto conoscere, perché allora per lui è diventato una compagnia che non si può più perdere, è un riferimento a cui – quando la compagnia viene meno o quando l'autorità viene meno, o è dura – può guardare; la memoria di questa presenza, la coscienza di questa presenza rinnova l'inizio, a cui l'amico di Friburgo accennava, più di qualsiasi altra cosa, perché non c'è niente che rinnovi l'inizio come l'incontro con una persona che viva l'inizio.

Così noi accettiamo l'autorità nella Chiesa non necessariamente perché essa abbia il carisma di uno spirito evocatore più di altri, ma in quanto è una condizione perché diventi storia quello che ci è stato destato.

Intervento: Il Volantone ha prodotto secondo me due cose rilevanti. La prima, più banale, ma mica tanto, riguarda il fatto di accorgersi che c'è il nemico. Cioè, eravamo dentro un'esperienza del movimento buona, ma senza comprendere l'ostacolo, l'avversario, chi è l'imperatore. Il Volantone ha tirato fuori questo, cioè ha fatto capire che c'è effettivamente un attacco alla presenza cristiana, un attac-

[4] Cfr. G.M. Calzone, *Si prospettano giorni felici...*, op. cit.

co ai cristiani, e che questo ha il volto dei valori, cioè di una proposizione di cose magari buone per l'uomo, ma senza Cristo, senza che queste cose buone facciano capo a Cristo. E questo, secondo me, riguarda il secondo aspetto interessante: che cos'è che abbiamo di più caro? Il Volantone è stato il colpo definitivo a capire che ciò che abbiamo di più caro è una presenza che è entrata nella nostra vita: non ci sono più progetti, non ci sono più strategie. Il problema è solo questo: quanto siamo attaccati a questa Presenza. Allora uno si domanda: ma dov'è questa Presenza che prende la mia vita? E la mette nell'amicizia. Cioè dice: la cosa più importante è essere attaccati a questa Presenza, che è in una compagnia. Da qui un attaccamento, secondo me, sano e serio alla compagnia. Però si constata a volte che questa compagnia è debole e quando arriva l'imperatore non ce la fa a reggere. Allora io ti faccio una domanda: cos'è che manca o qual è il problema che a questo punto si pone? Abbiamo fatto fuori tutti i progetti, le ideologie, le mediazioni, siamo attaccati a questa Presenza che è entrata nella nostra vita, ma come possiamo diventare grandi in questo? Come possiamo evitare che la compagnia cada nel gruppettarismo, nella sentimentalità? Come evitare che ci ricadiamo addosso?

Intervento: Mi sembra una questione capitale. Accenno però alla mia reazione. È vero che qualche cosa è avvenuto, che la nostra vita comincia a giocarsi come attaccamento a questa Presenza. Come diventare grandi, allora, in questo attaccamento e qual è la questione che adesso si pone? La questione che adesso si pone, secondo me, è questo passaggio: non attardarsi più a definire le condizioni dell'esperienza, ma cominciare a fare esperienza di questo attaccamento nell'influsso potente che ha su tutta la vita. La compagnia spesso è debole, perché si attarda a definire le condizioni dell'esperienza.

Giussani: No, perché non fa esperienza.

Intervento: Sì, dove questo, però, è mascherato dal fatto che ci si attesta al livello fondativo, si ripetono formule. Secondo me il passaggio che si pone è questo: non tanto dal discorso – come se fosse sbagliato il discorso – all'esperienza, ma il fare esperienza di quello che è già iniziato, non più come discorso, ma come attaccamento. Però, non bisogna essere tentati di definirlo, bisogna lasciarsi invadere da questo inizio di attaccamento. E il come si diventa grandi in questo attaccamento mi sembra che sia tutta la provocazione di Mounier.

Giussani: Io sono d'accordo con quello che dici, però vorrei aggiungere che «fare esperienza di questo attaccamento», senza attardarsi in disquisizioni teoriche o in questioni di linee da seguire, implica la ragione – la ragione! –, la ragione e l'affettività, implica il rendersi coscienti. L'uomo è quel livello della natura in cui la natura diventa «ragione». Non esiste un'affettività umana, abbiamo detto tante volte, se non nasce come conseguenza di una ragione. La differenza tra l'affettività animale e l'affettività umana è che l'affettività umana nasce, insorge da una ragione. Questo lascia intatto, non è contraddittorio col fatto della reattività, del sentimento come reattività, del sentimento come istinto, dell'affettività come urto sentimentale. Ma questo fatto non è ancora a livello umano.

Tanto è vero che è come il vento, va e viene, e anche l'innamoramento che sembrava più bruciante può finire in cenere più o meno presto.

Bisogna fare esperienza dell'attaccamento che è insorto. Questo «attaccamento» è molto simile all'«inizio» di cui parlava il nostro svizzero; questo attaccamento è come un inizio. Ma per fare esperienza bisogna essere coscienti. Per esempio, non si può fare esperienza di questa cosa spettacolosa che è la preghiera che abbiamo recitato prima – «Liberati dal giogo del male»,[5] «Tu sei il mio Dio, all'aurora Ti cerco, di Te ha sete l'anima mia»,[6] «Rinnovando la fede del primo incontro con il Dio vivo»[7] –, senza che, dicendo le parole, l'occhio della coscienza sia tutto spalancato su quello che la parola esprime, su ciò con cui la parola ci fa prendere contatto. Allora l'affettività si muove non sottocosto, non "spontaneamente": si muove perché è mossa, con una necessità di implicazione del volere. Così uno prova la vera commozione umana. E il sintomo è che, dopo d'avere ripetuto cento volte queste parole, le sente fresche e nuove molto più che la prima volta. L'emozione con cui un essere percepisce sua madre è senza paragone più vera quando ha quarant'anni di quando ne aveva quattro, e c'è soltanto consapevolezza e volontà, perché sua madre – quando uno ha quarant'anni – ne ha magari sessantacinque, nel migliore dei casi, e può essere già pesante.

Intervento: Sono di Bologna. Volevo raccontare una cosa un po' strana che è successa quest'anno, che mi ha preso

[5] «Liberati dal giogo del male», in *Il libro delle ore*, op. cit., p. 30.
[6] «Salmo 62», Lodi mattutine del lunedì, *ibidem*, p. 72.
[7] «Invocazioni», *ibidem*, p. 76.

alle spalle. Dall'inizio dell'anno, per la fedeltà a certi amici con cui era chiara la proposta del movimento attraverso il Volantone, è nato un gruppo, "un movimento all'interno del movimento": è iniziato con alcuni in facoltà e poi si è allargato a tutti. Io mi sono sentito investito da un dono, perché era qualcosa che non veniva dalla mia bravura, ma dal fatto di sentirmi un povero cristo, di aver bisogno di questa proposta che era il Volantone, cioè di questo «caro». Questo dono io sento che non posso tenerlo per me, ma devo portarlo nel mondo...

Giussani: Scusami, mi sono sfuggiti gli inizi: l'inizio come è stato?

Intervento: È stata una cosa inaspettata, nata attraverso la provocazione del Volantone: un'amicizia iniziata con alcuni, che poi si è allargata a molti altri. E, pensandoci, dico che gli amici sono coloro che ti chiedono continuamente che cos'hai di più caro. Questo fa sentire prima di tutto me bisognoso di quel «caro».

Intervento: Volevo dire una cosa che riguarda l'esperienza che stiamo facendo in Cattolica. Parto dal fatto che abbiamo appena finito le elezioni, svoltesi tra l'altro in un clima di tensione molto forte, non tanto perché tutti ci sono contro, quanto perché tutti è come se cospirassero a rendere menzogna ciò che si pone gratuitamente nelle cose e nel mondo. Dico questo perché la cosa a cui abbiamo dovuto piegarci, sottometterci, è stata la testimonianza della faccia delle moltissime persone che si sono impegnate in queste elezioni, nonostante la vessazione continua, gli insulti di bassa lega...

Giussani: Che università è?

Intervento: Cattolica! La faccia di queste persone ci testimoniava una letizia, perché era tutta determinata, anche in quello che proponeva per le elezioni, da quello a cui era legata. Era come se, di fronte alle domande del Volantone, il contenuto ultimo di sé coincidesse con quella Presenza, e la persona prendesse un piglio nuovo, avesse una partenza nuova. Avviene così quando quello che ci interessa affermare nelle cose è la possibilità di questo Fatto, quando si ha realmente un padre e noi siamo l'espressione di quello che quel padre ha voluto per noi.

Giussani: Scusami, non ho capito bene: il contenuto ultimo di sé...?

Intervento: Coincide con quella Presenza.

Giussani: Quale presenza?

Intervento: Con la presenza del mistero della nostra compagnia. Perché quello che uno afferma quando è mitragliato da più parti, da destra, da sinistra, da altri cattolici, su questioni di qualsiasi tipo, è questo. Anche l'idea di costruzione che uno ha su di sé e sul proprio futuro non è distaccata da quello che gli è successo nella vita.

La seconda osservazione è che la letizia dei nostri compagni è possibile perché è un giudizio, è una cosa che uno sceglie: uno sceglie di rimanere. Rinnovare questa scelta, da quando uno si tira su alla mattina e decide del tempo, di come lo deve usare, delle cose che deve fare, è una fatica che però non esaurisce, ma fa respirare, fa possedere sé e le cose in maniera diversa.

Giussani: Scegliere è condizione della letizia quando è un riconoscere: l'origine dello scegliere è un riconoscere, perciò è una ragione. Uno può vivere e fare tutti i suoi comodi anche quando è oscuro e piove, ma è diverso quando c'è il sole: è lieto tutto. Il sole è la ragione che ti fa riconoscere.

Intervento: Studio Medicina a Bologna. Volevo rispondere alle domande raccontando l'esperienza di questi mesi. Tutto è partito da un rischio di sé, mio e di alcuni miei amici, di fronte alla proposta del movimento, cioè del Volantone. L'estate scorsa avevamo una circostanza che ci chiamava: a Medicina le iscrizioni per le matricole si facevano in agosto; se volevamo fare il banchetto lo potevamo fare solamente in quel periodo in università. Abbiamo rischiato e il sedici di agosto eravamo lì, in via Zamboni. Tutti ci davano dei matti, anche noi forse pensavamo di esserlo, perché era una condizione un po' strana, ma quello che ne è nato è stato impressionante, sia come rapporti che sono cresciuti con le matricole, sia come creatività e incidenza nella realtà. Quell'inizio si è prolungato fino adesso: ora abbiamo le elezioni e abbiamo fatto un bel lavoro sulla riforma e sulla didattica insieme agli amici di Milano, tanto che spesso i professori ci interpellano. Ma la cosa più significativa è che è cambiata la coscienza che ho di me e anche quella della compagnia. Ho cominciato a intuire Cristo come una presenza che giudica tutto, che provoca continuamente attraverso l'amicizia con dei volti precisi, fino al punto che non posso più pensare ragionevolmente a me senza avere presente loro e quindi il movimento. E ancor più della fatica delle iniziative che abbiamo fatto, la vera fatica è stata ed è tuttora lasciare entrare la misura di un Altro, attraverso quei volti, nelle mie cose, fino al rapporto con la morosa. Ma è una fatica che trova ragione nell'esperienza. Avere caro un luogo del genere è come avere caro me stesso, e così il movimento diventa una vita. Ho riscoperto un'autenticità di rapporto che ha rotto anche l'immagine che prima difendevo accanitamente, ma è perché ho intuito su di me uno sguardo per il mio bene...

Giussani: Si può sapere che immagine avevi prima?

Intervento: Non ero mai sincero. Non so, c'erano dei problemi in comunità? Andava tutto bene, perché così io ero bravo come responsabile! Adesso invece c'è una libertà di rapporto, la responsabilità stessa sta diventando per me una domanda, che si traduce nella tensione a imparare anche dall'ultimo venuto e nell'avere sempre più a cuore la comunità nella sua globalità. Sta cambiando anche la coscienza dell'amicizia, che diventa vera solo quando ti richiama a tutto quello che sei. La cosa più chiara che sta emergendo tra me e i miei amici è che in ballo c'è realmente la mia vita, cioè il fatto che la mia vita sia più o meno bella, e che il movimento o lo si rischia in tutte le cose che si hanno, oppure è come se fosse un soprammobile.

Intervento: Studio Medicina a Milano. Il dato dominante di questi mesi segnati dal Volantone è stato per me il rifiorire di un'amicizia. Nessuno tra noi avrebbe potuto immaginare né la modalità, né la profondità di questo legame: è il legame che unisce la mia persona a questa Presenza buona, che è in questa amicizia. Senza questo legame non si può costruire nulla, non si può vivere e non si può volere bene: è il legame a un Fatto che passa attraverso lo sguardo di altri che vivono, studiano e sbagliano come me. Il caso della Mangiagalli, poi, che ci ha investito direttamente, ci ha reso ancora più evidente che senza Cristo non si riesce a essere umani. Ma ho una domanda: vedo in me e in noi una fragilità nell'impatto con la realtà. Come se uno dicesse: l'abbraccio a me è grande, c'è stata una promessa, qualcosa che mi ha ridestato, io ci metto il cuore, ma siccome a starci completamente faccio fatica, sbaglio, il presente in fondo è sempre un po' triste, nei gesti voglio essere assicurato prima, pongo una mediazione tra me e la realtà. È come se uno, quando torna a casa, non fosse sicuro che sua mamma gli vuole bene e pensasse che non potrebbe più tornare se solo facesse un piccolo errore.

Intervento: Volevo sottolineare un aspetto che mi sembra di avere capito in questo periodo, su cui abbiamo lavorato, ma su cui comunque chiedo aiuto, perché è un punto che è duro come un sasso. Dopo il Volantone, anche con il lavoro sul nuovo testo della Scuola di comunità,[8] è apparso chiaro a tutti che uno non può più partire dal suo sforzo, non può riporre la propria speranza in sé, ma solo in qualche cosa d'altro, in qualcosa che l'ha incontrato. Il problema è che io posso dire di avere incontrato qualcosa di totalmente altro attraverso una compagnia, ma poi

[8] L. Giussani, *All'origine della pretesa cristiana*, op. cit.

è come se io avessi la pretesa che nella compagnia tenessero conto anche di quello che penso io, del punto a cui sono arrivato io, per poi magari fare qualche cosa d'altro, ma a patto di essere prima interpellato io. Ho cominciato a capire, ed è veramente drammatico, che si tratta di seguire qualche cosa di totalmente altro, che è Cristo, che si manifesta però come segno, e quindi si tratta di seguire delle persone, delle amicizie, si tratta di seguire il Centro del movimento e non quello che ho capito io. È come quando con cinque o sei amici stai organizzando dove andare a passare la serata. Ne arriva uno che conosce tutti gli altri, ma che non conosce te, tu lo conosci solo di vista; prima si stava discutendo se andare al cinema o al bar, viene lui e dice: «Venite a casa mia», e tu a quel punto non puoi chiedere che sia tenuto in conto quel che dici, o vai o non vai. Però, se tu hai intravisto una volta per tutte che è seguendo quegli amici lì che trovi quello che cerchi, devi andare, non puoi fare risorgere un orgoglio: devi solo seguire, e io capisco per me oggi che il seguire è colmo di ragioni, però è un punto durissimo.

Intervento: Mi veniva in mente, a proposito di questo, la frase di von Balthasar che dice che Gesù Cristo è come un'acqua in piena che tutti vorrebbero incanalare: noi abbiamo incontrato Gesù Cristo così, cioè secondo questa sua concretezza di volto. Effettivamente, cominciamo a sperimentare che seguire il movimento, che è la concretezza visibile di Cristo nella nostra vita, è seguire qualcosa di totalmente altro, nel senso proprio dell'alterità irriducibile; non che sia lontano, distante, ignoto: è conosciuto ed incontrato, ma la sua alterità è irriducibile, e questo costa qualcosa, anche se fa guadagnare la vita.

Ma, ed è l'osservazione per me decisiva, o si arriva a sperimentare l'identità propria con ciò che si è incontrato, un'identità nell'alterità, cioè che quello che ho incontrato è altro da me, ma è identico a me, e questa è la ragione per cui io me ne rendo figlio, oppure seguire diventa equivoco, cioè diventa insostenibile.

Giussani: È altro da me e...?

Intervento: E totalmente identico a me, totalmente corrispondente a me. È quando faccio esperienza dell'identità con me, che io me ne rendo figlio liberamente e lo seguo. In fondo, è un modo di dire il contenuto del riconoscimento.

Giussani: Come lui è arrivato a capire queste cose, dobbiamo arrivarci tutti, dobbiamo cercare di arrivarci tutti. Perché è difficile che abbiate capito bene quello che ha detto (può darsi che io sia pessimista). Innanzitutto, non è vero, come ha detto chi ha parlato prima, che lui non apporta nulla all'incontro, ma deve solo seguire. Non è vero che non aggiunge nulla all'incontro, perché il tipo di esperienza che fa lui non lo fa nessun altro. Se è irriducibile il Cristo che incontriamo, il Mistero che incontriamo, è irriducibile anche la persona che lo vive: non c'è uno uguale all'altro, per l'eternità. Perciò non è vero che uno non aggiunge: sentendolo parlare, sentendo parlare il nostro amico prima, io imparavo qualche cosa che non avevo, perciò mi ha aggiunto una sensibilità, mi ha richiamato più profondamente anche alle cose che già sapevo. E la cosa che soprattutto mi interessava era proprio ciò cui alludeva lui, cioè che non possiamo ridurre la proposta della compagnia a qualcosa che sappiamo già o che vogliamo già, a una forma del nostro volere già in atto, altrimenti la compagnia sarebbe un pretesto per affermare noi stessi e metterci sempre più nel sepolcro della noia, del vuoto e della noia.

Nell'obbedienza o nell'adesione c'è qualcosa di irriducibile – come è stato detto dopo –, di irriducibile a quel che sono. È proprio aderendo a questo qualcosa d'altro di irriducibile a quel che penso e a quel che sono, che io maturo, nasco, rinasco, divento figlio di qualche cosa di più grande. Perciò, sono tutte e due le cose, come giustamente ha osservato lui quando ha parlato di adesione a un altro da me, a qualcosa d'altro da me, ma che è totalmente identico a me, nel senso che mi fa crescere: è un altro, ma mi fa crescere. E un altro, totalmente altro da me, che mi fa crescere, è un padre, come ha detto altri prima.

È la frase di Péguy,[9] che abbiamo letto ai responsabili: è ora di finirla di essere soltanto discepoli, il discepolo ripete, se dice qualcosa di diverso è come il bambino col meccano, gioca sulle parole sentite (come la maggior parte di quelli che fanno la tesi di laurea); basta con la discepolanza, occorre essere figli! L'essere figlio unisce, e l'imparamento o il ricevere qualcosa di totalmente altro che non ero, che non sono e che nello stesso tempo mi costituisce, mi fa essere con una tale libertà che rende, a sua volta, me stesso uno irriducibile. Eppure la mia irriducibilità è nata dall'adesione a qualcosa d'altro. L'idea di figliolanza, come la sottolinea Péguy, invece che quella della discepolanza, spiega tutto: ché un figlio riceve tutto,

[9] Vedi qui, nota 8, p. 175.

eppure è se stesso, e l'altro è padre proprio perché conferma la sua identità (del figlio); tanto è vero che quando un padre o una madre sono dispotici, e pretendono che il figlio sia come loro, vengono meno nella loro figura paterna e materna.

Intervento: Sono di Firenze. Quello che più ci ha aiutato in questo inizio d'anno è stato il fatto che il Volantone ci è stato riproposto in modo esistenziale. L'amicizia, il giudizio costante di chi ci è dato di seguire ci ha fatto percepire che la questione del Volantone, del dire «ciò che abbiamo di più caro», è questione non di un discorso o di un ragionamento da imparare, ma anzitutto di un atteggiamento di fronte alla compagnia: la verità del mio atteggiamento di fronte a queste persone decide dell'affezione a Cristo, se dico o no quel «più caro». Abbiamo, però, avvertito subito un disagio: quanto più uno sta seriamente di fronte alla compagnia, tanto più viene fuori la propria difficoltà o meschinità, un istinto di difesa. Ci siamo accorti, per esempio, che la correzione o il giudizio sono avvertiti ancora come il fastidio di un'intromissione, invece che come l'occasione in più che ci è data perché in quell'istante possiamo uscire dalla nostra reazione o dal nostro sentimento e riabbracciare quell'origine che abbiamo incontrato.

Intervento: Sono di Padova. Questo tempo è stato segnato dallo scoprire dentro la compagnia uno sguardo diretto a sé, che ti chiede «che cosa hai di più caro». Sta emergendo un livello di sorpresa e di attrattiva verso questa storia, verso questo sguardo, che finora non avvertivamo. Il permanere di uno stupore, soprattutto in alcuni rapporti, è da subito diventato un giudizio vivo per la persona e l'aprirsi dell'esperienza visibile di un «caro» detto dentro le circostanze. Il riconoscere la presenza gratuita di Cristo per sé sta generando uno scatto di libertà, un dire di sì che è la cosa più provocante adesso, perché è la sfida del gratuito al proprio calcolo. Niente, allora, ha più valore di questa amicizia, per quello che sta ridestando in noi. E seguire non è più un dovere, ma la vocazione per la propria vita.

Giussani: È difficile che abbiamo a essere penetrati, e quindi edificati, da parole come quelle che abbiamo sentito poco fa, che sono frutto di una lunga meditazione e di una lunga conversazione nella compagnia di cui si è parte. D'altra parte, dobbiamo cercare di stare attenti, afferrando quello che più ci colpisce e segnandolo: «La sfida del gratuito al proprio calcolo». È un calcolo, infatti, il tuo rapporto con la ragazza e con il ragazzo, il tuo rapporto con la moglie o con il marito. «La sfida del gratuito a questo calcolo»: non esiste luogo del mondo dove fiorisca l'umano fino a questo punto. Non esiste. Se volete, bisogna accostare la più grande saggezza, la saggezza dei più grandi saggi, ma poi in loro è sempre arida la formulazione, abbandona sempre qualche cosa. Qui no! «La sfida del gratuito al proprio calcolo.» È un calcolo il tuo studiare, è un calcolo il prendere la laurea, è un calcolo il ventisette del mese. La sfida del gratuito dov'è? Siamo fortunati d'avere conosciuto uno come Giovanni in cui la sfida del gratuito era continua, visibile, scrivibile.

Intervento: Mi sembra che c'entri.

Giussani: Di dove sei?

Intervento: Sono di Genova. L'esperienza che più ha caratterizzato quest'anno la mia vita è stata l'evidenza dell'abbraccio di Cristo e della compagnia alla mia vita. La domanda che ho è questa: quanto più ci si sente fatti oggetto di questo amore, tanto più si tende ad aprirsi, ad amare il mondo, però tanto più si fa anche un'esperienza di impossibilità alla gratuità, come una fatica. Tante volte vorrei che l'abbraccio che Cristo e la comunità fanno a me fosse come dico io, secondo il modo che dico io; tante volte vorrei che non mi abbracciassero, tant'è che mi fa arrabbiare. Oppure, quando non mi fa arrabbiare è perché non mi accorgo neanche della pretesa che questo abbraccio ha, e allora ci si trova magari insieme per dirsi che tutto va bene, così ci si sente a posto.

Giussani: È molto vero, è quotidiano questo, ma non fa niente: l'importante è che la compagnia ti dia "pugni". Il pugno della compagnia è la sua esistenza stessa. Bisogna che tu ci stia. L'aggettivo più grande che si possa usare per l'uomo è «fedele»: è ciò in cui imita di più il Mistero, la fedeltà.

Intervento: Studio al Conservatorio di Milano. Le provocazioni del Volantone e dell'Equipe estiva ci hanno fatto capire che una delle nostre fatiche più grosse è dettata proprio da una profonda mancanza di ragione sulla vita, che paradossalmente si identifica con una posizione intellettuale, che è realmente una delle più sottili autodifese dell'io di fronte a una cosa altra da te. Stiamo imparando pian piano a fidarci sempre più della vita, perché da essa ci aspettiamo realmente, così come dalla compagnia, dagli amici, la possibilità di incontrare il fatto di Cristo. Quando uno si trova stretto dalla vita, dalle circostanze, le ipotesi sono due: o è l'occasione per capire ancora di più perché Cristo ti è caro, oppure, in ultima analisi, la vita è una fregatura e sottilmente si insinua l'idea che Cristo ti salva, ma fino a un certo punto.

Giussani: Allora questo fidarsi sempre più della vita è giusto o non è giusto?

Intervento: Certo che è giusto, perché altrimenti Cristo è come se diventasse mitico, cioè non fosse una presenza. In questo fidarsi, tutta la realtà viene incontro come novità. Volevo aggiungere che il percepire Cristo come presenza ha avuto due conseguenze. La prima è sul lavoro di Scuola di comunità. Se Cristo ha quotidianamente un volto, un giorno ti indica una cosa, un giorno te ne indica un'altra: due anni fa abbiamo lavorato su *Il senso religioso*[10] e adesso capisco che questo ha cambiato la mia vita, perché mi sono paragonato con quelle cose. La seconda riguarda l'amicizia tra di noi: nei rapporti, quando uno ha il coraggio di rompere il proprio orgoglio, di andare dall'altro, faccia a faccia, e semplicemente riconoscere: «Guarda, io sono insieme con te perché c'è Cristo», questo supera anni di tentativi disperati e infruttuosi di costruire un'amicizia, di fare collimare caratteri diversi.

Intervento: Vengo da Urbino. Cercando di rispondere alle domande e guardando alla vita della nostra compagnia,

[10] L. Giussani, *Il senso religioso*, op. cit.

mi sono accorta che è cresciuta l'appartenenza al movimento come affezione tra le persone e come fedeltà a gesti e momenti. Ci colpiva molto la vitalità delle matricole, per esempio, che non dipende solo dalla loro ricchezza temperamentale, ma dalla freschezza di un contraccolpo. La compagnia viene percepita come un luogo che evoca l'umano e lo mette al centro. Dall'altro lato, questo fascino estetico, questo sentimento positivo produce una generosità che stenta a divenire giudizio e coscienza personale. Il sentimento non tiene e rischia di fare aderire, soprattutto i più grandi, sempre con fedeltà, ma a una compagnia ridotta a struttura bene organizzata. Irrigidendosi nel formalismo, quando la compagnia ti chiede qualcosa che non avevi messo in conto, scattano le difese. Dove ci è chiesto il sacrificio di un'apertura, c'è quasi una tergiversazione. Per questo volevo fare due domande: come risvegliare il cuore da una fedeltà ligia, ma spenta? E poi: come fare crescere la consapevolezza di un'esperienza, di un movimento in atto?

Giussani: A queste due domande rispondete voi. Prego. La prima domanda qual era?

Intervento: Mi pare che fosse: come si può essere fedeli senza essere spenti? Provo a rispondere: è vero, c'è una fedeltà che può anche spegnere, se male intesa, mal vissuta...

Giussani: Allora si chiama continuità...

Intervento: Sì, o abitudine...

Giussani: Abitudine!

Intervento: Dico, allora, anzitutto per me, che occorre sempre vivere un riconoscimento nel presente. Un'abitudine è una fedeltà che perde di vista chi crea la scintilla della vita. La scintilla della vita, la scintilla che non fa spegnere la vita non ce la possiamo dare da noi, è qualche cosa d'altro che ce la dà. Allora, quando la nostra persona si sbilancia su questo qualche cosa d'altro, ma realmente (come dicevano le Lodi di questa mattina), non formalmente – e allora diventa giudizio –, nella continuità non ci si spegne. Se invece si è già assorbito questo Altro dentro la propria abitudine, la vita si spegne, anche se le cose che si fanno sono formalmente corrette. Io direi così, e questa è la connotazione di una fatica...

Giussani: Si è ridotto l'Altro a qualche cosa che si pensa noi. Insomma, quando uno vuole bene a una persona e l'ha lì davanti, gli corrisponde, ma non può ridurla a sé; se la riduce a sé, come normalmente viene la tentazione di fare e si fa, se la si riduce a quel che si vuole, è finita. Invece, la scintilla, la freschezza della vita nasce da qualcosa che ci è dato: non bisogna ridurre. E secondo me per non ridurre bisogna cercare di comprendere la ragione, di riconoscere qual è la ragione, cioè il valore, perché questo non può mai trovare confine. E poi dicevi?

Intervento: Quello che hai detto tu. Io usavo quest'altra espressione, dimmi se è sbagliata: bisogna essere veri in un rapporto. Ma adesso mi rendo conto, da quello che tu dici, per l'insistenza che stai avendo sulla ragione, che essere veri in un rapporto implica proprio la persona con la ragione e l'affettività che la segue. Perché il rapporto noi ce l'abbiamo già, noi siamo già in rapporto; il problema è che questo rapporto arriva a trasformare la vita, se io sono vero.

Giussani: Insomma, il rapporto l'abbiamo già. Che cosa occorre? Occorre che ogni momento, ogni giorno che ti vedo, mi renda cosciente della tua domanda, del tuo bisogno, della tua proposta, della tua figura. Questo è inesauribile, perché è rapporto con l'infinito il rapporto tra l'io e qualsiasi persona o qualsiasi cosa, qualsiasi realtà. Perciò il problema è che viene bloccata la consapevolezza. Allora non si cammina più, allora ci si stufa, cioè ci si stanca. Scusate, io penso a voi che avete come provvidenza la vocazione al matrimonio (la stragrande maggioranza), a come si faccia a sopportare di stare sempre lì, se non è desto questo, se tu non sei desto. Ma questo vale per gli amici e vale per qualunque persona tu incontri in qualunque ambiente tu sia. Infatti, li fai diventare amici, *pardòn*, li senti amici, anche se loro non s'accorgono, o anche se loro non lo riconoscono, perché l'amicizia è la novità del destino che si svela di più a ogni pie' sospinto. Ma era stato detto prima che gli amici sono coloro che ti chiedono continuamente «cos'hai di più caro»: te lo possono chiedere senza dirlo, perché il motivo per cui siete insieme è quello; e, al contrario, si può essere insieme anche intimamente senza essere per nulla affatto amici.

Intervento: Sono di Scienze di Milano. Volevo dire che questo periodo dell'anno è stato caratterizzato dalla frase della Scuola di comunità in cui si dice che l'incontro con il fatto cristiano è per il povero di spirito e per il semplice.

Infatti uno che è povero di spirito e semplice riconosce ciò che lo aiuta a cambiare e che l'amicizia non è tra di noi, ma è con qualcuno che è più grande di noi. L'ho sperimentalmente provato con i miei amici. Quando si è fuori da questa ottica, non si cammina.

Giussani: Più grande di noi è il motivo per cui si è insieme.

Intervento: E non mi dà assolutamente fastidio che questo «più grande» sia toccabile, che sia dentro un rapporto con amici più grandi di me, che mi sono stati donati. Per cui, da una precedente ostilità, sono passato a un amore verso questo dono. E sono accadute cose che sembrerebbero contro natura. Per esempio, se la madre della tua morosa non ti vuole vedere, sembrerebbe naturale spaccarle la testa...

Giussani: Il sessantotto!

Intervento: Poi, certo, dipende dai temperamenti!

Giussani: Ah, beh!

Intervento: È molto diverso, per esempio, andare a casa di questa madre e portarle un bel mazzo di fiori!

Giussani: Bellissimo!

Intervento: Questo, al posto di un cruccio sulla vita, porta una contentezza. Io sto sperimentando che questa è la dinamica che cambia le cose e posso dirlo per altri amici. Tanto che ci viene molto più facile dare spazio al cuore che a un discorso...

Giussani: Ma il cuore, dice *Il senso religioso*, è il giudizio ultimo su un discorso!

Intervento: Non vorrei che la semplicità evangelica citata diventasse giustificazione di una minoranza.

Giussani: Ma credo che stamattina sia difficile sostenere quella parte.

Intervento: Sono totalmente d'accordo. Solo che l'ultimo intervento mi urge a richiamare questo dato. Chiedo scusa della mia irruzione.

Giussani: La parola è giusta. Forza!

Intervento: Studio Lettere in Cattolica. Volevo raccontare brevissimamente quello che sono stati per me questi ultimi mesi, dagli Esercizi fino alla campagna elettorale di questi ultimi giorni, che è stata fondamentale per noi, perché forse per la prima volta, almeno per me, l'avvenimento del Volantone si è posto nella mia vita come punto di sintesi. Nella meschinità e nell'incapacità che mi caratterizza, questo è stato il motivo per cui è stato possibile agire, nelle vacanze che abbiamo fatto circa un mese fa o nella campagna elettorale, con uno sguardo di gratuità che è stato il punto di rottura per tutti. La realtà in cui la gente che incontravamo inciampava era infatti la gratuità, che ha suscitato due posizioni: o il rifiuto completo, l'acrimonia, la cattiveria, oppure l'incontro.

Giussani: "In dialogo".

Intervento: "In dialogo" è stato ancora il più aperto, tutto sommato; c'è stato anche un candidato nelle liste de "In dialogo" che alla fine ha votato per i Cattolici Popolari, dopo l'Happening e dopo che l'hanno portato a una tua lezione. Tutto ciò che è accaduto negli ultimi mesi ha introdotto un fattore di novità: uno non può più lasciare niente al caso, non può più guardare in faccia l'amico come il giorno prima, non può più dare via il giornalino o la piattaforma come faceva la volta prima. È anche faticoso, ma è in questa fatica che io ho riscoperto la sequela a una compagnia guidata, con una pregnanza che prima non c'era. L'obbedienza e la sequela sono diventate la discriminante tra la mia idea, la mia opinione, e una possibilità di felicità.

Intervento: Sono di Scienze di Milano. In questi giorni di campagna elettorale è emerso secondo me un dato: quando qualcuno ci chiede di spiegare perché dovrebbe votare i Cattolici Popolari, per esempio, risulta più facile rispondere dicendo della bontà della nostra amicizia, rinunciando quasi alla sfida che ci pone quella domanda...

Giussani: Guarda che non abbiamo capito; dico «non abbiamo» perché interpreto.

Intervento: Di fronte alla precisione di certe circostanze, come per esempio il fatto che noi decidiamo per un impegno politico in università, quindi chiediamo il voto e non chiediamo di venire al bar con noi, io vedo che è più facile...

Giussani: Chiederlo in nome della bontà della nostra compagnia.

Intervento: Esatto, in nome della bontà della nostra compagnia, senza accogliere la sfida di considerare fino in fondo tutte le ragioni che di fronte a quella domanda si possono o si devono dare.

Giussani: È perfetto, ma se tu hai presente questo, allora utilizzi le parole che ti vengono e utilizzi le parole che ti sembrano più persuasive per l'altro. Il discorso più profondo glielo farai tre giorni dopo, quando andrete al bar insieme. È giusta la tua esigenza, per cui vorresti essere capace in ogni circostanza di tirare fuori il fondo della questione, ma questo accade col tempo: anche per te è venuto fuori col tempo, anche per me.

Intervento: Sì, però, mi sembra che sia in questione la nostra capacità di rispondere. Spesso si fa l'esempio della madre che deve accudire al bambino: lì, in quell'istante, c'è una sfida a cui bisogna rispondere, e non è questione solo di discorso o di parole che si possono dire a un altro. Non so spiegarmi meglio...

Giussani: Hai fatto intuire benissimo: il tuo cuore è giusto. Anche se dici semplicemente: «Firma qui, perché è bello stare con noi, vieni con noi perché è bello stare con noi», gli dirai dopo le altre cose. Ma io mi sono permesso intervenire perché è molto importante non essere esigenti e pretenziosi con se stessi: bisogna che noi siamo veri, poi vengano fuori le parole che vengono. Hai fatto benissimo a dire quel che hai detto, soltanto che dopo non puoi mollare, e dal tempo hai la speranza di esplicitare quello che non hai ancora esplicitato. Guarda, speriamo che tu abbia fatto iscrivere tanti ai Cattolici Popolari. L'ultimo.

Intervento: Sono di Madrid...

Giussani: Che università frequenti?

Intervento: Il Politecnico. Parlo in spagnolo e lui mi traduce. Finora si cercava la novità dalle cose che si facevano: erano cose nuove. Adesso chiediamo di più: che si manifesti attraverso le cose che facciamo quell'unica novità per cui vale la pena continuare e vivere, novità che comincia a esprimersi, a vedersi in un gruppo di persone, in particolare gli amici della diaconia. Questa novità è ciò di cui parla il Volantone. L'esigenza, la domanda è che noi diventiamo più capaci di manifestare e di esprimere a tutti questa unica novità che abbiamo cominciato a sperimentare tra di noi. Questo è quello che sentiamo ultimamente come più forte e urgente.

Giussani: Bello. Grazie! È la vocazione, come dicevamo stamattina recitando le Lodi: «Consapevoli della vocazione e della missione cristiana».[11] Il cuore non è toccato, se non vuole comunicarsi: è la caratteristica originale di ogni fecondità. Ciò che non diventa fecondo non esiste, non è vita.

Intervento: Ci ritroviamo qui, dopo il pranzo, per la sintesi.

[11] Vedi qui, nota 3, p. 323.

Giussani: Prima di andare via ricordiamo il primo momento in cui – e chi lo poteva sapere, chi se ne poteva accorgere, neanche quella ragazza di quindici anni che è stata investita da questo poteva sapere – questo "movimento" è incominciato nel mondo. Recitiamo l'*Angelus*.

Sintesi

La ripartenza è una gratitudine, il nostro punto di ripartenza è quello di una gratitudine, come abbiamo detto quest'estate. Senza gratitudine non si può partire per nulla, senza gratitudine non c'è suggerimento, fascino, attrattiva, e non c'è quindi possibilità di connessione reale con le cose, con la realtà. Ma la verità della gratitudine è quando essa riguarda il principio di tutto, quando essa riguarda il nesso tra il Mistero e noi. E il nesso tra il Mistero e noi ha un nome storico, disse Giovanni Paolo II parlando della misericordia: «La misericordia – scrisse nella sua *Redemptor hominis* – ha nella storia dell'uomo una forma e un nome: Gesù Cristo».[12]

Partendo, dunque, dalla gratitudine a Cristo, noi non possiamo non rilevare di avere, in noi e tra di noi, un germe di diversità, un germe ignoto a tutto ciò che ci circonda, a tutti quelli che ci circondano, un germe che bisogna che noi svolgiamo; il germe di una fede, di una speranza e di una carità, il germe di uno sguardo e – dico abbreviando – di un sentimento di Cristo, e quindi di uno sguardo e di un sentimento dell'uomo e del mondo, che, quando lo troviamo facilmente riecheggiato o riconosciuto o accettato in un compagno di viaggio, chiunque esso sia, noi scoppiamo in festa: è talmente eccezionale che scoppiamo in festa. Ma ciò vuole anche dire che questo germe, nonostante tutto, talmente ci identifica che il suo riconoscimento è essere abbracciati come persone.

Dobbiamo svolgere questo germe e tutta la lunga nostra

[12] Giovanni Paolo II, *Redemptor hominis*, I, 9.

storia è un cammino di svolgimento. Io vorrei segnalare oggi un frangente di questo sviluppo: discutendo con gli amici grandi, lo si era formulato come la necessità che diventi esperienza il discorso, che non restino «nomi senza perché»[13] tutte le parole che esprimono la natura e la vitalità di questo germe, cioè che non sia un deserto il partecipare alla proposta che ci è stata fatta o, per dirla con le parole di Mounier, che «non si cristallizzi in dottrina»[14] la novità che portiamo dentro.

Però, riflettevamo dopo che, per sé, non è adeguata come osservazione «che il discorso diventi esperienza», perché il discorso è già diventato esperienza. La parola «amicizia», come è stata anche stamattina così seriamente ripetuta e così coscientemente indicata come sorgente operativa, anzi, come la sorgente della percezione di sé, significa che il discorso è già diventato esperienza. Ma io lascio lo stesso questa frase come premessa a tutto ciò che devo dire, perché che il discorso diventi più esperienza vuole dire che diventi più vita vissuta, che investa di più il nostro rapporto col reale, il rapporto tra l'io e il reale, che investa di più il mondo, perché la verità investe il mondo attraverso l'uomo. E in questo modo la nostra vita diventa più piena. Ed è vero anche l'inverso: che è il rapporto col mondo, è il nostro investimento nel mondo, che fa ricca la nostra vita, che ci dà la pienezza di noi stessi, ci fa camminare dentro una pienezza di noi stessi.

Stamattina uno ha parlato della «fragilità nell'impatto con la realtà». Ecco, volevo dire questo: bisogna che

[13] C. Chieffo, «La guerra», in *Canti*, op. cit., p. 226.
[14] E. Mounier, *Lettere sul dolore*, BUR, Milano 2001, p. 40.

siamo meno fragili nell'impatto con la realtà. Allora dico a bruciapelo la condizione di questo passaggio dal discorso all'esperienza o a un'esperienza più profonda e più vasta, a una minor fragilità nell'impatto con la realtà: la condizione è una fatica reale nel prendere sul serio – diciamo – il discorso, una fatica reale nel prendere sul serio la parola che ci è stata detta, con la quale è stata rinnovata in noi la speranza, una fatica reale nel prendere sul serio il contenuto del messaggio che ci viene ripetuto, che ci ripetiamo, la provocazione continua della nostra compagnia, sia come motivo del suo costituirsi sia come motivo (meraviglia, questo) della sua fedeltà, della sua continuità.

La condizione è una fatica reale, dunque, che consiste nella traduzione in nesso con la realtà, nella traduzione in esperienza dell'ideale, intendendo per ideale il contenuto del messaggio che ci ha colpito col suo *ictus* iniziale, che ci ha colpito nell'incontro originale e che ha un nome: nella storia ha un nome e nella nostra storia personale ha un nome, «Cristo». Altrimenti si tratterebbe, per quanto riguarda la nostra fedeltà, di uno sforzo che esaurisce, tanto che a un certo punto uno sarebbe tentato di andarsene maledicendo o di rimproverare a se stesso d'essersi fatto catturare da questa storia.

La traduzione dell'ideale significa quindi che diventi carne e ossa, che diventi tempo e spazio, che diventi esistenza il «caro» detto a Cristo. «Che cos'hai di più caro nella vita?» «Ciò che abbiamo di più caro nella vita è Cristo.» Occorre che la parola dello *starets* all'imperatore diventi realmente vita per noi.

I

A questo punto vi leggo la frase di Mounier, che rappresenterà la proposta del Volantone di quest'anno: «È dalla terra, dalla solidità, che deriva necessariamente un parto pieno di gioia [...] e il sentimento paziente dell'opera che cresce, delle tappe che si susseguono [perciò un cammino, una strada], aspettate quasi con calma, con sicurezza». C'è una nuova speranza nella vita: è il germe che ci differenzia da tutto ciò che ci circonda. È dalla terra, dalla solidità, cioè dalla consistenza concreta delle cose, che deriva questo parto pieno di gioia. Che la nostra adesione sia un generare – generazione –, un parto pieno di gioia, perché la gioia è solo nella fecondità. È dalla terra che deriva il sentimento di una costruzione piena di pazienza – perché occorre mettere un mattone sopra l'altro –, il sentimento paziente di un'opera che cresce, si sviluppa (quando uno guarda indietro dice: «Com'ero diverso cinque anni fa!»), di una storia, di tappe che si susseguono «aspettate»; non è un correre trafelato, come cammino tanto nervoso quanto incerto, ma sono tappe «aspettate», perché questo è il fattore fondamentale della speranza: «Aspettare». Ciò che di più caro abbiamo nella vita è Cristo: aspettato, più aspettato che visto. È un'esperienza in cui l'attesa prevale quantitativamente su ciò che si tocca, perché questa è la natura della fede, della speranza e della carità in questo mondo: tappe che si susseguono con calma, con sicurezza. Una fragilità nell'impatto con la realtà rimane, e non ti toglie la pace, e non ti toglie la sicurezza.

Ecco la frase finale del brano di Mounier: «Occorre soffrire [io l'ho chiamata più banalmente condizione del passaggio: una fatica reale, o, cristianamente parlando, croce, perché questo nome ha una identificazione storica nella sua realizzazione piena] perché la verità non si cristallizzi in dottrina [perché lo sviluppo non sia soltanto del discorso, di un discorso, di parole dette, come di altro che diremo dopo], ma nasca dalla carne».[15]

«La verità nasca dalla carne.» Noi dovremo camminare tutti questi mesi, almeno fino ad agosto, su questa frase, per capirla, per rendercene conto; si capisce benissimo quel che vuole dire, ma non ci si rende conto di quel che vuole dire. «Occorre soffrire perché la verità non si cristallizzi in dottrina, ma nasca dalla carne.» Soltanto se la verità nasce dalla carne c'è un parto pieno di letizia, la vita diventa feconda, c'è un'opera che cresce nella pazienza, questa forza suprema e sublime dell'uomo che ha un ideale. È solo dalla verità che nasce dalla carne che si stabilisce una storia nuova, piena di calma e di sicurezza, senza presunzione e senza scosse violente, senza violenza.

«Occorre soffrire perché la verità non si cristallizzi in dottrina, ma nasca dalla carne.» Ora, ridico che dovranno passare tanti mesi prima che ci rendiamo ben conto di questa frase, di che significhi. Che la verità nasca dalla carne – e la verità è ciò che ci è stato annunciato, è Cristo, in cui tutto consiste – vuole dire che Cristo sia testimoniato e reso visibile dal tuo modo di alzarti al mattino, ché la carne è l'alzarsi al mattino; dal tuo modo di intrattenere i rapporti con i tuoi familiari, perché la carne è il modo di stare con i tuoi familiari; dal tuo modo di andare a scuola, perché la carne è la strada che devi percorrere per andare a scuola, è il treno, è il tranvai e l'automobile; dal

[15] *Ibidem*, pp. 39-40.

tuo modo di affrontare la scuola e il professore e il contenuto e i libri e i testi e il tempo da non perdere.

Che la verità nasca dalla carne significa che la verità deve determinare un cambiamento – che la riveli presente – nel tuo rapporto con la ragazza, nel rapporto tra l'uomo e la donna, significa che deve determinare un cambiamento nel comportamento verso te stesso, nel modo di guardare te stesso, di sentire te stesso, di sentire fluirti dentro l'attaccamento all'esistenza, nel modo con cui reagisci al sentirti dentro tremare tutto o stancarti o annoiarti, nel modo con cui pensi al tuo passato, nel modo con cui tu guardi l'azione compiuta, nel modo con cui tu guardi questo presente, che sarebbe pieno di uggia, pieno di niente, di aridità, deserto, «nomi senza perché». Che la verità nasca dalla carne vuole dire che cambino queste cose, perché non si comprende e non si arriva a Cristo, se non dal di dentro di questo cambiamento.

La presenza di Cristo ora, «qui e ora»,[16] come diceva il Papa, è sperimentabile in – in, in! –, è sperimentabile attraverso questi cambiamenti. Con la frase di tomistica memoria: «L'essere è là dove agisce».[17] L'essere lo si percepisce presente dove agisce: se senti il suono di un "din don", c'è una campana che vibra. L'essere è presente dove agisce. Cristo è presente in questo cambiamento della tua carne, cioè della tua umanità concreta. Non mi attardo, perché avremo ben occasione di attardarci su queste cose, ma il parto pieno di gioia è questo, il sentimento dell'opera che cresce con la forza sublime della pazienza («Nella

[16] Giovanni Paolo II, *Discorso al movimento di «Comunione e Liberazione»...*, op. cit., 3.

[17] Cfr. San Tommaso d'Aquino, *Quaestiones disputatae*, «De Veritate», q. 10, art. 8, c.

vostra pazienza possederete voi stessi»)[18] è questo: è dentro, Cristo. La Sua potenza, la potenza della Sua presenza è dentro l'esperienza presente di un cambiamento, che diventa parto, esperienza di generazione, esperienza di un'opera che cresce fino a diventare esperienza di una storia che rimane, tappe che si susseguono con calma, con sicurezza: tutta la misconoscenza, anche di chi dovrebbe aiutarci, non riesce più a togliere la nostra persona dalla strada su cui è stata messa. Se anche si scandalizzano dei vostri errori, dimenticando in modo atroce e inverecondo i loro – come dei genitori che si sfoghino sui piccoli errori dei piccoli, piccoli rispetto a quelli che fanno loro –, non riescono a distrarci da questa strada. Però, occorre che la verità nasca dalla carne: che il discorso diventi esperienza vuole dire che tu sperimenti questo, t'accorgi di questo, lavori per questo, "fabbrichi" questo, perché nulla si cambia in te – salvo il dono originale, che è pure in ogni momento –, nulla si cambia in te, il dono originale non si fissa in te, se non con la tua collaborazione.

II

Ma ecco il secondo punto. Vorremmo accennare ai fattori costitutivi di questa fatica, di questo sacrificio, ai fattori che permettono di realizzare questo sacrificio, che costituiscono questa fatica, che la tessono, le danno corpo.

a) Innanzitutto, quello che stamattina mi ha fatto intervenire più volte: il primo fattore di questo sacrificio, di

[18] Cfr. Lc 21,19.

questa fatica è – diciamolo brevemente – la ragione, ma la ragione nel suo senso pieno, quella che, come osservava qualcheduno mentre mangiavamo, non può essere descritta come un vedere, perché il vedere tutt'al più genera schematizzazioni dottrinali: non un vedere, ma il guardare, secondo la distinzione che fa sant'Agostino.[19] Tu puoi vedere le cose e queste cose essere come acqua che passa sopra una pietra. Se tu guardi capisci, se tu guardi vedi veramente. Qual è la differenza tra il vedere e il guardare? Che nel guardare il vedere è tutto quanto determinato da un'attrattiva e tutto quanto dominato da un'emozione, nel senso nobile della parola, per cui tu ti muovi verso l'oggetto e desideri conoscerlo e fai di tutto per conoscerlo.

Il primo fattore di questa fatica o di questo sacrificio è la ragione, cioè il riconoscimento del «perché». E il «perché», ricordatevi *Il senso religioso*,[20] è una corrispondenza tra quello che ti si propone e il tuo cuore. Stamattina è stata sottolineata questa «identità tra quello che si segue e la propria persona», la formazione della propria persona attraverso quello che si segue.

b) Il secondo fattore di questa fatica o di questo sacrificio è l'affettività, cioè l'aderire a ciò che ci attrae nello sguardo, l'aderire al contenuto del guardare; un'affettività, la cui forza adesiva si chiama «volere». Anche il pagano diceva: «Vedo il bene, dico "è giusto" e faccio il peggio, riconosco il vero e non mi sento di farlo, non lo faccio». Eh, no! Innanzitutto, allora, la ragione come guardare, la ragione come "attraenza" del reale, come riconoscimento,

[19] Cfr. Sant'Agostino, *Soliloqui*, I, 6, 12.
[20] Cfr. L. Giussani, *Il senso religioso*, op. cit., p. 45.

come riconoscimento del vero, cioè del fatto che ti corrisponde, che corrisponde a quello che sei originalmente, non a quel che sei adesso, ma a quello che ti sta dentro, a come sei stato fatto; e – in secondo luogo – l'adesione a questo: l'affettività come volontà di adesione.

c) C'è un terzo fattore, che è della stessa natura di quel dono originale per cui è solo nella gratitudine che l'uomo si può muovere (il primo aspetto del muoversi umano è l'essere grato, vale a dire il riconoscimento di un dono e la volontà di aderire al dono; allora uno si muove), ed è la grazia, quel che, con parola bellissima, ma piuttosto snervata dal modo d'uso, si dice «grazia». La fragilità dell'impatto con la realtà, che ti oscura, che può oscurarti la vista nel guardare e può destituirti la forza del volere nell'aderire, ha una sorgente di riparo, ha una medicina, ha una sorgente di aiuto, ha una compagnia profonda prima di qualsiasi altra compagnia, anche della compagnia che fai a te stesso: è quella compagnia da cui sei stato originato, quella compagnia che si è attestata con la tua origine in te stesso: è la grazia di Cristo. «Ma, Signore, è impossibile accettare la condizione dell'uomo verso la donna, è impossibile sposarsi!»[21] «Quello che a voi è impossibile non è impossibile a Dio.»[22] «Senza di me...», era Lui che parlava; pensate, essere lì a mangiare e sentire: «Senza di me non potete fare nulla».[23]

Perciò, questo sarà il lavoro da compiere: il dilatarsi in noi della familiarità, come riconoscimento e come affe-

[21] Cfr. Mt 19,10.
[22] Cfr. Mt 19,26.
[23] Gv 15,5.

zione, a questa Presenza che è sorgente di forza e correzione possibile a tutto; l'educarci dunque a livello della ragione, del guardare, quindi anche lo sviluppo del sentimento estetico, della percezione della verità in quanto ti attrae; l'educazione della nostra volontà, l'educazione della nostra affettività; e infine il dilatarsi in noi della memoria o della coscienza della presenza di Uno che ti aiuta, come ti ha aiutato a passare dal nulla all'essere. È il triplice fattore del sacrificio. Ma senza il terzo non c'è possibilità di sacrificio: il sacrificio esaurirebbe, non lo terresti che per poco.

III

Terzo punto. Questa fatica, questo sacrificio attraverso cui la verità deve diventare carne, il discorso deve approfondirsi in esperienza, questa fatica non esaurisce, non è cattiva in niente, questo sacrificio non ha nessuna malevolenza verso la nostra vita e il proclamarne la necessità non è sadismo. Questa fatica non esaurisce, ci ricrea continuamente nell'immanenza a una realtà più grande, ci ricrea continuamente dentro una realtà che diventa sempre più grande. Questa realtà sempre più grande, in cui la fatica e il sacrificio ci fanno penetrare, costituisce il parto, il primo aspetto del parto, l'opera che cresce e la storia che si sviluppa: l'amicizia di cui parlate è esattamente il segno, il primo segno impressionante del cambiamento che il riconoscimento della Sua presenza realizza; l'amicizia come realtà sociale diversa, cioè generata diversamente, sviluppata diversamente (opera), proiettata nel cammino del tempo e dello spazio diversamente (storia). Questa amicizia è una realtà sociale nuova, è un fattore nuovo (un parto) per un'opera nuova, crescente, nella storia.

Una realtà sociale diversa: quanto è lontano il nostro concetto di amicizia da ogni riduzione intimistica, che si rivela nelle vostre pretese – perché alla mia età non c'è più niente da fare –, nelle vostre pretese meschine, per cui giudicate la compagnia perché non vi fanno attenzione, perché non vi danno, perché non avete, perché non, perché non, perché non. Ogni intimismo è radicalmente strappato da questa concezione di amicizia, ogni sentimentalismo viene epurato da questa amicizia che nasce dalla fatica di rendere carne l'ideale, cioè Cristo, il riconoscimento di Cristo, l'affezione a Cristo, «caro», «ciò che ci è caro». È lo stupore della grazia, di questa forza che misteriosamente opera. Io non avrei mai pensato di avere questa forza, di avere questa capacità, era impensabile, come è impensabile; tant'è vero che tutta la gente che ci circonda sente le nostre parole come parole dell'altro mondo: anche noi eravamo così, prima.

L'amicizia è una realtà sociale che cambia il modo di pensare e l'operare, è una realtà sociale pensante e operativa, non teme il modulo mordente della correzione, anzi, ha come legge la correzione, secondo l'etimologia della parola, «reggere con», «reggersi insieme»; essa ha come modulo del suo cammino la correzione e ha come volto in qualunque condizione la letizia: «Renderò nota la forza della mia presenza nel mondo, nella storia, attraverso la letizia del vostro cuore» (è un brano di una Messa ambrosiana dell'Avvento, della liturgia).[24]

[24] Cfr. Confrattorio della IV domenica d'Avvento ambrosiano, in *Messale Ambrosiano. Dall'Avvento al Sabato Santo*, Milano 1942, p. 78.

IV

Quarta osservazione: il nesso tra amicizia e sacrificio. Viene distrutta l'obiezione. Chi ha vissuto brani di affezione vera – vera, vera! –, vale a dire in cui l'ideale, Cristo, già diventava carne, non può non dire: «È vero», dinanzi a questa proclamazione di nesso tra l'amicizia e il sacrificio. Senza sacrificio si scivola nello schematismo dottrinale, abbiamo detto prima, in parole (si possono fare benissimo gruppi di Fraternità con queste parole senza che cambi nulla, eccetto che in quell'ora settimanale o quindicinale in cui ci si ritrovi), oppure nel tenere una linea: si partecipa della stessa linea e il motivo per cui ci si trova non è il fatto che ci ha percosso e colpito, il movimento, e perciò non è in obbedienza a qualcosa d'altro, ma è seguire una linea. Senza sacrificio si scivola in una linea, in uno schematismo dottrinale o, dove manca il fosforo necessario per questa dottrinalità, in un sentimentalismo (il sentimentalismo è un momento dell'essere umano senza fosforo). L'amicizia vera è invece fattore di una potente esaltazione unitaria, in cui il primo parto è una novità della persona, la prima opera è la costruzione della persona, il primo albore di storia è un'esistenza nuova dell'io. Ma quando ciò accade è impossibile che rimanga dentro l'orizzonte determinato dell'io di ciascuno nella sua situazione contingente, perché ha dentro una potenzialità che ha come orizzonte gli estremi confini della terra: «Andate per tutto il mondo, fino agli estremi confini della terra, e predicate il Vangelo».[25] Così termina il Vangelo, no?

[25] Cfr. Mc 16,15.

V

Quinto passaggio. Voglio sottolineare un ultimo aspetto. Si potrebbero sottolineare tante cose, ma questo non è un particolare scelto a caso. Il resto dipende molto da questo particolare, anche lo sviluppo della tua capacità di sacrificio, anche lo sviluppo della tua capacità missionaria, comunicativa. Voglio dire che la verità che nasce dalla carne è una verità che sprigiona un gusto culturale. Perciò, il discorso che diventa esperienza si svela, starei per dire, innanzitutto con il destarsi o il ridestarsi di un gusto culturale profondo. Nei primi anni, quella che si chiamava GS era polarizzata su lotte culturali; a livello dei ragazzi di liceo, dei pochi ragazzi di liceo che c'erano, nei primi anni, GS era polarizzata su lotte culturali. Per esempio, il *Vita di Galileo* di Brecht,[26] che davano nelle scuole o quello che un testo del Sapegno diceva erano fatti diventare problematica e discussione nella scuola stessa. Allora l'esito era questo: che la gente veniva, non al raggio, non alla Scuola di comunità o alla Fraternità, ma veniva per quelle cose, oppure alle produzioni del Teatro Tascabile Milanese. Per un pezzo venivano a quelle cose e non a Messa, dopo due mesi facevano la Comunione tutti i giorni, senza che nessuno glielo avesse detto.

Occorre prendere sul serio il problema della verità in qualunque modo si affacci, e perciò, non dico originalmente, ma in modo privilegiato, anche lo studio, senza che uno metta la testa nel catino. È il gusto del sapere, è il gusto della conoscenza vera.

Se l'esperienza non diventa forma di dottrina – sembra

[26] B. Brecht, *Vita di Galileo*, Einaudi, Torino 2005.

l'opposto di quello che ho detto al principio –, non è espressione matura, rimane un impeto adolescenziale, senza storia, senza opera che cresce, senza parto. D'altra parte, senza esperienza, senza l'amicizia, senza l'obbedienza (non per nulla san Paolo identifica il sacrificio con l'obbedienza: fatto «obbediente fino alla morte»),[27] senza esperienza, e perciò senza vivere la nostra amicizia, senza vivere l'amicizia dentro il movimento, senza l'obbedienza alla storia in cui siamo nati, alla storia del movimento, e perciò senza obbedienza alla direzione che assume il movimento, la dottrina stessa non fa storia.

Dunque, non fa storia l'esperienza senza dottrina e non fa storia la dottrina senza esperienza. La dottrina senza esperienza stabilisce soltanto una linea di gente che litiga (per i posti o per il trionfo dialettico): senza esperienza la dottrina non fa storia. Ma senza dottrina non diventa storia neanche l'esperienza più impetuosa e più sentita.

Mi permetto di terminare ricordandovi un aspetto, anzi, il fattore che deve diventare più determinante questo gusto culturale, o meglio, che deve diventare forma di questo gusto culturale, ed è la Scuola di comunità. Se la Scuola di comunità non è investita fino a vedervi dentro la sua capacità di nesso con tutto, non è fatta bene. È la Scuola di comunità il primo aspetto della cultura come coscienza critica e sistematica dell'esperienza che viviamo (come abbiamo detto fin dagli inizi), in continuo paragone con l'origine. Questo è ciò che salva la Scuola di comunità: che noi penetriamo la nostra esperienza in continuo paragone con l'origine.

[27] Fil 2,8.

Allora, il sentimento che più ci invaderà e determinerà, diventando sorgente di gioia nella fecondità, diventando sorgente di pazienza nella costruttività e diventando calma, pace e sicurezza nell'affrontare il futuro, perciò nella storia, il sentimento che più si dilaterà in noi, ci dipingerà il volto e determinerà il nostro volto, come nido in cui la letizia si generi, se noi cercheremo di vivere l'avvertimento che ci ha dato Mounier, l'avvertimento che mediteremo, rimediteremo nel Volantone di Pasqua, sarà l'attesa. Se noi non avremo paura di quel sacrificio a cui siamo invitati da Cristo, perché la resurrezione ha come condizione la croce, se noi non avremo paura di questo (pensate che siamo fatti per l'eterno e che uno che muore vive più di prima), se noi non avremo paura di questo, allora saremo determinati da quel grande sentimento dinamico, il sentimento più dinamico che ci sia, che è l'attesa.

Se la domanda è l'espressione suprema della creaturalità dell'uomo, della natura dell'uomo, così che di essa sono capaci tutti gli uomini – chiunque, in qualunque condizione, è capace di domanda –, il sentimento che permette la domanda o che nasce dalla domanda, che avvolge la domanda, il sentimento che si identifica con l'animo che domanda è l'attesa. Perciò, anche quello che avete detto questa mattina, che vi ha fatto lamentare della lunghezza del cammino, non vi faccia più lamentare: alzandoci ogni mattina, noi attendiamo («tendere a»), sappiamo ciò a cui tendere, ciò che abbiamo di più caro. La giornata che ci è data ci è data perché la verità nasca dalla carne, sia vista da noi e dagli altri nella nostra carne, cioè nei rapporti che vivremo con noi stessi, con gli altri e con le cose. «È dalla terra [...] che deriva necessariamente un parto pieno di gioia [...] e il sentimento paziente dell'opera che cresce, delle tappe che si susseguono, aspettate quasi con calma, con sicurezza [...]. Occorre soffrire perché la verità non si cristallizzi in dottrina, ma nasca dalla carne».[28] Questa è l'amicizia di cui avete parlato stamattina: «Amici sono coloro che ti chiedono continuamente cos'hai di più caro», affinché esso nasca dalla carne. Avere «caro» questa amicizia, «avere caro il luogo di questa amicizia è avere caro se stessi».

[28] E. Mounier, *Lettere sul dolore*, op. cit., pp. 39-40.

Omelia

Voglio sottolineare una cosa che le letture di oggi ci urgono a capire: il Signore ha costruito la strada alla verità e la strada alla pienezza del nostro io (non mi permetto di usare la parola «santità», perché non sarebbe compresa, ma la santità è verità e pienezza) in modo semplicissimo. Il ragionamento fatto dai servi del generale Naman è quasi umoristico: «Se ti avesse detto di fare chissà che cosa, tu l'avresti fatto. Ti dice di bagnarti nel fiume... e bagnati! È una cosa così semplice».[29] Così la verità non è il frutto di chissà quali arzigogoli, di chissà quali ricerche, non occorrono condizioni particolarissime di acume, di tempo e di scaltrezza. La ricerca del vero è una domanda, perché la verità ci si svela, ci si dà, la vita ci si dona: la verità e la vita sono un nome nella storia, «Cristo», e Cristo non è il termine di chissà quali cammini, ma della nostra domanda, della fedeltà a una domanda. Se il giorno passa senza domanda, se noi passiamo la nostra giornata senza domandare Cristo, questo è il peccato, senza paragone con qualsiasi altro errore.

Che Egli, la verità, diventi carne nella nostra esistenza e i nostri occhi stupiti vedano il cambiamento, e questa testimonianza agli altri aiuti i poveri uomini a intravedere una luce che altrimenti non si sognano neanche, questa pietà verso noi stessi e questa pietà verso gli uomini ha qui la sua modalità d'attuazione: la mendicanza, la domanda. Che cosa c'è di difficile? Che cosa c'è di complicato? Ah, certo, occorre una fatica originale, quella fatica che il

[29] Cfr. 2 Re 5,13.

Signore ha identificato nel Vangelo nella vedova del tempio di Elia, cioè in una persona semplice, nella semplicità del cuore: «Se non sarete come bambini». Ma l'ha anche definita proprio teoricamente, l'ha chiamata povertà, la «povertà dello spirito». La fatica della povertà dello spirito: questo è il primo e fondamentale sacrificio che – come mi osservava prima uno di voi – è connesso col termine da noi usato alla fine, «obbedienza»: obbedienza originale a ciò di cui siamo costituiti, verso cui siamo attratti, l'essere e la felicità. Tutta la nostra energia, tutta la nostra intelligenza, tutta la nostra affettività, tutta la nostra scaltrezza, se volete, si raccolgono in un gesto che è il gesto del mendicante che chiede l'elemosina: la domanda. Si chiama «preghiera»!

DALLA TERRA, LA VERITÀ*

Vi erano alcuni, dentro e fuori la Chiesa, che non vedevano di buon occhio l'impegno concreto dei cristiani nelle vicende esistenziali, culturali, sociali e politiche. L'accusa, più o meno esplicita, era quella di cadere in gravi contaminazioni e di tradire la purezza del cristianesimo. Meglio era conservare intatto l'annuncio cristiano nella sua forma originaria, rivolto a tutti e prima di ogni incarnazione. Da esso, casomai, si poteva trarre l'ispirazione morale per un impegno nelle questioni pratiche e mondane.

Ipersensibile a ogni astrattezza, don Giussani aveva in più occasioni mostrato disagio nei confronti di queste posizioni (e di queste critiche). La ragione di ciò fu chiarita in un'intervista del maggio di quell'anno: «È proprio il riconoscimento della presenza di Cristo e l'amore a Cristo che obbligano il cristiano a incontrare e a rispondere, senza nulla evitare, senza schifarsi di nulla, la folla di condizionamenti attraverso cui Cristo stesso lo chiama».

Era l'idea che l'uomo è uno «spirito incarnato» e che il suo rapporto con l'infinito è sempre dentro una carne. Perciò, come si era detto in un precedente raduno, «non si può non partire da questa carne o da questa terra; il rapporto

* Equipe del CLU, 11 giugno 1989, Milano.

con l'infinito non sopraggiunge, nasce come un seme dentro questa terra, è parte di questa terra».

Di qui la convinzione che «la cultura per noi non è un problema», ma è inerente e coestesa all'esperienza e che un'autentica posizione culturale non è reattiva né semplicemente oppositiva, ma «dipende totalmente dal soggetto esistenziale che in tale operazione si esprime», come fu detto, in quesi mesi prima dell'estate, ai responsabili dei centri culturali.

La terra, la solidità, la sofferenza, di cui si parlava nel Volantone pasquale, erano le condizioni affinché la verità nascesse dalla carne e non si cristallizzasse in dottrina, come afferma Mounier.

Pasqua 1989

È dalla terra, dalla solidità, che deriva necessariamente un parto pieno di gioia e il sentimento paziente di un'opera che cresce, di tappe che si susseguono, aspettate con calma, con sicurezza. Occorre soffrire perché la verità non si cristallizzi in dottrina, ma nasca dalla carne.

(Emmanuel Mounier)

Assemblea

Giussani: Abbiamo iniziato con il *Discendi, Santo Spirito*,[1] perché solo lo Spirito è l'origine di tutto, l'origine della verità e, quindi, l'origine della verità «nella carne». Se la verità non nasce dalla carne è un fantasma mentitore, anche quando la formulazione dottrinale fosse perfetta.

Lodi

Martino e l'imperatore[2]

Giussani: La cosa che più mi ha toccato questa settimana è stato l'incontro del Papa con i giovani scandinavi che si sono radunati, mi pare, in Svezia, per un ultimo saluto. Ha detto loro: «Molti di voi sono atei, però cercate la gioia e la gioia ha un solo nome: Gesù Cristo!»,[3] saltando tutti i passi e saltando tutte le convenienze, saltando tutti i metodi a cui i più sono abituati e a cui noi dovremmo essere un po' meno abituati, perché il sistema del nostro incontro e della nostra compagnia tende all'imitazione di questo annuncio "sparato". Prendere coscienza del valore di contenuto e delle ragioni di questo messaggio è certo un dovere della nostra ragione, della nostra intelligenza e del nostro cuore, ma è anche una condizione per dare tutto l'apporto, tutto il contributo che possiamo dare, perché

[1] E. Galbiati, A. Schweitzer, «Discendi, Santo Spirito», in *Canti*, op. cit., pp. 112-113.
[2] C. Chieffo, «Martino e l'imperatore», *ibidem*, pp. 231-232.
[3] Cfr. Giovanni Paolo II, *Omelia alla Santa Messa nel cortile del castello*, Vadstena (Svezia), 10 giugno 1989, 2.

rimanga solido in noi il dono che ci è stato fatto. Ci è stato fatto un dono, il dono della fede in Cristo; sappiamo chi è Cristo, ma dobbiamo offrire intelligenza e cuore. Non perché dall'attività della nostra intelligenza e del nostro cuore venga fuori Cristo. Come dice, infatti, il Papa in un'altra occasione, «l'amore non è una filosofia o una serie di principi, tanto meno una ideologia; non è neanche una moralità [...]. L'amore ha un nome personale, e questo nome è Gesù Cristo! Solo entrando in un rapporto di amore con questa Persona vivente possiamo realizzare l'obiettivo per il quale siamo stati creati».[4] L'attenzione della nostra intelligenza, il «tendere a» della nostra intelligenza e l'offerta del nostro cuore non possono pretendere di sostituire o di esaurire il dono, ma costituiscono le braccia spalancate, come quelle del bambino quando aspetta sua madre, della disponibilità del nostro essere, vale a dire della nostra libertà: «Pronto è il mio cuore, o Dio!».

Comunque, in un'epoca storica dove tutto è confuso, perché il nome di Cristo viene obliterato (si possono fare convegni organizzati da cattolici o dalla pastorale delle chiese cattoliche, in cui Cristo non è neanche citato una sola volta in cinque lezioni, salvo per caso, per tangente, all'ultima lezione, come è capitato qualche settimana fa), in un'epoca in cui tutto è confuso perché Cristo non è l'origine, il centro e il fine del modo con cui cerchiamo di concepire noi stessi, in un'epoca così confusa noi dobbiamo spalancare il cuore in una disponibilità anche straziante. Perché, in fondo, affermare Cristo è, dinamicamente, come metodo, come dinamica di metodo, un'ob-

[4] Giovanni Paolo II, *Omelia alla Santa Messa per i fedeli della prelatura*, Tromsø (Norvegia), 3 giugno 1989.

bedienza e l'obbedienza è uno "strazio", perché strappa a una nostra misura, ci spalanca a qualcosa di più grande, proprio come misura, sfonda e supera la nostra misura. Voglio dire che non dobbiamo avere paura della fatica che alla nostra ragione e al nostro cuore il lavoro e il cammino che facciamo insieme possono imporre, perché si tratta del cammino nostro alla gioia, come ha detto il Papa ai giovani scandinavi.

Nel vocabolario che usiamo, la parola più vicina alla parola «gioia» – più dettagliata di essa – è «comunionalità»: è la comunione, la comunionc tra gli uomini, la comunione tra gli uomini e le cose e, quindi, la comunione cosmica. Ma la comunione è una generazione, è qualcosa che l'uomo genera, che si genera nella carne dell'uomo; la comunionalità è un ordine che nasce dall'essere implicati nello stesso fatto, da un fatto riconosciuto, amato, in cui e da cui ci si lascia coinvolgere, da cui ci si lascia afferrare. È solo questo fatto, in cui tutta la nostra persona è implicata, che può generare, essere generativo, rendere generativa la nostra vita, generativa di comunionalità, cioè di gioia.

Allora, cosa avete fatto?

Intervento: Cosa dobbiamo fare! Dobbiamo rispondere alle domande che erano state inviate per preparare i contributi. Le rilanciamo questa mattina come tema dell'assemblea. Riguardavano la vita nostra e della comunità in questi ultimi mesi, cioè dall'ultima Equipe a oggi. Che giudizio diamo sulla vita della nostra comunità? Che immagine di presenza dentro l'ambiente è nata ed è stata sollecitata dal Volantone di Pasqua e dalle elezioni universitarie? La terza domanda riguarda la prospettiva, quello che intuiamo, intravediamo come cammino, come strada, e tocca i gesti che caratterizzano questo periodo: le elezioni, le "feste dei giovani", là dove si fanno, e le vacanze imminenti: che cosa chiedono a noi e alla comunità?

Queste sono le domande che abbiamo fatto arrivare per preparare i contributi e sono le stesse con le quali apriamo l'assemblea e sulle quali dobbiamo intervenire cercando di dare il nostro contributo.

Intervento: Sono della Statale. Quello che più ha caratterizzato questo periodo, per la vita mia e della comunità, è stata la scoperta di uno spessore di libertà prima sconosciuto. Ci siamo resi conto sempre di più, attraverso il lavoro sul Volantone, che in ogni istante siamo rimessi di fronte al fatto di Cristo che in ogni circostanza ci chiede: «Mi ami tu?». Rispetto a questa domanda si coglie immediatamente una provocazione alla nostra libertà, che è chiamata a dire un «sì» o un «no». Ci siamo anche resi conto che spesso, rispetto a quello che il fatto di Cristo, in quella sua fisicità che è la nostra compagnia, ci chiede in un certo momento, il nostro «sì» può essere vissuto come il punto di arrivo di una valutazione. Se, estremizzando un po', viene chiesta la mobilitazione per la campagna elettorale, uno può considerare tutti gli aspetti della sua vita, tutti i suoi impegni, e alla fine arrivare a dire un «sì», che però non tocca il fondo del suo essere, ma è piuttosto l'applicazione di uno schema o di un'immagine su di sé e sulla comunità. La novità è che questo «sì» sta diventando invece sempre di più il punto di partenza, cioè ciò da cui si origina tutto. Solo questo permette un'operatività che sia anche creativa e soprattutto libera. Non si può, infatti, essere liberi dall'esito, se tutto dipende ancora una volta da un'immagine, da uno schema che noi abbiamo, e non dalla risposta e dalla disponibilità di fronte al Fatto. E questo si è imposto anche grazie al lavoro del Volantone: il sacrificio che ci viene chiesto dal Volantone è proprio riconoscere che «la realtà è Cristo», e che l'unico punto di partenza adeguato per l'azione è il «sì» alla Sua presenza.

Intervento: Quello che sta succedendo in comunità è qualcosa di assolutamente imparagonabile ad altri momenti, magari simili come impegno richiesto: grande mobilitazione elettorale e movimenti di consapevole libertà. In chi è più grande e osserva la compagnia nel suo muoversi, vi è uno stupore enorme: ci si accorge che i propri amici si coinvolgono nelle cose che fanno perché vogliono conoscere e possedere di più il Mistero che li ha raccolti. Tutto il nostro agire, tutto il moto e l'energia sono dati perché lo scopo del vivere è già concreto nel presente. È come percepire la fedeltà solida e duratura dell'amore di Cristo alla mia faccia. E questo rende liberi, in modo diverso da come lo si era prima: adesso è più consapevole questa libertà, perché l'amicizia di Cristo, creata da Cristo, la si ricerca nella circostanza, si vive la vita come Lui vuole che sia vissuta. Uno si sente a volte triste di se stesso, afflitto per la propria meschinità, per la propria falsità consapevole, ma proprio dentro queste cose passa il rapporto con quell'Uomo che gratuitamente ci ha guardato. Si capisce allora che non è mai finita, che sarà sempre così e così saranno anche sempre più grandi lo stupore e la gioia per la riscoperta della nostra amicizia che si dilata in altre generazioni.

Intervento: L'esperienza di questo periodo ha messo in luce che il sacrificio che ci è chiesto è, anzitutto, quello di un giudizio e il giudizio non è l'applicazione di un'idea o di una ragione o di un discorso sulla realtà, ma è un rapporto che implica una mia decisione. In questo noi ci rendiamo conto che permane una confusione, una difficoltà "culturale", nel senso detto all'ultima Equipe.

Giussani: Cioè?

Intervento: A volte è come se mancassero gli strumenti, la decisione non diventa immediatamente capacità di giudizio. Non è che manchino le ragioni, ma certe volte è difficile giudicare le cose.

Giussani: E perché è difficile giudicare le cose? In che senso è difficile giudicare le cose? È un rilievo giusto.

Intervento: Ci accorgiamo che è un lavoro che sta iniziando, però riscontriamo ancora una debolezza...

Giussani: Se sta iniziando, è per forza così, è giusto che tu senta di passare attraverso lande ancora sabbiose, fragili e senza verzura. Ma la mia domanda tendeva a un'altra cosa. Immaginiamoci quei giovani scandinavi a sentire il Papa: sono atei, non hanno mai sentito parlare di certe cose, hanno sentito una proposta. Ma è una ragione? È senz'altro una proposta, ma è una ragione? «Voi cercate la gioia, ma ricordatevi che la gioia è Cristo!»[5] Gente che non ha mai sentito parlare di Cristo cosa dice? È facile

[5] Vedi qui, nota 3, p. 371.

immaginarci che si dividano a chiazze, quei giovani: alcuni con l'interrogativo sulla faccia: «Cosa vuole dire?», altri con il preconcetto che decide del loro atteggiamento negativamente, che non supera il cinismo in cui normalmente vivono, altri ancora, chissà quanti, proprio per l'imponenza dell'esigenza della gioia che naturalmente hanno, di fronte all'assenza totale di proposte, di fronte all'avvenimento di una proposta così chiara e addirittura fatta di un nome, avranno potuto incominciare a desiderare di conoscere quella cosa lì, avranno potuto desiderare di essere aiutati a capire qualche cosa di quel nome lì. In questo senso, noi siamo come loro, sempre come loro – più avanti, meno avanti, come si fa a misurare col metro? –, siamo in quella posizione, saremmo nella posizione di questi ultimi.

Perciò, è come se la ragione fosse un territorio in cui non abbiamo mai finito di entrare con stupore e con sorpresa, non è una formula matematica che risolve l'equazione. Tu hai parlato di rapporto confuso, di ragioni non chiare, ma è una condizione che non potremo mai toglierci completamente, anzi, se siamo veri, proprio se siamo veri, ci accompagnerà sempre. Ma allora dove stanno la certezza e quella chiarezza, senza della quale non c'è la gioia? In questo incontro mirabile, che è come l'incontro mirabile che c'è tra il padre, la madre e il bambino, dove nel bambino la ricchezza è la domanda, e nel padre e nella madre è il fatto della vita vissuta, il fatto di ciò che sono, del loro essere vissuto. Quello che ci dà chiarezza e sicurezza, che permette un cammino come tappe che si susseguono, come dice Mounier,[6] attese con pazienza, con

[6] Vedi qui, nota 28, p. 365.

sicurezza, è questa disponibilità attiva che si chiama «domanda» di fronte a questa Presenza, che non è un nome, perché è un dono, non è un nome quando è veramente un dono, quando è grazia: è l'incontro tra la libertà e la grazia. Ma quello che ci interessa è la verità della nostra libertà, che è domanda, è ricerca, non nel senso relativistico del termine, ma come domanda. Per questo i nostri incontri sono visibilmente e sensibilmente qualificati da un ascolto; la cosa più impressionante nei nostri raduni sono le tante facce che sono veramente in ascolto, ché l'ascolto è una domanda, altrimenti non è ascolto.

Volevo dire, da una parte, che sarà sempre così, eppure non vi sarà mai un giorno uguale all'altro, perché la gioia diventerà sempre più grande, sempre più potente. Ma da quale sicurezza e da quale permanenza questa gioia nascerà? Dalla disponibilità del cuore che domanda – cioè dalla semplicità del bambino o dalla verità del povero, dalla povertà dello spirito – e da questa Presenza che ci investe, assolutamente imprevedibile, inconcepibile, inimmaginabile, eppure, come abbiamo detto durante le Lodi, una presenza che «i nostri occhi vedono, le nostre mani toccano, perché toccano il Verbo della vita».[7] «A te anela la mia carne, come terra deserta, arida, senz'acqua.»[8] «Carne» è il mio io nella sua totalità, non nell'astrattezza del suo pensare o nella pesantezza isolata e senza luce della sua istintività. La nostra certezza è l'incontro, il cammino, pur in questa ragione che non è ancora il sole che brillerà alla fine, fra la nostra disponibilità o capacità

[7] Cfr. «Responsorio», Lodi mattutine del lunedì, in *Il libro delle ore*, op. cit., p. 76.
[8] *Ibidem*, p. 72.

di domanda e la grazia di questa presenza, grazia che ci è stata fatta. Lo dico perché vi è stata fatta! Ci è stata fatta, ci è stato dato. Scusami.

Intervento: Difatti, questa confusione, anziché allontanarci o scoraggiarci, ci fa tendere in una passione per la realtà. Posso riconoscere che il bene è dentro la realtà, perché è un avvenimento capitato a me dentro la realtà. Perciò è come se, dopo tanto tempo, la realtà fosse di nuovo interessante, in tutti i suoi fattori, anche dentro la contraddizione che sempre emerge. Questo è testimoniato anche dal lavoro dei Cattolici Popolari, da una nuova creatività che sorge, che diventa esigenza di un nuovo modo di esprimersi.

L'ultima cosa è che io incomincio forse a capire di più che cosa sia la pazienza, perché riconosco che dentro la mia vita c'è già tutto: la pazienza non è più un triste rimando a sperare che in qualche momento qualcosa cambi, ma è un cambiamento già in atto oggi, che appunto è diverso da ieri, che suggerisce subito come lavoro, anzitutto, la custodia di quella perla che è già presente.

Giussani: Grazie!

Intervento: Innanzitutto, rispetto agli anni passati, quest'anno il Volantone per la nostra comunità è stato...

Giussani: Di dove sei?

Intervento: Di Firenze. Dicevo che il Volantone è stato un fatto che ci ha accompagnato tappa dopo tappa, ed è stato bello scoprirlo come una ricchezza da cui imparare, che entrava come giudizio nelle circostanze che abbiamo affrontato. Rispetto alle elezioni universitarie, per esempio, ci siamo accorti che il nostro rischio, dentro quella circostanza, è stato quello di non accettare fino in fondo la provocazione che la realtà poneva. Impegno ce n'è stato moltissimo, ma rispetto all'attacco che la realtà ci faceva abbiamo fatto un'eccezione, come se uno schema che avevamo sulla realtà potesse come dettarne la lettura. Lavorando sul Volantone abbiamo riscoperto che Cristo, dentro la nostra compagnia, è una presenza fisica: il volto degli amici del Centro o della gente della comunità. E riscoprire questo ci ha dato una coscienza diversa di ogni attimo, di ogni istante della vita. Diventavano importanti lo studio che dobbiamo affrontare, gli amici della comunità, i gesti, fino ad arrivare ora alle elezioni europee. La scoperta bella e vera è stata che c'è una drammaticità dentro la vita che non è l'agitazione, il nostro agitarci; ma la drammaticità vera è di fronte a quella Presenza, è nel rispondere fino in fondo a quella Presenza in tutto quello che noi facciamo, in ogni momento della realtà. Ogni istante diventa decisivo per la propria vita, ne va fino in fondo della vita della persona. Di fronte a questa Presenza nasce un'attenzione alla realtà indomabile, che ti porta veramente dove tu non vuoi. Abbiamo cominciato, così, quasi per scherzo, con un volantino di giudizio sulla realtà e ne nasceva sempre una puntata nuova, ma non come uno schema imposto, bensì come un rispondere alla realtà e alle circostanze. È bellissimo vedere che anche durante la fatica dello studio c'è così tanta libertà da parte delle persone di rispondere, proprio per la libertà di fronte alla presenza di Cristo richiamata dal Volantone.

Intervento: Io volevo raccontare velocemente quello che è capitato dall'ultima Equipe...

Giussani: Cosenza?

Intervento: No, sono di Milano. Dico che per me è stato un periodo di un'esperienza grandissima, nel senso che forse per la prima volta, anche se magari dispiace dire così, io ho vissuto quello di cui tu parlavi prima, la comunionalità. Devo dire che si vuole proprio bene al luogo dove si è, cioè alla gente con cui si sta insieme e con cui si paragona tutto. Questo volere bene a un luogo è partito dal volere bene ad alcune persone. Oggi ciò che ho di più caro si esprime dentro quel luogo, soprattutto della diaconia. Si riconosce Cristo perché si riconoscono certe persone. Vale a dire, uno riconosce che certe persone sono di più e deve andare dietro a loro.

Intervento: Sono di Bari. Rispondo alla prima domanda, iniziando soprattutto a dare un giudizio sulla mia condizione personale. Il richiamo del Volantone alla fatica, alla concretezza, mi ha posto innanzitutto una domanda, cioè che cambiassero i particolari, i dettagli della mia vita personale, della mia carne, non che cambiassero le cose in generale. Questo mi ha portato inevitabilmente ad affrontare in modo molto più serio, paziente, impegnato, il fatto forse più importante e più faticoso per me, cioè lo studio. Ne è nato anche un gusto. Per parecchi di noi sta iniziando a diventare più facile quello che dice la Scuola di comunità, cioè che non si tratta tanto di uno sforzo di volontà quanto della semplicità di un riconoscimento. Questo ha un riverbero molto positivo proprio nelle cose personali:

capita, cioè, che non si trascurino più i dettagli della propria condizione particolare. Da questo punto di vista, ci ha molto giovato un fatto, cioè potere vedere in alcune persone che si erano laureate una continuità nella dinamica di una personalizzazione, nella vita adulta, nel lavoro, eccetera. È un fatto grande, perché fa capire anche ai più piccoli che l'esperienza del movimento è una cosa per tutta la vita, non è una cosa per quando si è universitari.

Giussani: Permettete che sottolinei un aspetto del suo intervento. Mi richiamo al brano del Papa che ho letto poco fa, quando dice che «l'amore non è una filosofia o una serie di principi, tanto meno una ideologia; non è neanche una moralità [...]. L'amore ha un nome personale, e questo nome è Gesù Cristo!».[9] Si può dire: «Bisogna studiare, bisogna studiare, lo studio...», partendo da una radice (per usare il termine stesso del Papa: «L'amore non è neanche una moralità») come «moralità»; un richiamo allo studio come moralità. Non è questa la nostra partenza, almeno nell'esempio che abbiamo sentito. Non che non possa essere quella la partenza, dico che quella non è la partenza che caratterizza una realtà cristiana: non c'è in essa nulla di nuovo, *etiam ethnici hoc faciunt*, anche i pagani lo fanno, e magari più in fretta e meglio. La nostra partenza è l'incontro con quella presenza, con ciò che abbiamo di più caro. L'incontro con quella presenza vuole dire, come lui ha accennato, l'incontro con gli amici che magari sono usciti dall'università e dimostrano che il fatto continua, il rapporto continua. La nostra partenza è l'incontro con quella presenza che si rende visibile e tangibi-

[9] Vedi qui, nota 4, p. 372.

le nella compagnia, una compagnia che con stupore uno capisce che non finisce più, come il fatto di Cristo non finisce più. Allora, il contenuto di questo incontro, se non diventa rinascita della propria moralità, se non diventa rinascita della propria umanità di fronte anche, per esempio, allo studio (il Papa invece parlava di amore nel senso stretto del termine), se non diventa amore allo studio, non nasce dalla carne; se non diventa amore ai genitori, non nasce dalla carne; se non diventa fedeltà alla compagnia, non nasce dalla carne. Uno può essere bislacco e distratto, ma fa un incontro che lo ridesta, lo ridesta a cose che avrebbe dovuto o potuto, magari, anche fare prima, ma di fatto è quell'incontro che lo ridesta. E non è secondario. Anche la modalità con cui affronta le cose, come prima non ha fatto, è diversa, è più piena, dice di più: «Io»; così nasce il sentimento paziente di un'opera che cresce. Lo studio è diventato, per il nostro amico, il sentimento paziente di un'opera che cresce, di tappe attese con calma e con sicurezza. Questo, se avesse fatto il "secchione" come suo padre voleva, prima, non l'avrebbe avuto. Però, se non s'arriva anche allo studio, quello che si è incontrato si perde, si disperde, perché non nasce dalla carne, non diventa esistenza, rimane dottrina cristallizzata, anche se pronunciata con parole *émouvants*, commoventi.

Intervento: Vengo da Siena. Gli Esercizi spirituali e il Volantone di quest'anno sono entrati con una "indiscrezione" incredibile dentro la nostra vita, sconvolgendo le aspettative che uno finisce con l'applicare a ciò che dice di avere di più caro. E così è sorta l'esigenza di una familiarità con Cristo riconosciuto come qualcosa di realmente presente, qualcuno a cui potere dire: «Caro» sul serio, attraverso volti e circostanze, una bellezza reale. Tutto questo però si scontra, e ce ne siamo resi conto in maniera palpabile, con le aspettative, i limiti, che inevitabilmente, per una dimenticanza, per uno scivolamento, per una lontananza dalla realtà, uno finisce con l'apporre sulla bellezza incontrata. Ci ha realmente stupito, in questo senso, quello che è accaduto nella convivenza studio: lì sono venute fuori molte persone nuove, che non stavano di fronte a delle aspettative che potevano avere rispetto alla bellezza che vedevano, ma stavano semplicemente di fronte a quella bellezza. Così, noi ci siamo accorti di nuovo che il gusto vero della vita è nel riaccadere di quell'incontro, richiede quell'incontro, richiede quella bellezza, senza aggiungere nulla, così come ci è stata e ci è data.

Giussani: C'è un capo che vuole intervenire.

Intervento: Secondo me, almeno per quanto riguarda la riflessione che abbiamo fatto sul Volantone, l'aspetto che è stato messo in maggiore evidenza è che la libertà non sta in un'invenzione istintiva, ma ha origine da un paragone o, meglio ancora, da una verifica, cioè da un paragone nella concretezza. E il paragone contiene, insieme, la scoperta dell'altro e la possibilità dell'appartenenza. Secondo me questo è un aspetto decisivo, perché quando Mounier dice che la verità non si deve cristallizzare in dottrina, ma deve venire fuori dal sacrificio, cioè dal tentativo di rendere la realtà più vera, questa possibilità è dentro un paragone, cioè è in una verifica: bisogna che la propria vita diventi una verifica, rifuggendo quella tentazione continua di riporre la libertà nell'essere istintivamente se stessi. La seconda osservazione che volevo fare era questa: la compagnia è il luogo di questo paragone, ma non è ciò con cui ci si paragona; la compagnia è il luogo dove è permesso di paragonare sé con la Presenza, cioè con la modalità concreta con cui questa Presenza si è manifestata a noi, cioè con l'origine del movimento, col centro, con la natura stessa del movimento. La compagnia non deve sovrapporsi a questa origine, anzi, deve renderla sempre più evidente, deve permettere alla libertà di esercitarsi. E la compagnia permette alla libertà di esercitarsi, se permette questo paragone con l'origine.

Giussani: Quindi si può anche, brachilogicamente, dire che la compagnia è lo strumento del paragone, purché la compagnia sia autentica.

Intervento: Certo!

Giussani: Vale a dire, occorre che nella compagnia si rifletta la freschezza e la purità della goccia originale. Perciò la compagnia non è soltanto il luogo dove – come giustamente hai detto – il paragone con l'origine viene fatto. Cos'è questa origine? È il ricordo che hai in mente tu? È l'emozione che è rimasta a te, già tutta mediata dalla libertà, nel senso non buono della tua misura, del tuo criterio, del tuo parere, del tuo piacere, della tua convenienza? No! Per questo la compagnia non è soltanto il luogo del paragone, ma è anche lo strumento del paragone, là dove la compagnia rifletta la freschezza e la lucidità del carisma originale. Ma come fa la compagnia a salvare questo? Non c'è niente da fare, ragazzi: è nella funzione autorevole, la quale ha come sua verifica il fatto che non può essere arrestata.

Per esempio, la funzione autorevole è quella della mia comunità? No, se non in quanto la funzione autorevole della tua comunità è legata, è in unità con la funzione autorevole del CLU come tale, e questa è legata alla funzione autorevole del movimento come tale, fino a un ultimo, fino a un ultimo vivente, qualcosa di vivente ultimo che è permanente, anche se si cancella, anche se gli anni cancellano la faccia con cui è in un determinato anno, anche se cambia. Sono intervenuto perché avevo paura che fosse intesa in modo astratto una cosa giustissima: la compagnia è il luogo del paragone, ma è il luogo del paragone solo se, attraverso essa, vi è un paragone con l'autorità; vale a dire, la compagnia non può essere luogo di paragone, se non è il luogo di un'obbedienza. Badate, si può diventare cristiani e santi con l'aureola senza passare dentro il solco del nostro movimento, ma, essendo stato messo in questo solco, è questo solco che ti fa camminare verso la foce, verso la pienezza. La gioia è il sintomo che tu cammini e la comunionalità è la generazione, è il nascere dalla carne continuo della verità che ti è stata data, se tu obbedisci. Una volta che sei messo in questo alveo devi andare fino in fondo. Ciò ha un valore metodologico, di metodo: non vieni formato senza il metodo dell'obbedienza, non solo perché ce l'ha insegnato san Benedetto, ma perché ce l'ha insegnato san Paolo parlando di Cristo.[10] Cristo resta astratto se non viene abbracciato («A te si stringe l'anima mia e la forza della Tua destra mi sostiene»)[11] dentro l'obbedienza contingentissima in cui ti ha messo. Prego!

[10] Cfr. Fil 2,8.
[11] «Salmo 62», Lodi mattutine del lunedì, in *Il libro delle ore*, op. cit., p. 73.

Intervento: Si può dire che io sono compagnia a uno nella misura in cui lo richiamo a ciò cui io stesso obbedisco?

Giussani: Non solo tu sei compagnia a uno nella misura in cui tu lo richiami a qualcosa cui tu obbedisci, ma senza di questo è una menzogna, è un tradimento, non una compagnia: è una cattiva compagnia, e guardati dai cattivi compagni!

Intervento: Un anno e mezzo fa mi è stata data la grazia di tornare a questa compagnia dopo due anni di "peccato". La cosa che ricordo di questo ri-inizio di cammino è che per un attimo ho avuto il dubbio di dire: «Ma adesso che ritorno dovrò rinunciare a questo peccato, dovrò fare così, dovrò...», e appena l'ho detto mi sono accorto che con le forze che avevo non ci sarei riuscito e che forse valeva la pena tornare non per quel che potevo cambiare, ma per l'amore di un Altro che mi stava riabbracciando.

Giussani: È bello, ti ringraziamo, è commovente, è vero! Come lo studio del nostro barese, è tale e quale.

Intervento: Voglio dire che il peccato per me, il mio peccato e quello dell'altro, non è lo scandalo da difendere, perché a volte diventa così, come dice la poesia di George Herbert, *L'amore*: «L'amore mi accolse; ma l'anima mia indietreggiò colpevole di polvere e peccato».[12] È come Pietro quando Gesù gli ha chiesto tre volte: «Mi ami, mi ami, mi ami?», la meschinità più grande, più grande di

[12] Cfr. G. Herbert, «Love», in *The Works of the Rev*, Routledge, London 1853, p. 246.

tutti i peccati, anche di quella di Giuda, sarebbe stata che Pietro gli avesse risposto: «Sì, avrei voluto amarti, ma non sono coerente e allora non posso!».

Giussani: «Non sono capace!»

Intervento: «Non sono capace e allora non posso.»

Giussani: «Non sono capace» sostituisce noi a questa Presenza. Ma siamo matti?

Intervento: È una croce uscire dalla prigione della coerenza a se stessi, però – come dice Chesterton – è una croce che spalanca all'Infinito.

Giussani: È l'obbedienza!

Intervento: Io non so disegnare precisamente come questa cosa si concretizzi nelle circostanze che ci stanno capitando, quali sono tutte le implicazioni necessarie, ma so con certezza che c'entra, indipendentemente dalla mia capacità.

Giussani: Qual è il soggetto «che c'entra»?

Intervento: Questo fatto di riconoscere che siamo dentro per l'amore di un Altro che ci ha accolto e non per la nostra capacità di rispondere, che il peccato non è più lo scandalo da difendere.

Intervento: Il Volantone dell'anno scorso ha obbligato le persone della comunità a ricentrare la propria vita sull'avvenimento di Cristo. Però, «caro» a Cristo possono dirlo tutti. Il Volantone di quest'anno ha tolto la possibilità che questa resti un'affermazione non seguita da un'esperienza. Per esempio, rispetto ai più recenti avvenimenti (le elezioni, i fatti della Cina, eccetera) abbiamo notato che chi ha attribuito un'autorità per la propria vita a delle persone che sono segno più evidente della presenza di Cristo tra noi, e nel muoversi parte da questa affezione, non ha posto obiezione, ha capito veramente ciò che c'era in gioco.

Giussani: E queste persone non sono segno evidente della presenza di Cristo tra noi perché sono brave! È per un'altra cosa, non perché sono più brave degli altri o di te.

Intervento: Chi invece ha come criterio di giudizio la propria idea si trova fuori gioco in quanto, se questa idea collima nell'istante con la vita del movimento, sembra che tutto vada bene, ma nel momento in cui si pone una diversità da sé, tutto diventa più difficile e la prima conseguenza è che queste persone entrano in crisi in quanto avvertono uno strappo enorme che non li lascia tranquilli. La vita a Scienze in questi mesi ha generato un cammino positivo, nel senso che molte persone, dando credito a un centro affettivo vero, si sono trovate a fare un passo avanti, le cui conseguenze sono che molti, per esempio, dopo le elezioni universitarie, si sono messi a studiare con lo stesso impeto e la stessa coscienza che le muoveva durante la campagna elettorale. Inizia a essere vero per molti che fare tutte le cose è fare una cosa sola. Sentiamo necessario attribuire sempre più autorevolezza ad alcune persone, per cui volere bene a Cristo coincide col volere bene a queste persone, perché se non è così si vuole bene a un'idea a cui si può aderire al trenta, al cinquanta e anche al cento per cento, ma che non ti cambia. C'è una conseguenza strana di questo: molti hanno fatto un passo avanti, e su questi si può contare come sul tuo migliore amico, altri invece sono rimasti fermi ed è come se fossero rimasti fuori da questa amicizia. Guardiamo questo fatto con un certo tremore, in quanto sentiamo vero che la divisione serve perché si veda chi ha superato la prova. Siamo tesi nell'approfondire per noi ciò che abbiamo incontrato e nello stesso tempo preoccupati di aiutare uno a uno chi si trova di fronte a questa impasse, in maniera che ciò non sia una maledizione.

Giussani: Io vorrei "decodificare" l'immagine di queste persone di cui tutto quello che si è detto è vero, ma può non essere vero, può non essere vera la pretesa con cui lo si dice. L'arca dell'alleanza era il segno della presenza di Dio nel popolo ebraico. Supponiamo che questa arca dell'alleanza sia portata da lui e da me. Tutti seguono noi due che portiamo l'arca, e l'arca è il contenuto dell'incontro che ci ha fatto muovere. Tutti seguono noi due, ma non seguono noi due, seguono quello che portiamo. Non è perché uno è bravo e l'altro è cattivo, ma il seguirci è pieno di devozione a chi è bravo e anche a chi è cattivo, è pieno di devozione come all'arca, è la stessa devozione che si porta all'arca. Altrimenti è inutile che ci seguano, seguano qualche cosa d'altro! Vale a dire, è il richiamo al fatto che non esiste compagnia senza il fenomeno dell'autorevolezza o meglio dell'autorità; non esiste compagnia educativa, se non c'è il fenomeno dell'autorità, alla quale si porta devozione, una devozione religiosa, come – è un «come» analogico, ma è un'analogia stretta – lo si porta al contenuto ideale, al contenuto dell'incontro che ci ha mosso, come lo si porta alla Presenza riconosciuta. Questa compagnia autorevole, di cui ha parlato così bene il nostro amico prima, è come l'aspetto caduco, visibile anche se caduco, della Presenza che seguiamo. Non seguiamo loro, seguiamo la Presenza. È della natura del fatto cristiano che il mistero della presenza di Cristo si concreti provvisoriamente, secondo una faccia anche macilenta, in una compagnia che ha una punta guida. Altrimenti sarebbe inutile tutto, sarebbe tutto alla mercé del nostro umore, sia intellettuale che emotivo. Invece è una cosa terribilmente concreta. È stata una cosa terribile per i farisei avere davanti un uomo che diceva: «Io sono la via, la verità e la vita».[13] Un vescovo mi ha detto tre o quattro settimane fa che la Chiesa è la visibilità di Cristo.[14] Ma la Chiesa, se non diventa visibilità prossima, quella che entra dentro la tua carne in modo tale da farti studiare o da farti amare in un certo altro modo o da fare scattare una comunionalità come è stato accennato anche adesso, "svampisce", svanisce, diventa astratta. Ma lo diremo nel pomeriggio, se mi verrà in mente. Scusate.

Intervento: Sono di Bologna. In questi mesi sono state decisive due cose che, dette come le dico adesso, sono proprio semplici, di una semplicità che prima non mi bastava. Da una parte, sento realmente il bisogno di essere salvato, continuamente. Il fatto che questa salvezza mi

[13] Gv 14,6.
[14] Il riferimento è alle parole del cardinale Joachim Meisner, arcivescovo di Colonia: «La parola eterna del Padre si è fatta carne. E ora nella Chiesa è rimasta udibile e toccabile per tutti gli uomini».

viene continuamente da amici, da gente, è qualcosa che continuamente mi dà uno scandalo e una consolazione enormi. Questo è per me realmente la fatica più grossa e la remunerazione più grossa. C'è una cosa che ti voglio chiedere, anche rispetto a quello che dicevi prima: per me è sempre stato abbastanza facile seguire la compagnia in generale, mi viene facile capire le cose che si dicono tante volte, anche perché è facile poi ridurle. Per me il punto di cambiamento è stato iniziare a seguire uno, non la compagnia in generale.

Giussani: Appunto, seguire un fatto che ti si presentava, che ti provocava! Non conta che sia uno o cinquantacinque, la categoria è quella del fatto; perché la categoria del fatto sta nella storia come il Mistero sta nella concezione della realtà. *Il senso religioso*[15] ci aiuta a capire che il significato della realtà è più grande della misurabilità, cioè del paragone che la nostra ragione può fare con la realtà, è più grande della misura possibile alla nostra ragione, è più grande, è più, è più: è Mistero, è inattingibile e inesauribile. A che cosa corrisponde questo nella storia? Qual è la categoria storica, esistenziale e storica, paragonabile alla categoria del Mistero? È quella del fatto. Il fatto è irrazionale come appare irrazionale il Mistero, è soprarazionale. Il fatto non è irrazionale nel senso di contro la ragione, ma in quanto non è né costruibile né esaurientemente definibile dalla ragione. Anzi, da lì parte la ragione.

Intervento: Volevo reagire su quello che stai dicendo, raccontando una cosa che è successa giovedì pomeriggio

[15] L. Giussani, *Il senso religioso*, op. cit.

a Torino. Sono stato invitato a presentare, insieme ad altri due ospiti, il tuo libro *La coscienza religiosa nell'uomo moderno*,[16] e mi sono trovato in dialettica con uno di loro, Sergio Quinzio. Lui aveva preso una frase del tuo testo, che era «brandire il fatto come totalizzante», e aveva eccepito in vario modo su questa frase, prendendo di mira soprattutto la parola «totalizzante». Quando è stato il mio turno, intervenendo ho detto: «Mi sembra che il suo problema non sia tanto la parola "totalizzante", quanto, già prima, la parola "fatto". Se il Mistero si è tradotto nell'esistenza storica, ed è un fatto, allora che sia totalizzante è nella sua natura, è come una tautologia. Se quel fatto è il Mistero presente, è di per sé totalizzante, altrimenti non sarebbe il Mistero presente». Lì mi sono accorto ancora una volta che il nemico numero uno della mentalità che ci domina, che tenderebbe a dominarci, è proprio che il Mistero si è fatto carne, vale a dire è questa categoria del fatto. Perché è questo che stabilisce l'irriducibilità dell'annuncio cristiano, l'irriducibilità della Sua presenza: noi non siamo diversi perché promuoviamo valori cristiani, ma perché affermiamo con certezza che si tratta di un fatto. Quando noi parliamo di presenza di Cristo, presenza non è una parola-metafora, ma indica proprio l'irriducibilità di un fatto, attraverso un contesto, che è la nostra amicizia. E un fatto è irrazionale, come tu dicevi, non tanto perché non abbia come interlocutore la comprensione, ma perché è irriducibile, non può mai essere ridotto. E quando uno segue, segue l'arca dell'alleanza, non

[16] L. Giussani, *La coscienza religiosa nell'uomo moderno*, Jaca Book, Milano 1985; ripubblicato in L. Giussani, *Il senso di Dio e l'uomo moderno*, BUR, Milano 1998, pp. 77-139.

segue Tizio, Caio o Sempronio, ma segue l'irriducibilità che cammina con loro. Ammira non tanto la loro bravura, quanto la natura dell'esperienza che fanno, la natura della presenza che portano, perché questo è ciò che è irriducibile. Secondo me il Volantone di quest'anno ha avuto uno strano effetto: farci capire il Volantone dell'anno scorso. Quando si dice: «Ciò che ho di più caro è Cristo», siccome il Volantone di quest'anno impedisce ogni scaricamento della responsabilità (tu parlavi prima di un incontro tra la nostra disponibilità e la grazia di questa Presenza), ci si accorge che questo «caro» è un fatto a cui devi obbedienza, alla quale non ci si può sottrarre attraverso il discorso, la dialettica, o le iniziative.

Intervento: Dico una cosa brevissima: quello che quest'anno ha creato compagnia intorno a me, ed è il motivo per cui adesso anche in facoltà e anche con gli altri del gruppetto sto meglio, è stata la serietà mia di fronte a quel fatto, non l'idea che sapevo ricavarne.

Giussani: È già la seconda volta che appare la parola «serietà», dopo che l'ha usata il nostro amico barese: «La serietà mia di fronte al fatto». Lui aveva usato «la serietà nell'uso del fatto verso...», la serietà verso la vita.

Intervento: Sono di Cosenza.

Giussani: Ah, ecco!

Intervento: Il Volantone di Pasqua ha fatto capire alla comunità che ciò che il movimento chiede è un rischio personale giocato nell'azione, cioè nei gesti del movimento e nel quotidiano. Le elezioni universitarie, la Scuola di comunità, il gesto delle Lodi ogni mattina pongono ciascuno di fronte a una scelta: aderire a questa compagnia, cioè appartenere a un luogo, fidarsi di persone precise, oppure stare in questa amicizia tiepidamente. È stato chiaro fin dall'inizio che l'impegno comportava un sacrificio, che quello che veniva chiesto era realmente una fatica. L'appartenenza al movimento incominciava a diventare un lavoro personale, si trattasse di prendere sul serio la Scuola di comunità o di lasciarsi guidare, non ponendo davanti le proprie idee. Il movimento, infatti, ci chiede delle cose che sono altro da noi e ci sprona a un cambiamento. Siamo di fronte a qualcosa di diverso, di più grande rispetto a noi, e il sacrificio è proprio la tensione continua a legarsi a questo altro. Se fino a ora il movimento non era questo sacrificio è perché non avevamo ancora capito bene quello che esso ci chiedeva. È nata subito una difficoltà, poiché scegliere era diventato drammatico. Scegliere per il movimento costa. Chi, in comunità, è stato di fronte a questa scelta, e si è fidato, è cambiato realmente in termini umani, è cresciuto, è diventato più contento. Quel che abbiamo capito quest'anno è che non esiste una frattura tra le cose. Così le elezioni non erano staccate dagli Esercizi o dalla giornata sul Volantone: tutto in fondo ci chiedeva la stessa cosa, lo stesso impegno. Così invitare i nostri amici agli Esercizi è stata la stessa cosa che chiedere loro il voto, proporre loro la nostra esperienza. Questo ci ha resi più presenza in università. Ai prossimi gesti (elezioni europee, convivenze) chiediamo che cresca attraverso essi la decisione personale di ciascuno di noi.

Giussani: Ti ringrazio moltissimo. Cosa vuole dire che

un ragazzo possa affermare: «Non c'è frattura fra le cose»! Ma chi è l'adulto che è capace di dirlo? E non è perché c'è una colla con cui noi mettiamo insieme le cose: non abbiamo una colla con cui noi mettiamo insieme il vestito di Arlecchino. No! «Nell'esperienza di un grande amore [...] tutto ciò che accade diventa un avvenimento nel suo ambito.»[17] Questa frase di Guardini è l'opposto della colla per il vestito di Arlecchino.

Intervento: Sono di Urbino e volevo raccontare come riconosco vere, attorno a me, delle cose che sono già venute fuori, anche per notare con gratitudine la profonda unità nel cammino delle diverse comunità. Mi accorgo, guardando le persone attorno a me a Urbino, che l'incontro diventa una cosa sempre più incisiva e personale: decidere di appartenere a Cristo non può essere delegato a nessun altro, né rimandato a un istante fissato. Perciò ci siamo aiutati a capire che cosa voleva dire che «la realtà è Cristo», a fare crescere la coscienza che Cristo si "incarna" nelle circostanze e va riconosciuto e seguito lì. Questo per me significa che ogni cosa che è detta è detta a me e ogni cosa che capita è una provocazione per me. Questo genera un'apertura tutta da imparare, che è molto diversa dalla generosità. Ne nasce una creatività molto più grande nell'azione, una vivacità che scavalca molti schemi. Per esempio, nel periodo delle elezioni, una delle cose più belle è stata che abbiamo invitato alla convivenza-studio anche tutte le persone delle altre liste, e così gente di diverse idee politiche è stata con noi alla convivenza. Un

[17] R. Guardini, *L'essenza del cristianesimo*, Morcelliana, Brescia 1980, p. 12.

altro esempio di questa novità è la Scuola di comunità: se prima si lavorava sul testo senza un grande sforzo di paragone, l'esperienza ha cominciato a fornire, con sempre più evidenza, contenuto a quelle parole; quindi, pur lavorando sul testo, è diventata una cosa sempre più carnale. Ecco, nella comunità ci sono alcuni che vivono questo con chiarezza e che diventano punto di riferimento per gli altri: è l'inizio della novità che catalizza tutta la comunità. C'è un'ultima difficoltà, che è un oscillare tra apertura e generosità: si tende sempre a fraintendere l'apertura con la generosità, è come se l'apertura si richiudesse in una generosità.

Giussani: Molto giusto, perché l'apertura è una rottura di sé, mentre la generosità è l'espressione di un temperamento o di un'emotività o di uno stato d'animo, cioè è proprio il contrario. La generosità può diventare espressione di un'apertura, di una disponibilità, ma quando spacca: quando la generosità rompe, allora sicuramente apre.

Intervento: Sono di Napoli. L'esperienza di questi mesi è stata per me caratterizzata dal rinnovarsi quotidiano della certezza che dentro questa compagnia sta la consistenza della mia vita. Questa certezza sta crescendo e si sta rafforzando nel rapporto con persone che ogni giorno rendono possibile questa avventura e camminano con me.

Giussani: Che cos'è che aumenta, scusami?

Intervento: La certezza che qui sta la consistenza della mia vita: questa certezza diventa sempre più carnale, è generata ogni giorno dal rapporto con persone che continuamente mi danno la possibilità di guardare la vita con dignità, cioè di guardarla tutta. Questo fatto libera la vita dalla paura e rende carnale l'esperienza di un susseguirsi di tappe aspettate con calma, perché tutto non è rimandato a me, ma a una condivisione della vita con persone che stanno con me. Sperimento perciò la possibilità di una grande libertà dall'esito, perché essendo abbracciata non ho niente da difendere. L'esigenza che ho è, soprattutto, che questa esperienza penetri sempre di più nella vita, anche dentro le cose più banali, diventi l'origine delle scelte, delle azioni, ciò da cui io prendo energia.

Giussani: Scusate, se non è questo il perdersi, che cos'è? «Chi si perde si trova»:[18] perdersi è proprio quello che lei sta dicendo del rapporto con la compagnia, in modo così profondo e commovente. È proprio il perdersi: è un altro soggetto che interviene. E non può essere banalizzata questa descrizione dell'assetto della propria persona nella vita, dentro la vita; non può essere banalizzata fino all'accusa di greggismo, di dovere chiedere il permesso al capo gruppo per fare qualche cosa. Non è questo. Forse la parola che più chiarisce è la parola «appartenenza», perché l'appartenenza non è una cosa fuori, ma sta dentro di sé. Quello che sta descrivendo la nostra carissima amica, e che la sua vita è stata chiamata a imparare così drammaticamente, è proprio quel che dice il santo Evangelo: «Chi si perde si trova». Mi è venuto in mente quando ha detto che questa compagnia sta all'origine di tutte le scelte e di tutte le azioni: non perché mi detta quel che devo fare, ma perché mi detta me stesso nel fare,

[18] Cfr. Mt 10,39; 16,25; Mc 8,35; Lc 9,24.

plasma me stesso nel fare. E questo fare è mio giudizio, è mia decisione, è mia operazione. E così ingrandisco la comunità, edifico la comunità. Però questo è proprio il punto su cui dobbiamo aiutarci, perché è il punto difficile da capire: è qualcosa di analogo, di un'analogia non tanto lontana, alla difficoltà di capire che Dio è diventato uomo; ed è analogo, eticamente e moralmente, al fatto della santità come l'ha concepita santa Teresina del Bambin Gesù: il Mistero si rivela a noi, ci prende per la mano, dentro le circostanze inevitabili, la banalità delle circostanze inevitabili. Il Mistero è dentro il fatto che mi stia vicino lui, che sia qui a mezzo metro lui, che io abbia come amici voi, invece di migliaia e migliaia di altre possibilità. Tutto è contingente, eppure c'entra oramai con l'Eterno.

Comunque, amica, ci hai rimesso di fronte al *punctum dolens* del nostro itinerario verso la chiarezza. È fondata su questo tutta la vita monastica, i mille anni di ascesi che hanno ricostruito il mondo civile, che hanno fatto passare il mondo dalla distruzione alla civiltà. Questo itinerario si è basato sulla metodologia della compagnia, sulla scoperta del fatto che ti arriva, che ti tocca la carne e le ossa, le ore – le ore! –, come compagnia determinata, guidata. La regola, infatti, quella che chiamavano regola, come dico sempre a quelli del Gruppo Adulto, è la compagnia guidata al destino. Guidata, al destino! Questo «guidata» è il riverbero di quella goccia pura e fresca che è l'origine, che è il carisma originale. Allora di fronte a tutto questo uno è obbediente, il suo criterio è aperto a qualcosa di più che se stesso e la sua affezione è spalancata, è disponibile a qualcosa di più che se stesso, che il proprio sentire. Chissà, dobbiamo pregare, preghiamo lo Spirito perché ci aiuti a percepire, a dire e a capire sempre meglio questa cosa che dà possibilità di ordine alla vita, che è così seria che c'entra con ogni scelta e ogni azione.

Intervento: Volevo soltanto aggiungere che questo ha generato la necessità di un giudizio da parte di chi è amico e compagno nel cammino, cioè di quell'autorità di cui si parlava prima, per avere il solco più chiaro, perché così è più facile, senza nulla togliere alla fatica che devo fare io.

Giussani: Ma questa frase banalissima è fantastica: «Così è più facile»! Senza l'autorità è più difficile. Scegliere il più difficile può essere una presunzione maledetta. «Faccio tutto io!», ha detto Adamo, e ci ha fregati tutti! In che senso? Che non siamo più capaci di fare niente da noi stessi. «Senza di me non potete fare nulla.»[19] Meno male, «meno male che sei venuto, o Cristo». Ma «sei venuto» vuole dire queste facce qui: ognuno di noi, sentendosi indicato da questo gesto complessivo, vorrebbe scomparire, eppure è così. Anche le molecole e gli atomi della carne di Cristo cambiavano con gli anni, ma la presenza restava quella.

Intervento: Gli ultimi due.

Intervento: A Padova la condivisione in questi mesi ha evidenziato che la sola novità per la propria vita viene dall'accadere quotidiano della volontà di un Altro. Ognu-

[19] Gv 15,5.

no ha sempre le sue buone ragioni, i suoi buoni motivi da difendere, ma il Volantone ha chiesto la resa di queste pregiudiziali proprie. Quello che ci sorprende e che non ci rende più esecutori, ma stupiti protagonisti è che realmente la comunità non cammina perché risponde alle obiezioni degli altri, ma solamente perché è l'accadere dentro le circostanze di un soggetto diverso da tutto il resto. Questo costituisce uno strappo, è qualcosa che segna, cioè costringe all'esperienza. Infatti, il Volantone ha impedito di attardarci a definire conseguenze o condizioni del fare esperienza e ha generato un attaccamento più desideroso di rendersi conto personalmente. Riconosciamo, perciò, che il sacrificio non è la scelta per ottenere ciò che si decide, ciò che decidi tu, ma nasce dall'amore a ciò che ridesta la tua persona. E anche la differenza tra le elezioni universitarie e le elezioni europee che stiamo vivendo adesso sta proprio nel fatto che adesso si è molto meno esecutori e molto più stupiti protagonisti.

Giussani: Però io propongo che tutti questi interventi e gli altri preparati vengano ciclostilati e dati via, così che all'Equipe di agosto li riprendiamo. Perché bisognerebbe arrestare a ogni frase quel che dite, per capirlo, prima di tutto, e per trarne le conseguenze. Perciò, se siamo superficiali oggi, speriamo di esserlo meno in agosto. Tenete i vostri fogli e dateli alla segreteria.

Prego. Propongo di lasciare spazio anche a un altro intervento, perché sono stato troppo invadente io.

Intervento: Sono di Pisa. Quello che abbiamo sperimentato in questi mesi è stato proprio come il seguire cambi.

Giussani: Come il seguire...?

Intervento: Cambi, cioè ci cambi proprio nella carne, nella quotidianità, nello studio (di questo è stata prova anche la convivenza), nel giudizio, nel modo di stare insieme, nei rapporti. Ed è stato bello vedere come il fatto di seguire abbia voluto dire semplicemente fare riferimento a chi è più autorevole nel nostro cammino, a quelle persone che sono più vicine all'origine dell'incontro. Ci siamo accorti che questa posizione è quella che le circostanze chiedono: per noi il seguire non è stato uno sforzo, ma è nato da una passione. È come se nella tensione del seguire fosse contenuto tutto, ci stesse anche il fatto che uno sbaglia. Questa posizione apre alla realtà: per esempio, le cose che abbiamo detto sulla Cina con il documento del Movimento Popolare mai le avremmo pensate stando alla nostra misura delle cose; invece in questo rapporto, senza nulla togliere alla fatica di ciascuno, ci si spalanca alla realtà, si partecipa di un modo di vedere le cose completamente diverso.

Giussani: L'ultimo.

Intervento: Sono di Catania. Siamo stati sollecitati dall'urgenza che veniva dall'Equipe scorsa, cioè che il discorso diventi esperienza. La difficoltà è che spesso l'adesione a Cristo non la si fa coincidere, nella carne, con l'adesione al movimento. Se non si tratta di essere solo generosi, ma di camminare per diventare santi, facendo un lavoro su se stessi, occorre un luogo dove il compiere tutti i gesti sia «a causa sua»,[20] come dice Scuola di comunità, e dove

[20] Cfr. L. Giussani, *All'origine della pretesa cristiana*, op. cit., pp. 77-81.

si compia l'unità tra ciò che siamo e ciò che vogliamo. La scoperta di questo ha generato, in chi ha aderito, una creatività nel fare, una responsabilità personale e comunitaria, il desiderio di testimoniare la proposta del movimento dentro l'ambiente. Abbiamo fatto l'Happening dei giovani ed è stato realmente uno spettacolo per noi. Concludendo, a conferma di ciò, volevo citare l'intervista che un professore della nostra università ha rilasciato a un quotidiano locale. Diceva: «A sinistra c'è un certo ristagno, l'unico movimento vivo oggi è quello dei Cattolici Popolari. Non condivido le loro idee, ma devo riconoscere che sono l'unico movimento che riesce a dire qualcosa nel mondo universitario e questo perché hanno fatto una precisa scelta di campo e sanno comunicare una visione globale della vita. Tutti gli altri o sono in preda a clientele o ripetono ancora slogan astratti». Anche questo è una sorta di miracolo, perché magari noi non abbiamo una continuità nel lavoro, come pure lo stesso professore ci faceva notare. E questa è la difficoltà più grande: che questo lavoro sia continuo e che diventi sempre più esperienza il discorso che appunto ci facciamo.

Giussani: Grazie!

Sintesi

Ho parlato stamattina di una sensazione di ricerca e perciò ancora di un procedere a tentoni, un po' annaspante, pur con espressioni che ci hanno chiariti e commossi tante volte. Però, tutti insieme stiamo camminando verso una coscienza nuova, più approfondita, più critica e nello stesso tempo più commovente, perché è solo ciò che commuove che diventa movimento.

Lavorerete questa vacanza, preparando così l'Equipe di agosto,[21] su un'introduzione preparata che stamattina non vi ho letto e neanche adesso vi leggo, ma è un'introduzione importante, perché il problema grande – una frase la accennerò – non è l'unità del CLU, il problema grande è che tu sia una persona adulta. In secondo luogo, avrete nelle mani i testi che siete pregati di consegnare, voi che siete intervenuti stamattina. Così lavorerete anche su quelli. In terzo luogo, come un po' giustapposta, questa mia – diciamo – sintesi, che non è una sintesi: dico sintesi perché è l'ultima parte del nostro discorso di oggi. Affido l'apporto di queste riflessioni sintetiche alla vostra riflessione. Perciò debbo resistere alla tentazione di spiegare parola per parola, frase per frase, fino a quando me la sento delucidata negli occhi di chi vedo o, meglio ancora, in me stesso.

I

Un primo punto possiamo intitolarlo "nomenclatura", ed è la tentata evocazione di categorie di fondo del

[21] Per cui, vedi qui, pp. 421-528.

nostro cuore, di sentimenti fondamentali del nostro cuore.

Noi vogliamo che la nostra vita sia utile. Senza utilità non si può neanche parlare di letizia. Nel dolore ci può essere la letizia, ma senza utilità non c'è letizia. Ora, l'utilità a livello umano, nella sua interezza, non posso non pretendere di identificarla con la parola «generare», «generazione». L'utilità della nostra vita è generare. Che cosa generare? Qual è l'esito di questa generazione? L'ho già accennato stamattina, ma lo ripeto, perché sarà da approfondire bene: è una comunionalità. La parola è cristiana, ma la densità che essa ricupera è pre-cristiana, è da Adamo ed Eva in poi. Il peccato originale è stato proprio una presunzione di comunionalità senza il Mistero. «Comunionalità» è un tessuto di rapporto tra gli uomini, tra gli uomini e le cose, fra tutte le cose, una cosmicità che si riflette in ogni particolare e che da ogni particolare rifluisce nel tutto. Questa è l'origine della gioia; l'accorgersi di questo, la coscienza di questo, il sentimento di questo è la gioia.

Da questo punto di vista, «generare» significa partecipare alla realtà come unico organismo vivo, come organismo vivo e unitario: generare – come comunionalità – è partecipare all'edificazione della realtà come organismo vivo e unitario. Badate che, dal momento che esistiamo, se non partecipiamo alla creazione di una realtà, all'edificazione di una realtà organica e unitaria, noi creiamo delle metastasi, dei cancri, che possono invadere anche tutto l'ex-organismo.

Ma se generare è partecipare alla costruzione della realtà come organismo vivo e unitario, c'è una legge fondamentale per l'utilità, per questo generare, per questo edificare la realtà. Quale sarà? Questa legge generale, che descrive il dinamismo fondamentale, si chiama «obbedienza». Come fai, infatti, a partecipare a sviluppare la realtà, a creare la realtà, come unità organica? Devi aderire a un ordine vivente, devi partecipare a sviluppare un ordine vivo. Come fai a partecipare a generare un ordine vivo? Seguendo qualcosa – perché non nasce da te, non c'è un principio assoluto in te –. Seguendo! Seguendo e – sinonimi di seguire – ascoltando o domandando. Tu sei qui come un bambino di fronte al cosmo e domandi alla realtà che ti circonda come intervenire per dare il contributo della tua mano e della tua spalla a portare anche tu il piccolo fascio di legna, correndo dietro al grande gigante. È l'obbedienza come partecipazione a un ordine vivo, un'obbedienza che si attua seguendo, ascoltando, domandando. Seguendo che cosa? Ascoltando che cosa? Domandando a che cosa? Seguendo un fatto. Ogni istante è un fatto – lo descrivo, poi ci ripenserete, non pretendo di definire, ma di introdurre –, un fatto come punto creato dalle coordinate dell'organismo totale. L'organismo totale in questo momento crea un punto con tutte le sue coordinate, per cui io sto parlando con questa bella e graziosa voce e con questi nobili pensieri, e sto cercando di seguire un fatto, e un fatto è una cosa d'una fragilità tale, è un punto (vi ricordate *Il senso religioso*,[22] dove parla del presente?), che sembra il nulla: è come la linea retta che definisce l'angolo giro di fronte al piano infinito (sono due cose diversissime, matematicamente parlando, credo). È attraverso questo punto che l'organismo totale con le sue coordinate mi dice: «Vieni, opera con me,

[22] Cfr. L. Giussani, *Il senso religioso*, op. cit., pp. 51-53.

introduciti, immedesimati!». Tra un istante potrei non esserci più, un colpetto e potrei non esserci più; e questa è una cosa grandiosa come considerazione dell'istante, del valore dell'istante.

Bene, stamattina ho cercato di accennare (e qui vi riaccenno, è un Nota Bene di questo primo punto, su cui dovete riflettere) alla connessione fra la categoria di Mistero, fra il fatto del Mistero e il fatto-fatto, tra il Mistero e il fatto esistenziale, storico. Abbiamo detto stamattina – anzi, è stato uno di voi che ha illuminato ciò che caratterizza le due parole – che il Mistero è irriducibile alla ragione, e che il fatto nella sua banalità, nella banalità cui ho accennato prima, è irriducibile alla ragione. Tanto è vero che si chiama «caso»: l'uomo, un po' così, tanto per intenderci, lo chiama «caso». E invece è una grande occasione ogni caso! Io ho accennato addirittura alla figura di santa Teresina del Bambin Gesù, in cui è esaltato il valore del fatto, così come l'ho indicato, del presente come punto identificato dalle coordinate dell'organismo totale, o volontà di Dio, che è lo stesso, volontà del Mistero: il modo con cui il Mistero mi si comunica sono le coordinate che generano questo punto. È quello che noi diciamo sempre parlando delle condizioni inevitabili: non c'è niente di più amico della nostra vita che le condizioni inevitabili, perché non c'è niente che ci riveli la grande amicizia del Mistero come le condizioni inevitabili. E allora la connessione Mistero-fatto – se vogliamo, la connessione tra queste due categorie – esistenzialmente stabilisce l'etica, la traduzione profonda, l'avvenimento profondo dell'etica. L'etica è, infatti, obbedienza al Mistero e il Mistero si rivela nel fatto. Perciò, è una connessione che esistenzialmente ha un valore etico, come storia, come tappe, come il susseguirsi di tappe attese con calma, con sicurezza. È questa la storia dell'umanità fino a Cristo. Vale a dire, la connessione Mistero-fatto, se esistenzialmente ha un valore etico, un peso etico – perché seguire la volontà di Dio vuole dire fare quel che devi fare nell'istante; per questo ho citato Teresina del Bambin Gesù, ma tutti i santi sono così –, storicamente significa Cristo: il Mistero diventato un fatto, secondo la contingenza, la fragilità e l'apparente casualità che ho detto prima, secondo l'irriducibilità alla comprensione della nostra esperienza razionale di cui ho detto prima. Storicamente il Mistero è diventato un fatto, cioè Cristo: *Verbum caro factum*.

II

Ecco, allora, la seconda parte delle considerazioni cui vi invito. Il Papa di fronte ai giovani scandinavi ha detto: «Voi siete atei – apertamente l'ha detto –, ma se siete qui, se siete venuti qui, è perché cercate la gioia [altrimenti non si muovevano]. Cristo è la gioia».[23] Cristo è questa comunionalità tra me e te, fra noi tutti, fra noi e tutti quelli che non conosciamo, fra noi e i vostri familiari, fra noi e tutti quelli che sono là nella martoriata Cina o nel martoriato Libano, fra noi e tutti e tutto, fra noi e coloro che non ci appaiono più come prima e che sono qui presenti più di prima, fra noi e le stelle, fra noi e il mare. «La realtà [...] è Cristo!»[24] «Tutto in Lui consiste.»[25] Cristo è

[23] Vedi qui, nota 3, p. 371.
[24] Col 2,17.
[25] Cfr. Gv 1,3.

la gioia, cioè Cristo è la comunionalità. Non lo dico in greco per non fare il di più, ma in un libro che è stato riedito da Jaca Book, un'antologia di Dionigi l'Areopagita (è il secondo volumetto stampato da GS, il terzo o quarto anno della sua esistenza, quando i più grandi erano in prima liceo classico, con testo greco a fronte, traduzione del professor Scazzoso), trovate questa frase: «Chi potrà mai parlare dell'amore all'uomo proprio di Cristo, traboccante di pace?».[26] Non la trovate in nessuna letteratura del mondo, la trovate lì!

Cristo è la gioia, la comunionalità. Quello che il vostro professore nell'intervista chiamava «scelta di campo» per noi si chiama «fede». Fede! Perché la fede è il riconoscimento di una Presenza eccezionale, di una Presenza irriducibile: incommensurabile e irriducibile, ma una Presenza. È qui! Ho il gusto di leggervi, dalla prima Lettera di san Pietro ai cristiani, il capitolo primo: «Perciò siete ricolmi di gioia, anche se ora dovete essere un po' afflitti da varie prove, perché il valore della vostra fede, molto più preziosa dell'oro, che, pur destinato a perire, tuttavia si prova col fuoco, torni a vostra lode, gloria e onore nella manifestazione di Gesù Cristo [manifestazione finale, ma tutti gli istanti del tempo sono l'iniziale manifestazione di Cristo]: voi lo amate, pur senza averlo visto; e ora senza vederlo credete in lui. Perciò esultate di gioia indicibile e gloriosa, mentre conseguite la meta della vostra fede, cioè la salvezza delle anime»,[27] cioè il significato del vivere, il destino.

Cristo, dunque, fatto totalizzante, il comunicarsi del

[26] Cfr. Dionigi l'Areopagita, *Una strada a Dio*, op. cit., p. 58.
[27] 1 Pt 1,6-9.

Mistero all'uomo (il comunicarsi del Mistero all'uomo in modo totale si identifica con Cristo, uomo presente: «Noi crediamo in Cristo morto e risorto, in Cristo presente qui e ora»),[28] va seguito nelle circostanze. Ecco, la verità nasce dalla carne, altrimenti rimane dottrina cristallizzata: Cristo va seguito nelle circostanze. Perciò la grande esplosione della vita è quell'apertura che ti fa dire di sì «come punto di partenza». Fra quei giovani scandinavi, ci sarà stato senz'altro qualcheduno che avrà detto di sì. L'esplosione, il fiorire della vita sta in quell'apertura, in quella disponibilità che ti fa dire di sì. E questo diventa il punto di partenza per cui tutto ciò che accade in te, tutti i fatti della vita, sono come motivati o sottesi da questa motivazione: «A causa tua», come mostrano il quinto, il sesto, il settimo, il decimo capitolo di san Matteo, come studierete – spero – nella Scuola di comunità di quest'anno.[29] C'è stato un lungo periodo in cui il Signore ha imposto la sua sovranità agli apostoli, ha svelato quello che di eccezionale lui era, con la frase, come un refrain, «a causa mia». Per questo stamattina abbiamo distinto o separato questa apertura o questa disponibilità che dice: «Sì», «A causa sua», dalla generosità. La generosità è un'emotività, l'apertura è un riconoscimento e deriva dalla fede: «Ti riconosco presente». La disponibilità nasce da un riconoscimento, la generosità da un'emotività che ci può essere e non essere nell'aridità dei nostri cuori.

Comunque, ragazzi, la presenza di Cristo deve passare attraverso la realtà. La realtà: il mangiare e il bere, il vegliare e il dormire, il vivere e il morire. Il bene, il vero,

[28] Vedi qui, nota 16, p. 355.
[29] Vedi qui, nota 20, p. 402.

è riconosciuto dentro la realtà. Che cosa sia Cristo e la sua presenza lo riconosci dentro la realtà, nella serietà del tuo studio, per usare il paragone di questa mattina, nella serietà del tuo rapporto con la ragazza, nella serietà del tuo rapporto con i genitori, nella serietà del tuo rapporto con il tempo, dalla mattina quando ti svegli. Come ha detto uno stamattina, con una frase che a me piace molto, si tratta di «stare di fronte alla bellezza», non come richiesta, pretesa, esigenza, ma come esserci: mentre uno studia, mentre uno mangia, mentre uno sta in compagnia, mentre uno usa il tempo, sta davanti alla bellezza che è Cristo.

Vediamo ora le conseguenze di questo «sì» che nasce dall'annuncio.

Innanzitutto, c'è qualcuno cui dire: «Caro». Chiunque tu sia, in qualunque situazione ti trovi, anche se sei stato abbandonato dall'amica tre ore fa, c'è qualcuno nella nostra vita cui dire: «Caro». «O Cristo, se così posso dire "mio"!» (Dionigi l'Areopagita!).[30]

Seconda conseguenza: la serietà del mio io, del mio io vivente, la serietà della vita, dallo studio – come è stato detto – ai rapporti con le persone, col tempo, con le cose. Pensate l'ordine della nostra stanza o l'ordine della nostra sede o l'ordine delle nostre cose che nascono da questo «caro»!

Terzo – sono conseguenze dell'altro mondo, inenarrabili, non esistono altrove – : «Senza frattura fra le cose», sto ripetendo il più possibile vostre frasi, per esempio senza frattura fra gli esami e la vacanza. Vi è una drammaticità senza della quale non c'è umanità, «una drammaticità per cui la vita è risposta a una Presenza». Non è

[30] Cfr. Dionigi l'Areopagita, *Una strada a Dio*, op. cit., p. 59.

drammatico il vivere, se non è risposta a una Presenza, a un tu. Non esiste che il cristianesimo vissuto, intesto giustamente e vissuto, distinto totalmente da ogni panteismo e da ogni pietismo interiorista. La vita diventa drammatica, il mangiare e il bere, il vegliare e il dormire, il vivere e il morire diventano il contenuto di questa drammaticità come risposta a quella Presenza.

Ancora, altra conseguenza – le unirete voi tutte queste cose – «la pazienza non è un triste rimando [grazie a chi l'ha detto!], ma un cambiamento già in atto». Perciò, ultima conseguenza, si è senza «afflizione verso se stessi». È superficialità, è presunzione? No! È umiltà. Perché l'umiltà è come una risultante fatta da due ascisse: terra e sublimità, terra e idealità. Ed è per questo che si definisce la morale come tensione. Vi auguro di non essere mai tranquilli! Ha detto uno di voi stamattina: «Non so come si concretizza questa tensione, siamo dentro per un amore nel quale c'è un cammino che si concretizza in modi diversi da quelli che noi pensiamo». Siamo dentro per un amore nel quale c'è un cammino che si concretizza in modo diverso da quello che si pensa. «Quando eri piccolo ti vestivi e andavi dove volevi, tiravi fuori le leggi morali e le applicavi da bravo bambino; quando sarai grande altri ti vestirà e ti condurrà dove tu non avresti pensato.»[31]

III

Siamo giunti al terzo punto delle nostre insinuazioni. State attenti a questo brano di Guardini – l'ho letto al

[31] Cfr. Gv 21,18.

giorno di chiusura dell'anno della comunità di Milano e diocesi –, è fantastico. «Chi protegge Cristo da me stesso? Chi lo mantiene libero dall'astuzia del mio io che vuole sfuggire a un vero dono di se stesso? E la risposta è: la Chiesa. Secondo il significato della sua missione, Cristo non si trova in un posto qualsiasi del flusso della storia o dell'esperienza [cristianesimo anonimo], ma è a Lui ordinato uno spazio strutturato in modo adeguato a farvelo vedere e percepire e vivere giustamente: la Chiesa.»[32] La Chiesa è questo spazio strutturato in modo adeguato. Ma, detto questo, scusate, chi ci difenderà, chi proteggerà la Chiesa da noi stessi? Chi la manterrà libera dall'astuzia del nostro io che vuole sfuggire a un vero dono di se stesso? La nostra compagnia, un movimento (per questo la più grande grazia che abbiamo avuto è stata quella del riconoscimento da parte della Chiesa stessa, duplice), un'amicizia, cioè una compagnia guidata al destino, come io definisco da un pezzo il concetto di regola – quella benedettina o quella dei *Memores Domini* o quella di una famiglia –: compagnia guidata al destino. Come la Chiesa è la visibilità di Cristo, come diceva quel Vescovo, così la nostra compagnia è la visibilità della Chiesa. È analogico, è chiaro, ma se la Chiesa non ti stringe d'appresso e non ti contesta e non ti indica, non la vivi mai libero dalle tue interpretazioni. Perciò, come è stato detto stamattina così bene, «la consistenza della vita diventa sempre più carnale», Cristo diventa sempre più determinato carnalmente, spazialmente e temporalmente; la consistenza della vita diventa sempre più «compagnia che mi dà possibilità di

[32] Citato in H.B. Gerl, *Romano Guardini. La vita e l'opera*, Morcelliana, Brescia 1988, p. 45.

vivere senza paura»: senza paura di perdersi, senza paura di alterare in un modo incorreggibile. «Tutto è rimandato – continuava l'intervento – a una condivisione della vita con persone dalle quali io non devo difendermi», come invece ci si difende da una menzogna (ché è dalla menzogna che ci si difende, neanche dalla propria debolezza, la quale, se riconosciuta, diventa dolore e diventa bene!). «In tale luogo è l'origine delle mie scelte e delle mie azioni», ha proseguito l'intervento, cioè della forma del mio soggetto agente. E un altro ha detto che «la compagnia diventa luogo e strumento di un paragone che segna la strada al destino». Il movimento, ha aggiunto uno, «ci sprona a qualcosa di più grande» (il destino); per questo, come ha osservato un altro, «si vuole proprio bene al luogo in cui si è». Ciò che ho di più caro, diceva un altro intervento, «è proprio dentro lì», la nostra compagnia, di farabutti! «La salvezza mi viene da gente, da amici», da un popolo, piccolo o grande che sia.

Certo, non si può tralasciare questa ultima osservazione: come guida al destino emerge la realtà e il valore dell'autorità; non c'è compagnia, se non guidata al destino. Guidata! Dunque emerge la realtà e il valore dell'autorità, l'autorità è il punto in cui – dicevo stamattina – la goccia originale di luce, di attrattiva, di forza, che ha incominciato a muoverci, si riflette. La goccia originale di luce si riflette in questo punto che è l'autorità. Caratteristica di un'autorità vera è che non arresta a sé, ma rimanda fino a un ultimo vivente (non teorico!), rimanda fino a un ultimo vivente che è permanente come funzione, anche se il volto cambia. Senza questo ultimo vivente non esiste organismo vivente, non esiste compagnia, non esiste cammino. Insomma, l'autorità vera rimanda all'orizzonte totale del movimento. L'autorità vera – questo è un sintomo inconfondibile, assoluto – è quella che rimanda all'orizzonte totale del movimento. In fondo è la traduzione di quello che diceva san Giovanni: *Me oportet minui, illum autem crescere*,[33] «appena mi raggiungi come punto indicativo, scompaio, perché un altro si fa avanti».

IV

Quarto e ultimo complesso di suggerimenti. Abbiamo visto la "nomenclatura", poi il centro reale, il fatto reale, supremo: Cristo; e, terzo, la compagnia, che è come – analogicamente – il sacramento di Cristo. Senza questa realtà analogica resti solo con la tua idea e Cristo non si salva dalle tue interpretazioni. Allora, eticamente, la grande parola che descrive la dinamica di questa compagnia vissuta è la parola «seguire». Come è stato detto stamattina, «seguire cambia»; entrano nella tua vita quella pazienza, quella calma e quella sicurezza di cui parla Emmanuel Mounier.[34] Seguire cambia. Seguendo, il discorso, il *logos*, diventa esperienza, esistenza vissuta. La verità nasce dalla carne. Ma qui sta il punto, perché qui è in gioco il cuore del cuore dell'uomo. E il cuore del cuore dell'uomo è la libertà: è in gioco la libertà. Stamattina è stata detta una cosa bellissima: «La libertà non sta in un'invenzione, ma in un paragone dentro la concretezza», che si vive dentro la concretezza; paragone con la compagnia in quanto guidata, paragone con l'autorevolezza o con l'au-

[33] Cfr. Gv 3,30.
[34] Vedi qui, nota 15, p. 354.

torità. «La libertà non sta in un'invenzione, ma in un paragone dentro la concretezza.» Come si chiama il paragone con la strada dentro la concretezza di un passo? Verifica. Il paragone dentro l'esperienza si chiama «verifica». La libertà è seguire l'Altro cui apparteniamo, perché non esiste libertà assoluta (è soltanto Dio), perciò, come si spiega ne *Il senso religioso*,[35] la libertà è una dipendenza: o si dipende dallo Stato o si dipende da qualcosa di più grande di noi, cui apparteniamo. E la nostra compagnia è la fragile e fin risibile apparenza con la quale coincide la nostra appartenenza a Cristo e al suo mistero totale che è la Chiesa.

La libertà – questo è un Nota Bene importante, perché è rivelativo –, la vera libertà è un seguire che implica la dimensione della totalità, cioè della cattolicità. Si segue non in questa cosa, in un'altra, in un'altra, si segue in tutto. Il seguire è un paragone, è vivere il passo nel paragone con l'altro a cui appartengo; e il passo è qualsiasi cosa: mangiare e bere, vegliare e dormire, vivere e morire. Perciò, per sua natura, non è un seguire in alcune cose e in altre, quelle che voglio io, no: è un seguire secondo una dimensione di totalità, cioè di cattolicità.

Qual è allora l'obiezione, cioè il punto faticoso? Il punto faticoso, l'obiezione della libertà è la «diversità». Nel suo aspetto etico, accettare la diversità significa perdonare, e siccome non c'è uno di noi uguale all'altro, non possiamo convivere se non perdonando. Questo vale anche per te marito, per te moglie, te lo dimentichi troppo spesso, fidanzatino! Ma dal punto di vista più profondo – di giudizio, di criterio e di decisione – la diversità, se "pre-

[35] Cfr. L. Giussani, *Il senso religioso*, op. cit., p. 125.

vale", fa uscire dalla comunità. Se è fatta prevalere la diversità, allora uno schizza fuori dalla comunità; prevalere vuole dire: se la diversità tua vale prima e più del fatto che ci unisce. Se una diversità fra me e te vale più del fatto che ci unisce, vuole dire che il fatto che ci unisce non è Cristo, non è l'averlo incontrato in un certo alveo, in una certa compagnia, perciò sei tu che ti tiri fuori, non io che ti dico: «Sei fuori!». L'obiezione è la diversità che porta fuori dalla comunità, se prevale, se vale prima e più del fatto che ci unisce. Ciò fa diventare eticamente quasi impossibile la cosa grande e meravigliosa che è il perdono (l'accettazione della diversità, eticamente parlando, si chiama «perdono»).

Ancora, in questo arrendersi delle nostre pregiudiziali al motivo che ci unisce, *pardòn*, alla realtà che ci unisce, in questo cedere delle pregiudiziali tue e mie, della diversità che c'è tra me e te, di fronte al fatto che ci unisce – siamo più uniti che diversi –, sta il sacrificio, la cui derivazione più affascinante, dicevo prima, è il perdono. Secondo quanto dice il Papa nella sua enciclica *Dives in misericordia*,[36] il perdono, la misericordia è il prevalere del valore più importante su quello meno importante. Allora, il figliol prodigo che ritorna, il padre lo abbraccia: il suo essergli figlio è molto più importante del fatto che ha sperperato tutto. Nell'arrendersi delle pregiudiziali proprie a ciò che ci unisce sta il sacrificio ed è nel sacrificio che si ridesta la persona: dalla morte, la resurrezione. Così, la compagnia plasma me stesso nel fare (eh, se io devo cedere!), è come un altro soggetto che interviene nella società e nella storia, sono un altro io, «sono io, ma

[36] Cfr. Giovanni Paolo II, *Dives in misericordia*, VII, 14.

non sono più io».[37] Chi vive veramente la compagnia nostra è lui, anzi, si sente molto più se stesso di prima, ma non è più lui, è un altro! Per questo, ho detto stamattina, la vita monastica è tutta fondata sulla metodologia della compagnia o sul metodo dell'obbedienza, sia pure con le forme contingenti e fragili in cui tutto è collocato e passa, lasciando il vero.

Voglio terminare: l'assenza di una vera generazione, l'assenza di un protagonismo nuovo nella vita è sbloccata soltanto dall'obbedienza. È l'obbedienza che rende capaci di generare, cioè capaci di un protagonismo nuovo. È questo il grande mistero pasquale: dalla morte, la resurrezione; che, nel tempo che passa, diventa sperimentale possesso, esperienza di possesso sempre più grande: è il mistero dell'Ascensione.

Ragazzi, siamo chiamati a una bella fatica, in un momento terribile di cui vi leggo i connotati – così termino davvero – come sono espressi su un libretto di von Balthasar, che delinea tutto il pensiero di de Lubac (è un librettino, se lo prendete vi fate un piacere!). A un certo punto, descrive così la nostra epoca: «Nel mezzo di questo duello di profeti [Nietzsche e Dostoevskij, le due modalità di un ateismo occidentale] de Lubac pone l'immagine elaborata con rabbiosa freschezza del grande sacerdote di una umanità senza Dio: Augusto Comte. Il compimento della sociocrazia [il potere della società, dello Stato] che ha fagocitato senza residui ogni teologia e filosofia [la sociocrazia ha distrutto tutta la teologia e tutta la filosofia], ogni pensiero che trascende i puri fatti [la sociocrazia ha bruciato tutto, ogni pensiero che trascenda i puri fatti,

[37] Cfr. Gal 2,20.

non nel nostro senso]. È la morte del problema in Occidente [tutto diventa banale, diventa tecnocrazia]. Vi è lo strano autosuperamento della legge dei tre stadi: teologia, metafisica, positivismo [sono superati questi tre stadi] a favore di una apologia del primo stadio [la teologia] inteso come feticismo [Dio, se c'è, è un feticcio]. L'inasprimento della disciplina ecclesiastica in una autorità dispotica in mano ai dotti [ai teologi, ai dotti] intesi come casta sacerdotale dei banchieri, come i veri reggitori della umanità di fronte ai quali sta il proletariato dei lavoratori; il rifiuto di ogni tipo di democrazia [reale]. Di questo mondo di fantasmi, uno Stato totale, come irrigidimento e secolarizzazione della Chiesa cattolica, ancora oggi dopo più di cento anni resta ancora molto in cui ci si può rispecchiare».[38] Volevo semplicemente aizzarvi. Capirete col tempo. Comunque è von Balthasar che esprime il pensiero di de Lubac. Non è mio, io l'ho letto, me ne assumo tutta la responsabilità, però.

Adesso, se avete pazienza, ci sarà la santa Messa. Quando penso che possiamo partecipare alla santa Messa o dire le Lodi senza domandare nulla, cioè come un atto puramente cinico, senza senso, e vuoto, mi vengono i brividi. Il problema non è l'unità del CLU, il problema è che tu diventi una persona adulta. Questo è il problema del CLU! Comunque, ci rivedremo all'Equipe di agosto e sentirò che cosa avrete da dirmi su queste cose.

[38] H.U. von Balthasar, *Il padre Henri de Lubac. La tradizione fonte di rinnovamento*, Jaca Book, Milano 1978, p. 57.

UN DIALOGO CONTINUO*

Alla fine, ne Il racconto dell'Anticristo, *erano rimasti in pochi. Per quei pochi, Cristo era tutto ed era l'oggetto dei loro discorsi. Non un'immagine o un ricordo, ma una presenza che aveva investito la vita e l'aveva cambiata, in tutto. E ne parlavano fra loro.*

Questo pensiero divenne familiare nelle comunità. Erano tante e numerose, in continuo aumento, ma l'idea che si poteva restare in dieci o venti prese piede, a volte suggerita dalla domanda: «E se andassero via tutti, voi cosa fareste?». La risposta: «Andremmo avanti lo stesso», cominciò a maturare. Non come prova di coraggio o di caparbietà, ma come conseguenza di un'evidenza penetrata nella vita, contro la quale, a essere sinceri, non si poteva andare.

Il dialogo si fece così memoria e divenne assiduo, continuo, investendo tutto ciò che, nella vita, interessava, per scoprirlo e comprenderlo alla luce della novità che era capitata. Non era il successo ciò che interessava – «liberi dagli esiti» e «procedere per tentativi ironici» erano da tempo divenuti gli slogan di una condotta di vita personale e collettiva –, ma la verità della propria vita e di quella di tutti,

* Equipe del CLU, 19-24 agosto 1989, Corvara (BZ).

attraverso la condivisione dei bisogni concreti, quotidiani, dallo studio all'acquisto dei libri, dalla mensa all'alloggio, dalla lettura dei giornali all'espressione di un giudizio pubblico, dalla formazione in vista della professione alla ricerca di un lavoro.

E avendo per orizzonte il mondo.

Quando il 4 giugno gli studenti cinesi occuparono piazza Tienanmen e iniziò la repressione del regime comunista, le comunità si mobilitarono in loro appoggio, trovando nella libertà del singolo la vera forza di opposizione al potere (la foto dello studente cinese che fermava i carri armati fu subito stampata e affissa in tutte le università). Fu possibile prendere contatti con alcuni studenti fuoriusciti. Uno di loro partecipò al raduno estivo, che molto dovette al suo intervento.

Così si viveva, con certezza e baldanza. Malgrado il potere politico dell'epoca trovasse che ciò non andava bene e non poteva essere a lungo tollerato.

Saluto introduttivo

La ripetizione è inevitabile nella vita. Ma quello che si ripete si degrada. Allora la ripetizione deve essere una novità e questo dipende da una sola cosa: dal cuore, dalla coscienza con cui uno affronta la questione. Quante volte ci siamo radunati insieme! Ripetere è degradare, eccetto che la coscienza ricuperi, e sempre più profondamente, il motivo per cui si ripete, perché per non essere ripetitivi occorre approfondire il motivo. Ma non è soltanto una buona volontà che può produrre questo, specialmente quando si è piccoli e acerbi come voi e inermi di fronte all'usura che il tempo e lo spazio fanno delle vostre piccole persone. È un dono. Come la primavera è un dono del mistero dell'essere, del mistero della vita, così, che abbia a fiorire come primavera il nostro raduno di questi giorni è una grazia, è un dono, che ci viene dall'origine delle cose, dallo Spirito, dallo Spirito che anima tutte le cose. Chissà cosa vogliono dire queste parole per te! Ti auguro che vogliano dire quello che – almeno per l'età – significano per mc. Invochiamo lo Spirito Santo.

Discendi, Santo Spirito[1]

Omelia 1

Quando un padre, un papà nuovo, prende tra le sue braccia il suo piccolo bambino, sa di che cosa è fatto: non c'era, poche ore prima non c'era, pochi giorni prima non c'era; sa di che cosa è fatto, e perciò bisogna che si faccia tutto pcr quella creatura, perché essa non può fare nulla da sé; può fare solo una cosa: rimanere tra le braccia, cioè ricevere, perché ricevere è rimanere dentro quello che è dato. Così il primo brano della liturgia di oggi sottolinea questa riflessione "patetica" che possiamo immaginare faccia il «Padre Nostro che sta nei cieli», cioè nel profondo di te:

[1] E. Galbiati, A. Schweitzer, «Discendi, Santo Spirito», in *Canti*, op. cit., pp. 112-113.

perché tu non ti fai da te in questo momento, molto più che un bambino appena nato sei nelle braccia di un Altro, di un Altro che sta e che fa stare, secondo la forza della parola latina, tutte le cose. Egli sa di che cosa siamo fatti: di nulla. Non c'eravamo. Ma che siamo fatti di nulla trapela a ogni minuto nella debolezza con cui affrontiamo le cose, nella passività con cui siamo colpiti dalle circostanze, dalla infecondità del nostro tempo e del nostro spazio. Siamo proprio fatti di niente, e perciò Lui ci deve dare tutto. Ci deve dare tutto: purché rimaniamo nelle sue braccia, purché riceviamo o – per usare un'altra parola, che non è del Vangelo di oggi, ma è facilmente reperibile nel nostro discorrere – siamo disponibili.

Ma la parola che domina il Vangelo è la più potente di tutte: «Rimanete».[2] Rimanere: stare là, in ciò da cui abbiamo avuto la vita e da cui abbiamo tutto, vale a dire lo sviluppo della vita fino al suo destino, al suo fiorire eterno, dalla fragilità del primo istante, assolutamente casuale, così almeno apparirebbe, fino alla sua stabilità eterna, permanente.

Dobbiamo rimanere. E c'è un sintomo di questo rimanere che non è identificabile, fotografabile come un bambino fra le braccia di un padre (che poi anche quello dura pochi mesi, pochi anni); c'è un sintomo, molto più che una fotografia, ed è il permanere, il rimanere, l'accettare, l'accogliere, l'essere disponibile a quella realtà in cui Egli, il Mistero, il mistero di Dio, il mistero che è Cristo, pone il segno della Sua presenza: non c'è altro segno, se non quello della compagnia di gente che sia stata raccolta dal Suo invito o che si raccolga per il Suo invito.

[2] Cfr. Gv 15.

Il segno della Sua presenza, quello in cui dobbiamo rimanere, permanere, cui essere disponibili, da accettare, è la nostra compagnia, fatta tutta di bambini così fragili che bisogna dare loro tutto. Per questo emerge, alla fine del Vangelo, una parola che conosciamo ormai bene, una parola che tende a definire tutto quello che possiamo fare noi: noi, che non possiamo fare niente, una sola cosa possiamo fare, che è domandare. «Chiedete quel che volete e vi sarà dato»,[3] se chiedete la verità della vostra vita, vi sarà data.

[Al termine della Messa]

Solo un avviso, sedete. «La nostra voce canta con un perché»: questo refrain è il fondamentale ritornello del nostro cervello, del nostro cuore, ed è la testimonianza che noi diamo al mondo, il coraggio che comunichiamo o cerchiamo di comunicare a tutti gli uomini. «La nostra voce canta con un perché.»[4] È per individuare questo «perché», per approfondire questa individuazione, per farla diventare carne della nostra carne, per farla diventare amore, intelligenza d'amore, è per questo che noi ci raccogliamo, per nessun altro motivo; e non c'è nessun altro motivo per cui facciamo anche il Meeting di Rimini, sebbene alcuni possano non capirlo. Ma che almeno fra di noi sia chiaro il motivo della fatica che facciamo.

Compiere il sacrificio di riunirci così, ogni tanto, e sviluppare una fatica che, come sapete, vi sarà richiesta

[3] Gv 15,7.

[4] M. Campi, A. Mascagni, «Povera voce», in *Canti*, op. cit., p. 210.

anche in questi giorni, implica un'apertura – anche se ancora greve e opaca – a questa suprema definizione del vivere, al fatto che il vivere è un canto per un perché.

Per questo il Signore dice che tutto quello che ci ha dato, ce l'ha dato per un motivo: «Perché la Sua gioia fosse in noi e la nostra gioia fosse piena». Prima di andare a morire Cristo disse questo, e io vi confido che, tutte le volte che mi viene in mente, mi fa venire un brivido. «Questo vi ho detto perché la mia gioia sia in voi e la vostra gioia sia piena.»[5] Ci sono state persone tra noi, che furono con noi qui dentro e che sono già morte, che hanno dato testimonianza di questa capacità strana di letizia; razionalmente parlando, strana, ma spiegabile da qualcosa che sfonda il limite della razionalità ed entra nel rapporto diretto col Mistero: si chiama «fede».

Vi dico questa cosa perché – lo sappiano anche coloro che vengono per la prima volta – siamo qui per una fatica da compiere, cioè per un lavoro da sviluppare e non per subire qualche cosa o semplicemente per godere, anche se lo scenario è il più bello del mondo: siamo qui per lavorare, per compiere una fatica, la fatica di quella penetrazione di cui ho parlato prima, di quella iniziativa che oramai deve partire da noi come risposta a quella strana, misteriosa iniziativa per cui esistiamo.

Parte di questa serietà di lavoro è significata anche dall'ordine – ed essendo in così tanti, se non lo si rispetta, guai! –, l'ordine degli orari, per esempio. In secondo luogo, vi è la generosità nella fatica dei ripensamenti o dei dialoghi, e poi la sopportazione degli inconvenienti.

[5] Gv 15,11.

Ma in particolare vi prego di stare attenti a quello che vi sarà detto circa il muoversi in paese. È molto importante per la nostra possibilità di ritornare in questi posti, perché la gente è molto critica. Per andare e tornare dagli alberghi, dunque, fate tutto non dico in silenzio, perché il motore è quello che è, però con il minor baccano possibile.

Lezione 1

Giussani: Non scrivete, per favore; vi chiederò un tipo di lavoro diverso dal solito. È possibile anche parlarci senza scrivere e riempire quaderni che non serviranno a nulla, se non a occupare qualche momento di tempo. Se si potesse, dovremmo parlarci sempre, dovremmo parlarci – amico mio – continuamente, camminare insieme. Noi vogliamo camminare insieme! Soltanto che la distanza, questo anti-essere che è la distanza del tempo e dello spazio, lo impedisce. Vi dico qualcosa che sto sentendo.

«Rimanendo» nel nostro alveo, come diceva il Vangelo ieri sera, si ripetono sempre le stesse cose, la stragrande maggioranza delle cose si ripetono. Ma, mi domando, come può essere una ripetizione dire: «Sono vecchio ormai, sono vecchio, sì»[6] (e vi giuro che visibilmente non c'entra l'età in questa definizione), oppure: «Tutto è stato fatto per mezzo di Lui»,[7] «Il Verbo si fece carne»,[8] «I nostri occhi hanno visto, le nostre mani hanno toccato il Verbo della vita»[9] (che vuole dire: le nostre dita hanno toccato la verità)? Come si fa a ripetere queste cose impunemente, come una vita condannata al deserto?

Comunque, se stiamo nel solco comune, le cose si ripetono. Per questo è importante quello che abbiamo detto ieri sera: le cose si possono ripetere come novità, e ripetere come novità vuole dire moltiplicare, fare diventare grande la novità. La novità diventa grande quando tu

[6] C. Chieffo, «Ballata dell'uomo vecchio», in *Canti*, op. cit., p. 216.
[7] Gv 1,3.
[8] Gv 1,14.
[9] Cfr. 1 Gv 1,1.

diventi più consapevole, come il sorgere del sole al mattino, secondo la bellissima poesia di *Les contemplations* di Victor Hugo, che vi ho citato qualche volta, intitolata *L'eremita*.[10] L'eremita si alza al mattino prestissimo, all'alba, e alla luce della torcia incomincia a fare la sua meditazione. Ma mentre la meditazione prosegue, il suo cuore si illumina, la fiaccola diventa sempre più inutile, perché il sole nasce e, crescendo, accompagna la crescita dell'entusiasmo della visione del cuore, degli occhi che vedono, delle mani che toccano.

Così la ripetizione deve provocare, produrre in noi questo diventare grandi, questo diventare adulti, com'è stato creato adulto, cioè consapevole e libero, l'uomo, così che tutte le cose gli passavano davanti e lui dava il nome a ognuna di esse. Ma è il gesto che l'ha creato che gli ha dato questa potenza di intelligenza e d'affezione da potere dare il nome a tutte le cose; e dare il nome vuole dire conoscere il senso che ogni cosa ha nel grande tema generale, nell'ordine totale, nella cosmicità.

Il peccato originale è quando Adamo ha preteso di dare lui il nome alle cose a prescindere da quella luce che lo costituiva, da quella fonte da cui nasceva. È, in ultima analisi, quello che ripete il poeta Jimenez nella brevissima poesia, che forse abbiamo già letto insieme qualche volta: «Intelligenza, dammi il nome esatto delle cose». Questa è proprio la posizione razionalistica: l'uomo che pretenderebbe di conoscere da sé il senso di ogni cosa, perciò di conoscere il senso della vita. Comunque, restando, permanendo dentro il solco della nostra compagnia, ripe-

[10] Cfr. V. Hugo, «Heureux l'homme, occupé de l'éternel destin», op. cit., p. 61.

tiamo sempre le stesse cose. E allora diventa drammatica, anzi tragica la necessità che la ripetizione sia ricreazione, novità sempre più grande, così che uno diventa se stesso, diventa adulto, diventa grande, diventa degno dell'essere, diventa degno del rapporto con Dio.

La spinta, espressa nella bella poesia di Jimenez, non è appena nel momento estetico, ma è dentro il cuore di carne di ogni uomo. Per questo non possiamo iniziare la nostra riunione di quest'anno senza commemorare, con l'emozione più grande di cui siamo capaci, col pianto nel cuore e con stima immensa dell'intelligenza, gli studenti cinesi; non possiamo incominciare questo nostro raduno, in cui vogliamo approfondire il senso delle cose, la capacità di dare nome alle cose, senza ricordare gli studenti cinesi di piazza Tienanmen. Il loro manifesto è stato pubblicato e certamente l'abbiamo letto sull'unico giornale che l'ha pubblicato, «Il Giorno».

«Nei giorni migliori della giovinezza dobbiamo lasciare dietro di noi tutte le cose belle e buone, e solo Dio sa quanto mal volentieri e con quanta riluttanza lo facciamo. Ma il nostro Paese è arrivato a un punto cruciale: il potere politico domina su tutto, i burocrati sono corrotti, molte buone persone...»; questa è, malinconicamente, l'ipostatizzazione del luogo della verità là dove Dio non è chiaro: lo Stato, il Paese, il popolo. Ma ciò non toglie nulla alla grandezza della devozione e alla potenza del sacrificio cui sono stati spinti questi giovani.

«È un momento di vita o di morte per la nazione. Tutti voi che avete una coscienza, ascoltate le nostre grida. Questo Paese è il nostro Paese, questa gente è la nostra gente, questo governo è il nostro governo: se non facciamo qualcosa, chi lo farà per noi? Benché le nostre spalle siano ancora giovani ed esili, benché la morte sia per noi un fardello troppo pesante, noi dobbiamo andare perché la storia ce lo chiede.» È tutto senza volto e senza tu. Ma pur senza un volto e senza un tu non si è potuto frenare l'impeto del senso religioso!

«Quale sorta di crimine, infatti, stiamo commettendo, come blaterano tutti? Mettetevi una mano sul cuore, sulla coscienza. Quale sorta di crimine, dunque, stiamo commettendo? Stiamo provocando un tumulto? Cerchiamo solo la verità e veniamo, per questo, picchiati. La democrazia è un ideale della vita umana come la libertà, il diritto. Ora, per ottenerli dobbiamo sacrificare le nostre giovani vite. È questo l'orgoglio della nazione cinese? Lo sciopero della fame è la scelta di chi non ha scelta. Stiamo combattendo per la vita con il coraggio di morire, ma siamo ancora ragazzi. Madre Cina, per favore guarda i tuoi figli e le tue figlie. Quando lo sciopero della fame rovina totalmente la nostra giovinezza, quando la morte ci si avvicina, puoi rimanere indifferente? Non vogliamo morire, vogliamo vivere; non vogliamo morire, vogliamo studiare. Caro padre, cara madre, per favore non siate tristi. Cari zii, care zie, che non vi si spezzi il cuore mentre diciamo addio alla vita. Abbiamo una sola speranza: che questo permetta a tutti di vivere in modo migliore. Abbiamo una sola preghiera: non dimenticate che non è assolutamente la morte quello per cui noi stiamo lottando. La democrazia non è un affare che riguarda poche persone. La sua battaglia non può essere vinta da una singola generazione, ma è il senso di una storia.»

E noi dobbiamo essere meno di loro? Non si può! «Noi, che abbiamo conosciuto per l'annuncio dell'Angelo l'Incarnazione di Dio»[11] dobbiamo essere meno di questi? Dentro l'alveo della nostra compagnia potremmo ripetere parola per parola tutto quello che hanno scritto nel loro manifesto, sostituendo alla tragica tristezza dell'anonimato di una nazione, di un popolo, di una generazione, all'utopia di una convivenza democratica non la morte, ma la vita. Come hanno detto, «cerchiamo solo la verità e veniamo picchiati per questo». Noi cerchiamo solo la verità e veniamo picchiati per questo, da tutti e da tutto, anche da chi è con noi, ma non è di noi, direbbe san Giovanni.[12]

Ho voluto incominciare con questo ricordo perché la misura del nostro impegno non sia vigliacca. Ricordate il pensiero del filosofo veneziano? «Vedo avanzarsi il deserto, ma lo sguardo che s'accorge del deserto non appartiene al deserto.» Vedo avanzarsi il deserto, la morte, ma lo sguardo che s'accorge del deserto non appartiene al deserto: questo è ciò che i nostri fratelli cinesi non potevano sapere, perché non erano in un solco che li conduceva veloci come acqua fresca alla foce giusta. Ma noi, sì, lo sappiamo. Quello che non appartiene al deserto: questo noi amiamo, questo noi mendichiamo, questo noi vogliamo conoscere e questo noi vogliamo amare.

Andrea Emo, lanciato da «la Repubblica» come uno dei più grandi pensatori ignoti della nostra epoca, dice in un suo pensiero: «La Chiesa è stata per secoli la protagonista della storia, poi ha assunto la parte non meno gloriosa di antagonista della storia; oggi è soltanto la corti-

[11] Cfr. «Angelus», in *Il libro delle ore*, op. cit., p. 16.
[12] Cfr. Gv 15,19; 17,16.

giana della storia».[13] Noi non vogliamo una Chiesa così! Ma per non volerla, dobbiamo noi essere protagonisti, perché la Chiesa è fatta di noi. Il rapporto con ciò che non appartiene al deserto è l'unico termine costitutivo di una personalità che sia protagonista e non cortigiana di ciò che la circonda. Allora occorre un lavoro, mettersi al lavoro, per essere protagonisti di una storia.

Dice Chesterton, in *Ortodossia*: «Questo non è un mondo ma piuttosto il materiale occorrente per fare un mondo [quello che viviamo non è un mondo, non è un cosmo, non è un ordine, non è una poesia, non è un'armonia, ma è piuttosto materiale per fare un mondo, per fare un cosmo]. Dio ci ha dato non i colori di un quadro [un quadro già fatto] ma i colori di una tavolozza. Egli ci ha dato però anche un soggetto, un modello, una visione definiti [«I nostri occhi hanno visto, le nostre mani hanno toccato il Verbo della vita»,[14] «Io sono la via, la verità e la vita»[15]]. [...] Abbiamo detto che bisogna essere affezionati al mondo, anche per cambiarlo; aggiungiamo ora che bisogna essere affezionati ad un altro mondo [...] per avere qualche cosa in cui cambiarlo».[16] Lo sguardo che s'accorge del deserto non appartiene al deserto.

Negli ultimi Esercizi abbiamo citato una leggenda indù, che adesso rileggo, perché chi sta nell'alveo ripete e non c'è nessun gusto più grande che – ripetendo – scoprire la novità di quello che si credeva già saputo. «Bisogna essere affezionati ad un altro mondo per avere qualcosa in cui

[13] A. Emo, *La cortigiana della storia*, in «la Repubblica», 22 luglio 1989, p. 14.
[14] Cfr. 1 Gv 1,1.
[15] Gv 14,6.
[16] G.K. Chesterton, *Ortodossia*, Morcelliana, Brescia 2005, pp. 144-145.

cambiare questo mondo»: è questo Tu, è questo Altro che Tu sei, di cui le nostre Equipe hanno parlato, su cui abbiamo centinaia di volte riportato le orecchie e gli occhi. Bisogna che questo Tu si infigga nella nostra carne e nelle nostre ossa. «Bussò l'amante alla porta dei cieli. Dal di dentro una voce si udì: "Chi è?". "Sono io", rispose. E la voce: "In questa casa non c'è posto per te e per me", e la porta rimase chiusa. Allora l'amante si ritirò nel deserto [come farete oggi], pregò [questo non so], digiunò [questo no certamente] nella solitudine. In capo a un anno ritornò e bussò ancora alla porta. Di nuovo la voce chiese: "Chi è?". Egli rispose: "Sono tu", e la porta si aprì.»

Questa lotta tra «sono io» e «sono tu» indica tutta la strada della saggezza, dell'intelligenza e del cuore cristiani. Lo sguardo che s'accorge del deserto non appartiene al deserto: è un Altro, «sei un Altro, sei Tu la mia vita, per cui io non sono deserto, sei Tu».

È vero che è passato il tempo in cui queste cose si predicavano (quando si predicavano) alle suore e ai monaci di clausura. Ma a quanti cristiani (perché è al cristiano che questo dovrebbe venire detto, a chi è stato afferrato e cambiato nel mistero del Battesimo, nel sacramento, cioè portato, immesso dentro il mistero della persona di Cristo, fatto membro del suo corpo), a quanti battezzati questo viene detto e ripetuto? A quanti? Dovrebbe essere questo l'unico scopo per cui i nostri amici vanno in missione e per cui noi li sosteniamo. Dovrebbe essere questo l'unico motivo per cui uno entra nel suo ambiente e, vivendo l'ambiente (non creando prima progetti culturali e cercando poi di entrare nell'ambiente per realizzarvi la propria propaganda), vivendo con gli uomini, come parte della nazione cinese, per esempio, dal di dentro dei suoi bisogni, fa scoppiare la rivoluzione d'una cultura diversa!

Allora noi oggi ci dovremmo comunicare qualche cosa, dobbiamo darci una mano per compiere un passo ulteriore, perché l'acqua scorra di più. Per aiutarci, dobbiamo comunicarci, ma state attenti a questa osservazione, che non so donde l'ho presa, ma da uno di voi: «Non è comunicabile se non qualcosa che ci è comunicato [qualcosa che hai ricevuto] e non è comunicato se non ciò che è ricevuto gratuitamente». Non è comunicabile se non ti è comunicato, ma se tu non lo ricevi (e ricevere è gratuito. Perché lo devi ricevere? È gratuito), non ti è comunicato e non lo puoi comunicare. Non è comunicabile se non ciò che ci è comunicato e non è comunicato se non ciò che è ricevuto gratuitamente. E allora perché lo si ritiene, perché lo si riceve? Lo si ritiene solo perché si è stupiti di fronte alla novità, cioè al vero («Che cosa più potentemente l'animo desidera, se non la verità?»,[17] diceva Agostino). Non è comunicabile se non ciò che ci è comunicato e non è comunicato se non ciò che è ricevuto gratuitamente, e lo si ritiene, lo si riceve, solo perché si è stupiti. Se non si è colpiti dallo splendore del vero, dalla bellezza, se non si è colpiti dal fascino che il vero inevitabilmente esercita sul nostro cuore, non lo si riceve. Può sembrare che lo si riceva, perché si sta attenti, quando uno parla si sta anche attenti, ma non lo si ritiene, non si cerca di ritenerlo, di trattenerlo, non si cerca di rimanere al livello di quella cosa che ci fa accorgere del deserto.

Allora, oggi vi aiuterete tra di voi a proseguire il cammino, e vorrei adesso indicarvi il modo. Questa comuni-

[17] Sant'Agostino, *In Evangelium Iohannis tractatus*, 26, 5.

cazione la farete tra voi, sperando che il cuore di ognuno resti stupito da ogni anche fuggevole baluginamento di vero. Vi ho già letto una frase di Oscar Wilde: «L'istruzione [per esempio uno che parla, fa lezione, fa la meditazione; oppure uno legge] è una cosa ammirevole, ma è bene ricordare, almeno di tanto in tanto, che nulla di ciò che è degno di essere saputo può venire dall'istruzione [può essere insegnato], ma solo incontrato».[18] È solo un fatto che si incontra che può insegnare.

Amici miei, ognuno di voi è chiamato a essere parte dell'incontro che l'altro fa. Per questo non faccio io la predica, anche se ho parlato più a lungo di quanto avrei prefissato. Era solo per introdurre la questione, per introdurre il mio stato d'animo nella questione che ci interessa in questi giorni, e la questione che ci interessa in questi giorni, ciò che dovrebbe rendere ognuno di voi incontro per l'altro, è la ripresa dell'Equipe ultima di giugno.[19] Non faccio alzare la mano per farmi dire chi l'ha letta, perché non vorrei che fossero ventidue su cinquecentoquaranta. Ma è anche comprensibile: data alla fine di giugno, è comprensibile. Proprio per questo ho preso lo spunto per scaricare su di voi la responsabilità di un incontro che vi facesse camminare. Perciò, sarà una ripresa di questa Equipe.

Delle Equipe che abbiamo lette, è certamente la più densa e diciamo anche la più dura. Ma stentavo a usare la parola «dura», perché è in sintesi realmente tutto quanto il cammino fatto da anni.

Ora, cosa vuole dire riprendere? Vuole dire che, innan-

[18] O. Wilde, *Aforismi*, Baldini Castoldi Dalai, Milano 2006, p. 24.
[19] Per cui, vedi qui, pp. 369-419.

zitutto, prenderete il testo (che mi hanno assicurato avete tutti) cercando di capire. La prima regola è capire, perché se io parlo giapponese mi capisce soltanto il nostro amico giapponese "Coraggio", come lo chiamo per via di quella famosa canzone, *Icaro*, che ci ha cantato. Allora, prima di tutto occorre che non sia per noi "cinese" quello che è scritto, perciò che il testo sia letto comprendendo. Bisogna che vi spieghiate parola per parola e il nesso tra una parola e l'altra, che vuole dire frase, il nesso tra una frase e l'altra, che vuole dire periodo, e il nesso tra un periodo e un altro, che vuole dire discorso. Occorre spiegarvi e chiarirvi i nessi.

In secondo luogo, come padre Dante diceva, «non fa scïenza / sanza lo ritenere, avere inteso»:[20] non basta capire o che ci sembri di capire finalmente quel che il testo dice e i suoi nessi interni, bisogna anche averli capiti in modo tale che uno la sostanza della questione ce l'abbia, se ne sia impossessato, l'abbia "mangiata" e fatta propria, l'abbia assimilata. È necessaria l'assimilazione del messaggio inerente al testo, non delle singole parole, che poi uno potrebbe anche non sapere ripetere.

E, in terzo luogo, pur senza abbandonarvisi, occorre lasciare che l'animo erri di tanto in tanto su qualche sussulto che le immagini della propria vita destano di fronte a certe affermazioni, lasciarsi sentire invadere dalla lontananza della propria vita da certe affermazioni, e soprattutto avere la gratuità affascinante del desiderio che certe cose diventino parte di sé, in modo tale che – prima che il mondo – la propria persona cambi, così da diventare protagonista nel mondo di un mondo diverso, di un mon-

[20] Dante, *Paradiso*, V, vv. 41-42.

do più umano. Il criterio per capire che il divino agisce è, infatti, che il mondo diventi più umano, che l'erba verde diventi più verde e che lo spazio dei cieli diventi più spazio e che l'affezione diventi più affezione e che l'amore a se stessi diventi una cosa reale – se non si finisce ad amare se stessi, il proprio io non esiste, è inesistente –.

Perciò, occorre leggere, capire, cercare di enucleare il messaggio, in qualche momento di silenzio sentire l'onda della propria vita frangersi contro la scogliera di questo messaggio, oppure essere come la sabbia che sta sull'arena del mare, che abbraccia tutto il mare, che vorrebbe abbracciare tutto il mare. E infine la domanda, lo spazio gratuito della domanda; bisogna abbandonarsi nel silenzio un poco e a questi rimorsi e a questi desideri, che sarebbero inutili, gli uni e gli altri, se non fossero domanda, perché il rimorso è un dolore e il desiderio è una domanda.

Ma perché abbiate a fare questo senza sentirvi abbandonati, vi proponiamo di passare la giornata in questo modo: questa mattina – sono già le dieci e mezza – ripresa personale, poi, dopo la sospensione del pranzo, alle quattro e mezza vi ritrovate e riprendete fino alle sei e mezza, quando ci sarà la santa Messa. Vi preghiamo di mettervi insieme. Adesso il capo dirà non i capigruppo, ma la polarizzazione che potete liberamente scegliere. È una indicazione di gruppi con indicato l'individuo polarizzatore, come un "palo" di riferimento. Però, che sia fatto liberamente: uno può farlo anche da solo. Se lo fa insieme alla fidanzata, non deve oltrepassare i limiti del paese! I nostri amici che vengono dall'estero si aggreghino col "palo" che credono, col gruppo che vogliono. Chiunque è libero di farne uno con chi vuole, anche con se stesso soltanto: non è consigliabile del tutto, anzi non è consigliabile, perché manca un paragone.

Salvo il vocìo sottile per eventuali intese, stiamo in silenzio fino alle dodici e trenta. Il pranzo è alle tredici, quindi avrete mezz'ora per gridare. Stiamo in silenzio, così uno è costretto, è stretto nell'alveo.

Omelia 2

La drammaticità della vita, che implica la presenza della libertà nel mondo e che, in tutta la cultura universale, solo nella cultura cattolica viene coerentemente affermata, è l'origine di tanto nostro scandalo, come se la vita non fosse per natura sua un cammino e perciò una fatica. Ma la parola più giusta è la parola «prova», perché la libertà implica per sua natura la prova. Questa, a sua volta, trascina con sé bene e male, luce e tenebre, gioia e sofferenza: una contraddizione. Ma non possiamo farla diventare obiezione; come principio, intellettualmente, razionalmente, non possiamo farne un'obiezione; l'obiezione viene dalla carne e dal sangue, viene dalla concretezza esistenziale del nostro vivere: un'obiezione a una vita il cui segno supremo è Dio diventato uomo e messo in croce. Alla gioia che gli era posta davanti, al trionfo che gli competeva per la sua natura, a questa evidenza più che solare con cui avrebbe potuto travolgere qualsiasi resistenza, ha "preferito" (ma questa preferenza è la preferenza al Mistero che decide il disegno) la volontà del Padre.[21] Il disegno delle cose, infatti, non è nostro, come la vita non è nostra, e la vita diventa nostra quanto più è accolta nella modalità originale con cui è costruita, è creata, è donata. Sarebbe errato se dicessimo che dobbiamo preferire la sofferenza; non è questo il senso della Lettera agli Ebrei: è accettare la lotta e la guerra, accettare che la vita sia guerra. La parola più giusta è la prima che ho usato: accettare la drammaticità, non scandalizzarci che la vita sia dram-

[21] Cfr. Eb 12,2.

matica. Una vita non drammatica è una vita senza libertà, e senza libertà (vi ricordate il pezzo famoso di Péguy?)[22] Dio non saprebbe che farsene dell'uomo, l'uomo sarebbe come l'erba dei campi, come le piante, come gli animali che vanno col muso rivolto a terra.

Ma in questa drammaticità, in questa alternativa tra bene e male, tra luce e tenebra, in questa fatica per una contraddizione che ci nasce dentro, che ci serpeggia dentro fino ad avvolgere normalmente tutto quanto, c'è un punto chiaro: «Se giudicate i segni del tempo fisico, come fate a non giudicare i segni della verità, i segni del tempo che vi costruisce come uomini? Perché non giudicate da voi stessi ciò che è giusto? Avete il cuore che in qualunque caso percepisce ciò che è giusto, bello, vero, felice, percepisce ciò che dà l'eternità».[23] La verità è caratterizzata dalla permanenza e il cuore percepisce ciò che permane. È un residuo di tale percezione che vi fa permanere in questo segno strano, che tutto il mondo condanna, come ha condannato Geremia, in questo momento profetico del mondo che è la nostra compagnia, che è la nostra – diciamo – comunità. Avete il cuore, sapete dov'è il bene e quindi dov'è il male, sapete dov'è il giusto e l'ingiusto, sapete dov'è il bello e il brutto, il laido, sapete dov'è il permanente e ciò che passa. La voce di Geremia, la voce del profeta ha questo contenuto: la consistenza delle cose non sta in quel che si vede e che passa, non sta nell'effimero, non sta nell'apparenza. L'apparenza è come l'inizio, l'indizio di una voragine, di un abisso senza fondo, che è

[22] Cfr. Ch. Péguy, «Il mistero dei santi innocenti», in *I Misteri*, Jaca Book, Milano 1997, p. 322.

[23] Cfr. Mt 16,2-3.

il rapporto con l'infinito, di cui il cuore è costituito; il cuore ama quel punto di apertura, il cuore sa che deve buttarsi fino in fondo lì dentro.

Quei momenti in cui ci sembrasse quasi evidente il contrario, i momenti in cui sembra come rendersi evidente che l'apparenza sia la consistenza, sono i momenti in cui dobbiamo gridare di più a Dio: «Vieni presto, Signore, a liberarmi», perché l'illusione che l'apparente sia il consistente è proprio il momento in cui la libertà dell'uomo viene a essere soverchiata dalla melma, la melma arriva alla bocca e la soffoca. È il soffocamento dell'uomo, come narra quella pagina bellissima di Dante,[24] dei condannati a stare dentro la melma, così che non possono neanche parlare, perché la melma tronca le parole che pretenderebbero dire, con cui pretenderebbero gridare, le ferma a metà gola.

Noi non possiamo dire – partendo dalle apparenze – nessuna parola sicura. Una parola intera non la possiamo mai dire. Perciò, in quei momenti in cui ci sembra invece che l'apparenza sia il consistente, noi dobbiamo fare una cosa, quella che fece Geremia[25] mentre veniva calato dentro, mentre era là a morire (a lui era chiaro che lì dentro sarebbe morto): «Signore, vieni presto a liberarmi».

Dunque, da una parte, il grido della preghiera, il quale, dall'altra, non deve mai adombrare, non deve mai oscurare, il fatto più chiaro dell'esistenza: che in noi c'è, netto come il sole nella natura, il principio o il criterio del bene, il principio del vero, il criterio del bello e del permanente, la percezione del consistente, di ciò in cui vera-

[24] Cfr. Dante, *Inferno*, VII, vv. 124-126.
[25] Cfr. Ger 38.

mente la realtà consiste. Per questo il canto al Vangelo ci ha fatto dire: «Signore, apri il nostro cuore, e allora comprenderemo le parole del figlio tuo».

«Apri il nostro cuore.» Questo è il punto: che abbiamo a essere spalancati. Se uno fosse qui, in mezzo a questo sole che fa rilevare l'ombra di ogni cosa mettendola in luce, dando a ogni cosa la sua vera forma e perciò rivelando il Mistero che sta dietro di essa (questo è il momento della giornata in cui tutte le cose diventano misteriose: mai così luminose e mai così misteriose), e chiudesse gli occhi, perderebbe tutto. Quando nella nostra vita guardiamo la realtà e l'esistenza, dobbiamo aprire il cuore. Se, in una situazione luminosa come questa, noi chiudessimo gli occhi, fossimo ciecuzienti o li chiudessimo per capriccio – come fanno i bambini –, perderemmo tutto. Allora dobbiamo aprire il cuore, ed è questa la disponibilità o la sequela di cui parliamo quando parliamo della piccola, ma grande profezia che è nel mondo e che nessuno mai strapperà (anche quando sembrasse calata nel pozzo del fango, sarà sempre liberata), che è la comunità delle persone che riconoscono Cristo: la nostra compagnia.

[Dopo la Messa]

Il nostro cuore non si perde fino a quando il suo riferimento profondo, quello che gli detta la forma, è il nesso con il Mistero che crea la nostra compagnia (è un mistero, infatti, la nostra compagnia, come il sole che sorge, risorge continuamente). Pensiamo a che cosa è dovuto essere questo per la Madonna, che ha portato nel mondo, dentro l'oscurità, perciò dentro la drammaticità sconfinata del suo seno, in una confusione apparente, con la sua miserabilità di piccola ragazza quindicenne, il sole del mondo, il significato di tutte le cose! Pensiamo a che cosa l'aspettava, quale dolore, quale guerra! «Nella mia guerra...»:[26] sì, ma «il cuore non s'è perduto»,[27] e non abbiamo vergogna, non siamo spudorati nel chiamarvi a questa guerra; siamo con tutta l'anima tesi a che il vostro cuore non si perda.

Preghiamo la Madonna che ci aiuti.

Angelus

La vibrazione della Sua resurrezione è nella nostra gioia, che fuori di qui non c'è (non nel senso di queste quattro mura; anzi, dobbiamo portarla dovunque, anche a Fano!). Dopo la guerra di oggi, non so se molto guerreggiata – quando ho visto la soldataglia alla fine della giornata, verso le sei, ho pensato: la guerra è stata combattuta o così tanto che le forze sono scemate, stremate, oppure è stata una ripetizione, e allora la noia ha dominato –; dopo la giornata di oggi, che doveva essere una guerra, stasera c'è un respiro di pace. Perciò alle ventuno e trenta ci si ritrova qui per ascoltare un pezzo che pochi di voi avranno sentito: l'*Arpeggione per pianoforte* di Schubert,[28] un bellissimo pezzo, e poi alcuni *Lieder* di Schubert.

[26] C. Chieffo, «La guerra», in *Canti*, op. cit., p. 225.
[27] Cfr. R. Grotti, «Il nostro cuore», *ibidem*, p. 208.
[28] F. Schubert, *Sonata per arpeggione e pianoforte*, "Spirto Gentil", n. 18 (Universal).

Serata di ascolto dell'*Arpeggione* di Franz Schubert

Prima di ascoltare Schubert facciamo con tutto il cuore e con molto gusto gli auguri ai due nostri amici che si sposeranno qui domani. Anzitutto ci sarà un canto eseguito dalla sposa e poi gli amici dello sposo dedicheranno un canto alla sposa.

New York[29]
Dormi, mia bella[30]

Giovedì, come tutti sanno, i nostri amici partono per gli Stati Uniti e staranno lì due o tre anni. Lo sposo, appena diplomato in composizione, ha scritto una sinfonia con assoli, coro per bambini, coro misto e con grande orchestra; l'ha scritta sul testo del Volantone di quest'anno (il pezzo di Emmanuel Mounier),[31] presentandola al Conservatorio di Milano e ottenendo il massimo dei voti. Io ne ho una copia, ma non credo che voi comprendereste più di quanto comprendo io. Speriamo che al loro ritorno, fra due o tre anni, ci sia un coro tale nel movimento, almeno a Milano, e un'orchestra tale da consentirgli di realizzare per tutti noi la sinfonia che ha composto. Mi pare un esempio mirabile di pertinenza intelligente e geniale al cuore della nostra esperienza. Perciò lo ringrazio di questa scelta e di questa realizzazione.

Adesso dedichiamo a loro i venticinque minuti di silenzio in cui sentiamo l'*Arpeggione* di Schubert. I *Lieder*

[29] J. Kander, F. Ebb, *New York, New York* (1980).
[30] Canto tradizionale della Valsugana.
[31] Per cui, vedi qui, p. 370.

di Schubert che avevamo messo in preventivo li sentiremo un'altra sera.

[Dopo l'ascolto di Schubert]

Ai due nostri amici auguriamo che lo sviluppo vocazionale della loro unità raggiunga la perfezione espressiva, armoniosa e melodica del pezzo di Schubert che abbiamo sentito – è raro sentire un brano musicale così bello –. Però è un augurio che dobbiamo fare a ognuno di noi: non solo loro diventano uno spunto e un segno, ognuno di noi è fatto perché quello che Dio chiede alla sua vita – la vita come vocazione – raggiunga una perfezione di armonia, di melodia. La gioia da che cosa può nascere, se non da questa obbedienza? Questa armonia è, infatti, un'obbedienza; a livello di libertà, di intelligenza e di amore, questa armonia è obbedienza.

Diciamo un'Ave Maria alla Madonna perché accompagni loro e accompagni ognuno di noi a realizzare la propria vita in funzione di quella perfezione a cui è chiamata obbedendo.

Domani pomeriggio riassumeremo il lavoro che avete fatto oggi. Ma anche il tempo di domani mattina, in cui aspetterete qui o andrete in gita, non dimentichi totalmente le parole, i pensieri, i sentimenti, gli interrogativi che sono emersi oggi. Perciò la mattina di domani non è sospensiva di nulla, tanto più che pensieri e sentimenti che avete affrontato oggi sono contenuto essenziale di quell'armonia di cui parlavo prima.

Introduzione all'assemblea

Ogni volta che ascoltiamo la *Nona* di Beethoven[32] sono le stesse note, eppure che novità a ogni battuta, che partecipazione a un disegno sterminato che si allarga molto più di quanto si allarghino gli orizzonti delle galassie! Così deve essere per noi. Che stamattina sia una novità, per me cui pesa la schiena e anche qualcos'altro, è dovuto esclusivamente a qualcosa di ineffabile, che non si può definire e che ho dentro, cioè alla mia coscienza, alla tua coscienza. È questa la cosa più grande: sappiamo a chi apparteniamo, sappiamo il disegno melodico, l'armonia totale a cui la novità appartiene, ed è solo la materialità che si ripete decadendo.

Ma questi pensieri, non così elaborati, ma più acutamente percepiti, dovevano essere naturalmente il sentimento con cui la Madonna si alzava ogni mattina. Quando io penso a quella ragazza di quindici anni, all'orizzonte e alla coscienza di responsabilità che aveva, realmente mi tremano le vene ai polsi! E noi un po' dobbiamo partecipare a quella immensità di coscienza, semplicissima, noi che siamo stati creati da Lui fin dentro le viscere.

Angelus e *Lodi*

«Rivelaci il mistero dell'uomo e colma il suo desiderio di liberazione. Tu sei l'origine e il fine di ogni creatura», perciò di ogni circostanza, perché la creatura vive l'istan-

[32] L. van Beethoven, *Sinfonia n. 9 "Corale"*, "Spirto Gentil", n. 27 (Universal).

te come coagulo di contingenze. «Tu sei l'origine e il fine di ogni creatura: dona significato al tempo e vera utilità all'agire»: dona significato a ogni passo della camminata di oggi, a ogni momento del tempo di oggi. «Cristo, del cui splendore ogni cosa è bella [perché la bellezza non se la crea il soggetto in cui s'esprime], e del cui amore ogni cosa è buona, mantienici attenti ai segni della Tua presenza.»[33] Non è la sintesi di quello che avete o avreste dovuto meditare ieri? Comunque, sia il programma di oggi!

[33] «Invocazioni», Lodi mattutine del lunedì, in *Il libro delle ore*, op. cit., p. 77.

Assemblea

Giussani: Forza, forza!

Tu, ca nun chiagne[34]

Giussani: Bellissimo! Un altro.

Intervento: Facciamo una canzone di Pino Daniele, che è un cantautore napoletano.

Giussani: Come si chiama?

Intervento: *Terra mia*.

Terra mia[35]

Giussani: Grazie! Allora iniziamo la *conversation*, se è possibile, test della fatica che avreste dovuto fare ieri. Forza, amico! Alzate la mano e io vi dico di venire fuori.

Intervento: La prima osservazione è sull'importanza, verificata nell'incontro col mio gruppo, del metodo nuovo impostato. Abbiamo dovuto riconoscere che dovevamo capire di nuovo la ragionevolezza di quel che abbiamo fatto per tutto l'anno, cioè della Scuola di comunità e delle Equipe. Ma mi sono reso conto che la ragionevolezza delle parole che ci diciamo emerge nella misura in cui

[34] E. De Curtis, L. Bovio, «Tu, ca nun chiagne», in *Mandulinata a Napule*, "Spirto Gentil", n. 30 (Universal).
[35] P. Daniele, *Terra mia* (1977).

avviene un paragone tra quelle parole e ciò che la Scuola di comunità chiama «cuore». Come hai detto ieri, occorre che l'onda personale si infranga contro la rupe, che sono le parole che ci diciamo. Ciò che dunque permette di cogliere la ragionevolezza...

Giussani: È il paragone tra il cuore e le cose che ci diciamo.

Intervento: Sì, altrimenti restano inesorabilmente parole. E se è realmente in ballo il cuore, uno sente anche la sproporzione con le parole che vengono dette. È una sproporzione anche elementare...

Giussani: La sproporzione tra...

Intervento: La sproporzione tra quello che noi ci diciamo e noi stessi. E questo innesca, a mio parere, l'unico dinamismo che ci fa aderire con verità alla comunità, e cioè una seria, non beghina, non bigotta, umiltà.

Giussani: Comunque, del suo intervento la parola più importante, la parola chiave, è la parola «ragionevolezza». È questa che si deve delucidare e deve farsi strada, perché non è ancora chiara. Spero che stasera la lettura del *Miguel Mañara*[36] dia un contributo essenziale a richiarire il valore della ragionevolezza, perché è ciò che caratterizza il nostro approccio alla fede. Occorre una insistenza sulla ragionevolezza: in che cosa essa consista non è affatto chiaro. Il lavoro di ieri avrebbe dovuto chiarirlo.

[36] O.V. Milosz, *Miguel Mañara*, op. cit.

Intervento: Da noi veniva fuori questa domanda...

Giussani: Comunque, io non intervengo di volta in volta, perché altrimenti parlo ancora io. Casomai, riprendiamo domani, oppure riprendo io il tutto dopodomani, quando sarò costretto. Prego!

Intervento: Non so se c'entra con quello che si diceva prima, ma ho questa domanda: in che senso è solo la compagnia di Cristo ciò che fa venire fuori e manifesta l'utilità nell'impatto con la circostanza?

Giussani: Questo pone il problema della ragionevolezza. Lui dice: in che senso è solo la compagnia di Cristo che...

Intervento: Che mostra e fa vivere l'utilità della circostanza?

Giussani: Che mostra la consistenza della circostanza?

Intervento: Sì.

Giussani: Se la circostanza è favorevole a noi o no, è solo la compagnia di Cristo che lo dimostra: in che senso? Sotto sotto sta il problema della ragionevolezza. Prego!

Intervento: La prima cosa che mi ha colpito del testo dell'Equipe è stata l'esigenza di utilità della vita. Lì si cita Pavese, che dice: «Giorno e notte, non avete un istante, nemmeno il più futile, che non sgorghi dal silenzio delle origini»,[37] cioè che non porti un'esigenza di pienezza e

[37] C. Pavese, *Dialoghi con Leucò*, Einaudi, Torino 1982, p. 166.

totalità. A me sembra che l'unico modo perché ogni istante possa essere utile sia quel «sì» a Cristo di cui parla l'Equipe: il «dire sì a Cristo come punto di partenza in ogni circostanza». Chiedo: come questo «sì» non resta teorico, come fare in modo che «avvenga di me secondo la Tua parola»?

Giussani: Ti faccio un paragone. Andiamo in gita. Una delle regole della compagnia è che si va insieme: siamo una compagnia, si va insieme. Chi dirige, guida. È una compagnia guidata al destino, che, nell'esempio, è il rifugio degli Scotoni. Si arriva su, c'è il pacco dei viveri, e a ognuno è distribuito il suo. Prima di distribuire (o dopo, non lo so), si dice l'*Angelus* insieme. Là da parte c'è un gruppetto di cinque o sei che stanno mangiando senza rispondere all'*Angelus*. Questo non è corrispondere alla circostanza, non è rendere utile la circostanza. Sono tutti capaci, arrivati su, di prendersi lo "sgorbino" e di mangiare! E gli altri cosa c'entrano? Questo è un caso: non è solo colpa loro, ma è anche colpa di chi doveva dirigerli, di chi doveva guidarli, accompagnarli. Quella gente si è stralciata dalla cosmicità, cioè dall'ordine totale; quel gruppetto si è stralciato dall'ordine totale e quel momento non è stato utile per loro, non hanno acquisito niente.

Perciò, come si fa a capire se una corrispondenza alla circostanza è veramente utile? È questa la tua domanda?

Intervento: Sì, è questa!

Giussani: È utile quando tu tieni presente in unità tutte le esigenze che costituiscono quella circostanza. Per esempio, tu non sei uno del gruppo dei cinque o sei a parte che mangiavano mentre gli altri dicevano l'*Angelus*; tu sei uno di quelli che dicono l'*Angelus*. Mentre dici l'*Angelus* ti guardi intorno, adocchi una bambina da lontano, da venti metri, e mentre dici: «Santa Maria, madre di Dio, prega per noi...», ti distrai. Non ti è utile quell'istante, perché la convergenza dei fattori di quel momento ti avrebbero dovuto portare a un pensiero diverso, a un'attenzione diversa; si dice: «Fare la volontà di Dio». Ma la volontà di Dio, la volontà del Mistero emerge momento per momento (ne *Il senso religioso*[38] si parla del valore del presente), secondo una totalità di convergenza di fattori di cui tu intuisci il senso; l'adesione a questo senso (l'Ave Maria, per esempio) ti fa crescere, fai un passo. Invece, se tu sei dissociato internamente al tuo atto, e quindi internamente al complesso di fattori che formano la circostanza, la circostanza non ti serve, non ti educa.

È molto semplice. La risposta a questa giustissima e sacrosanta domanda, come ho detto nel testo, è l'esaltazione dell'istante. È il genio di santa Teresina del Bambin Gesù ad avere scoperto questo. Quella ragazzina neanche colta, perché è entrata giovanissima, aveva intuito questo, il valore dell'istante. Il contenuto dell'istante è una sollecitazione, in un certo senso, che ti danno i dieci o ventiquattro fattori che ti spingono. Se tu aderisci a essa, fai la volontà di Dio, e questo ti fa crescere. C'è un'altra cosa da dire, ma non voglio essere complicato: che l'aderire a questo input, a questa spinta che ti danno i fattori tutti insieme, è qualcosa che corrisponde ai valori di cui il tuo cuore è fatto. Se, invece, ti metti da parte a mangiare

[38] Cfr. L. Giussani, *Il senso religioso*, op. cit., pp. 51-53.

mentre gli altri pregano, assecondi delle esigenze non del tuo cuore, ma del tuo "cuore" crasso!

Intervento: Una cosa che mi ha fatto riflettere del testo dell'Equipe è stato l'interrogativo di Guardini: «Chi protegge Cristo da me stesso?»[39] e quello che dicevi subito dopo: «È dalla menzogna che ci si difende, neanche dalla propria debolezza». Quindi, mi sono detto, il problema è riconoscere che in me stesso c'è una menzogna. Ecco, io mi accorgo che la menzogna sta nel fatto che io so dire di sì al Mistero e un istante dopo cerco già di possederlo, di ridurlo; e il «sì» detto inizialmente diventa una giustificazione, resta lontano, invece dovrebbe essere riaffermato in ogni istante, all'inizio di ogni cosa che faccio. Volevo chiedere: che cosa mi aiuta a tenere desta questa tensione?

Giussani: È qui il riferimento alla compagnia. «L'istruzione è una cosa ammirevole, ma quello che è più importante sapere non lo saprai mai da un'istruzione, bensì da un incontro.»[40] Questo è il valore della compagnia, che è ciò che ti illumina, ciò che ti può sostenere verso una chiarezza («verso», perché siamo sempre in cammino).

Intervento: Posso? Secondo me c'è il rischio che la menzogna venga subito collocata nella naturale distrazione o resistenza che noi abbiamo normalmente sulle cose. Mi è sembrato però che nell'ultima Equipe il primo livello in

[39] Citato in H.B. Gerl, *Romano Guardini. La vita e l'opera*, op. cit., p. 45.

[40] Vedi qui, nota 18, p. 436.

cui si attua in noi la menzogna è in quel momento in cui l'avvenimento di Cristo emerge nella nostra vita. Già lì si colloca la menzogna, perché io potrei seguire Cristo secondo una mia idea, secondo un sentimento che io ne ho, non secondo l'evidenza con cui Lui si pone nella mia vita. La conseguenza di questo è che poi la comunità mi può aiutare, ma...

Giussani: No, non può aiutare neanche la comunità. Sono molto d'accordo con questa osservazione. Quando uno è colpito dall'evento, la menzogna sta nel tradire la modalità con cui l'evento gli si è fatto avanti, cioè la compagnia, che può essere quella di una persona, che può essere quella della moglie per il marito o del marito per la moglie o del figlio per i genitori. Il tradimento si inserisce lì, quando l'evento che ha fatto intuire Cristo come una realtà ragionevole, una realtà creativa ed edificante, una realtà operativa, mi trova non aperto alla modalità con cui l'evento mi si è posto davanti e pretendo di seguire sentimenti miei o immaginazioni mie o di assumere atteggiamenti non dettati dalla modalità con cui l'evento mi si è fatto avanti. Allora io cado in una menzogna.

Per questo la mia risposta era giusta, anche se semplificata al massimo, vale a dire: ciò che ti impedisce la menzogna è il seguire la compagnia, intendendo per compagnia la modalità con cui l'evento ti si è fatto avanti. Perché ci può essere chi è da dieci o vent'anni nel movimento, ma – poniamo – avendo camminato, avendo fatto carriera accademica ed essendo intellettuale come posizione, incomincia a interpretare lui il fatto che gli è accaduto. Lì incomincia l'astuzia con cui uno può fuggire, se non obbedisce. Mi pare che il punto sia qui, perché aderire attraverso l'istante al Mistero significa seguire un ordine che c'è già e che non è tuo. Devi seguire qualcosa che è altro da te, devi obbedire, devi seguire. Ora, la realtà, il mistero totale si concreta, emerge in modo eccezionale in un evento, cioè nella contingenza che ti ha fatto intuire, incominciare a intuire Cristo. Tu devi seguire quelle circostanze, i fattori che te l'hanno fatto percepire: così obbedisci a ciò che ti si è rivelato e non prendi le strade astute di una fuga.

Avanti!

Intervento: Posso leggere?

Giussani: Basta che non sia un quarto d'ora! E poi enuclea il problema, perché il valore di questo dialogo è "problematico".

Intervento: Sono qui a riaffermare questa compagnia di amici che sostiene il mio cammino, che ne è il luogo e lo strumento, una compagnia guidata al destino. La chiamo così perché mi vuole bene proprio a partire dal mio bene.

Giussani: Scusate, questa è una frase semplicissima, che risolve tutta la criteriologia di questo mondo: «Mi vuole bene perché vuole il mio bene».

Intervento: Ho imparato qui cos'è una compagnia guidata al destino e come la vita cambia in essa. I due anni passati lontano dal movimento sono stati un tentativo di possesso della realtà: un po' come Giuda, con la pretesa di possedere intellettualmente il mistero del reale, e un po' come il Miguel Mañara pre-conversione. A questa pretesa impazzita, ci sono secondo me due sole alternative: la prima, assolutamente non cristiana, consiste nel non amare la realtà né col cervello, né coi sensi: è la castrazione dell'energia affettiva che strutturalmente è fatta per investire la realtà. La seconda...

Giussani: Un momento, un momento: io non riesco a seguire se non riesco a fissare, perché io ho imparato tutto dalla scuola, checché ne dica Oscar Wilde! Ridete, ma sbagliate, perché io ho avuto degli insegnanti che erano uomini, perciò l'insegnamento è stato un incontro! Tu hai detto: «L'amore è un'energia affettiva che...»

Intervento: Che strutturalmente è fatta per investire la realtà. Il non amare è una mutilazione. La seconda alternativa, invece, quella che il movimento mi insegna, consiste nel non amare secondo il mio progetto (non "non amare", ma "non amare secondo il mio progetto"), nel ritrovare l'origine dell'amore al reale, alla donna, allo studio, alla famiglia, agli amici, nell'amore a Cristo.

Giussani: Cristo è l'uomo che è la realtà totale, vale a dire la cosmicità fatta carne.

Intervento: Non si tratta di mutilarsi, ma di riconoscere che senza Cristo il reale perde di consistenza, di realtà.

Giussani: Senza Cristo, dicevi...

Intervento: Senza Cristo il reale perde di consistenza, di realtà.

Giussani: Cosa vuole dire che il reale perde di realtà? Il reale perde di realtà quando non corrisponde più al cuore. Perché il criterio è uno: il cuore, ontologicamente, strutturalmente. Quando la realtà non corrisponde più al cuore, non è reale, non c'è, o è affrontata come menzogna.

Intervento: Mi sono anche chiesto quale sia la strada per il compiersi della mia vocazione. Ho solo un modo vero oggi per saperlo, e non è quello di continuare a coltivare un mio progetto sull'affettività, sullo studio, sulla compagnia, eccetera.

Giussani: E il solo modo quale sarebbe?

Intervento: Essere disponibile. Non so dove questo mi porterà, fidarmi della Sua volontà per me ora significa fare un attimo di silenzio e aspettare.

Giussani: Ma il silenzio non è il silenzio: il silenzio è ascoltare il vero. E il vero non è una forma del pensiero, perché il pensare è il chiarirsi di una presenza, ché la verità è una presenza. Questo è il valore del nostro passaggio, che devi aggiungere a questa giustissima meditazione.

Intervento: Il silenzio è il modo migliore per ascoltare un Altro senza riempirsi l'orecchio dell'eco della propria voce.

Giussani: Perfetto! Questo Altro non è scelto da te, ma è "conseguenza" dell'avvenimento che ti ha lanciato, che ti ha incominciato a muovere, cioè del movimento. Il movimento è il segno effimero, contingente, ridicolo fin quando volete, di quella verità che persegui, cioè di Cristo. O

Cristo incide, coincide, determina il tempo e lo spazio, cioè la realtà di una compagnia, che diventa segno di Lui (determina la realtà della nostra compagnia, la realtà di una compagnia), oppure non c'è, è un pensiero (pensiero nel senso che tutti dicono, vale a dire razionalistico: pensiero "astratto").

Il genio dell'annuncio cristiano è che Dio si è fatto carne: non si può trovare, se non attraverso la carne. «Infondi, Signore, nel nostro cuore il Tuo Spirito, affinché noi, che abbiamo conosciuto per l'annuncio dell'angelo l'incarnazione del Tuo Figlio...»[41] Ma dov'è questo annuncio dell'angelo? Dove l'hai visto? Attraverso noi, stupidi come siamo! E uno percepisce la corrispondenza al cuore vero, al «cuore», al criterio supremo, la percepisce come dire: «Questa è una penna». È un'evidenza da cui uno cerca di fuggire per le astuzie di sue ritirate. È quello che facevano i ragazzi a scuola, ve l'ho già raccontato tante volte. I primi anni che facevo scuola al liceo, mentre parlavo, tutti erano là tesi in certi momenti a sentire. Allora io dicevo: «Vedete, mentre io parlo, voi, senza accorgervi, dite: "Eh già!", fate il cosiddetto paragone col cuore e dite: "Eh già!", ma un istante dopo siete investiti dai ma, dai se, dai forse, dai però; cercate le fughe da quell'evidenza che non potete negare per un frangente di secondo d'avere visto mentre parlo. E questa è l'impostura che storta la vostra vita, perché la verità porta in sé la sua evidenza». È per questo che il vero pensare è il chiarirsi di ciò che è presente, di una presenza, non il costruire connessioni: questo è secondario e più pericoloso.

[41] Cfr. «Angelus», in *Il libro delle ore*, op. cit., p. 16.

Intervento: Sono di Cordoba, Argentina.

Giussani: Università di Cordoba, è una professoressa!

Intervento: Molte volte mi accorgo che le cose che mi succedono, le circostanze non dicono niente alla mia vita. Come fare per vivere ogni cosa affinché si faccia più grande la ricerca, perché si apra il mio cuore e io possa avere una sensibilità più grande di fronte agli avvenimenti e alle persone? Come fare per incontrare il Mistero dentro tutto?

Giussani: Chi vuole rispondere? Prego, siete qui in ventisettemila!

Intervento: Ci provo. Io non do una risposta esauriente, però secondo me c'è una falsità nella domanda «come fare?». È una falsità che occorre smascherare per poi ritrovare la domanda nella sua verità. Voglio dire che è un miracolo quando una persona esce e domanda, per sé, che le circostanze della vita possano essere piene. Una persona che fa così ha già dato risposta alla sua domanda.

Giussani: Quale risposta?

Intervento: Tieni vivo questo desiderio e vedrai, sii leale e fedele con l'incontro che hai fatto e vedrai che la soddisfazione dell'essere ti raggiungerà.

Giussani: Ridico quello che lui ha appena detto, su cui sono d'accordo parola per parola, semplificandolo ulteriormente. Non c'è niente che non valga niente, se ogni cosa è emergenza della cosmicità, del tutto. Noi viviamo un istante, questo istante è frutto – immaginativamente – di una infinità di input che il disegno totale del Mistero ha provocato. Ma questo disegno totale del Mistero è diventato un uomo, che è Cristo: questo è il vero passaggio che dovrebbe entusiasmare tutta la vita.

Il Mistero totale, adesso come adesso, in questo istante, a ognuno di noi dice: «Fa questo», per esempio: «Leggi il libro», «Pulisci il lavandino», eccetera. Perciò non c'è nessun istante che sia inutile, che sia niente. Puoi dire: «La mia vita è inutile», «La giornata di oggi è niente», solo se tu hai un'immagine di bene che non si è avverata nelle circostanze. Per esempio, lei vorrebbe fare – poniamo – la segretaria di Menem, e invece Menem preferisce un'altra, e allora deve andare a fare la segretaria di un altro, con un salto qualitativo non da poco. Ora, il valore dell'istante non sta nel riverbero sentimentale o emotivo che ti dà, nell'esito sperimentabile a te gradito, ma sta nel fatto che tu, aderendo all'istante, intendi, tendi tutta quanta ad aderire al grande disegno, del quale ti tocca questo infinitesimo, come l'ago di pino che tu prendi nelle mani è parte infinitesimale della grande e bella cosmicità di questo panorama montano.

Per questo non credo di avere fatto una Equipe senza avere detto che per noi è abolito il concetto di inutile: sì o sì? Non esiste più il concetto di inutile, non esiste! Perché l'utile non è determinato da te o da come tu senti, dall'emotività o dal tornaconto come tu lo misuri: è totalmente gratuito. Abbandonarti all'istante, preparare la tavola o asciugare il piatto, è assolutamente gratuito. Non è gratuito, se tu dici: «Devo mettere a posto la casa, perciò devo...». Invece, se tu vivi l'istante secondo la sua vera natura, che è la modalità con cui l'eterno ti prende e ti dice: «Fa'», «Vieni», e tu dici: «Eccomi!», allora diventa una cosa grandissima, e una ragazza intelligentissima può stare nove anni, dai quindici ai ventiquattro, dentro un convento di clausura dove le altre avevano un centesimo della sua capacità mentale e psicologica, con una letizia insuperata e non conosciuta da noi. Comunque, questa è la santità.

Ma la cosa più commovente è che tale santità implichi l'adesione a questa realtà fisica attraverso cui siamo stati chiamati, in cui siamo stati "incastrati". Il valore non sta evidentemente in questa compagnia fatta di me e di te. La compagnia vale perché è attraverso essa che l'evento è balenato e tutto si è chiarito. Cose che avevi sentito dire dalla nonna, dal papà, dalla mamma, dalla maestra (almeno ai miei tempi), o in seminario per tanto tempo, in un accento, nell'accento con cui la tal persona parla, ti balenano in un modo tale che quel tipo di colpo, di evidenza e di emozione, non lo potrai più cancellare. *Factum infectum fieri nequit*. «Non si può più fare che ciò che è accaduto non sia accaduto», ed è quel momento, perché è stato un momento anche quello, che dà dignità a questa accolta di giovani sufficientemente scomposti e "buonini" che siamo noi.

Intervento: Ho una osservazione che forse riguarda anche quello che diceva la ragazza di Cordoba. Io ho sentito fare per molti anni l'esempio del bambino che ha paura di passare attraverso la stanza buia finché non sente la mano della madre. In questi ultimi tempi mi accorgo che anche per un adulto questa è l'esigenza più pressante: avere una certezza non intellettuale, che è quasi la certezza fisica di una mano che ti assicura che quella circostanza è buona. Questa certezza di una mano è l'esito sorprendente del lavoro che abbiamo fatto sul Volantone. Sono tanti gli episodi attraverso i quali mi sono accorto che stanno riaccadendo per me gli stessi miracoli che accadevano duemila anni fa. Io sono entrato nel movimento allo stesso modo e mi stanno riaccadendo le stesse cose che Cristo faceva. Adesso come allora tutto deriva da un rapporto. Per me il più significativo è quello con un punto autorevole, che salva tutti gli altri rapporti.

Giussani: Dunque, ci sono, per tutti, momenti così significativi che hanno delle conseguenze palpabili, e questa «certezza fisica di una mano» è una bellissima e a me carissima espressione, perché rende efficacemente il diventare concretezza familiare, familiarità concreta, di quello che come tale è spirito, di quello che come tale ci trascende, perché Cristo è tra noi, ma ci trascende. La fedeltà nel cammino ci porta a rendere tale familiarità sempre più come un'esperienza fisica (per usare un termine che, se è ultimamente improprio, però rende bene la questione), cioè lo rende esperienza sempre più normalmente sperimentata. La certezza fisica di una mano è un densificarsi di quel colpo con cui siamo stati mossi, di quell'evento che ci ha fatto incominciare il cammino, o di quell'appoggio pieno di intelligenza – anche se tante volte costretta a filtrare nella nebbia, come la luce del sole che filtra nella nebbia –, che è la compagnia seguita e vissuta.

Per ognuno di noi è prospettabile questa storia in cui l'esperienza della fede diventa una concretezza come una mano che ti conduce. Non è necessario che uno possa dire così; quel che è necessario è che l'incontro – quello che chiamiamo «incontro» – avvenga e che io dica di sì e poi stia alla compagnia. Guardate che possono anche cambiare tutte le persone della compagnia, perché i nostri due amici che vanno a Berkeley troveranno tanta altra gente che non hanno mai visto. Quando il primo di noi è andato lì, due o tre anni fa, ha trovato gente che non aveva mai conosciuto prima, eppure è nata una compagnia.

Sono tutti aspetti estremamente interessanti e tutti tendono ad affermare una presenza fisicamente espressa in un segno concreto, ma così libera che questo segno può cambiare tutti i connotati, tutti i fattori che lo compongono, da un giorno all'altro. Immaginatevi che lui vada a Melbourne. Domani è improvvisamente chiamato a Melbourne. Ci deve stare per qualche giorno, per compiere degli studi per il suo professore; invece poi, una volta là, cambiano le cose e ci deve rimanere per tre anni. Allora chiama là anche la moglie e la prole. Immaginiamolo là: non vale niente la compagnia per lui? Oppure: la compagnia è la memoria di questi volti? No! È anche questi volti – dentro la memoria –, che magari diventano sempre più labili, ma è qualcosa che diventa concreto là. Chi ha provato questa esperienza, andando – poniamo – da una Rimini salmastra fino a una Copacapana d'acqua limpidissima, può attestarlo.

Ma è impressionante che Dio sia diventato presenza a noi dentro un segno fisico: questo è il genio del cattolicesimo, dell'ortodossia diciamo; ma nel cattolicesimo questo diventa vivente, nell'ortodossia si è più fissato in liturgia.

Intervento: Vengo dalla Spagna, Madrid.

Giussani: Universitario? Lettere?

Intervento: No, Ingegneria.

Giussani: Ingegneria. Ragazzi, è serio allora!

Intervento: Quest'anno è cresciuta tra alcuni, soprattutto della diaconia, un'amicizia dove anche la diversità – come dice questa Equipe – non è stata motivo di scandalo o di divisione. Questa amicizia è cresciuta nella sequela e nel rapporto con alcuni amici del Centro, soprattutto quelli della Cattolica. Nello stesso tempo è apparsa una distanza con altri della compagnia a Madrid, come quando alcuni fanno dei passi e altri no. La richiesta di aiuto è questa: come possiamo noi, da una parte, continuare a crescere, seguendo questi amici del Centro e, dall'altra parte, fare sì che con gli altri non aumenti la distanza, ma si riduca?

Giussani: Non è necessario che la distanza si riduca, è necessario che voi rendiate testimonianza del cammino che fate. Se la testimonianza del cammino che fate vi lasciasse soli, ci sarebbe già un antefatto: quello di Cristo.

Non importa l'esito, importa la verità. E la verità scoperta ti fa camminare, tu la testimoni con letizia e – certo – con carità, vale a dire, con tutto lo sforzo di adeguarti all'altro. Adeguarsi all'altro vuole dire fare vedere le cose, dire le cose in modo che per l'altro sia più facile capirle, più facile farle. Ma che l'altro ti segua o no può essere gioia o dolore, ma non può essere dirimente di fronte al fatto che tu cammini.

Intervento: Questo è un punto importante anche per noi in Uganda. Mi sono accorto che se io seguo il movimento in modo chiaro e netto, senza fare il "maganda" (gente abile a "mediare"), questo è anche il più grande contributo che posso dare agli altri...

Giussani: "Maganda" è una crasi tra "mugugno" e "Uganda"!

Intervento: Sono di Catania. Come si dice anche nell'ultima Equipe, il punto di partenza è la domanda sul senso della vita, sull'utilità della vita. Ma questa domanda talvolta o è assente, non c'è, oppure viene esaudita da una sorta di ordine ovvio delle cose, come se uno di fatto disponesse la vita in scompartimenti. E così l'adesione al movimento diventa nella migliore delle ipotesi un'adesione moralistica. Ora, di fronte a questo, che cosa fare per noi e per i nostri amici?

Giussani: È menzogna dire che la domanda non c'è, perché la domanda è costitutiva del cuore, è strutturale. Come dice *Alla ricerca del volto umano*,[42] Dio è tutto per l'uomo, non perché tu lo scegli, non perché tu lo vuoi, non perché tu lo senti, ma per natura. Per natura l'uomo è quel livello della natura in cui la natura diventa domanda di destino e di felicità. Perciò la risposta alla tua domanda è: ritornare a sé, riprendere coscienza di sé; e può essere che la tua persona ti si ponga davanti come una barriera arida, come una pietra, e allora bussa alla pietra fin quando scaturirà l'acqua, vale a dire domanda: «Vieni!». Uno che ti vedesse di fronte a una parete di granito dire: «Vieni!», direbbe: «È pazzo!». E invece l'uomo vero è questo.

[42] Cfr. L. Giussani, *Alla ricerca del volto umano*, Rizzoli, Milano 1995, p. 22.

Intervento: Volevo fare un'osservazione che si riferiva a prima...

Giussani: Va bene, riprendi il passaggio. Ma dopo che hai detto questo, prova a dire in due minuti qual è secondo te la logica dei punti dell'ultima Equipe.

Intervento: L'osservazione che volevo fare reagiva alla tua insistenza sulla parola «fisica»: è una certezza fisica, di una presenza fisica. Quello che tu hai detto – colpendo tutti noi – riguardo al problema della circostanza, parlando di santa Teresina del Bambin Gesù, affermando che la santità è l'adesione alla circostanza, poiché la circostanza è l'emergenza del Mistero, la convocazione del Mistero...

Giussani: Bello! «La convocazione del Mistero».

Intervento: Quella che tu hai descritto è la strada vera del cuore, ma è una strada impossibile. Infatti nell'Equipe c'è un passaggio capitale: eticamente la strada del cuore è quella di aderire alla circostanza come svelarsi dell'ordine totale; ma se questa connessione tra Mistero e fatto non si spingesse più oltre, fino alla coincidenza del Mistero con «un» fatto, questa strada vera del cuore non sarebbe percorribile per nessuno di noi.

Giussani: È giusto! La circostanza è il modo in cui il Mistero ti convoca (la circostanza adesso, fra trentaquattro minuti, fra un'ora e tre quarti). Ma se non ci fosse stata una certa circostanza dieci anni fa o l'anno scorso, cioè l'incontro, in cui l'evidenza di dove stia il significato di tutto ti è balenata, se non ci fosse stato quel momento, allora gli istanti sarebbero una congerie di momenti senza nesso.

Intervento: E uno intuirebbe che, come dicevi l'anno scorso qui, riprendendo l'intervento di qualcuno, «il destino conduce coloro che vi aderiscono e travolge coloro che lo respingono». Un uomo intuisce questo.

Giussani: Se non ci fosse stata la circostanza che chiamiamo «incontro», tutta la saggezza della vita sarebbe il nichilismo.

Intervento: La cosa che più mi sembra decisiva – ed è proprio ciò che il movimento porta nel mondo, una delle cose che il movimento porta e che non dice più nessuno – è che questa connessione, questa coincidenza, per cui il Mistero è diventato carne, è diventato un fatto, ingombra la storia oggi, si riproduce oggi. Quella coincidenza si chiama «Cristo», quella connessione si chiama «Cristo», ma essa raggiunge la storia in questo momento, non ha cessato di ingombrare la nostra storia. Per questo si può dire che è una presenza fisica oggi. Perché se il Verbo si è fatto carne...

Giussani: Ha toccato il punto razionalmente più difficile del foglio, dove si passa dall'esistenziale allo storico. Spero che almeno la difficoltà l'abbiate sentita. Aderire all'istante, esistenzialmente, è la suprema legge etica: è l'obbedienza al Mistero, quella di Abramo quando Dio gli disse: «Ammazzami tuo figlio»,[43] o quando, caro ami-

[43] Cfr. Gen 22,2.

co, la mamma muore. Ma, oltre che esistenzialmente, l'istante deve essere guardato storicamente, nella connessione tra questo istante, l'altro istante, l'altro istante, l'altro istante. Perché non sia una congerie di cose senza senso, un deserto, occorre qualcosa che venga da fuori del deserto e che s'accorge del deserto e che lo fa diventare giardino primaverile, come abbiamo detto il primo giorno, e questo è un determinato momento. È impressionante pensare come sia fragile quel determinato momento, come sia casuale, dal punto di vista razionale – che pura casualità! – c quale e quanta grazia sia: diventa certezza fisica come di una mano che ti conduce, nella misura in cui sei fedele.

Allora, dicci secondo te la logica dei punti.

Intervento: Innanzitutto è decisiva la frase che sta all'inizio: «Il problema non è l'unità del CLU, il problema grande è che tu diventi una persona adulta». Il primo punto è allora l'esplicitarsi dell'originalità della persona, cioè dell'orizzonte del cuore. Tutte le parole che vengono usate (utilità, letizia, generazione, comunionalità e gioia) indicano il realizzarsi delle dimensioni fondamentali del cuore.

Giussani: Ma la parola più bella è proprio «l'orizzonte del cuore», perché il cuore è fatto per la felicità e uno cammina, è un viandante, e l'orizzonte si sposta sempre di più: l'orizzonte totale è sempre orizzonte totale, ogni passo ha un orizzonte totale.

Intervento: Subito dopo, viene detto come può compiersi l'orizzonte del cuore. Tutto si condensa in quell'espressione che all'inizio sbigottisce: «Seguendo qualcosa». Generare è la partecipazione a un ordine, a un organismo; perché il cuore venga soddisfatto occorre allora seguire questo organismo, questo ordine, cioè parteciparvi, seguire il Mistero che opera: se occorre seguire, è perché l'ordine non nasce da noi; siamo costretti a seguire, anche non sapendo ancora chi, perché non c'è un principio assoluto in nessuno di noi. Occorre seguire un fatto (in senso generico), perché il Mistero si rivela nel fatto (il tutto nel frammento), non c'è un altro modo di rivelarsi del Mistero: il fatto è questo istante, in cui si intrecciano le coordinate dell'organismo totale, o volontà del Mistero: ogni istante è il punto in cui io vengo convocato dal Mistero. Il presente, il fatto, l'istante, è il modo con cui il Mistero si svela e...

Giussani: ...ti convoca. E qui è il punto principale di tutto. Quello che stava richiamando adesso è ciò che fonda l'etica. Eticamente, moralmente (come spero studierete bene nel secondo volume della Scuola di comunità),[44] l'uomo, la ragione, il senso religioso, di fronte al Mistero, dovrebbe camminare come uno sull'orlo di un abisso, in cui non vede nessuna continuità, che fa un passo dopo l'altro secondo come viene convocato. Ciò significa essere alla mercé di qualcosa che non si conosce. Invece, questo qualcosa che non si conosce è diventato Uno che si conosce. Allora dall'esistenziale-etico si passa allo storico-ontologico, all'ontologico e allo storico.

Intervento: L'annuncio di questo avvenimento conclude il primo punto...

[44] L. Giussani, *All'origine della pretesa cristiana*, op. cit.

Giussani: Storico e ontologico vuole dire che diventa un protagonista della storia, protagonista nel tempo, un fattore, un operatore, un lavoratore, un creatore.

Intervento: Il nome di questo "fattore" è Cristo. Dunque – qui inizia il secondo punto –, Cristo è la gioia, Cristo è la comunionalità, cioè Cristo è la corrispondenza all'orizzonte del cuore. Ora, il rapporto compiuto con questa presenza si chiama «fede», è cioè il riconoscimento di una Presenza eccezionale o, anche, il riconoscimento dell'eccezionalità di questa Presenza.

Giussani: Io sono più d'accordo sul riconoscimento di una Presenza eccezionale. Ciò che colpisce è prima di tutto la Presenza e poi l'eccezionalità, perché l'eccezionalità deve essere dentro un corpo, altrimenti...

Intervento: Sì, volevo dire che l'eccezionalità è dentro questa Presenza, cioè la definisce. Ma, detto questo, ecco che tutto il cammino, che prima veniva tratteggiato in modo che sembrava inafferrabile, diventa concreto: il cammino verso la gioia è dire: «Sì», in ogni circostanza, a questo Fatto, a questa Presenza in cui il Mistero si comunica totalmente; dire: «Sì» dentro la realtà, nel bere e nel mangiare, nel vegliare e nel dormire, nel vivere e nel morire...

Giussani: San Paolo! Perché hai citato «vegliare e dormire»?[45]

Intervento: Perché il dire: «Sì» a questo fatto è dentro tutti gli aspetti della realtà, tutte le circostanze.

[45] Cfr. 1 Ts 5,10.

Giussani: Comunque, ciò che dà gioia al momento è l'orizzonte totale verso cui si va. «Là, verso gli orizzonti», come dice la canzone *Madonna degli scout* (è un canto scout).

Intervento: Dicendo: «Sì» a Cristo, a questa Presenza, avviene un cambiamento, una trasfigurazione del nostro volto, che nell'Equipe tu dettagli: «Innanzitutto c'è qualcuno a cui dire "caro"», poi «una serietà della vita», «l'abolizione della frattura tra le cose», «una drammaticità», «una pazienza» e «un'umiltà». Termina così la seconda parte e inizia la terza, in cui descrivi i termini esistenziali, storici, del rapporto con questo Fatto. È qui che si colloca la domanda di Guardini: «Chi protegge Cristo da me stesso?»,[46] per rispondere alla quale si arriva sino al fatto che Cristo è presente oggi in una compagnia: la visibilità di Cristo, infatti, è la Chiesa e la visibilità della Chiesa è questa amicizia. Allora è in questo luogo...

Giussani: La visibilità della Chiesa è «in» questa amicizia. Perché la visibilità della Chiesa è anche il Duomo di Milano.

Intervento: Perciò, è in questo luogo che risiede la forma del nostro soggetto.

Giussani: Questa è una frase che nessuno ha capito. Ripeti.

Intervento: È in questo luogo – la compagnia – che risiede la forma del nostro soggetto agente. Come dicevi anche

[46] Vedi qui, nota 39, p. 454.

nella penultima Equipe, è qui dove si rigenerano il nostro pensiero e la nostra azione...

Giussani: Cioè dove uno è determinato nel modo di percepire, di sentire, di giudicare, di desiderare e di fare. Uno è determinato nel suo modo di agire. Uno che nasce in una certa famiglia viene su con un certo aplomb, con un certo modo di fare, oppure l'inverso. Così, è attraverso la comunità familiare che la natura fa diventare grande una personalità, dà una personalità. Analogamente, a un livello ulteriore, senza del quale il primo sarebbe un tragico inganno, la propria persona vissuta secondo la mentalità e il comportamento della compagnia assume determinati caratteri, cioè una forma.

Intervento: Questa compagnia è guidata, è un organismo vivente che ha bisogno di un ultimo vivente, l'autorità, altrimenti non esiste. Si pone qui un problema, che è il cuore del cuore dell'uomo: la libertà. Inizia così la quarta e ultima parte. Mentre si precisa che il dire di sì a Cristo significa immanenza al luogo in cui Lui vive, si esalta il punto decisivo della nostra libertà. Poiché l'uomo è strutturalmente dipendenza, o si dipende da ciò che non è originale, a cui noi non apparteniamo originalmente, o si dipende da ciò a cui apparteniamo originalmente. E questo Altro a cui apparteniamo si è determinato: è in una compagnia. Ma occorre che la nostra libertà venga totalmente messa in gioco perché la dipendenza sia riconosciuta e vissuta. Perciò, la libertà non è un'invenzione, ma un paragone vissuto dentro la concretezza. L'obiezione al paragone, al seguire, all'appartenere, è la diversità. La grande obiezione è la nostra diversità.

Giussani: Sì, quello l'abbiamo capito: sopportarti per tua moglie...

Intervento: ...deve essere difficile!

Giussani: È inevitabile. Se la realtà che è segno di Cristo è una realtà vivente, non può essere tale se non ha la possibilità di un ultimo paragone vivente; un organismo vivo ha un punto di riferimento vivente ultimo, ultimo! Questo è il valore dell'autorità, che è tutto quanto "materiato" dall'esperienza, non dal ruolo.

Intervento: L'Equipe finisce con una frase di von Balthasar...

Giussani: Sì, ma è meglio non leggerla ora...

Intervento: Non volevo leggerla, volevo solo richiamarne il senso. Le cose richiamate delineano una strada che è resa difficile dalla menzogna che c'è in noi e dal nostro tentativo di sottrarci, ma ancora più dalla menzogna che si organizza fuori di noi. Questo è ciò di cui parla la frase di von Balthasar.

Giussani: Certo! È tardi, finiamo qui. Mezz'ora di libertà prima della Messa.

Introduzione

Le nostre facce e le circostanze, con le loro luci e le loro ombre, sono cose molto concrete attraverso cui il Mistero ci tocca oggi, adesso, tra un'ora, a mezzogiorno, nel pomeriggio, quando sentiremo parlare il giovane cinese. Sono cose molto concrete. Vale a dire: è il segno il luogo della battaglia; il campo della battaglia è il segno, e il segno sono tutti i vostri nomi e cognomi e i rapporti dell'uno verso l'altro e i rapporti con le cose.

Per la Madonna questo doveva essere di una semplicità stupefacente. Con che ovvia dimestichezza doveva cogliere l'immensità del valore del vivere, delle persone e delle cose, che rifletteva l'immensità del valore dell'essere! Con che semplicità stupefacente doveva manipolare quello che le capitava tra le mani, quello che doveva fare! Noi dobbiamo giungere a questo, perché questa è la radice da cui scattano l'utilità, la generatività e perciò la gioia, e tutto si unisce, anche quello che ti dà un pugno per odio, anche chi ti giudica perché tiene di più alla sua misura mentale e alla "verità" della sua misura mentale che non alla grande appartenenza, alla piccola grande appartenenza a cui Dio l'ha chiamato. Tutto si coinvolge nel grande perdono della diversità.

Domandiamo alla Madonna la grazia di potere fare un passo in più oggi – oggi, come domani e come dopodomani –. Il nostro amico Pietro, del primo anno di Medicina a Milano, che tragicamente è annegato ieri a Rimini, ora vede questo – vede questo! – ed è presente tra di noi con un influsso diretto sulla nostra coscienza. Perciò, pregando per lui, preghiamo anche lui, perché tutto diventa uno quando giunge al suo limitare ultimo.

Angelus e *Lodi*

La giustizia descritta dal *Benedictus*[47] è la strada che è stata tracciata dentro la selva selvaggia del mondo. «Benedetto il Signore, Dio d'Israele, perché ha visitato e redento il suo popolo»; si è trascinato e si trascina dietro il suo popolo. Noi siamo stati chiamati a essere partecipi di questo popolo. Perciò la giustizia è vivere questa appartenenza, è riconoscerlo presente in mezzo a noi: non in determinati momenti di pietà (pietismo), non in determinati momenti in cui l'errore può dare un tale rimorso da incutere paura, ma dentro il folto dello spazio gremito di persone e di cose. Occorre che la memoria "ripulluli", che si sia pronti a essere percossi dal richiamo dell'atteggiamento di un altro, della parola di un altro. Allora realmente la vita diventa nuova, si spoglia dell'uomo vecchio.

[47] «Cantico di Zaccaria», in *Il libro delle ore*, op. cit., pp. 10-11.

Omelia 3

«Beati»! Questo è il tema della vita, questo è il motivo per cui il Mistero ci ha dato l'essere, l'esistenza, il muoverci, il camminare, l'esistere in tutte le sue dimensioni: la beatitudine, la felicità. Non esiste nessun'altra parola che possa corrispondere all'esigenza che ci costituisce, per cui, quindi, una madre dà la vita a un figlio, per cui il tempo diventa ragionevole. La razionalità della vita è nella beatitudine. Per questo ci ha fatti («Venite, benedetti, nel Regno preparato per voi»).[48] Il nostro amico Pietro è entrato nel Regno preparato per lui. Il salto fra la considerazione dei nostri limiti, dei suoi limiti, e questa compiutezza misteriosa è per noi inimmaginabile. Non possiamo capire. Noi non possiamo capire che cosa sia la misericordia. Ma una cosa possiamo capire, una cosa dobbiamo affermare per essere uomini: ciò che è accaduto è per il suo destino di felicità.

Come dobbiamo quotidianamente renderci vigilanti! È per il compimento di questo destino di felicità che siamo fatti passare attraverso tutte le circostanze, che un impulso ci fa attraversare tutte le circostanze. Non è per la morte, ma per la vita. Non è il Dio dei morti, ma dei vivi. È un atto di fede il nostro? Innanzitutto è un atto ragionevole, è un dovere di ragione. Ma subito la durezza di questa necessità (la necessità della ragione) s'addolcisce e s'intenerisce nella domanda che la pienezza della vita di cui gode il nostro fratello Pietro in qualche modo si riverberi nella coscienza e nell'esperienza nostra, nella coscienza della nostra esistenza. Non può, un avvenimento così fatto, lasciarci come prima.

[48] Cfr. Mt 25,34.

Incontro con Li Lu

Nel pomeriggio si svolse l'incontro con Li Lu, studente di Fisica dell'Università di Nanchino, e con la professoressa Daimon Liu, dell'Università di Hong Kong. Iscritto al partito comunista, Li Lu ebbe un ruolo di primo piano nel movimento degli studenti di Tienanmen. Fuggito dalla Cina, era ricercato dalla Polizia cinese, che lo considerava un criminale. Li Lu, nel suo intervento, raccontò la nascita e le attività del movimento degli studenti cinesi – gli scioperi della fame, l'occupazione pacifica delle università e delle piazze, la resistenza contro i militari –, dall'aprile alla repressione di giugno, e illustrò i motivi che ne avevano guidato la nascita, nel contesto della crisi economica e politica cinese. Daimon Liu segnalò, fra le varie iniziative prese dagli oppositori al regime, la fondazione, da parte di docenti e studenti universitari di varie regioni della Cina, dell'Università di Tienanmen, che evidentemente ebbe breve durata, ma che poteva costituire un progetto da riprendere in sede internazionale.

A conclusione dell'incontro, queste furono le parole di don Giussani:

«A nome di tutti ringrazio voi e tutti i vostri – e nostri, oramai – amici cinesi. Ma vogliamo che questa amicizia si realizzi attivamente in tutto il mondo.

Tre cose soprattutto noi sentiamo di quanto hanno detto.

Primo, che il cuore dell'uomo è uno – uno! – in tutti gli uomini. Tutti gli uomini hanno un cuore uguale. Questo lo sappiamo molto bene.

Meno bene sappiamo che il cuore si sviluppa e si realizza attraverso la ragionevolezza, come lui ha detto. La "ragionevolezza": questa è la parola su cui dobbiamo lavorare, perché la ragionevolezza riguarda l'orizzonte intero del cuore. Non ci si può fermare prima.

Che cosa vuol dire vivere il cuore secondo una ragionevolezza totale? Lo sappiamo, ma è la cosa che meno sappiamo: per realizzare la ragionevolezza occorre la lotta: non la violenza, ma la pazienza o fatica. Meglio ancora: occorre lavoro. Il lavoro. Noi lavoreremo insieme».

Serata di ascolto di canti e di *Lieder* di Schubert

I' te vurría vasá'[49]
Dicitencello vuje[50]

Giussani: Adesso abbiamo un pezzo musicale interessantissimo. Il nostro carissimo amico giapponese di Tokyo ci canta, anzi ci ricanta *Icaro*, spiegando prima il concetto della canzone. Grazie!

Intervento: Prima di tutto, buonasera a tutti. La canzone racconta l'episodio intero dell'Icaro. Icaro, con le ali di piume saldate con la cera, parte per il sole. Però, esposta al sole, la cera si scioglie e lui precipita a terra e muore. Concludendo ogni strofa si ripete una frase: «Il suo compagno era il coraggio». L'ultima strofa dice: «Icaro è morto, però noi abbiamo ereditato il suo coraggio e siamo partiti per il domani», e aggiunge: «Il nostro compagno è il coraggio».

Icaro

Giussani: Adesso invece sentiamo tre *Lieder* di Schubert e poi quattro o cinque canti popolari russi.

F. Schubert, *Lieder*
Canti russi[51]

49 V. Russo, E. Di Capua, «I' te vurría vasá», in *Mandulinata a Napule*, op. cit.
50 E. Fusco, R. Falvo, «Dicitencello vuje», *ibidem*.
51 Cfr. *Canti popolari russi*, op. cit.

Giussani: Il nostro amico cinese vuole dire due parole dopo queste canzoni.

Li Lu: Credo di avere sentito adesso proprio una voce dal cielo e ho un sentimento molto forte: non è né tristezza, né dispiacere, ma è il senso di una storia, e questo mi ricorda un altro sentimento che avevo nella piazza Tienanmen. In quei giorni tutti noi studenti avevamo un'idea, un sentimento molto chiaro: è come se noi stessimo reggendo nelle mani una grande e pesante penna; noi stavamo seriamente, con pazienza, scrivendo la storia. E, da questa voce dal cielo che ho sentito, io mi sono reso conto di come ogni persona è in questa posizione, con questa penna per scrivere la storia. Quello che noi stiamo facendo qui in questa sala è scrivere la storia di adesso e la storia del futuro.

Ho avuto la fortuna di avere un regalo dalle nostre amiche della Polonia, che era il primo manifesto che è stato fatto in occasione delle prime elezioni libere in Polonia. Quello che i polacchi stanno facendo ora è anche per il futuro, per i loro bambini.

Vi ringrazio perché quello che noi stiamo facendo qui è proprio scrivere la storia del mondo. Grazie per l'incontro che mi avete consentito di fare, grazie per questa grande persona che ho incontrato e che è all'inizio di questo movimento. Grazie molte a tutti voi.

Giussani: Sarebbe ingiusto che non ci incontrassimo più. Vi è dunque qualche cosa nella vita del cuore che non ci può fare perdere il rapporto mai, mai più. Del resto, l'emozione che lo ha fatto parlare così gli è stata "sommossa" nel cuore dai canti che ha sentito. Noi sappiamo rispondere a questa domanda: quando ci ritroveremo definitivamente? Ma, allora, se ci incontreremo definitivamente, ci siamo già incontrati definitivamente. Speriamo di fare l'università internazionale insieme, ma è un particolare nel cosmo grande della storia; un grande particolare, un protagonista nuovo che dobbiamo creare.

Non è polemica, non è inutile dirlo: non basta il coraggio. Ci vuole qualche cosa che spieghi, che dia ragione totale al coraggio di Icaro. Permetteteci dunque di dire una preghiera a Dio. In piedi.

Padre Nostro

Giussani: E che i morti di piazza Tienanmen risorgano. Risorgeranno.

Ringraziamo ancora molto i nostri due amici, sperando dunque nel prossimo incontro.

Lezione 2

Giussani: Forza, una canzone per tirarci su!

'O surdato 'nnamurato[52]

Giussani: Grazie! Diamine, siamo tra amici, non c'è bisogno di battere le mani! Invece, potevamo fare sentire questa canzone all'amico cinese ieri sera, l'avrebbe gustata: è più immediata e intuitiva di altre.

Comunque, non credo che con questa canzone siate più disposti a sorbirvi l'ora che vi infliggerò; dico l'ora, perché l'altra ora ve la infliggerò domani mattina. Eppure la verità è una cosa più bella e più grande che neanche le canzoni napoletane. Anzi, le canzoni napoletane sono belle e grandi proprio perché si portano nel basto il riverbero della verità. «Che cosa più potentemente desidera l'animo del vero?»,[53] diceva sant'Agostino. «Ragazzi, non è forse vero che quando parliamo della verità dimentichiamo anche le donne?»,[54] diceva Socrate. Per questo, il perseguire il vero è una cosa più seria e più profonda perfino dei canti napoletani. Non li ho sminuiti, così! Anzi, li ho potenziati.

Tutto quanto abbiamo e avremmo voluto dirci in questi giorni, dagli accenni iniziali ai brani di evocazione (non solo il *Miguel Mañara*),[55] ma anche le frasi dette, sentite, i personaggi intravisti, la compagnia vissuta, credo possa

[52] E. Cannio, F. Califano, «'O surdato 'nnamurato», in *Mandulinata a Napule*, op. cit.

[53] Vedi qui, nota 17, p. 435.

[54] Cfr. Platone, *Simposio*, XXIX, 211b-212a.

[55] O. Milosz, *Miguel Mañara*, op. cit.

essere riassunto nelle parole che il Papa ha rivolto ai giovani svedesi quando è andato in Scandinavia: «Come tutti i giovani del mondo voi siete alla ricerca di ciò che è importante e centrale nella vita». Ma uno può dire: «A me che me ne frega!». E invece no! Secondo la logica svelata da *Il senso religioso*,[56] uno cerca, uno ha qualcosa di importante e centrale nella vita, anche se crede di poterlo negare: ce l'ha – mi spiace – per forza, è una implicazione che nessuno può eludere. Perché? Perché questa è l'essenza dell'io: si chiama «cuore» (vedo che *Il senso religioso* dovete studiarlo da capo).

«Come tutti i giovani del mondo voi siete alla ricerca di ciò che è importante e centrale nella vita. Nonostante alcuni di voi siano distanti da un centro geografico, ed alcuni possano essere lontani dalla fede e dall'affidamento a Dio, siete venuti qui perché siete veramente alla ricerca di qualcosa di importante su cui basare le vostre vite. Voi volete stabilire salde radici e percepite che la fede religiosa è una parte importante per la vita piena che desiderate. Permettetemi di dirvi che io capisco i vostri problemi e le vostre speranze [...]. Oggi, giovani amici, desidero parlarvi riguardo la pace e la gioia che possono essere trovate, non nel possedere ma nell'essere, conoscendo una persona [c'è una persona conoscendo la quale uno incomincia a sentirsi esistere] e vivendo secondo il suo insegnamento [cioè seguendola]. Questa persona è Gesù Cristo, nostro Signore e amico. Egli è il centro, il punto focale, colui che ci riunisce nell'amore.»[57]

[56] Cfr. L. Giussani, *Il senso religioso*, op. cit., pp. 76, 200.
[57] Giovanni Paolo II, *Omelia alla Santa Messa nel cortile del castello*, op. cit.

Vorrei che ci richiamassimo a un aspetto particolare della vita, che comunque di essa rappresenta la punta più acuta, dopo quel desiderio di verità di cui abbiamo parlato. Se dovessimo fare una scala di fattori, il primo sarebbe il desiderio di verità, il secondo l'assurdità, l'irrequietezza, la delusione del dolore. Dico che prima viene il desiderio perché uno, di fronte al dolore, dice: «Ma perché? Non è giusto, perché?!».

Un irlandese mi ha dato questo bel pezzo di Patrick Pearce: «La bellezza del mondo mi ha reso triste, questa bellezza che passerà. A volte il mio cuore si stringe di gioia grande nel vedere uno scoiattolo che salta su un albero o una coccinella rossa su uno stelo o dei piccoli conigli in un campo in una sera accesa da un sole declinante o una verde collina dove le ombre scivolano lentamente, una quieta collina dove uomini montanari hanno seminato e dove presto raccoglieranno vicino alla porta del cielo, o bambini che camminano scalzi sulle sabbie di basse maree o che giocano sulle strade nei piccoli paesi di Connect: tutte cose giovani e felici. E allora il mio cuore mi ha detto: "Queste cose passeranno. Passeranno, cambieranno, moriranno, non ci saranno più. Cose chiare e verdi, cose giovani e felici". E io ho proseguito per la mia strada pieno di dolore».

Non si può evitare questo secondo fattore, che è il più importante; se non ci fosse il primo, sarebbe il più importante. Ma è come se per tutti fosse il primo, perché oltre, che cosa si può dire? Oltre, il nostro amico cinese, cosa poteva dire? Sì, la democrazia, il lavorare per il futuro... E le migliaia di morti schiacciati? Oltre, che cosa si può dire?

È stato magnifico sentirlo affermare questa essenza dell'uomo che noi abbiamo sempre chiamato «cuore» e che lui stesso ha chiamato «cuore», descrivendolo come noi lo sentiamo, descrivendolo come lo sentivano duemila anni fa, come lo sentivano ai tempi di Omero e come lo sentiranno fra centomila anni, se il mondo ci sarà ancora. Siamo stati commossi da questo, siamo stati commossi – come ho accennato ieri – dal suo accenno alla ragionevolezza, all'usare il cuore con ragionevolezza, alla ragionevolezza come il fiorire del cuore. Ma che cosa significa? Così come quando il nostro amico giapponese ci ha ricantato la canzone di Icaro: «Icaro aveva coraggio», e l'ultima strofa ha riassunto tutta la questione dicendo: «Icaro è morto, ma noi abbiamo ereditato il coraggio con cui sfidiamo il futuro». Ebbene?

La parola del Papa, molto semplicemente, va al fondo della questione, risponde. Accorgersi della stoffa di questa strada, della natura di questo cammino che porta a una risposta finale, almeno è evitare le incongruenze. Ma il giovane di ieri non era incongruente: è come se a un certo punto la logica mancasse, venisse meno, fosse chiusa, e tutto quanto lo spazio fosse investito emotivamente: l'amore, la pace, la giustizia, la democrazia, il futuro. Oddio, ci sembra di essere ritornati all'epoca di Abramo (duemila anni prima di Cristo), quando il sogno della vita, il senso della vita, per della gente ancora "primitiva", era la discendenza, dove era totalmente eluso ed eliminato il senso dell'io, la portata dell'io. Oppure, più vicino a noi:

«Ciò che la sinistra collaborazionista approva – scrive Camus nei suoi *Quaderni*; scriveva nell'epoca in cui la sinistra si presentava come il simbolo dell'uso della ragione, del coraggio umano, della intrapresa umana –, passa sotto silenzio o considera inevitabile [...]:

1) La deportazione di decine di migliaia di bambini greci.

2) La distruzione fisica della classe contadina russa.

3) I milioni di prigionieri nei campi di concentramento.

4) I rapimenti politici.

5) Le esecuzioni politiche quasi quotidiane oltre la cortina di ferro.

6) L'antisemitismo.

7) La stupidità.

8) La crudeltà.

L'elenco rimane aperto».[58] L'ha scritto nel 1953.

Ora, il giovane nostro amico cinese di ieri, così come chi ha creato la bellissima canzone giapponese, si sentono fremere. Noi ci sentiamo fremere di fronte a queste cose. Ma «ci sentiamo fremere» cosa vuole dire? Non è ragionevole, manca la ragionevolezza! Se non c'è risposta, manca la ragione; se non c'è ragione, manca la ragione. Sentite cosa dice san Paolo ai cristiani di Corinto nella sua prima Lettera (capitolo 9, versetti dal 24 in poi): «Non sapete che nelle corse allo stadio tutti corrono, ma uno solo conquista il premio? Correte anche voi in modo da conquistarlo! [Perché altrimenti è irragionevole correre, è deludente correre.] Però ogni atleta è temperante in tutto; essi lo fanno per ottenere una corona corruttibile [uno scopo non vero], noi invece [per] una [corona] incorruttibile [per una ragione esauriente]. Io dunque corro, ma non come chi è senza mèta; faccio il pugilato, ma non come chi batta l'aria, anzi tratto duramente il mio corpo e lo trascino in schiavitù perché non succeda

[58] A. Camus, «Taccuini III. Marzo 1951 – Dicembre 1959», in *Taccuini*, Bompiani, Milano 1992, p. 101.

che dopo avere predicato agli altri venga io stesso squalificato».[59]

C'è una differenza radicale fra l'impeto affascinante del nostro amico di ieri, fra la suggestione magnifica del canto dell'Icaro giapponese e questo brano di san Paolo! C'è una differenza enorme, abissale: ed è che qui è ragionevole. Si può discutere sul termine cui arriva, ma qui è ragionevole perché afferma uno scopo da raggiungere: non batte l'aria. Dire: «Pace, pace» è battere l'aria, e dire: «Amore, amore» è battere l'aria, e dire tutto quello che volete voi è battere l'aria. La ragione è qualcosa che tutto investe in un'unità ordinata, in cui tutto si compie, dove anche i capelli del nostro capo sono numerati.

Entriamo allora nel vivo dell'argomento. Noi non vogliamo sminuire nulla. Siamo – e speriamo di diventarlo sempre più – profondamente amici dei nostri amici cinesi (così come di tutti quelli che vivono a Tokyo), tanto siamo commossi da loro, commossi dalla loro emozione, un'emozione che li ha portati a morire, a rischiare la vita e a morire. Perciò non è affatto una diminuzione di dignità quello che sto per dire. Dico semplicemente che c'è un errore tragico di metodo, di strada. Come dicevo prima, è come se la ragionevolezza sprizzasse dal cuore e a un certo punto perdesse la trebisonda, come diciamo noi a Milano, perdesse la bussola. È come quando a uno viene la labirintite. Hanno la labirintite. Anche noi possiamo avere la labirintite, anzi la stragrande maggioranza degli uomini hanno questa labirintite: sentono urgere qualcosa e poi si confondono e cadono per terra, e se ne stanno lì fermi. Lo stare lì fermi è in fondo la scelta di tutti: godi-

[59] 1 Cor 9,24-27.

mento cinico, godimento nichilista per convenienza, che è il vivere per un tornaconto. Tutti vivono di questo tornaconto ultimamente cinico e nichilista, tutti, compresi noi, se non fossimo evocati, convocati.

Bene, la prima risposta seria al problema – le risposte serie possono essere solo due – è la scienza, perché almeno ha come prospettiva un lungo tratto di indagine e di costruzione, e chissà mai! Ma attenzione a quanto dice il Papa in un discorso agli scienziati: «La scienza della totalità [la scienza per sua natura è legata alla parola totalità; essendo un uso serio della ragione, è costretta a legarsi alla condizione fondamentale della ragione, che è l'esigenza della totalità] conduce spontaneamente alla domanda sulla totalità stessa, domanda che non trova le sue risposte all'interno di tale totalità». Vale a dire, la scienza, che cerca di raggiungere l'orizzonte totale delle cose, conduce alla domanda: «Qual è questo orizzonte? Dov'è questo orizzonte? In che cosa consiste questa totalità? Che senso ha questa totalità? Che nome dobbiamo darle?». Questa domanda non trova le sue risposte all'interno della totalità stessa. Camminando, l'orizzonte si sposta. È sempre tutto l'orizzonte che uno ha presente, e camminando si sposta. Insomma, non è mai finita! «La ragione scientifica [...] ci induce a riproporre con rinnovata intensità alcune delle grandi domande dell'uomo di sempre: da dove veniamo? dove andiamo?; [questa è la domanda sulla totalità] ci porta a misurarci ancora una volta sulle frontiere del mistero, quel mistero di cui Einstein ha detto che è "il sentimento fondamentale, che sta accanto alla culla della vera arte e della vera scienza" e, aggiungiamo noi, della vera metafisica e della vera religione. [...] [Una scienza vera] non dà potere all'uomo per costruire né per distruggere, ma ne asseconda il desiderio puro, l'ideale profondo di conoscere [è come qualcosa che aiuta nel cammino, sospinge nel cammino]. E questo [ideale profondo del conoscere], in un mondo fortemente tentato di utilitarismo e di sete di dominio, è un valore da testimoniare e da custodire.»[60]

È una grande cosa la serietà scientifica, ma non ha in sé la risposta alla sua caratteristica più fondamentale e decisiva: non ha la risposta all'esigenza della totalità. L'esigenza della totalità è senza nome («Intelligenza, dammi il nome esatto delle cose!», diceva il nostro Jimenez).

Allora, perché il sacrificio dei cinesi sulla piazza di Pechino, o il coraggio della canzone giapponese, non sia un'enfasi, non si riconduca a un'enfasi volontaristica, romantica, e perché la ricerca carica di sete di totalità non debba arrestarsi delusa, oppure passare alla presunzione, oppure diventare puramente fantasia (non c'è nessuna fantasia come affermare per il futuro quello che non si trova adesso), occorre uno scopo, una risposta.

Ho detto: la risposta al problema del senso che compie la ragionevolezza, che fa assumere anche il dolore, o è la scienza – e abbiamo i visto i suoi limiti dalle parole del Papa – oppure è un incontro: o la scienza o un incontro.

Immediatamente si possono vedere le differenze radicali. Sapete per esperienza, sia pure minuta e minuscola, che fatica implica la scienza, che tecniche implica, che solitudine implica, anche quando siete in équipe. L'incontro è una strana parola, in cui sono implicati i muscoli delle braccia come i muscoli del cuore, i pen-

[60] Giovanni Paolo II, *Discorso ai partecipanti alla conferenza su "Il problema del cosmo"*, 28 settembre 1979.

sieri e le radici dei pensieri: ma è come se in questa parola fossero bruciati e ricreati tempo e spazio, come se in essa si ricreasse il mondo. Nell'incontro uno dimentica il mondo, dimentica tutto, e si trova in una posizione di ricreazione di tutto. «Non è attraverso degli scrupoli – scriveva ancora Camus – che l'uomo diventerà grande. La grandezza viene, per grazia di Dio, come un bel giorno»,[61] come una casualità, come un'improvvisa festività, come uno scorcio improvviso di creatività, come una scoperta.

«Vedo avanzarsi il deserto, ma ciò che s'accorge del deserto non appartiene al deserto»: tutto finisce nel limite e nel dolore (non usiamo altre parole), ma ciò che si accorge del limite e del dolore non appartiene al limite e al dolore. Questa è la natura della ragione, questa è la natura del cuore dell'uomo, questa è la natura di ciò che costituisce l'uomo come uomo. Vale a dire, il fatto che uno, affrontando qualsiasi cosa, ne percepisca il limite e ne sia ferito in qualche modo sempre, in qualsiasi caso (nella misura, è chiaro, in cui s'accorge di quello che avviene, nella misura in cui non è distratto); il fatto che, dunque, affrontando tutto, uno s'accorga del limite e della delusione, della non corrispondenza, e questo non lo arresti, ma lo esasperi (uso la parola «esasperare» per massimizzare la questione, ma è esattamente un'esasperazione, nella misura in cui uno ci pensa; «ci pensa» vuole dire paragona quello che incontra con quello che è lui; pensare vuole dire questo), documenta che lui non appartiene al limite e al dolore, e per questo viene come sospin-

[61] Cfr. A. Camus, «Taccuini III. Marzo 1951 – Dicembre 1959», op. cit., p. 34.

to, spinto, trascinato a cercare di afferrare di più, di conoscere di più, di penetrare di più.

Ma come si chiama la realtà che vedi e che senti e che, in quanto la vedi e la senti, ti dice: «Vieni, alè! Coraggio, vieni avanti!»? Si chiama «segno», come abbiamo studiato ne *Il senso religioso*.[62] Un incontro è un segno. Si chiama «incontro» quello che si può chiamare «segno». Dal punto di vista della ragione, è segno: un incontro, come una festa improvvisa, casuale, come una creatività improvvisa, imprevista.

Dunque, o la scienza o un incontro. L'opposizione tra le due cose è chiara. La scienza misura, ha la rabbia di non potere misurare tutto; uno che non ha questa rabbia non ha neanche incominciato il sentiero dello scienziato, ma non ha neanche incominciato il sentiero dell'innamoramento. O la scienza o l'incontro, vale a dire un segno, qualcosa che ti colpisce e ti dice: «Avanti, vieni avanti!». Immaginiamo uno che sta andando per la strada, arriva davanti a una casa, si spalanca la porta e si sente dire: «Vieni!». Non c'è niente di più strano, "estraneo" di questo. L'incontro è con qualcosa di "estraneo". Ma è paradossale, perché è qualcosa di estraneo che ha un filo di corrispondenza a te, di fascino di corrispondenza a quel che tu sei, assolutamente imprevisto. Ed è proprio in questo paragone – per cui tu percepisci nella voce che ti dice: «Vieni!» sia un'attrattiva irresistibile sia una paura e un senso di estraneità che sembra insormontabile – che scatta per forza una lotta. Quel tale camminando per il paese, si sente dire dalla porta di una casa: «Vieni, vieni, vieni!», come se quella fosse casa sua, come se chi parla fosse sua

[62] Cfr. L. Giussani, *Il senso religioso*, op. cit., pp. 153-165.

madre, o la sua fidanzata, o la sua sposa: «Vieni!». D'altra parte, però, è totalmente smarrito, perché è estranea: era insospettata, assolutamente inattesa e non sa come faccia a dire così. Perciò nasce una lotta che, nelle pieghe più profonde del nostro rapporto col reale, situa una drammaticità che non si riesce a sciogliere. Questo brano di Mario Luzi, tratto dal *Libro di Ipazia*, è fantasticamente espressivo di tutto ciò. Ipazia: «Chi viene? Chi mi chiama? Perché questa visita? Sono stanca e colma, non posso accogliere niente e nessuno» (è il mio paragone invertito). La voce: «Sono colui che è dovunque. E sempre. Non vengo. Sono qui come sono in ogni parte». Ipazia: «Oh non ti riconosco. Ti pensavo diverso». La voce: «Sono come sei tu. Perché io sono te. Te e altro da te. È questo altro che devi sopprimere, perché anch'esso devi comprendere e far tuo». Non è facile, anche se è semplice. La voce risponde: «Sono come sei tu. Perché io sono te».[63] *Il senso religioso* che cosa diceva essere il cuore dell'uomo? Rapporto con l'infinito, esigenza dell'infinito. «Sono come sei tu»: io sono il tuo cuore, sono «te e altro da te», perché sono diverso da come mi pensi tu. «È questo altro che devi sopprimere»: devi identificarmi con te, devi identificarti con me. «È questo altro che devi sopprimere, perché anch'esso devi comprendere [prendere dentro] e far tuo.» La mia infinita diversità dalla tua immaginazione devi fare tua: mi devi fare tuo.

È curioso che la stessa identica metafora si trovi in Claudel, ne *La scarpina di raso* (non vi ricordo ora tutta la storia). Dice: «Non v'era altro mezzo per fargli capire la dipendenza, la necessità e il bisogno, un altro su di lui, la legge su di lui di un altro essere differente per nessun'al-

[63] M. Luzi, *Libro di Ipazia*, BUR, Milano 1978, p. 69.

tra ragione se non ch'egli esiste».[64] La legge su di te di un altro essere, differente da quel che pensi tu e senti tu, «per nessun'altra ragione se non che egli esiste». Di lui possiamo dire solo: «Esiste», e questo compie la ragionevolezza e il cuore. Questo e solo questo compie!

O la scienza o l'incontro, in cui si afferma l'esistenza di Altro, di un Altro. «Non v'era altro mezzo per fargli capire la dipendenza, la necessità e il bisogno: un altro su di lui, la legge su di lui di un altro essere differente per nessun'altra ragione se non che egli esiste.» Perché, infatti, affermo che «Tu sei», perché non posso non affermare che «Tu sei»? Affermo che «Tu sei» perché io sono. Altrimenti non affermo mai quel che sono: sono menzognero. Lo dice san Giovanni: «Chi non riconosce Dio è menzognero, mentitore».[65] Se – come avete studiato ne *Il senso religioso* –[66] l'esistenza di Dio è implicata dalla dinamica che si chiama ragione o cuore, io debbo dire: «Tu esisti perché esisto».

Accettare di soccombere in questa lotta, in questa resistenza, cioè accettare questa estraneità che si pone in paradossale contraddizione col fascino, con l'attrattiva, cedere in questa lotta, accettare questa estraneità, affermare che è perché è significa compiersi.

Dice Claudel nello stesso testo: «Non hai imparato che il cuore deve obbedire [obbedire vuole dire aderire all'altro, affermare un altro: la mia azione non esprime me, non afferma me, ma afferma l'Altro di cui son fatto] e non la volontà costretta materialmente da un ostacolo».[67]

64 P. Claudel, *La scarpina di raso*, Massimo, Milano 1992, p. 243.
65 Cfr. 1 Gv 4,3.
66 Cfr. L. Giussani, *Il senso religioso*, op. cit., pp. 163, 167.
67 P. Claudel, *La scarpina di raso*, op. cit., p. 240.

L'eliminazione di Dio, l'eliminazione della realtà come segno, elimina totalmente la consistenza di qualsiasi cosa e, al di là di quello che ho detto, del godimento cinico e nichilista per convenienza e tornaconto, che è come vivono tutti, al di là di questa ignobilità che copre la terra come un grande magma putrido, al di là di questo non si può dire niente, non si potrebbe più dire neanche una parola. La logica di Pirandello non permetterebbe di dire neanche una parola. Come abbiamo già accennato altre volte, uno dovrebbe dire: «Ma... niente, sono qui, sei lì, sono seduto, sono in piedi, ci sono, non ci sono». Nulla, il nulla! Se non c'è questo cedimento, questa accettazione dell'estraneità, questa affermazione dell'affinità, della positività del paragone, del paragone che uno compie e che, compiendo, afferma come compimento di sé, se non c'è questa affermazione di Dio, se non c'è questa affermazione della realtà come segno, non si può dire più niente: ci si può rovesciare addosso gli uni gli altri tagliando, squartando, distruggendo: sono i carri armati in piazza Tienanmen, ma ogni uomo diventa carro armato per chi gli è vicino, chiunque sia, dalla donna all'estraneo, all'amico.

«Il cuore deve obbedire, non la volontà costretta materialmente da un ostacolo»; non la volontà costretta, perché questa è l'origine della divinità concepita pietisticamente, per cui uno se muore vuole essere portato in chiesa, e se muore il proprio parente vuole portarlo in chiesa, e se magari si sposa vuole sposarsi in chiesa. «Il cuore deve obbedire, non la volontà costretta materialmente da un ostacolo», altrimenti uno è costretto a una cosa che non gli si confà, che non compie il paragone, che non compie il cuore, che non compie la ragione. È il cuore che deve obbedire all'incontro, che deve riconoscerne la corrispondenza profonda. Ma se tu non sei segno, o realtà, se tu non sei voce che mi chiama, nulla più posso dire di te. E allora mi dovrei tagliare la gola?

«Non hai imparato che il cuore deve aderire, obbedire all'Altro, e non la volontà costretta materialmente da un ostacolo.» Allora – dicevo – cedendo in questa lotta, accettando l'estraneità, affermando l'Altro attraverso la differenza, l'estraneità (perché questo è il punto radicale della nostra avversione o della nostra ignoranza o della nostra dimenticanza di Dio: l'estraneità; infatti il pietismo o il teologismo sono impiantati su questo punto; allora il rapporto diventa sentimentalità, diventa liturgismo, diventa ideologia), cedendo divento me stesso.

Sentite questo dissidente lettone come ha vissuto questo momento: «La mia volontà [prima la volontà, eh!] e poi la mia intelligenza hanno resistito a lungo, ma alla fine mi sono arreso e ho vinto». Il vincitore è chi trionfa, chi esce dalla battaglia se stesso. «Non è stata la capitolazione di fronte a un avversario, ma la riconciliazione con il padre, il ritrovamento della origine.» «Tu sei me»: il Suo possesso di me è la mia liberazione.[68] «Riconoscere che sono fatto di Te, questa è la liberazione»: la ragione è compiuta, il cuore è compiuto. «Oso dire: "Tu sei". Posso sentirmi in disaccordo e in rabbia con Te, posso dire: "Non Ti amo", non posso dire: "Non sei".»

Ma questa possibilità di liberazione ha alcune caratteristiche. L'incontro, dunque, se si presenta in questa forma drammatica ultima (non clamorosa né superficiale), è reso possibile da una cosa "puerile" o, diciamo meglio, infan-

[68] Il riferimento è al dissidente lettone Sandr Riga, citato in «Russia Cristiana», n. 4 (1981), p. 7.

tile («Se non sarete come bambini...»),[69] da una cosa poverissima, in cui uno è povero, nudo e crudo, poverissimo: è reso possibile dallo stupore. L'evidenza inesorabile di una Presenza ti fa prima di tutto spalancare la bocca e sbarrare gli occhi. Un incontro, innanzitutto, è occhi sbarrati con bocca aperta. «Non è comunicabile se non ciò che ci è comunicato [non c'eravamo]; e non è comunicato se non ciò che è ricevuto gratuitamente [perché io ti posso dare, ma se tu non lo ricevi... e il ricevere è assolutamente gratuito, perché tu non segui un tuo calcolo o un tuo tornaconto, una tua immaginazione], e si trattiene solo perché si è stupiti.»

Per questo anche sui testi di atei si possono trovare testimonianze formidabili, come questa, tratta dalla *Storia della letteratura latina* di Concetto Marchesi, che voi avrete letto, ma non certo sottolineato: «L'arte ha bisogno di uomini commossi, non di uomini riverenti».[70] La volontà necessitata dall'ostacolo, di cui parlava Claudel, è l'uomo riverente, è l'uomo schiavo, è l'uomo servitore. «L'arte ha bisogno di uomini commossi», e vi è commozione quando il cuore trova la risposta, quando il paragone è stabilito. Allora c'è il dramma del sì, e se questo è accettato uno è libero. Ma potremmo dire: l'arte che è propria di ogni uomo – la generatività, la fecondità, il generare la propria vita, il costruire la propria vita, il fare fiorire la propria vita, il vivere – ha bisogno di uomini commossi, vale a dire afferrati nel loro cuore (che è il contrario di ogni sentimentalismo o di ogni romanticismo), ha bisogno di uomi-

[69] Cfr. Mt 18,3.

[70] C. Marchesi, *Storia della letteratura latina*, vol. 1, Principato, Messina-Milano 1936, p. 82.

ni che percepiscono la corrispondenza fra ciò che si incontra e il proprio io profondo, e la propria origine. «L'arte ha bisogno di uomini commossi, non di uomini riverenti»: si può dire benissimo, cento volte di più, per la religione; e infatti non si tratta di religione, si tratta di vita. L'incontro è drammatico, ha nelle sue pieghe una drammaticità per cui occorre la capacità di stupore per accettare l'estraneità che si sente nel rapporto: accettando, uno si libera. C'è allora una conseguenza esistenziale impressionante, che, come spesso abbiamo detto, da sola basta a fare capire che la verità è l'affermazione di Dio (da sola!). L'abbiamo detto in tanti modi, anche ne *Il senso religioso*, ma soprattutto in *All'origine della pretesa cristiana*, perché questo è ciò che gli uomini hanno capito con Cristo. La gente che lo vedeva, lo sentiva parlare, lo accostava, lo guardava, questo sentiva: il valore assoluto, infinito, il realizzarsi pieno dell'io nell'istante – l'istante, «convocazione del Mistero», avete detto nell'assemblea, con una frase da non dimenticare più –.

Van Broeckhoven nel *Diario dell'amicizia* dice: «È fonte di gioia scoprire che questa creazione mitica e santa [la creazione mitica: il culmine del realizzarsi dell'essere e della purità] è il mondo concreto di oggi: qui, ora, Bruxelles, questi uomini concreti, in questa fonderia sporca, anche i nostri amici, tutto questo costituisce la realtà e questa realtà è santa, essa è infatti l'unico luogo in cui Dio può venirci incontro, e dunque l'unico luogo in cui ci viene incontro. Anche se dovessi scegliere tra il roveto ardente e Bruxelles, sceglierei Bruxelles».[71] Non è appena

[71] E. van Broeckhoven, *Diario dell'amicizia*, Jaca Book, Milano 1975, p. 103.

van Broeckhoven che dice questo. Sentite cosa dice Pavese: «La poesia [vale a dire il realizzarsi dell'io nel rapporto con la realtà come cosmo] nasce [...] dagli istanti in cui leviamo il capo [uno cammina sempre con la testa bassa; quando la alza, guarda e vede la presenza] e scopriamo con stupore la vita»;[72] «perché la vita c'è...», come dice la nostra canzone. La profondità e la sincerità del nostro amico cinese si è documentata proprio nell'avere immediatamente preferito, fra tutto, questo nostro canto. «La poesia nasce dagli istanti in cui leviamo il capo e scopriamo con stupore la vita. Anche la normalità [la banalità] diventa poesia quando si fa contemplazione, cioè cessa di essere normalità e diventa prodigio», rapporto col Mistero. L'istante, come diventa rapporto col Mistero, diventa – lui dice – poesia. Ma voglio leggervi questa preghiera che abbiamo recitata una domenica fa, che vi avrà forse anche colpito, ma è stata subito obliterata. La liturgia cristiana è tutta così: «Tu, o Dio, doni alla Chiesa di Cristo di celebrare misteri ineffabili [che non si possono definire, immaginare], nei quali la nostra esiguità di creature mortali si insublima in un rapporto eterno e la nostra esistenza nel tempo [che è l'istante] comincia a fiorire in una vita senza fine. Così, seguendo il Tuo disegno d'amore [la Tua presenza], l'uomo trascorre da una condizione di morte [di nichilismo] a una prodigiosa liberazione».

De Lubac, in quel libro fantastico che dovete leggere, edito da poco da Jaca Book, *Paradossi e nuovi paradossi*, dice: «Il conformista [badate l'arguzia] prende persino le cose dello spirito per il loro aspetto esteriore. L'obbediente [chi riconosce il segno, mentre il conformista è il for-

[72] C. Pavese, *Il mestiere di vivere*, Einaudi, Torino 1952, p. 169.

malista, il moralista, il liturgista, l'ideologo, il "teologo"] prende persino le cose della terra per la loro profondità interiore».[73]

Ma questa conseguenza esistenziale ha un punto cruciale: è la scoperta del proprio cuore, dell'io. La scoperta dell'io. Il sentimento dell'io che sorge dall'appartenenza accettata – perché riconoscere un incontro è appartenere a qualche cosa d'altro, all'Estraneo – è uguale a quello di un parto: nasce una realtà nuova (l'ho detto in principio, l'abbiamo accennato anche dopo). Il sentimento dell'io che sorge dall'appartenenza accettata è uguale a quello di un parto: nasce l'io. «Riconoscendo la mia appartenenza a Te, conosco me – diceva sant'Agostino –, riconosco me stesso.»[74]

E ancora Pavese, l'8 agosto 1940, scrive: «La vita non è ricerca di esperienze, ma di se stessi. Scoperto il proprio strato fondamentale ci si accorge che esso combacia col proprio destino e si trova la pace».[75] Pavese è stato un alto e basso continuo da questo punto di vista: fra vertici di scoperta del vero e abissi in cui sprofondava per tutto ciò che lo circondava. «La vita non è ricerca di esperienze, ma di se stessi. Scoperto il proprio strato fondamentale [scoperto il cuore come esigenza di infinito o come affermazione di Ciò che lo fa, perché non si fa da sé], ci si accorge che esso [questo strato fondamentale] combacia col proprio destino [è anche il nostro destino; Ciò di cui sono fatto è il mio destino, e allora uno respira] e si trova la pace.»

[73] Cfr. H. de Lubac, *Paradossi e nuovi paradossi*, Jaca Book, Milano 1989, p. 8.

[74] Cfr. Sant'Agostino, *Soliloqui*, I, 1, 4.

[75] C. Pavese, *Il mestiere di vivere*, op. cit., p. 182.

Volevo leggervi anche un brano del romanzo di Bruce Marshall *A ogni uomo un soldo*,[76] ma non voglio tirare più in lungo, perché voglio giungere almeno alla fine della prima parte, lasciando la seconda parte a domani mattina.

La scoperta del cuore, o dell'io, ha uno sviluppo che ha un nome preciso. L'incontro fa accorgere di quel che si è, di se stessi, fa scoprire quel che si è, perché l'uomo non ha fame e sete di esperienze, ha fame e sete di se stesso. La ragionevolezza, così come usata dal nostro amico cinese, spiega lo sviluppo soltanto per una spanna, è come un fuoco d'artificio: esplode, fiorisce, è bello, e non c'è più; invece la ragione è riconoscere un incontro: è riconoscere la realtà come segno e perciò è riconoscere un incontro. Lo sviluppo di questo incontro, cioè lo sviluppo della coscienza della realtà, cioè della coscienza di sé, lo sviluppo della scoperta di sé, sarà un incontro prolungato. Come si può chiamare? «Memoria»!

«La memoria – diceva Pavese – è una passione ripetuta.»[77] E ancora Pavese osservava che la ricchezza di un'opera, di una generazione, cioè del creare la vita, è sempre data dalla quantità di passato che contiene. Ma il passato incomincia con l'incontro: prima non c'è niente. Perciò, lo sviluppo è nella memoria. «Lo stupore vero – dice ancora Pavese – è fatto di memoria, non di novità»;[78] vale a dire, la novità è l'incontro, perché l'incontro è ciò che compie, altrimenti non è incontro. L'incontro è quella presenza che intuisci corrispondere alla natura del tuo

[76] B. Marshall, *A ogni uomo un soldo*, Jaca Book, op. cit., Milano 1997.
[77] Cfr. C. Pavese, *Dialoghi con Leucò*, op. cit., p. 165.
[78] C. Pavese, *Il mestiere di vivere*, op. cit., p. 220.

io, alla tua origine: destino corrispondente all'origine, a ciò di cui sei fatto.

«Lo stupore vero è fatto di memoria, non di novità»; non è novità del sentire parlare, del sentire ragionare, del cercare di leggere, eccetera. No! È tutto immensamente più semplice: vale per il grande scienziato o professore universitario come per la donna casalinga povera e ignorante che ha fatto la terza elementare; vale per chiunque.

Mi spiace non ci sia tempo, avrei voluto leggervi alcuni brani del diario di Laura Dinoni – morta poche settimane fa, dopo sei anni di una gravissima malattia, di cui non so il nome, un cancro –, specialmente di questi ultimi due mesi a Niguarda e al Policlinico di Milano, e soprattutto una lettera della dottoressa sua amica che l'ha seguita. La sostanza del contenuto era la stranezza che la personalità di questa ragazza aveva (che richiama anche Benedetta Bianchi Porro):[79] aveva, per ogni intervento che doveva subire, una capacità di sorriso consapevolissimo, che non eludeva, non censurava – perché non poteva – nessun dolore; un sorriso perfettamente consapevole, ma pieno di memoria.

Ciò che stava all'origine di quel sorriso era la memoria: avreste dovuto leggerlo, avreste potuto leggerlo su *Litterae communionis* dell'anno scorso, quando lei ha risposto a una lettera scritta da una donna che sembrava disperata perché non poteva più servire il movimento, bloccata dalla situazione di casa. Lei ha risposto con una lettera: «Risposta all'amica che non può fare l'attivista»;[80] se ave-

[79] Giovane studentessa di Medicina, morta dopo una lunga malattia, dichiarata Venerabile nel 1993 da Giovanni Paolo II.

[80] *Risposta all'amica che non può fare l'attivista*, in «Tracce-Litterae communionis», n. 6, giugno 1989, p. 62.

ste letto questa lettera avreste capito che cosa vuole dire che lo sviluppo del cuore, dell'io, è la memoria, solo la memoria, non esiste altro. Lo sviluppo del cuore, dell'io, è lo sviluppo della coscienza e dell'amore a Ciò di cui è costituito il cuore, l'io, che è un Altro.

Vorrei accennare all'applicazione immediata dell'incontro riconosciuto. Appena uno cede all'incontro, appena uno scioglie il dramma, accettando l'estraneità, la conseguenza inesorabile e immediata è l'amore all'uomo qualsiasi che incontra per la strada così come incontra in casa sua, scoprc cos'è l'amore all'uomo, che noi cerchiamo di dire brevemente con la parola «amore al destino dell'altro». Lo dice anche de Lubac: «Amare il prossimo in Dio è amarlo nella sua vocazione [nella sua convocazione, nella sua chiamata al destino], nella chiamata di Dio che lo costituisce, amarlo in ciò che è più lui stesso, amarlo del solo amore che lo raggiunge nella sua singolarità viva e che è la sola irriducibile [in te l'irriducibile è Ciò di cui sei fatto, è l'Altro di cui sei fatto], è amarlo come Dio lo ama, nell'amore di Dio che lo fa essere ed essere tale, ed è, nello stesso tempo, amarlo di un amore universale, perché la sua vocazione singolare si inscrive sempre all'interno della grande vocazione comune in vista del grande concerto unanime». Letto questo brano di de Lubac, l'espressione che usiamo normalmente risulta proprio perfetta: «Amarti nel tuo destino». Non posso volere bene a una persona, fossi innamoratissimo, se non amo il suo destino; e la persona che non conosco, totalmente estranea, o che mi odia, o che mi percuote, che volesse uccidermi, io la amo nel suo destino. Questo è l'amare: non è un'idealità di cui si parli, è realtà di cui viviamo, di cui si può vivere, immersi nella morta gora di tutti i nostri difetti, limiti, incoerenze e contraddizioni; ma questo c'è. E infatti è da questo che nascono il dolore e l'umiltà e la ripresa irrefrenabile, una ripresa che non può essere frenata da niente.

Il resto lo vedremo domani mattina. Ho voluto dire finora una cosa: lo sguardo alla realtà della vita non può che essere ultimamente pieno del senso del limite e del dolore; ogni altro atteggiamento è vano. Come dice Kierkegaard, se nella tua gioia non trema la lagrima del dolore, non è vera la tua gioia, è un'impostura (il suo *Diario* lo dice in un modo bellissimo); un uomo diventa vero anche nella gioia quando essa trema con una lagrima sul ciglio della memoria del dolore, della presenza del dolore.

Tutto quello che ho detto fino adesso me l'ha destato ieri l'amico cinese e me l'ha riconfermato il canto del nostro amico giapponese. Ma perché? Che ragionevolezza ha il vivere e il morire in quel modo? Che ragionevolezza ha?

Non c'è alternativa se non l'ipotesi scientifica, la scienza, il tentativo della scienza, o un incontro, vale a dire la scoperta della realtà come presenza-segno, l'incontro con una Presenza attraverso un segno. Solo in questo secondo caso tutto si compie.

Nella lotta contro l'estraneità, ineliminabile come percezione, sempre più inevitabile diventa l'evidenza del grande paragone: che in questo segno sta la promessa, vale a dire la risposta all'esigenza che mi costituisce. Al di fuori di questa affermazione, non esiste più nulla. Perciò, io posso essere pieno di disamore a te, di disattenzione a te, ti bestemmio, ma non posso non dire: «Tu sei».

Dunque, lo scioglimento del dramma è nel ritornare proprio all'origine di sé, vale a dire a quello stupore con cui l'uomo a vent'anni uscirebbe dal seno di sua madre e s'accorgerebbe della realtà, come dice *Il senso religioso*.[81] Stupore: il bambino o il povero di spirito, che non hanno niente da difendere.

Allora, ecco il miracolo – il miracolo! –: l'istante diventa grande come la totalità. Nell'istante, il tutto: una dignità, un'utilità, una fecondità, il crearsi della vita, e l'io scopre e conosce se stesso. Lo sviluppo di tutto questo sta nella memoria, nella memoria per cui l'incontro vibra nel presente, l'incontro fatto ieri vibra nel presente, non come ieri, più di ieri, perché non esiste la possibilità di un freno: irrefrenabile.

Anche l'altro miracolo diventa allora immediatamente sperimentabile: la scoperta dell'altro, dell'altro uomo; dalla scoperta del proprio io alla scoperta dell'altro uomo, dallo stupore per il mio destino alla passione per il tuo destino. Non c'è che la frazione di un secondo tra l'uno e l'altro, una frazione di secondo in cui, certo, la tua libertà si può sempre incastrare, ma non c'è che una frazione di secondo. Tutta la logica della scoperta dell'io si butta dentro la passione per il destino dell'altro, che è l'amore all'uomo.

[81] Cfr. L. Giussani, *Il senso religioso*, op. cit., pp. 139-140.

Omelia 4

«Il Padre del Signore nostro Gesù Cristo ci conceda quello Spirito di sapienza [la sapienza è il compiersi della ragionevolezza] perché possiamo conoscere quale sia la speranza a cui siamo chiamati [perché ancora non la conosciamo].»

Con la preghiera della liturgia, abbiamo pregato Dio così: «Amandoti in ogni cosa e sopra ogni cosa [affermandoti in tutto, affermando Te in tutto] otteniamo i beni promessi, che superano ogni desiderio [che sono al di là della nostra possibilità di immaginazione e tanto più della nostra possibilità di scoperta]».[82] Ma noi abbiamo una tentazione satanica, diabolica, assurda, contro ragione, contro il cuore, contraddittoria con noi stessi, con la nostra natura: vogliamo stabilire noi, vogliamo scegliere noi, come gli alberi di cui parla la Bibbia,[83] e finiamo sempre con lo scegliere un rovo, vale a dire un dominio che ci coarta, che ci soffoca, che ci inaridisce, che ci rende miopi, che ci rende incapaci di amore.

Il Vangelo ha portato la conseguenza documentativamente più affascinante di questa misura che supera la nostra possibilità di immaginazione, perché dal nostro punto di vista è stato ingiusto (come ha detto quello della prima ora, quando ha ricevuto lo stesso denaro di quelli dell'ultima ora).[84] Viene anche a noi quasi inevitabile la

[82] Orazione della XX domenica del Tempo ordinario, in *Liturgia delle Ore secondo il rito romano*, Libreria Editrice Vaticana, Roma 1989, vol. IV, p. 36.
[83] Cfr. Gdc 9,8-15.
[84] Cfr. Mt 20,11-12.

pretesa di questo giudizio, la pretesa di fissare così la giustizia, e non possiamo non essere sconcertati, dobbiamo ammetterlo: qui c'è una bontà che sfonda ogni nostro orizzonte. È una bontà in cui noi ci sentiamo ricoverati molto più sicuramente che neanche da una giustizia precisamente fissata da tutta la nostra sapienza.

[Dopo la Messa]

Chissà quella ragazza di quindici o sedici anni come viveva, faceva, agiva, usava le cosc, sfondando le apparenze, sfondando le immagini che le cose e l'apparenza suscitavano in lei e obbedendo a una Presenza che debordava tutto, debordava, innanzitutto, la capacità di immaginazione sua. Vale a dire: chissà come viveva la realtà come segno, segno della presenza, perciò dell'intelligenza e della volontà di un Altro. Non possiamo essere amici, se non ci aiutiamo in questo, se non richiamandoci a vivere la vita come segno. Perché non c'è alternativa; c'è solo il rovo come alternativa: dalla famiglia allo Stato.

Serata di ascolto di Ludwig van Beethoven

Chiediamo di avere un pezzetto della commozione con cui l'artista esprime i suoi sentimenti, come Beethoven che sentivamo adesso. Non è che improvvisamente io debba diventare Beethoven e tu Mozart! Il denominatore comune deve essere quello di una commozione. La commozione è l'essere che si muove, e si chiama «volontà» ciò che risveglia l'ottusità della terra in questa fiorita primavera, che afferra l'ombra in cui siamo immersi nella notte e nella distrazione (che è come una notte) e la fa diventare giorno. Non è una questione di emozione o di istintività, di emozione istintiva, di stato d'animo, ma di volontà. La volontà è il sole che sorge all'accenno del Dio che è la ragione (non sono dell'89, eh!, non sono della Rivoluzione francese, è una metafora).

Sintesi

Giussani: Siamo chiamati a vivere in un solo corpo, e misteriosamente questo corpo ha avuto inizio dentro il seno di una donna. È questa la storia che guida il mondo, è il flusso che trascina con sé tutte le cose, fino al momento in cui tutto apparirà. Occorre aderire coscientemente alla chiamata che ci ha coinvolti, alla convocazione in cui siamo stati impegnati. Mentre si leggono insieme le Lodi o qualunque preghiera, mi dico sempre: «Chi pensa? Chi pesa? Cioè, chi è luminoso? Per chi questa parola è segno di quello che lui è e cerca, sente e fa?». Prima di essere un solo corpo, per essere un solo corpo, essendo un solo corpo, dobbiamo diventare uno, noi stessi.

Angelus e *Lodi*

Giussani: «Ci renda segni di unità ed inizio del mondo nuovo.»[85] Quello che ci stiamo dicendo non pretende di essere un'evidenza immediata per chicchessia qui dentro, anche perché è frutto per me di una maturazione che è misurata in anni. Quello che ci stiamo dicendo sono indizi di una ripresa che dovrà segnare il cammino di quest'anno. Ieri – sollecitati anche dall'impressionante testimonianza della tragedia cinese – abbiamo fermato l'attenzione sul fatto supremo per uno sguardo umano al mondo: l'uomo è quel livello della natura in cui la natura diventa segno, convocazione ad Altro; tanto è vero che un uomo

[85] «Invocazioni», Lodi mattutine del giovedì, in *Il libro delle ore*, op. cit., p. 146.

minimamente serio ricerca – la scienza –; ma questa si infrange sempre contro un muro. A meno che non cada nella presunzione, che fa sognare quello che sta oltre il limite raggiunto, sempre più facilmente la scienza oggi confessa l'inevitabilità di questo frangersi contro un muro insuperabile, spostabile fin quando volete, ma strutturalmente insuperabile.

Questo richiamo non è alla ricerca scientifica, ma a un incontro. Non si guarda la realtà, se non nella sorpresa di un incontro: come quando uno dice: «Tu» come espressione di uno stupore che lo invade tutto e nel quale annega di umiltà. È da questa umiltà accettata, dal riconoscimento che accoglie la proposta della realtà, che nasce quello che quest'anno dovrà essere eticamente, moralmente un punto fondamentale: il valore dell'istante, il valore del momento. È nella scoperta della grandezza del momento (e il momento, se non è nulla, è grande perché è rapporto con l'infinito), è nella scoperta del valore del momento, della grandezza infinita del momento, che emerge con esigenza intransigente il valore dell'io. L'io ha una fragilità analoga alla fragilità del momento, ed è grande com'è grande il momento, perché la grandezza è il rapporto con l'infinito.

Allora, la memoria – che prolunga nel tempo e ravviva sempre, rende sempre più matura nel tempo l'impressione o l'esperienza dell'inizio, dell'incontro iniziale – rende tutto il corso del vivere diverso: la stoffa del vivere si cambia, è realmente una *metanoia* che accade, un nuovo modo di percepire la realtà, che diventa un modo di *intelligere*, di intelligenza della realtà.

Ma l'incontro è, innanzitutto, una mossa dell'affettività: è dentro questa mossa dell'affettività che l'intelligenza coglie diversamente le cose, incomincia a navigare nella luce; è nell'affettività con cui io riprendo il tempo al mattino, che l'oscurità della notte diventa luce del giorno. La creazione, «l'arte ha bisogno di uomini commossi, non di uomini riverenti»,[86] che fanno quello che sono costretti a fare dalle circostanze; dalle circostanze non più come punto di apertura, come origine di un angolo infinito, ma come prigione, costrizione. Dice san Tommaso d'Aquino: «La vita dell'uomo consiste nell'affetto che principalmente la sostiene e nel quale trova la sua più grande soddisfazione»;[87] dove la parola è tutt'altro che riconducibile alla banalità del nostro uso solito, perché «soddisfazione» vuole dire senso della pienezza, coscienza della pienezza o cammino verso la pienezza.

Ma è a questo punto che avviene il passo nuovo a cui siamo costretti. Una frase di Çesław Miłosz, il Premio Nobel per la letteratura nel 1980 dice: «Io sono solo un uomo. Ho quindi bisogno di segni sensibili; il costruire scale di astrazioni mi stanca molto [...]. Desta, dunque – o Dio, o Mistero –, un uomo in un posto qualsiasi della terra, non me, perché ho comunque il senso della decenza, e permetti che – guardandolo – io possa ammirare Te».[88]

«Desta dunque un uomo in un posto qualsiasi della terra e permetti che, guardandolo, io possa ammirare Te.» «Al nostro raduno concorde / un Ospite nuovo s'aggiunga.»[89] È ciò che è accaduto! «La parola eterna del

[86] Vedi qui, nota 70, p. 497.
[87] San Tommaso d'Aquino, *Summa Theologiae*, II, IIae, q. 179, art. 1.
[88] Cfr. C. Miłosz, «Veni Creator», in *Poesie*, Adelphi, Milano 1983, p. 112.
[89] «L'aurora risplende di luce», Inno delle lodi mattutine della domenica, in *Il libro delle ore*, op. cit., p. 49.

Padre si è fatta carne e ora nella Chiesa è rimasta udibile e toccabile per tutti gli uomini», ha detto il cardinal Meisner nella sua entrata a Colonia. Il significato di quel segno che è la realtà è diventato un uomo. Quella convocazione che il Mistero ci fa in ogni istante e che noi nell'umiltà del cuore seguiamo, come, passo dopo passo, compissimo un cammino nella totale nebbia, in totale affidamento, il significato di questa convocazione del Mistero, il significato, quindi, di ogni istante, di tutte le circostanze, il significato del libro che leggi o della donna che stringi o della musica che senti o del sole che vedi o del dolore acuto che trapassa l'anima, come la notizia di un amico morto, il significato della convocazione che il Mistero realizza nell'istante attraverso la realtà s'è fatto uomo, s'è fatto carne: «E il Verbo si fece carne».[90]

L'annuncio ci è arrivato, l'annuncio ci ha raggiunti e, riconoscendolo, il Verbo si fa carne, questo significato si fa carne, si fa una cosa sola con il nostro, altrimenti, miserabile momento presente, si fa una cosa sola con quello che stiamo vivendo e quello che stiamo vivendo si esalta non solo come rapporto ineffabile col Mistero, ma come protagonista nuovo del tempo e dello spazio, come protagonista nuovo di umanità concreta.

«Questa è l'orrenda radice del vostro errore [abbiamo già sentito]: voi pretendete di fare consistere il dono di Cristo nel suo esempio [Cristo ridotto a modello morale], mentre quel dono è la Sua persona stessa.»[91] Il significato cui ci convoca il Mistero attraverso tutte le circostanze si è reso dono alla nostra vita in una persona: «Sono con voi

[90] Gv 1,14.
[91] Sant'Agostino, *Contra Iulianum opus imperfectum*, II, 146.

tutti i giorni, fino alla fine del mondo».[92] «Ritorni sul nostro cammino / e la Sua Parola c'infiammi.»[93]

Ancora Mario Luzi, nel *Libro di Ipazia*, fa intervenire questo dialogo fra Gregorio e Sinesio. Gregorio: «Quando si è fatto il possibile e il futuro è un'incognita il cui scioglimento è rimesso ad altre forze che alle nostre, allora c'è la pace del Logos [la pace dell'ordine] che tu mi hai insegnato a trovare di là dal turbamento». Sinesio dice: «Il mio difetto d'amore è stato grande. Questo, credo, mi nega la serenità che dovrei. Dovrei avere». E Gregorio: «Non torcerti contro di te ora». Sinesio: «No, non lo farò. Ma c'è stato troppo orgoglio [è la resistenza nella lotta di fronte al segno che si ripete più nevrastenicamente di fronte al significato, di fronte all'enorme pretesa che il significato di quel segno che è il mondo sia una presenza fisica, d'uomo, tra noi]. Abbiamo pensato e parlato ma non ascoltato. Anche nel loro silenzio gli uomini chiedono. E tu hai tutto o credi di averlo, ma non misuri il tempo, non ti pieghi a raccogliere la tacita richiesta». E Gregorio: «Vuoi dire che non siete stati chiamati, chiesti, aspettati?». Sinesio: «Siamo indotti dai tempi a parlare degli alti propositi della ragione apostrofando. Che stortura! C'è stato qualcosa, lo sai, qualcosa d'irreversibile, e tutto è diventato messianico».[94]

Ho letto il brano (sarebbe troppo dilungarsi a spiegare tutto quanto) per quest'ultima frase: «C'è stato qualcosa, lo sai, qualcosa di irreversibile». Non è l'incontro nella sua fattispecie effimera, la comunità che hai incon-

[92] Mt 28,20.

[93] «L'aurora risplende di luce», Inno delle lodi mattutine della domenica, in *Il libro delle ore*, op. cit., p. 49.

[94] M. Luzi, *Libro di Ipazia*, op. cit., p. 77.

trato come esteriorità, ma è quello che si è reso presente nel tuo incontro con la comunità: «C'è stato qualcosa, lo sai, qualcosa d'irreversibile, e tutto è diventato messianico». «Tutto è diventato messianico», l'alzarci al mattino e il brandire le ore, l'afferrare gli strumenti per alimentarci, l'incontrare gli amici, il reiniziare il lavoro. «C'è stato qualcosa, lo sai, qualcosa di irreversibile, e tutto è diventato messianico.» Tutto, gli istanti della vita, i momenti, quel grumo di circostanze che è ogni momento, è diventato messianico, è parte del corpo di Cristo, è segno della presenza del significato. «E il Verbo si è fatto carne.»

Questo significato che sta dentro le cose ti parla e dice: «Io sono la casa per te». È un'espressione di san Giovanni Crisostomo, uno dei più grandi uomini del suo tempo, un gigante di umanità, di forza, bersagliato da tutti, più volte in esilio, che da solo ha determinato un'epoca. Guardate con che tenerezza parla: «Io sono la casa per te [io, Cristo, la casa per te: la casa dove andrai stasera a mangiare], il vestito, la radice, il fondamento. Tutto questo sono io, se riconosci. Nulla allora ti mancherà. Sono venuto, infatti, per servirti [il Dio che si fa uomo e che lava i piedi all'uomo, il significato che serve l'effimero]. Io sono un padre per te, il fratello, lo sposo, l'amico tuo. Pensa solo ad affidarti a me. Tutto, infatti, sei tu per me [è capovolta la direzione: tutto, infatti, sei tu per me], come una parte della mia persona. Io sono il pane per te, la vita, la strada, la verità. Pensa solo ad affidarti a me. Tutto, infatti, sei tu per me, come una parte della mia persona».[95]

Dunque, è ritornato sul nostro cammino, e la Sua paro-

[95] Cfr. San Giovanni Crisostomo, *Commento al Vangelo di Matteo*, 76, 5.

la ci infiamma, il significato del segno che è la realtà. La realtà è segno, e questa è la razionalità, la ragionevolezza avverata, l'uomo che diventa uomo: il significato di questo segno è diventato carne, ed è irreversibile («lo sai, è irreversibile»): basta averlo sentito una volta sola e avviene quello che dice Kierkegaard (citato nel secondo libro della Scuola di comunità).[96] Irreversibile è il messaggio che ti ha raggiunto: Egli è qui e ora, qui e ora.

Egli è qui e ora. Ma come è qui e ora? È una domanda che ci siamo sempre fatta, ma questa volta può avere un risvolto più acutamente interessante. La modalità con cui Egli è qui e ora, che è la nostra unità («Tutti voi che siete stati battezzati vi siete immedesimati con Cristo; non esiste più nessuna separazione tra voi: non esiste più né giudeo, né greco, né barbaro, né persona civile, né uomo, né donna, ma tutti voi siete una sola persona»),[97] questa volta significa che l'istante che vivi, la giornata a cui ti risvegli, è dentro questa unità. «Al nostro raduno concorde»: noi siamo radunati perché abbiamo un cuore solo, ci siamo sentiti una cosa sola con l'amico cinese, con i nostri fratelli cinesi, perché abbiamo un cuore unico, un cuore uguale, identico. Ma «al nostro raduno concorde / un Ospite nuovo s'aggiunga»:[98] quest'Ospite è ciò per cui il cuore è fatto.

Allora, se ogni istante è l'attuarsi del cuore, ogni istante è un passo d'attuazione del rapporto con l'Infinito, ogni istante, dunque, è gloria al significato presente. Ma se questo significato presente è tale proprio perché si iden-

[96] Cfr. L. Giussani, *All'origine della pretesa cristiana*, op. cit., pp. 39-40.
[97] Cfr. Gal 3,27-28.
[98] Vedi qui, nota 89, p. 511.

tifica con la nostra unità, ogni istante della nostra esistenza è per questa nostra unità.

Nella *Christifideles laici* è descritta questa modalità con cui il significato è presente qui e ora: Egli è presente qui e ora attraverso tutti coloro che Egli afferra col gesto misterioso che chiamiamo Battesimo e porta ognuno dentro il mistero della Sua persona, membra del Suo corpo. «Essi sono [tutte] persone che vivono la vita normale nel mondo, studiano, lavorano, stabiliscono rapporti amicali, sociali, professionali, culturali, ecc. Il Concilio considera la loro condizione non semplicemente come un dato esteriore e ambientale, bensì come una realtà destinata a trovare in Gesù Cristo la pienezza del suo significato.»[99] Eh già! Tu studi, insegni, vai a lavorare: questi non sono soltanto dati esteriori, ambientali, ma manifestazione all'esterno, fino all'esterno, forma ambientale di qualcosa che trova in Cristo la pienezza del suo significato. Studiare, lavorare, stabilire rapporti amicali, sociali, professionali, culturali, trova in Cristo la pienezza del suo significato.

La pienezza del significato del tuo rapporto con i genitori o del tuo rapporto con la ragazza è Cristo, perché quel rapporto è una circostanza in cui il Mistero ti convoca a sé e la sua dignità sta nel rapporto col Mistero che si incarna provvisoriamente, secondo varia modalità, in essa. Ma questo Mistero è diventato carne permanente tra di noi, è uomo permanente tra di noi, è diventato carne e uomo permanente tra noi: è questo uomo la pienezza del significato del tuo rapporto, ed è questo che i due nostri amici hanno riconosciuto sposandosi in chiesa,

[99] Giovanni Paolo II, *Christifideles laici*, I, 15.

perché il matrimonio è sacramento solo per questo; ma al di là di questo, che è esempio eccezionale, è la vita di ogni giorno che trova la pienezza del suo significato in Cristo. E se Cristo si rende presente attraverso il complesso di persone che Lui chiama e assimila a Sé nel Battesimo (la compagnia cristiana), è la compagnia cristiana il volto della pienezza di significato di ciò che fai, in tutto quello che fai.

«Fuori dal rapporto con chi, in modo libero e cosciente, ha risposto all'iniziativa dello Spirito di Cristo [perché questo è la comunità che vive: l'insieme di coloro che, in modo libero e cosciente, rispondono all'iniziativa dello Spirito di Cristo] e con tutto quello che si è generato, la memoria di quello che è accaduto non reggerebbe l'urto del tempo», ha detto uno di voi; l'irreversibile svanirebbe, sarebbe obliterato. Sarebbe come uno che vivesse obliterando se stesso e le cose, camminando con la faccia da ebete. «Fuori dal rapporto con chi, in modo libero e cosciente, ha risposto all'iniziativa dello Spirito di Cristo e con tutto quello che si è generato, la memoria di quello che è accaduto non reggerebbe l'urto del tempo. È quindi solo nel rapporto con l'origine della compagnia [vale a dire con il significato che dà origine alla compagnia, che dà dignità e spessore alla compagnia], che si chiarifica la strada personale di ciascuno.»

Qui e ora. L'esigenza umana che Miłosz gridava ha avuto risposta, perché Dio è diventato un uomo, come il cardinal Meisner ci ha ricordato. «E il Verbo si è fatto carne, e abita tra di noi», qui e ora. Andrete a meditare non solo la Lettera ai Galati, al capitolo terzo, che ho citata, ma soprattutto la Lettera agli Efesini, specialmente il quarto capitolo. La *Christifideles laici* dettaglia che si tratta di uomini che fanno tutte le professioni, ma ogni professione che fanno è in Cristo che trova la compiutezza, la completezza. E se Cristo è dentro la comunità, è nella comunità, è nel segno sacramentale della comunità, è dentro la comunità la pienezza; la pienezza di quello che fai è nella compagnia. È vivendo questa compagnia che la memoria resiste nel tempo.

Qual è la caratteristica fondamentale di questa compagnia in cui Egli è presente qui e ora? È l'unità. Come diceva nella Lettera a quelli di Corinto san Clemente I, nel primo secolo: «Unitevi ai santi». «Santo», nella terminologia cristiana primitiva, come nella Bibbia, è colui che è stato afferrato dal disegno di Dio e perciò è chi è stato chiamato a essere seguace di Cristo, non è una misura di moralità. «Unitevi ai santi, perché quelli che li seguono saranno santificati [anch'essi saranno assimilati nella profondità]. Perché ribellarsi contro il proprio corpo e arrivare a tal punto di delirio da dimenticare di essere gli uni membri degli altri? Buttiamoci ai piedi del Signore e supplichiamolo con lagrime perché, fattosi propizio, ci restituisca la Sua amicizia e ci ristabilisca in una magnifica fraternità di amore. Così ognuno di noi dovrà cercare ciò che è utile a tutti e, attraverso ciò che Egli compie, deve compiere l'unità di tutti.»[100]

È l'unità la caratteristica principale della modalità con cui Egli è presente qui e ora. Ma questa unità, a sua volta, ha alcuni corollari, ha alcune flessioni che bisogna sottolineare.

Innanzitutto è un'unità totalizzante. Se il mio rapporto con Cristo si gioca nel nesso vivo con la compagnia che

[100] Cfr. Clemente I, *Lettera ai Corinzi*, capp. 46-47.

mi ha data, togliere a questo nesso la sua pretesa totalizzante vuole dire vanificarlo, renderlo inefficace. Se il nesso tra noi è il segno fisico – quello ricercato da Miłosz –[101] toccabile e udibile della Sua presenza, questo nesso sviluppa una pretesa totalizzante. «Mi sembra che spesso – mi scrive uno –, invece, lo sguardo e il rapporto con la compagnia non abbiano dentro la coscienza di questo "esauriente", di questo "totale": si attinge qualcosa, si prende e si dà a momenti, ma non si giudica l'appartenenza vissuta come la realtà esauriente, come significato e possibilità di realizzazione di sé.» Cosa toglie la pretesa totalizzante di Cristo e perciò della compagnia? Che cosa la toglie? E, all'opposto, che cosa vuole dire vivere il rapporto con essa come esauriente? È vivere tutto nella memoria, ed è la rottura della memoria che paralizza la pretesa totalizzante di Cristo e della sua compagnia.

L'unica immagine che possiamo darci per capire questa parola – pretesa totalizzante di Cristo e della compagnia, che ne è il segno presente, il qui e ora, il suo qui e ora – è quella di ambito: tutto nasce in questo ambito. «Nell'esperienza di un grande amore [...] tutto ciò che accade diventa un avvenimento nel suo ambito.»[102] Nell'avvenimento di un grande amore, tutto ciò che avviene, avviene come accadimento nel suo ambito. La compagnia è l'ambito in cui uno percepisce, in cui uno vede, giudica, in cui uno sente, in cui uno reagisce, in cui uno desidera, in cui uno progetta, in cui uno decide facendo, in cui uno agisce. È una dimensione dell'io la compagnia, una dimensione totalizzante dell'io. Ma dire: «Dimensione dell'io» signi-

[101] Vedi qui, nota 88, p. 511.
[102] R. Guardini, *L'essenza del cristianesimo*, op. cit., p. 12.

fica dire: «Dimensione di ogni azione»: per questo è totalizzante.

«E dove rimane all'oscuro qualcosa, esso è di un genere che non esige chiarimenti, ma sottomissione», scrive Rilke alla moglie; un abbandono pieno di disponibilità, analogicamente alla fede: nella fede, dove rimane all'oscuro qualcosa – il Mistero –, esso è di un genere che non esige chiarimenti, ma sottomissione. Ed è nella sottomissione, cioè nella sequela, che l'oscurità della nebbia si illumina sempre di più, come dice san Paolo nella seconda Lettera ai Corinti, di un riverbero del sole.

La compagnia, come esigenza totalizzante, non solo chiama a questo abbandono e a questa disponibilità, così come la esprime Rilke. La compagnia, nella sua pretesa esauriente, ha un grande compito: smascherare il nostro peccato, smascherare il nostro errore, smascherare il nostro limite, non semplicemente come incidente di percorso di un io che rimane integro e non ha bisogno di nessuna salvezza. La compagnia fa percepire tutta la profondità del nostro essere peccatori, vale a dire che il limite e l'errore nascono da una situazione che deve essere continuamente redenta, recuperata, salvata.

Ma, qualunque sia l'errore, la compagnia è segno del perdono. Però deve essere realmente «segno» la compagnia. «Se la compagnia – mi scrive uno di voi – non è suggerimento a un nuovo modo di leggere la realtà, diventa un coibente tra noi e Cristo, come una specie di surrogato di Cristo: invece che partenza trasfigurativa [che introduce a un nuovo modo di percepire, un nuovo modo di capire, un nuovo modo di giudicare, un nuovo modo di decidere, di agire], diventa un tentativo di tacitare la dinamica dell'avvenimento.» Tacitare la dinamica dell'avvenimento: per questo l'errore è come un incidente di percorso che uno dimentica così come si toglie una zecca che gli sia caduta sul collo. No, è molto più profonda la questione! La compagnia è una partenza trasfigurativa. «Altrimenti diventa come un tentativo di tacitare la dinamica dell'avvenimento, e questo avviene [il "declassamento", da un certo punto di vista, e l'esaltazione sbagliata, dall'altro punto di vista, della compagnia] perché si privilegia il cammino insieme rispetto al destino delle persone.»

La compagnia merita di avere la sua pretesa totalizzante quando costituisca vero richiamo alla verità di sé, alla verità del proprio essere peccatori, del proprio essere limitati, che perciò deve essere continuamente salvato. Si declassa il valore della compagnia quando privilegiamo il camminare insieme rispetto all'amore al destino. Il destino è della persona, del singolo. «Solo il destino, che è Cristo [Cristo dentro il reale, attraverso l'unità nostra] può dare forma e voce al nostro essere insieme.» Solo Cristo, Cristo dentro la realtà della nostra compagnia, è il destino di ognuno della nostra compagnia: solo questo destino che è Cristo può dare forma e voce al nostro essere insieme.

La compagnia non è essere insieme. La compagnia è l'essere messi insieme, radunati insieme, come dice l'inno meraviglioso che abbiamo cantato questa mattina: «Al nostro raduno concorde / un Ospite nuovo s'aggiunga».[103] Questa è la compagnia: raduno umanamente concorde che Cristo genera; Cristo, destino di ognuno. Nella compagnia non si può mai dimenticare o mettere in un canto

[103] Vedi qui, nota 89, p. 511.

il fatto che ciò che ci tiene insieme è il destino dell'altro, ma è anche il destino mio. È anche il destino mio, chiunque io sia, in qualunque situazione io mi trovi.

Se uno vive o pretende di vivere di principi, di criteri ideali, quando è incoerente non sa più cosa fare e allora, per non disperarsi, per non diventare cinico, censura quello che ha fatto, o addirittura idealizza, giustifica in un modo o nell'altro quello che ha fatto. Altro è, invece, uno che vive della compagnia che lo abbraccia nella sua incoerenza, lo abbraccia nella sua meschinità, lo abbraccia nella sua chiusura mentale, affettiva, lo abbraccia nella grettezza delle sue pretese, lo abbraccia nella vergogna delle sue recriminazioni: lo abbraccia perché sono le braccia di Cristo stesso. Una compagnia che lo abbraccia: questo è l'annuncio cristiano. Non è mai il giorno del mio trionfo, ma è sempre il giorno del trionfo del dolore di quel che si è e dell'amore per cui si è fatti, dell'amore di Cristo a noi, della Sua pietà, e quindi in noi del dolore di quello che siamo, perché il dolore per noi è amore; il dolore è riconoscere un amore contro cui siamo andati e contro cui resistiamo.

Allora bisogna sempre ripetere, riprendere, ricominciare tutti i giorni il riconoscimento che il mio valore è questa compagnia che mi abbraccia nonostante quel che sono. Riconoscere questo è continuamente ricominciare.

Ora, per continuamente ricominciare ci vuole un'umiltà che solo Cristo può dare, insieme a una possibilità di dolcezza che il nostro temperamento magari non avrebbe mai conosciuta; e in questo abbraccio nulla è censurato.

«L'esperienza del centuplo – sono tutte vostre note che sto mettendo insieme – per me è il dono della consapevolezza del mio niente che può chiedere tutto a Colui che è tutto e che si è manifestato tanto concretamente che non potessi neanche perdermi per mia scarsa immaginazione o sentimento che va e viene.» Questa frase banale è bellissima. Per questo dicevo che nell'abbraccio della compagnia nulla è censurato. La censura è un'operazione che avviene fuori dall'appartenenza. Se riconosciamo di appartenere a Cristo nella Sua modalità di presenza che è la nostra compagnia, allora non è necessario censurare niente, come un bambino con sua madre non ha bisogno di censurare nulla: quando incomincia a diventare grande incomincia a censurare, perché toglie qualcosa all'appartenenza. È come murare alcuni aspetti di sé perché inaccettabili o insopportabili o imperdonabili ai propri occhi, essendosi dimenticati di Chi li ha già accettati, di Colui che li ha già accettati, di Colui che li porta, di Colui che li perdona; e la comunità rende presente questo.

Quali sono gli errori che possiamo commettere contro l'unità totalizzante di questa compagnia, segno concreto della Sua presenza qui e ora? Sono due, quelli che sottolineo, gli errori più gravi che si possono fare.

Innanzitutto la preferenza d'una lettura individuale. «C'è gente che riduce l'esperienza del movimento a un discorso del quale si è liberi da una parte di prendere quello che interessa e dall'altra di contestare anche apertamente quello su cui non si è d'accordo.» No! È un'osservazione giustissima, e questo è un errore facile come è facile vederci in faccia. L'appartenenza non può agire così, altrimenti significa che il motivo per cui siamo insieme non è più profondo della tua opinione, del valore della tua opinione. Il valore della tua opinione è entrare nel gioco affettuoso del cammino comune, del sostegno comune, della dialettica comune.

Il secondo errore è l'identificazione del servizio col potere. «Non si fa il movimento avendo in mano sempre più cose [cioè sempre più potere], ma andando al fondo di un'opera», andando al fondo del tuo studiare (perché è un'opera), andando al fondo dell'accettazione della tua famiglia, andando al fondo dell'accettazione della tua compagnia, andando al fondo dell'accettazione di una circostanza stabile, disagevole, in cui sei stato chiamato. «Non si fa il movimento avendo in mano sempre più cose [potere], ma andando al fondo di un'opera.» Così uno diventa esemplare per tutti. «Altrimenti c'è sempre il problema di ridefinire i limiti, di contestare l'invadenza altrui.»

Comunque, per sviluppare l'unità tra di noi, per approfondire la sua pretesa totalizzante, per vivere con semplicità l'abbandono, il richiamo alla verità di sé, per accettare con dolcezza l'abbraccio che la comunità ci dà a nome di Cristo, così come siamo, senza censurare nulla, per evitare gli errori dell'affermazione prevalente individualistica, specialmente come giudizio, perché è dal giudizio che poi tutto dipende, o come volontà di potere, per tutto questo occorre pazienza. «Il tempo – diceva Simone Weil – è l'attesa di Dio che mendica il nostro amore»,[104] che è, in fondo, quasi una traduzione di san Pietro: «Dio aspetta per provare la tua libertà, perché ha pena, pietà per la tua libertà». «Il tempo è l'attesa di Dio che mendica il nostro amore.» «Io lo imparo ogni giorno, lo imparo tra dolori a cui sono grato: la pazienza è tutto»,[105] dice ancora Rainer Maria Rilke.

[104] Cfr. S. Weil, *Quaderni*, IV, Adelphi, Milano 1993, p. 177.
[105] Cfr. R.M. Rilke, *Lettere a un giovane poeta*, Nova Delphi Libri, Roma 2010.

Siamo giunti alla fine, ma la parola della fine è la parola operativa più importante che abbiamo mai detto e che adesso ripetiamo imperturbabilmente. «Se qualcuno di voi manca di sapienza [la sapienza è ciò che fa comprendere tutte queste cose appena accennate, appena ripetute], la domandi a Dio, che dona a tutti generosamente e senza rinfacciare, e gli sarà data. La domandi però con fede, senza esitare, perché chi esita somiglia all'onda del mare mossa e agitata dal vento; e non pensi di ricevere qualcosa dal Signore un uomo che ha l'animo oscillante e instabile in tutte le sue azioni.»[106] La domandi, perciò, con fede, senza esitare.

La domanda: questo è il grande gesto della nostra vita. Così come faceva in questa sua domanda, che cito esemplarmente, sant'Anselmo, un altro grandissimo uomo. Sembrano parole di una persona giovane appena entrata in convento: «Ti prego, Signore, fa' che gusti attraverso l'amore / quello che gusto attraverso la conoscenza. / Fammi sentire attraverso l'affetto / quello che sento attraverso l'intelletto. / Tutto ciò che è tuo per condizione [tutto ciò che è tuo per condizione di natura] / fa' che sia tuo per amore [che io lo riconosca per amore]. / Attirami tutto al tuo Amore. / Fa' tu, o Cristo, quello che il mio cuore non può. / Tu che mi fai chiedere, / concedi».[107]

Quanto coraggio vi occorre – amici miei – per ripetere queste parole! Quanto coraggio ci occorre per domandare (per domandare la sapienza, come diceva san Giacomo)! Quanto coraggio occorre, perché è come smuovere una

[106] Gc 1,5-8.
[107] Sant'Anselmo d'Aosta, *Meditatio XI*, «De redemptione humana», PL CLVIII, col. 769.

montagna. Facciamo un altro paragone più buono: è come persuadere un bambino assonnato e stanchissimo a levarsi dal letto. È come un sonno determinante il nostro.

Comunque, «la casa della nostra risposta può essere costruita solo sulla pietra della domanda». La casa della risposta può essere costruita solo sulla pietra della domanda. La nostra risposta al Mistero, la nostra risposta al Mistero diventato uomo, la nostra risposta al modo con cui ci si presenta qui e ora, alla comunità, la nostra risposta è una costruzione che avviene sulla pietra della domanda. Domandare insieme Cristo: questa è l'essenza ultima dell'espressione della nostra compagnia.

Domandare insieme Cristo. Ma uno che è da solo a casa sua col libro davanti può dire: «Ti domando, Cristo, insieme a tutti i miei compagni che chissà dove sono adesso», e questo fa diventare la vita enorme, il cuore grande, senza paragone, e dà un centuplo quaggiù, dà una dolcezza, una tenerezza e una percezione, un presentimento di compimento che non avrebbe mai potuto immaginare.

Domandare insieme Cristo: questa è la nostra compagnia, perché la casa della nostra risposta alla comunità, a Cristo, al Mistero, è costruita sulla pietra della nostra domanda, che si può fare in qualunque momento, senza attardarci a torcerci contro noi stessi, come diceva nel *Libro di Ipazia*[108] Mario Luzi e così come dice la liturgia ambrosiana della Settimana Santa, con questo pezzo bellissimo con cui chiudo: «Non chiudere la tua porta. Anche se ho fatto tardi, non chiudere la tua porta: sono venuto a bussare. A chi ti cerca nel pianto, apri, Signore pietoso.

[108] Vedi qui, nota 94, p. 513.

Accoglimi al tuo convito, donami il pane del Regno [accoglimi nella tua comunità, donami questa umanità in cui il Regno è già incominciato, già incomincia]».

«Non chiudere la tua porta. Anche se ho fatto tardi, non chiudere la tua porta: sono venuto a bussare. A chi ti cerca nel pianto [è inevitabile: il dolore è inevitabile per la verità e l'amore], apri, Signore pietoso. Accoglimi al tuo convito, donami il pane del Regno.»

Comunque, c'è un solo corollario cui voglio accennare, perché in questo elenco di tematiche da riprendere non posso non accennarlo. Il segno che qualcosa sta avvenendo è la gioia, è il ricupero della capacità della gioia, perché senza gioia non si può generare niente, e questa è l'ultima sfida che la comunità lancia al mondo, in voi stessi: «Con me conoscerai la gioia».

Lasciatemi leggere una lettera avuta da uno di voi in questi giorni: «Qualcosa è stato mosso in me. Guardando, un giorno mi sono accorto che era già iniziato, che il movimento non era più là fuori, che non era un gruppo di persone, un ambiente di cui condividevo le coordinate. Eppure non avrei capito e amato il movimento se non fosse stato per un paio di persone, ma ora ho capito e amo il movimento. Ringrazio Dio di questa concretezza [attraverso un paio di persone]. Se me lo avessero spiegato, non lo avrei saputo seguire. "Egli mi ha stretto a sé con legami di bontà, con vincoli di amore." Io, da che ho coscienza, cerco il mio destino, sarei andato avanti a farlo anche senza il movimento, ma qui ho capito che c'è un'altra direzione della mia vita: il Destino si è chinato su di me. Il primo cambiamento è stata una gratitudine, l'allontanarsi di un'avarizia greve, fatta abitudine, di un rancore antico, insondabile come origine. Egli ha perdonato per me un torto che non poteva essere rimesso con il mio cuore, ha stracciato un documento le cui condizioni erano una condanna. Il secondo cambiamento è stata la carità. Amare non è più una minaccia, non è più un inganno, perché è al Suo cospetto. Amare è là dove le cose stanno salde, là dove io respiro. La comunità è il luogo dell'affettività, cioè il luogo dove essa non è assurda [dove l'affettività non è assurda: che responsabilità comune!]. Mi è dato un compito, che è ciò che rende utile la mia vita, cioè servirlo: la mia mano, il mio occhio, la mia bocca per la Sua presenza. È il nostro corpo a essere chiamato. Di tutto ciò che è alla portata delle mie mani io rispondo. Potere diventare adulto, che ci sia il movimento per questo, mi basta. Qui, in qualche modo, la porta della città è aperta. Per questo non si può più andare via, neanche andando via. Da qui io guardo: il destino è diventato una casa. La comunione è la mia casa. Per essa ho affetto e attaccamento, nostalgia quando ne sono lontano; nel suo spessore carnale è scritto un nome che rende di nuovo innocenti le cose, vivi e animati i volti, inesauribile la ripresa, cioè possibile il perdono, cioè ragionevole la vita».

Ringraziamo Iddio, che tra di noi opera miracoli di umanità così!

APPENDICE
I Volantoni di Pasqua

Pasqua 1982
Cristo la compagnia di Dio all'uomo

Cristo è un uomo che si è detto Dio.

Alla domanda di Filippo: «Mostraci il Padre», interprete dell'interrogativo degli apostoli che, pur seguendo da alcuni anni Gesù, non capivano bene (come noi non capiamo bene quando sentiamo la parola di Dio o la parola del mistero), Gesù risponde: «Chi vede me vede il Padre».

Cristo è l'unico uomo nella storia che si è identificato con Dio, l'unico che ha osato dire: Io sono la via, la verità e la vita. Noi, distratti dalle vicende quotidiane e dalla superficialità del nostro vivere, non realizziamo la sconfinata sproporzione, la lontananza infinita che separa l'uomo da Dio. Ma un animo profondamente religioso, un genio religioso è colui che questa sproporzione sente enorme e la insegna a tutti gli altri: che Dio solo è Dio.

Così hanno fatto tutti i grandi nomi della storia delle religioni, anche Budda, anche Maometto. Mosè, aveva un tale senso della propria piccolezza davanti a Dio da supplicarlo che investisse della missione un altro al posto suo.

Unico fra tutti, unico caso al mondo, questo uomo che è Cristo si dice Dio.

Come è bello percorrere il Vangelo e sorprendere come i primi uomini, uomini come noi, che hanno seguito Gesù, sono arrivati non ad accorgersi che quell'uomo era Dio, ma a dire, a ripetere certe affermazioni che Lui faceva di sé. È questa la loro professione di fede.

Perché gli apostoli non hanno scoperto che Gesù era Dio, ma, stando con Lui, ne hanno avuto un'impressione grande, tale da «dover» dire: se non dobbiamo credere a questo uomo non dobbiamo credere neppure ai nostri occhi. È per questa evidenza che, pur senza capire bene, hanno ripetuto le sue parole, quelle parole che hanno poi investito la storia e il nostro cuore.

Nel primo capitolo del vangelo di san Giovanni vediamo Gesù che si inoltra nel mondo e nella storia come un qualsiasi altro uomo, andando a sentire il Battista, confuso tra la gente. Ma l'istante di illuminazione profetica strappa a Giovanni Battista il grido rivolto a Lui che se ne sta andando: «Ecco l'Agnello di Dio. Ecco colui che toglie i peccati del mondo». Forse la gente presente non fa caso alle parole, abituata a sentire dal profeta frasi strane. Ma ci sono lì due, attentissimi a tutte le parole del Battista. La sua frase strana li muove al seguito di Gesù: Maestro dove stai di casa? E Lui: venite a vedere. Vanno e rimangono tutto quel giorno. Chi scrive era uno dei due, Giovanni: egli ricorda di quell'incontro anche l'ora perché è l'ora, l'ha capito dopo, che gli ha sconvolto la vita.

L'annuncio dei due agli amici è la partecipazione di una certezza: abbiamo trovato il Messia. E gli amici vanno, lo vedono, gli parlano, stanno un po' con lui. Pietro, Andrea, Filippo, Natanaele... Storie come le nostre, incontri semplici e sconvolgenti la vita. Tutto nasce così, da una conoscenza, uno sbocciare d'amicizia, una sempre più intensa comunione di vita: e quanto più gli stanno insieme tanto più vedono emergere in Lui una forza e una intelligenza che li lascia senza fiato, una bontà straordinaria e ignota, una padronanza di sé e della sua storia (al tribunale dei suoi nemici lancerà la sfida: chi di voi mi può rimproverare di una sola contraddizione, di un solo errore?), un potere sulla natura come se questa fosse un congegno nato dalle sue mani, la capacità di vincere la morte: «Donna, non piangere», dice alla vedova di Nain, e le risuscita il figlio.

Ma soprattutto quell'altro potere: «Confida, figlio, dice al paralitico, ti sono rimessi i tuoi peccati». Sussultano i farisei: «Chi è quell'uomo che può rimettere i peccati? I peccati li può rimettere solo Dio». E Gesù: «È più facile dire a costui: ti son rimessi i tuoi peccati o dirgli: alzati, prendi il tuo letto e cammina? Perché sappiate che io ho il potere di rimettere i peccati, dico a te: alzati e cammina».

Chi è quotidianamente spettatore di cose così grandi, il gruppetto degli amici, uomini e donne che lo seguono, sente nascere la domanda insopprimibile: chi è costui? Sanno dove viene, conoscono sua madre, e i suoi parenti, tutto sanno di lui, ma è così sproporzionato il potere che quell'uomo dimostra, egli è così grande e così diverso nella sua personalità che anche la domanda ha un senso diverso: chi è mai costui?

La stessa domanda gli faranno, esasperati, i suoi nemici: «Fino a quando ci tieni col fiato sospeso? Dì da che parte vieni e chi sei!». E avevano tutti i suoi dati all'anagrafe, ma non davano la risposta esauriente. La risposta la dà Gesù stesso a Caifa che lo interpella: «Ti scongiuro per il Dio vivente di dirci se tu sei il Cristo, il figlio di Dio». In quel momento Cristo non può più tacere, perché è questa la testimonianza per cui è venuto. Il suo sì alla domanda di Caifa sconvolge il Sinedrio: ha bestemmiato! Si è detto Dio. Ma lo aveva già detto: «Prima che Abramo fosse, io sono».

E, allora, passando con i suoi sotto la roccia di Cesarea di Filippo aveva chiesto agli apostoli: «La gente chi dice che io sia?...».

E voi chi dite «che io sia»? L'impeto della risposta di Pietro giunge sino a noi. Non è parola sua, ripete una frase che gli ha sentito dire. «Tu sei il Cristo, il figlio del Dio vivente.» E la risposta di Gesù coinvolge tutti noi: «Fortunato Pietro, perché questa parola non l'hai detta da te, ma il Padre te l'ha ispirata. Ora io ti dico che tu sei come questa roccia e come su questa roccia c'è questa cittadella imprendibile, così su di te io costruirò la mia Chiesa e nessuno mai verrà a sterminarla».

La domanda che Cristo fa agli apostoli è la domanda della

nostra vita. Nessun'altra domanda che l'uomo possa pensare è più grave, più grande e più decisiva di questa; tutta la vita nostra, come valore, dipende dalla risposta a questa domanda: se egli sia esistito come uomo qualsiasi, o se egli esista come uomo-Dio.

Se osserviamo la differenza tra la risposta degli amici che hanno creduto in Gesù e quella della folla che lo ha rifiutato, notiamo che il gruppo degli apostoli e delle donne che lo ha seguito è stato con Lui.

È questa la grande strada dell'evidenza, della ragione: è la strada della vita, del rapporto continuo, dell'esperienza quotidiana spartita. Per questo potevano dire: se non crediamo a questo uomo non possiamo aver fiducia neanche nei nostri occhi. La folla invece seguiva Gesù quando aveva interesse e curiosità. E restava colpita perché la parola era vera e la verità porta con sé la propria evidenza. Ma la dissipazione era immediata; la folla lo seguiva anche per passione di sentirlo, ma senza impegnare il fondo del proprio animo, senza coinvolgimento vitale.

Nel sesto capitolo di Giovanni, Gesù commosso perché la gente lo segue ha l'intuizione più affascinante della sua vita: «Voi mi seguite perché vi ho sfamato con un po' di pane. Ma io vi darò la mia carne da mangiare, vi darò il mio sangue da bere». La sproporzione del divino appare, si fa evidente e proprio lì si instaura la resistenza di chi non vuol capire, di chi è scandalizzato perché i criteri e le modalità di quell'uomo scompaginano il suo modo di pensare.

«È pazzo, chi può dar da mangiare la sua carne e da bere il suo sangue?» Le insinuazioni si fanno rumore, si fanno vociare intero della folla che abbandona la sinagoga. Il Cristo rimane solo con i suoi, nel silenzio della sera. E rompe quel silenzio con un'altra sconvolgente domanda: «Anche voi volete andarvene?» «Maestro – grida all'improvviso, grida impetuoso, ancora Pietro – anche noi non comprendiamo quello che tu dici, ma se andiamo via da te dove andiamo? Tu solo hai parole che danno senso alla vita».

È questa la risposta di chi ha l'umiltà, la fedeltà, l'umanità di seguire Gesù attratto dall'evidenza della verità delle sue parole.

Ma chi non sa seguirlo, chi non osa lo sforzo di una familiarità, di una consuetudine di vita non arriva ad evidenziare la verità e non troverà risposta vera, personale e matura all'interrogativo fondamentale, definitivo che Gesù gli rivolge: e tu, chi dici che io sia?

Come possiamo rispondere a questa domanda noi che non siamo stati alle nozze di Cana, che non abbiamo visto il paralitico guarire, che non abbiamo assistito al funerale di Nain, che non lo abbiamo seguito per tre giorni nella steppa, dimenticando persino il cibo?

La familiarità con Lui, da cui nasce l'evidenza della sua parola come unica che dia senso alla vita, come possiamo viverla?

Il modo c'è: la compagnia che da Cristo è nata ha investito la storia: è la Chiesa, suo corpo, cioè modalità della sua presenza oggi. È perciò una familiarità quotidiana di impegno nel mistero della sua presenza entro il segno della Chiesa.

Di qui può nascere l'evidenza razionale, pienamente ragionevole, che ci fa ripetere con certezza ciò che Lui, unico nella storia dell'umanità, disse di sé: Io sono la via, la verità, la vita.

Pasqua 1983
Le Christ est ressuscité

Paolo ad Atene fremeva nel suo spirito al vedere la città piena di idoli. Discuteva frattanto nella sinagoga con i Giudei e i pagani credenti in Dio e ogni giorno sulla piazza principale con quelli che incontrava. Anche certi filosofi epicurei e stoici discutevano con lui e alcuni dicevano: «Che cosa vorrà mai insegnare questo ciarlatano?». E altri: «Sembra essere un annunziatore di divinità straniere»; poiché annunziava Gesù e la resurrezione.

Presolo con sé, lo condussero sull'Areopago e dissero: «Possiamo dunque sapere qual è questa nuova dottrina predicata da te? Cose strane per vero ci metti negli orecchi; desideriamo dunque conoscere di che cosa si tratta». Tutti gli Ateniesi infatti e gli stranieri colà residenti non avevano passatempo più gradito che parlare e sentir parlare.

Allora Paolo, alzatosi in mezzo all'Areopago, disse:

«Cittadini ateniesi, vedo che in tutto siete molto timorati degli dèi. Passando infatti e osservando i monumenti del vostro culto, ho trovato anche un'ara con l'iscrizione: Al Dio ignoto. Quello che voi adorate senza conoscere, io ve lo annunzio. Il Dio che ha fatto il mondo e tutto ciò che contiene, che è il Signore del cielo e della terra, non dimora in templi costruiti dalle mani dell'uomo né dalle mani dell'uomo si lascia servire come se avesse bisogno di qualche cosa, essendo lui che dà a tutti la vita e il respiro e ogni cosa. Egli creò da uno solo tutte le nazioni degli uomini, perché abitassero su tutta la faccia della terra. Per essi ha stabilito l'ordine dei tempi e i confini del loro spazio, perché cercassero Dio, se mai arrivino a trovarlo andando come a tentoni, benché non sia lontano da ciascuno di noi. In lui infatti viviamo, ci muoviamo ed esistiamo, come anche alcuni dei vostri poeti hanno detto:

Poiché di lui stirpe noi siamo.

Essendo noi dunque stirpe di Dio, non dobbiamo pensare che la divinità sia simile all'oro, all'argento e alla pietra, che porti l'impronta dell'arte e dell'immaginazione umana. Dopo esser passato sopra ai tempi dell'ignoranza, ora Dio ordina a tutti gli uomini di tutti i luoghi di ravvedersi, poiché egli ha stabilito un giorno nel quale dovrà giudicare la terra con giustizia per mezzo di un uomo che egli ha designato, dandone a tutti prova sicura col risuscitarlo dai morti».

Quando sentirono parlare di resurrezione di morti, alcuni lo deridevano, altri dissero: «Ti sentiremo su questo un'altra volta». Così Paolo uscì da quella riunione.

Discorso di san Paolo all'Areopago (Atti 17,16-33)

Pasqua 1984

Marta, disperata per la morte del fratello, disse dunque a Gesù: «Signore, se tu fossi stato qui, mio fratello non sarebbe morto! Ma anche ora so che qualunque cosa chiederai a Dio, egli te la concederà». Gesù le disse: «Tuo fratello risusciterà». Gli rispose Marta: «So che risusciterà nell'ultimo giorno». Gesù le disse:

«Io sono la resurrezione e la vita;
chi crede in me,
anche se muore,
vivrà;
chiunque vive e crede in me,
non morrà in eterno.
Credi tu questo?».

(Gv 11,21-26)

Pasqua 1985

«Se non fossi tuo, mio Cristo, mi sentirei creatura finita. Sono nato e mi sento dissolvere.

Mangio, dormo, riposo e cammino, mi ammalo e guarisco, mi assalgono senza numero brame e tormenti, godo del sole e di quanto la terra fruttifica. Poi io muoio e la carne diventa polvere come quella degli animali che non hanno peccati.

Ma io cosa ho più di loro? Nulla, se non Dio. Se non fossi tuo, Cristo mio, mi sentirei creatura finita».

San Gregorio Nazianzeno

Pasqua 1986

«Che cosa accade
quando io stesso mi faccio cristiano,
quando mi sottometto
al nome di questo Cristo,
approvandolo così
come l'uomo modello,
come il parametro normativo
d'ogni agire umano?
Quale tipo di svolta dell'essere,
quale posizione di fronte all'umanità
mi assumo io, così facendo?
Quale profondità raggiunge
questo processo?
Quale valutazione complessiva
della realtà ne scaturisce?»

(Joseph Ratzinger)

Pasqua 1987

Tradizione europea significa non poter mai vivere al di là della coscienza, riducendola ad un apparato anonimo come la legge o lo Stato. Questa fermezza della coscienza è un'eredità della tradizione greca, cristiana e borghese.

L'irriducibilità della coscienza alle istituzioni è minacciata nell'epoca dei mezzi di comunicazione di massa, degli Stati totalitari e della generale computerizzazione della società. Infatti è molto facile per noi riuscire a immaginare istituzioni organizzate così perfettamente da imporre come legittima ogni loro azione. Basta disporre di un'efficiente organizzazione per legittimare qualunque cosa.

Così potremmo sintetizzare l'essenza di ciò che ci minaccia: gli Stati si programmano i cittadini, le industrie i consumatori, le case editrici i lettori.

Tutta la società un po' alla volta diviene qualcosa che lo Stato si produce.

(Vaclav Belohradsky)

Gli altri dieci apostoli si sdegnarono con i due fratelli, Giacomo e Giovanni figli di Zebedeo; ma Gesù, chiamatili a sé, disse: «I capi delle nazioni, voi lo sapete, dominano su di esse e i grandi esercitano su di esse il potere. Non così dovrà essere tra voi; ma colui che vorrà diventare grande tra voi, si farà vostro suddito; appunto come il Figlio dell'uomo, che non è venuto per essere servito, ma per servire e dare la sua vita in riscatto per molti».

(Mt 20,24-28)

LEGENDA

Assemblea permanente È il gesto principale nella vita delle comunità e si caratterizza come incontro di verifica, giudizio e testimonianza. Dapprima distinto, viene poi a coincidere con la Scuola di comunità.

Caritativa Con questo termine si indica lo svolgimento periodico di un gesto di carità che in modo regolare scandisce la vita. Tale regolarità, e il fatto che il gesto sia compiuto non tanto per rispondere esaurientemente a un bisogno, servono a richiamare nel quotidiano che la "legge" più adeguata alla vita è la gratuità portata dal cristianesimo.

Cattolici Popolari (CP) È il nome della lista per le elezioni universitarie, presentata in molti atenei italiani, che raccolse ampi consensi nel mondo cattolico. L'azione politica e culturale dei Cattolici Popolari fu caratterizzata da grande concretezza e da notevoli capacità di rispondere ai bisogni degli studenti.

Centro del CLU Gruppo di responsabili di CL in università, punto di riferimento per tutte le comunità. Il legame di questo gruppo con don Giussani era assiduo e vitale. Ai primi responsabili, provenienti dalle comunità milanesi, si aggiunsero, man mano, studenti di altri atenei.

CLE (Comunione e Liberazione Educatori) Il termine

indica l'esperienza di CL nella scuola; negli anni Settanta riguarda sia insegnanti sia studenti della scuola secondaria superiore.

CLU (Comunione e Liberazione Universitari) La denominazione identifica gli studenti universitari aderenti a Comunione e Liberazione.

Diaconia È il gruppo responsabile di una comunità. Quando più comunità agiscono nel medesimo ambito o città, può esistere una diaconia che si pone al servizio dell'unità di tutti.

Giornata inizio/fine anno È un momento di incontro, di riflessione e di testimonianza, posto all'inizio dell'anno sociale, come proposta del cammino da fare, o alla fine, come bilancio e verifica dell'esperienza vissuta.

Gioventù Studentesca (GS) È il nome che assunse, negli anni Cinquanta, il movimento fondato da don Giussani. Dopo la nascita di CL, il termine viene ripreso negli anni Ottanta per indicare l'esperienza degli studenti delle scuole superiori.

Insediamento Oltre che negli ambiti della scuola e del lavoro, sorsero comunità di CL anche nei quartieri cittadini o nei paesi. Con questo termine si denominava la comunità presente in questi ambiti, spesso composta da adulti e in stretto rapporto con la parrocchia del luogo.

Movimento Popolare (MP) È l'iniziativa sorta a metà degli anni Settanta a opera di intellettuali, giornalisti, sindacalisti e politici, per dare vita a una ripresa dell'esperienza del movimento cattolico nella società attuale. Ha cessato le attività nel 1993.

Scuola di comunità È la catechesi – lettura e spiegazione di un testo, meditazione personale e incontri comunitari – del movimento di Comunione e Liberazione.

INDICI

INDICE DEI RIFERIMENTI BIBLICI

INDICE DEI NOMI

INDICE TEMATICO

SOMMARIO

Finito di stampare nel mese di marzo 2011 presso
il Nuovo Istituto Italiano d'Arti Grafiche - Bergamo

Printed in Italy

RCS Libri

ISBN 978-88-17-04481-3